여성해방과 혁명

영국 혁명부터 현대까지

여성해방과 혁명

영국 혁명부터 현대까지

토니 클리프 지음 | 이나라 · 정진희 옮김

책갈피

여성해방과 혁명

영국 혁명부터 현대까지

지은이 | 토니 클리프
옮긴이 | 이나라 · 정진희
펴낸곳 | 도서출판 책갈피
주소 | 서울특별시 중구 필동 2가 106-6 2층(100-272)
등록 | 1992년 2월 14일(제18-29호)
전화 | (02) 2265-6354
팩스 | (02) 2265-6395
이메일 | bookmarx@naver.com

첫 번째 찍은 날 2008년 4월 25일

값 15,000원

ISBN 978-89-7966-053-1 03300
잘못된 책은 바꿔 드립니다.

차례

일러두기

1. 인명과 지명 등의 외래어는 최대한 외래어 표기법에 맞춰 표기했다.
2. 본문에서 [ ]는 옮긴이가 우리말로 옮기는 과정에서 독자들의 이해를 돕고 문맥을 매끄럽게 하기 위해 덧붙인 것이다. 단, 인용문에서 옮긴이 첨가와 저자 첨가를 구분하기 위해 [─ 토니 클리프라는 표기를 두었다. 그리고 더 자세한 설명이 필요한 것은 해당 쪽 맨 아래에 설명해 놓았다.
3. 원서에서 이탤릭체로 표시된 부분은 고딕체로 표시했다.
4. 책과 잡지는 ≪ ≫로, 신문과 주간지는 < >로, 논문과 신문 기사 제목은 " "로 표시했다.
5. 본문에서는 사람·신문·책·단체 이름의 영문은 거의 표기하지 않았다. '찾아보기'와 '후주'를 참조하기 바란다.
6. 원서에 대문자로 표시된 단체 이름(고유명사)은 띄어쓰기 없이 붙여 써서 고유명사가 아닌 것과 구분했다. 예를 들면, 'Women's Trade Union League'는 '여성노동조합동맹'으로 표기했다.
7. 단체나 기구의 전체 이름은 그것이 처음 나올 때만 언급하고 그 뒤로는 약어를 사용했다. 독자들의 편의를 위해 그 약어들을 ABC 순으로 이 책의 맨 뒤에 정리해 놓았다.

토니 클리프가 이 책을 쓰기로 마음먹은 것은 여성해방을 둘러싼 논쟁이 정점에 달했을 때였다. 그 전 5, 6년 동안 이 쟁점들에 관한 치열한 토론이 있었다.

클리프는 여성 억압을 정치적으로 이해했다. 그러나 다른 한편으로 억압이 야기하는 자괴감도 이해했다. 원하는 생활 방식을 선택할 자유가 없고, 그 대신 가사와 저임금 착취라는 전통적 구실에 매진하고, 이로써 지배계급의 재산·관습·가치를 뒷받침하거나 아니면 적어도 손상시키지는 않는 삶을 살아가는 여성들은 자신들이 희생자인데도 비난을 받는다.

클리프가 여성 억압의 역사적 원인을 탐구하게 된 것은 바로 억압에 대한 공감과 이해 때문이었다. 여성해방을 둘러싼 오랜 논쟁에는 두 가지 경향이 있었다. 그것은 바로 페미니즘과 마르크스주의다. 페미니즘에서 말하는 여성해방 투쟁은 남성 때문에 여성 억압이 생겨나고 따라서 남성이 적이라는 전제를 바탕으로 한다. 그리고 해방을 위한 조직적 투쟁은 모든 여성의 '자매애'에 기반을 둔다고 본다. 클리프는 이 책에서 이런 주장들을 폭넓게 다룬다.

마르크스주의 경향은 프리드리히 엥겔스가 ≪가족, 사유재산, 국가의 기원≫에서 상세히 설명하고 있다. 엥겔스는 사유재산의 등장과 사회의 계급 분열이 여성의 예속을 낳았다고 주장한다. 클리프는 이 관점을 지지하고, 여성 억압의 유일하고 진정한 해결책은 노동하는 (그리고 지배계급에게 착취당하는) 여성과 남성의 조직이 지배계급을 전복하고 계급 없는 사회주의 사회를 만드는 데 있다고 본다.

이 책은 1640년대 영국 혁명, 수많은 나라들에서 벌어진 여성들의 투쟁, 그리고 마침내 완전한 여성해방을 쟁취하려 한 러시아 사회주의 혁명(1930년대 스탈린 반혁명 전까지)의 여러 시도들을 살펴본다. 그리하여 때때로 노동 여성들이 주도하고 앞장섰던 혁명과 사회 격변의 시기에, 지배계급에 맞선 노동 남성들과 여성들의 적극적인 투쟁들이 여성들에게 노동 남성들과 함께 집단적으로 투쟁할 자신감을 줬음을 분명히 보여 준다. 그리고 이러한 투쟁들이 때로는 승리를 거둬 억압을 완화시켰음을 보여 준다.

절정에 달한 여러 나라들의 여성해방 투쟁을 기념하고 일반적 분석을 덧붙인 이 책은 삶의 충만한 가능성을 쟁취하기 위해 해방 투쟁을 벌이는 모든 곳의 노동 여성들과 남성들을 고무하고 자신감을 북돋울 영감을 제공할 것이다.

2008년 3월
하니 로젠버그*

감사의 말

독일어 번역을 많이 해 준 메어리 필립스와 프랑스어 번역을 해 준 도니 글룩스타인에게 감사의 마음을 전하고 싶다. 애비 베이컨, 이언 버챌, 노라 칼린, 린지 저먼, 피트 굿윈, 노엘 핼리팩스, 쉴라 맥그리거, 앤 로저스, 아흐메드 쇼키, 해리엇 셔우드, 리오넬 심스, 샤론 스미스, 라이오넬 스탈링, 제인 우레-스미스 등 많은 동지들이 이 원고를 읽고 조언을 해 줬다. 특히, 원고를 편집하기 위해 매우 수고한 알렉스 캘리니코스와 이 책을 세상에 나오게 해 준 피터 마스던에게 감사드린다.

그 누구보다 하니 로젠버그에게 큰 빚을 졌다. 하니는 꼼꼼하게 교열을 봐 글을 읽기 쉽게 만들었으며, 이 책의 원고들을 세 차례나 타이프로 쳤다. 그러나 하니에 대한 내 빚은 이런 것들보다도 훨씬 더 큰 것이다. 이 책을 쓴 2년 동안 하니는 변함없는 정신적 지지와 우정을 보여 줬다.

머리말

　지난 1백여 년 동안 여성해방을 위해 노력해 온 두 운동은 바로 마르크스주의와 페미니즘이다.[1] 이 둘은 모두 지금 사회의 불평등하고 억압된 여성의 지위를 완전하고 진정한 남녀평등으로 바꾸기를 바란다. 그러나 마르크스주의와 페미니즘은 여성 억압을 매우 다른 방식으로 설명하고 서로 상반되는 전략을 추구한다.

　페미니즘은 세상이 기본적으로 남성과 여성으로 나뉘어 있다고 본다. 이에 따르면, 여성 억압의 원인은 여성을 지배하고 통제하려는 남성의 충동이다. 역사는 변하지 않는 가부장제에 관한 이야기고, 남성은 가부장제를 통해 여성을 예속시켜 왔다. 가부장제를 없애는 유일한 방법은 사회 계급에 관계없이 모든 여성이 모든 계급의 남성에 맞서 단결하는 것이다.

　그러나 마르크스주의는 사회의 근본 대립이 성이 아니라 계급 대립에 있다고 본다. 수천 년 동안 소수의 남성과 여성이 압도 다수의 남성과 여성의 노동에 의존해 살아가면서 서로 협력해 왔다. 성이 무엇이든, 착취자와 피착취자 사이의 계급투쟁이야말로 역사 변화의 원동력이다. 오직 계급 착취라는 더 넓은 관계 속에서만 여성 억압을 제대로 이해할 수 있다.

　비록 최근 몇 년 사이에 몇몇 '사회주의 페미니스트들'이 마르크스주의와 페미니즘의 차이를 봉합하기 위해 노력해 왔지만, 이 두 관점 사이에 절충이란 있을 수 없다. 19세기 초 위대한 유토피아 사상가들 — 생시몽, 푸리에, 로버트 오언 — 의 시대 이래로 사회주의자들은 인류의 완전한 해방, 즉 계급 착취와 성 억압, 그리고 다른 모든 형태의 억압 철폐를 목표로 삼았다.

마르크스와 엥겔스는 역사에 대한 유물론적 개념을 발전시킴으로써, 계급투쟁만이 사회주의와 여성해방을 이룰 수 있다는 사실을 보여 줬다. 남녀 노동자들이 노동과정에서 똑같이 경험하는 착취 때문에 그들은 자본주의에 맞서 집단적으로 조직된다. 이 단결된 노동계급의 투쟁이 모든 억압과 착취를 쓸어버릴 것이다.

이 책의 목적은 여성해방이 계급투쟁과 얼마나 깊이 연관돼 있는지 보여 주는 것이다. 이 책을 쓰게 된 배경은 지난 15년 동안의 페미니스트 운동이다. 때때로 모호한 이 운동의 사상을 제대로 파악하려면 우리는 페미니스트 운동이 제기하는 많은 쟁점을 살펴봐야 한다.

첫째 쟁점은 여성의 역사적 지위에 대한 페미니스트 운동의 개념이다.

여성운동은 여성이 "역사에서 은폐됐다"고 정당하게 불만을 제기한다. 그러나 여성운동은 우리 사회에서 역사를 쓰고 가르치는 방식에 녹아 있는 계급적 성격과 이러한 은폐를 연관짓지 못한다. 왜냐하면 이러한 방식의 역사는 지배 엘리트들, 예컨대 왕·장군·수상·교황·은행가·공장주, 그리고 위대한 예술가·과학자·철학자의 활동에만 온통 관심을 두기 때문이다. 그들은 모두 남자였다. 몇몇 여왕과 황후, 그리고 잔 다르크를 제외하면 말이다. 이 때문에 역사는 남성의 이야기로 서술된다. 그러나 남성들 중에서도 오직 소수만이 역사에 등장하는 특권을 얻었다. 그러므로 여성만 역사에서 제외됐다고 불평하는 것은 사실상 모든 남성이 여성과 비슷한 처지에서 고통받고 있는 현실을 무시한 채 '공식' 역사의 엘리트주의를 고스란히 수용하는 것이다. 이런 지배적 관념 체계를 일관되게 반대하는 유일한 사람들이 마르크스주의자들이다. 마르크스주의자는 "사회의 역사는 계급투쟁의 역사다" 하고 선언하고, 따라서 착취당하고 억압받는 계급들 — 남성과 여성 모두 — 역시 지배계급과 마찬가지로 역사의 주체라고 강조한다.

물론 부르주아 역사가들도 일반 대중을 역사에 포함시킨다. 다만 대중을 지배자들의 행위에 영향받는 역사의 객체로서 받아들일 뿐이다. 비슷한 맥락에서 여성운동은 대개 여성을 역사의 객체로서, 남성 억압의 피해자로서 바라본다. 페미니스트는 사회나 개인이 여성에게 무슨 짓을 했는지 얘기한다. 대체로 여성은 수동적이거나 기껏해야 남성의 압력에 반응하는 것으로 그려진다. 역사에서 여성의 지위는 '피해자'라는 개념을 최근에 가장 앞장서 제기한 사람은 시몬 드 보부아르다. 보부아르에게 여성은 영원히 수동적 존재일 뿐이고, 잔 다르크와 잉글랜드의 엘리자베스 1세 같은 예외적으로 '위대한' 여성들은 남성성을 다소 차용함으로써 위대해질 수 있었다.

여성이 '피해자'라는 개념에 덧붙여지는 생각은 여성은 역사에 의해 바뀌지 않으며, 다른 무엇보다 결정적인 여성성들을 변함없이 구현한다는 것이다. 여성해방운동이 옹호하는 가치는 언제나 억압자들의 가치, 즉 '남성의 행동 방식'과 대조된다. 남성은 '위계제', '가부장제', '권력'을 상징하는 반면, 여성은 '자매애', '연대', '공동체'를 상징한다. 정당과 노동조합 기구는 '남성적 구조', '남성형 기구'로 간주된다. 페미니스트들에게 거슬리는 사람들은 '남자 같다'는 얘기를 자주 듣는다.

이렇듯 여성운동은 과거에 가장 반동적인 남성들이 확립한 가치와 규범을 그대로 반영했다. 여성의 변하지 않는 영원한 특성을 한결같이 부르짖는 사람들은 여성에게 가장 적대적인 자들이었다. 영원한 여성다움은 여성에게 가해지는 갖가지 사회적·법적 제약을 정당화하는 핑곗거리로 이용됐다.

사실 모든 여성이 본질적으로 같다고 여기는 경향 때문에 여성운동 내에서 많은 사람들이 결국 모든 남성은 똑같다고 생각하게 된다. 예컨대 여성해방운동에서 가장 영향력 있는 책 가운데 하나인 케이트 밀레트의 ≪성의 정치학≫[2]을 살펴보자. 이 책에서 모든 남성은 여성을 경멸하고 여성을 억압하는 오만한 힘을 휘두르는 냉담한 가부장으로 묘사돼 있다. 과거의 남성 노예나 오늘날의 지치고 소외된 남성 노동자를 보면 이러한 묘사가 얼마나 말도 안 되는지 알 수 있다. 많은 남성들이 남성다움을 과시하는 것도 권력이 있어서라기보다는 무력함을 드러내는 경우가 훨씬 많다.

여성에게 선천적이고 불변하는 어떤 성질이 있다고 보는 전통적 여성관은 사회 · 문화 양식을 이 사회의 동력, 즉 외적 동력의 결과가 아닌 여성 자신의 타고난 본성의 결과로 설명한다. 비록 뒤집힌 형태이지만, 이런 생각은 여성운동에서 폭넓게 받아들여진다. 가장 극단적인 여성해방운동 세력인 급진 레즈비언들은 여성 대 여성의 관계를 정치적 선언으로 정의함으로써 여성과 남성의 관계라는 측면에서만 바라보는 전통적 여성관을 뒤집는 데 그쳤다.

이 책 전체에서 우리는 생물학적 측면을 제외한다면 똘똘 뭉친 '남성'이라는 집단이 없는 것처럼, '여성'이라는 결속된 집단 역시 존재하지 않는다는 것을 증명하고자 한다. 노예 소유주와 노예, 왕과 농부 사이의 엄청난 차이 때문에 '남성'이라는 개념이 의미 없게 되듯이, 노예 소유주의 아내와 여성 노예 사이의 격차 역시 '여성'이라는 개념을 의미 없게 만든다.

널리 퍼진 견해 때문에, 여성운동은 '여성'과 '여성 억압'이라는 용어를 애매하고 구체적이지 않으며 비역사적으로 써 왔다. 여성 노예에게 억압은 육체적 학대, 성적 착취, 아이들과의 강제 이별을 뜻했다. 반면, 여가를 누리며 경제적으로 안정된 농장 여주인에게 억압은 사회적 · 법적 제약과 억압적 섹슈얼리티*를 의미했다. 노동계급 여성에게 산업혁명은 자본가의

---

* Sexuality, 인간이 성적 존재로서 하게 되는 경험과 감정.

가혹한 착취는 물론이고 끔찍한 조건에서 애를 낳는 비참한 상황까지 가져왔다.(어린이 대부분이 유아기에 죽었다.) 자본가의 아내에게 산업혁명은 짜증날 정도로 한가로운 생활을 뜻했다. 모든 여성을 여성이라는 한 단어로 묶는 것은 구체적인 역사적 상황을 이해하지 못하고, 남녀 노동자들을 예속시키고 착취하는 데서 귀부인들이 한 구실을 무시하는 것이다.

여성운동 내에서는 여성의 지위를 노예나 억압받는 소수 인종 집단, 경제적 피억압 집단의 지위에 비유하는 일이 흔하다. 그러나 비슷한 점은 거의 없다. 여성은 독자적인 집단이 아니다. 그들은 인구 전체에 널리 분포돼 있다. 여성들은 가장 많이 착취당하는 노동자들이지만, 일부 여성들은 착취자들이기도 하다. 가족 내에서 여성과 남성의 관계는 노동자와 자본가의 관계나 흑인과 백인의 관계와는 전혀 딴판이다. 심원하고 복잡한 경제·성·심리 관계들 때문에 여성은 가족 안에 들어갈 수밖에 없다. 흑인들은 백인들과 떨어져 게토에 갇혀 있다. 아내와 남편, 어머니와 아들 사이의 애정은 지배와 복종의 관계를 초월한다. 흑인들은 백인 인종차별주의자들의 혐오감을 불러일으킨다. 반면 여성들은 — 동일하지는 않지만 — 남성들의 **욕망**을 불러일으킨다.

여성은 그들이 살아가는 사회의 일부다. 따라서 여성의 상황을 진공 상태에서 연구할 수는 없다. 여성 억압이라는 개념이 계급 착취와 어떻게 연관돼 있는지가 이 책의 중심 주제다.

오늘날의 여성 억압에 대해 많은 여성운동 지지자들은 여성 억압이 '가부장제'의 산물이라고 말한다. 따라서 남성 지배를 계급사회나 자본주의와 무관하게 존재하는 초역사적 요소로 이해한다. 이런 견해에 반대해 우리는 이론의 토대를 프리드리히 엥겔스의 ≪가족, 사유재산과 국가의 기원≫ (1884년)[3]에 둔다. 엥겔스는 사유재산과 계급사회의 등장이 여성의 종속을 낳았다고 주장한다. 자본주의에서 생필품 생산은 사회적 과정이다. 반면 재생산, 예컨대 아이 양육은 주로 고립된 가족 내에서 이뤄지는 개별적 과정이다. 여성 억압은 이 두 과정의 분리에서 기인한다. 따라서 여성해방을 위한 투쟁을 자본주의에 맞선 투쟁과 분리할 수 없다.

억압 자체가 해방을 위한 투쟁으로 꼭 이어지는 것은 아니다. 여성 억압은 여성들을 가정이라는 사방의 벽 속에 격리하고 감금해, 여성 대부분을 무력하고 순종적으로 만든다. 오직 여성이 노동자로서 집단적인 힘을 갖는 경우에만, 여성은 착취에 맞서 싸울 자신감을 갖게 되고 여성으로서 받는 억압에도 맞서 싸울 수 있게 된다. 다른 한편, 여성 노동자들은 다른 피억압 집단들처럼 사회 위기의 시기에 흔히 남성들보다 더 자생적인 혁명적 세력이 된다.[4] 착취에 대항하는 노동자 투쟁은 **모든** 억압에 맞서는 노동자들의 투쟁이 성공하는 데서 열쇠다. 그러므로 노동계급 여성이 여성으로서 자신을 해방시키는 투쟁에 참가하는 첫걸음은 가정이라는 고립된 공간에서 벗어나 사회적 생산 영역에 참가하는 것이다.

그러나 이것이 '노동을 통한 해방'은 아니다. 엥겔스는 ≪영국 노동계급의 상태≫(1845년)[5]에서 공장에서 일하는 여성을 묘사하면서 노동계급의 생활이 얼마나 처참하고 비인간적인지 생생하게 보여 줬다. 부르주아 사회학자나 경제학자, 역사가에게 착취는 단지 착취일 뿐이다. 그러나 마르크스주의자에게 착취는 계급투쟁의 주축이요, 인간 해방의 도약판이다. 엥겔스가 묘사한 비인간화는, 우리가 목격하듯이, 전체 노동계급에게 이익이 되는 사회 변화를 위해 여성과 남성이 투쟁하게 만든다.

이 책은 처음부터 끝까지 노동계급 여성을 역사의 주체이자 역사 창조자로서 강조하고 있다.

노동 여성의 투쟁사는 매우 광범하고 풍부하기 때문에 한 권의 책에 담을 주요 사건들을 선택하는 일은 어려웠다. 나는 정점에 달했을 때의 투쟁들을 다루기로 했다. 계곡보다는 산의 정상에서 우리는 전체 지형을 훨씬 더 분명하게 볼 수 있다. 여성의 역사를 포함한 인간 역사에서 혁명은 정점에 해당한다. 따라서 나는 네 가지 혁명에서 여성들이 했던 구실을 밝히기로 했다. 먼저, 최초로 여성해방과 새로운 성 도덕이라는 근대 사상이 개화했던 17세기 영국 혁명에서부터 시작한다. 18세기 프랑스 혁명과 뒤이은 19세기 파리코뮌은 노동계급 여성들의 굽힘 없는 투쟁을 보여 준다.

마지막으로는 1917년 러시아 혁명을 다룬다. 러시아 혁명은 여성해방에서 하나의 이정표였다. 처음으로 여성의 완전한 경제적·정치적·성적 평등이 역사의 의제에 올랐다. 수백 년에 걸친 오래된 불평등을 일격에 없애기 위해 새로운 정치·공무·경제·가족 관련 법률이 공포됐다. 새로운 정부는 여성에게 선거권을 주었고 결혼을 자발적인 관계로 만드는 이혼법과 시민법을 통과시키고 적자와 서자 사이의 차별을 없앴다.

그러나 혁명이 선진 자본주의 국가, 무엇보다 독일로 확산되는 데 실패하면서 고립된 러시아 혁명은 타락했고, 스탈린 치하에서 반혁명이 일어났다. 모든 것이 산업을 육성하는 데 종속됐다. 따라서 스탈린 체제는 노동여성의 부담을 덜어 줄 수 있었을 경제 부문들을 무시했다. 그리고 스탈린 체제는 극단적인 사회적 계층화라는 결과를 낳았다. 국가 기구는 가족제도를 사회에 보수적인 영향을 미치는 유용한 것으로 봤다.

노동계급 여성을 사회주의 조직으로 조직하려 노력한 역사는, 노동계급 운동의 전체 역사처럼, 위대한 성취와 비통한 실패를 반복한 오랜 성쇠의 이야기다. 그러나 비록 되풀이해서 처음부터 다시 싸워야만 할지라도 투쟁은 계속된다.

남성과 여성이 모두 해방되기 위한 투쟁에서 혁명적 노동자 정당이 결정적 구실을 수행해야 한다. 혁명 정당의 과제는 계급투쟁을 지도하고, 지배적인 부르주아 사상과 싸우고, 남녀 불평등을 포함한 노동계급의 부문 간 불균등을 극복하기 위해 노력하며, 마침내 혁명적 사회 변혁에서 노동계급을 지도하는 것이다. 역사는 대중적인 사회주의 정당을 건설하는 것이 얼마나 어려운 일인지 거듭 무자비한 방식으로 보여 준다. 이런 어려움들은 여성 노동자들을 끌어들이려는 노력에 영향을 미칠 수밖에 없었다.

이 책에서 다섯 장은 1860~1920년에 미국, 독일, 러시아, 프랑스, 영국에서 노동 여성을 사회주의 운동으로 조직할 때 겪은 성공과 실패를 다룬다.

이 상이한 운동들은 다양하고 불균등하게 성장했다. 우선, 경제 발전이 나라마다 상당히 달랐다. 그 결과, 경제·사회 생활에서 여성의 지위 역시 다양했다. 경제·사회 생활에서 여성의 지위와 여성 사회주의자들이 발전시킨 사상 ─ 여기서 사회주의 여성운동의 정치·조직 형태가 발전했다 ─ 의 관계는 빈약하고 복잡했다. 따라서 노동 여성의 운동은 노동계급의 나라별 다양성과 국가별 경제 발전의 다양성보다 훨씬 더 다양했다.

그러나 1920년대 이후 여성해방 문제는 경제 위기의 강타, 나치즘, 스탈린주의, 우익 사회민주주의의 부활 등의 상황에서 뒤로 밀려나게 됐다. 반세기 후인 1960년대 말과 1970년대 초에 세계 자본주의 위기가 심화하는 가운데 새로운 여성운동이 다시 등장했다.

그 뒤의 장들에서는 미국과 영국의 현대 여성해방운동을 다룬다. 그 운동의 사회적 구성과 활동 방식을 검토할 것이다. 우리는 이 운동이 남성과 여성이 서로 대립하는 영역 ─ 강간, 매 맞는 여성, 가사 노동에 대한 임금 지급 ─ 에는 계속해서 관심을 가져온 반면, 여성이 남성의 지지를 더 잘 얻을 수 있는 중요한 투쟁 ─ 파업, 복지 삭감 반대, 동일임금, 노동조합 결성, 낙태 문제 ─ 은 얼마나 무시하거나 경시해 왔는지 보여 줄 것이다. 현대 여성운동은 여성을 노동계급의 투쟁하는 일원이 아니라 남성 우위의 피해자로 그린다. 여성운동은 여성이 가장 강한 곳인 노동조합과 일터에 집중하기보다는 여성이 가장 약한 영역에 집중한다. 그 결과 이 여성운동들은 주변부로 밀려나게 됐다. 비록 여성운동의 사상은 여전히 커다란 영향을 끼치지만, 여성운동은 붕괴 과정에 놓이게 됐다.

현대 여성운동의 배후에서 여성 억압과 여성해방의 개념에 특수한 성격을 새겨 넣은 것은 신新중간계급이다. 신중간계급 남성과 여성은 모두 소외감을 느끼는데, 특히 여성은 직장에서 승진하는 데서 끊임없이 차별받기 때문에 두 배로 소외감을 느낀다. 이러한 사람들의 저항은 마르크스가 '쁘띠부르주아 사회주의'라고 부른 것으로 이어지는데, 이들은 자본주의의 해악을 폭로하지만 여전히 개인주의적이고 해악의 근원을 제거할 수 있는 유일한 계급인 노동계급과 같을 수 없다.

마지막으로, 오늘날의 여성 억압을 정면에서 살펴보고자 한다. 가족과 노동계급 가족이 형성된 역사적 과정을 다룬다. 초기 자본주의 시기에 해체되던 노동계급 가족은 어떤 이유로 살아남게 됐는가? 남성과 여성 노동자들은 왜 가족을 지키기 위해 싸웠고 어떻게 싸웠는가? 그리고 여성이 자본주의의 잔혹함에 맞서 부분적으로나마 승리하기 위해 어떤 대가를 치러야 했는가? 오늘날 가족은 여성을 돕고 있는가 아니면 억압하는가, 또는 둘 다인가? 여성 소외의 초점으로서 가족이 하는 구실은 무엇인가? 모든 개인 관계를 왜곡하는 사회에서 가족이 사랑과 관용의 안식처가 될 수 있을까? 계급이 가족에 어떤 영향을 끼치는가? 노동계급 가족은 어떤 점에서 중간계급 가족과 다른가?

마지막 장은 여성 노동자들에 대한 착취와 여성 억압의 관계에 초점을 맞추고 있다. 크게는 사회, 작게는 가족 두 곳에서 받는 억압이 여성에게 어떤 영향을 끼치는가? 착취와 자본주의에 맞선 계급투쟁과 여성 억압에 반대하는 투쟁의 관계는 무엇인가? 두 투쟁을 지도하기 위해 어떤 조직이 필요한가? 우리는 착취·억압·해방의 상호 관계에 대한 마르크스주의 개념을 역사적 맥락 속에 놓고자 한다. 여성해방은 사회주의의 승리 없이 쟁취할 수 없고, 사회주의 역시 여성해방이 없다면 불가능하다.

01

영국 혁명 : 싹트는 꿈

17세기 중반의 영국 혁명은 여성해방의 출발지였다. 혁명은 여성 농민들과 노동자들을 역사의 무대에 등장시켰고, 여성의 사회적 지위를 비롯해 사회구조에 관한 많은 근본 문제들을 제기했다. 혁명과 내전의 시기에 급속히 성장한 종교·정치 세력들이 여성에게 특히 호소력이 있었다. 그 중 일부는 여성에게 평등권을 부여했다. 새로운 성 도덕을 포함해 새로운 도덕이 꽃피었다.

그러나 슬프게도 혁명이 중단되고 승리한 부르주아지와 옛 귀족 집단이 새롭게 결속하면서 군주제, 영주 계급과 주교단 등이 복원되자 그 꽃은 급속히 시들어 버렸다.

어쨌든 혁명의 시기에는 여성의 평등과 성 도덕에 대한 새로운 사상들이 혁명 진영의 급진주의자들 사이에서 활발하게 얘기됐다. 수평파Levellers, 디거파Diggers, 랜터파Ranters 등이 그러한 사람들이다.

자신들을 '중간층 사람'이라고 생각한 수평파는 자영 농민과 수공업자를 대표했다. 이 사람들은 부자들 손에 경제력이 집중되는 것에 분노했다. 수평파는 경제적 독립을 인간의 기본적인 자유로 생각했는데, 그들에게 경제적 독립이란 자신의 생산 도구, 즉 연장·수직기·쟁기 그리고 특히 토지를 소유할 수 있는 권리였다. 수평파는 자유롭고 독립적인 소생산자의 사회를 희망했다. 그리고 착취적인 사회의 모든 측면, 즉 영주·귀족·군주·성직자·법률가 등을 비난했다. 또 선거권의 재산 규정을 폐지하고 같은 수의 유권자로 이뤄진 선거구를 만들어 1년마다 선거를 실시해서 정치권력을 평등하게 만드는 것이 평등을 실현하는 열쇠라고 봤다. 수평파는 한때 크롬웰 군대의 사병들 사이에서도 꽤 영향력이 있었다.

1649년에 크롬웰이 수평파를 패퇴시키자 급진주의자들이 예견한 희망도 끝나고 말았다. 선거권은 확대되지 않았고 사회 개혁도 없었으며 십일조도 폐지되지 않았고 인클로저도 끝나지 않았다. 민중의 꿈은 무참히 깨져

디거파 지도자 제라드 윈스턴리.

버렸다. 그러나 이러한 비탄에서 디거파 운동이 일어났다. 1649년 4월 1일 일요일에 몇몇 가난한 사람들이 월턴온템스 교구의 세인트조지 언덕에 모여 황무지를 일구기 시작했고, 거기에 옥수수, 파스닙[설탕당근], 당근, 강낭콩을 심었다. 이 사건은 상징적인 소유권 장악이었다. 디거파는 지역 지주들의 습격을 받아 1649년 8월 무렵에 세인트조지 언덕에서 1~2마일가량 떨어진 코범 히스라는 황무지로 옮겨 가야만 했다. 디거파는 노샘프턴셔(웰링버러), 켄트(콕스홀), 바넷, 엔필드, 던스터블, 보즈워스, 노팅엄셔 등에 정착했다. 그리고 버킹엄셔, 글로스터셔에서도 정착했던 것 같다.[1]

디거파는 수평파보다 더 급진적이었다. 그들은 정치권력을 재분배한다고 해서 모든 착취가 사라지는 것은 아니라고 주장했다. 진정한 자유를 얻으려면 사유재산을 폐지해야 했다. 디거파는 공상적 사회주의자들이었다. 디거파 지도자 제라드 윈스턴리는 사회주의 사상가들과 몽상가들 가운데 가장 중요한 인물은 아니었지만, 광범한 쟁점들에 대한 사상적 폭은 매혹적일 만큼 넓었다. 1649~1650년에 윈스턴리는 신과 물질, 정치학과 경제학, 교육과 과학, 그리고 결혼과 가정 등을 다룬 일련의 소책자를 출판했다.[2]

수평파의 몰락이 낳은 또 다른 산물은 랜터파의 출현이었다. 랜터파는 수평파의 마지막 패배 직후인 1649년에 매우 갑작스럽게 부상했다. 랜터파는 약 1년 동안 많은 지지자들을 끌어들였던 것 같다. 활동에 대한 자료는 잉글랜드의 거의 모든 지역에서 찾아볼 수 있기는 하지만, 특히 런던의 빈민 사이에서 인기가 많았던 것으로 보인다.[3] 그들은 "국민들 가운데 제일

비참한 밑바닥 사람들, 즉 런던 등
도시에 사는 빈민가 주민들을 대변
하고 그들에게 호소했다." 랜터파
는 "고통받고 실의에 빠진 수많은
옛 수평파들을 끌어들였던 것 같다.
칼과 삽을 동원한 수평파 운동이 모
두 실패했으므로, 그들은 이제 기
적, 즉 신이 이 땅에서 가장 가난하
고, 가장 비천하고, 가장 멸시받는
사람들을 통해 권력자들을 응징하

수평파 지도자 존 릴번.

는 기적이 나타날 것으로 믿었다."[4] "위대한 계급 타파자인 신"이 손에 칼을
들고 "밤의 도적처럼" 부자들과 권력자들을 덮칠 것이며, "전대纏帶를 내놓
아라, 모두 내놓아라. 그렇지 않으면 네 목을 베리라!" 하고 말할 것이라고
믿었다. 근본적으로 랜터파는 어떠한 조직 형태도 갖추지 못한, 혼란스럽고
신비주의적인 아나키스트들이었다.

　가족과 성 문제와 관련해 수평파는 사유재산을 무척 소중히 여겼으며,
수평파 지도자 릴번은 일부일처제와 사유재산이 직결돼 있음을 분명히 주
장했다. 릴번은 이 둘을 모두 강력하게 옹호했다. 이에 반해 제라드 윈스턴
리와 디거파는 일부일처제를 인정하기는 했으나 배우자의 자유, 경제적·
법적 구속을 받지 않을 자유, 그리고 선택의 자유에 기초를 둔 일부일처제
여야 한다고 생각했다. 윈스턴리는 ≪자유의 법≫에서 다음과 같이 썼다.

　모든 남성과 여성은 자신이 결혼하고 싶은 상대방에게서 사랑과 애정을
　받을 수 있다면, 사랑하는 사람과 자유롭게 결혼할 수 있는 자유를 누려
　야 한다. 우리 인류는 모두 한 핏줄이고 공동의 보고인 재산은 누구에게

나 개방된 모든 남녀의 몫이기 때문에, 출신이나 재산이 그 결합을 방해할 수는 없다.

만약 어떤 남성이 한 여자와 잠자리를 같이해 아기를 낳으면 남성은 그 여자와 결혼해야 한다.[5]

일단 한번 결혼하면 배우자를 바꿀 수 없었다. 윈스턴리는 성적 자유에 관해 아래와 같이 썼다.

어머니와 이렇게(성적 자유에 의해) 태어난 아이는 거의 대부분 최악의 상태에 빠지게 된다. 왜냐하면 남자는 그들을 버리고 떠날 것이고 쾌락을 즐긴 뒤에는 그 여자를 다른 여자보다 더 소중하게 생각하지 않을 것이기 때문이다. …… 그러므로 여성 여러분은 조심하라. 왜냐하면 이런 무책임한 행동은 만물을 살리는 것이 아니라 파괴하는 것이기 때문이다. …… 자신의 자유를 추구함으로써 그들은 다른 사람을 속박하게 된다.[6]

크리스토퍼 힐이 지적했듯이, "효과적인 산아제한 방법이 없는 한 성의 자유는 사실상 남성만을 위한 자유가 되기 십상이다. 이것이 일부일처제에 관한 청교도적 강조의 실질적 근거였다."[7]

일부일처제를 이같이 강조하게 된 더 실질적 근거로, 17세기 영국의 많은 빈민층에게는 안정된 가정생활이 실제로 생활 향상을 뜻했다는 점에 주목해야 한다. 쥐꼬리만한 임금과 일자리 부족으로 가난한 가족은 흔히 파탄에 이르렀다. 가난 때문에 남편과 아버지가 일자리를 찾아 떠날 수밖에 없었고, 여성과 아이들은 "교구의 보호를 받게" 됐다. 그리고 이 '교구 아이들'은 일곱 살이 되면 어머니를 떠나 교구 민생위원이 지정한 남성이나 여성 장인의 견습생으로 일해야 했다.(수공업 도제로서가 아니라 가장 비천한 하인으로서 일해야 했다.)

중간계급 청교도들은 '부도덕하게' 산다는 이유로 가난한 사람들을 가혹하게 비난했는데, 윈스턴리는 경제적 안정만이 "가정의 도덕적 안정"에 필요한 여건을 마련할 수 있다고 지적했다.[8]

영국 혁명 당시 한 집단이 일부일처제에 반대했는데, 랜터파가 바로 그들이었다. 지도자들 가운데 한 명인 존 로빈스는 "제자들에게 아내와 남편을 바꿀 수 있는 권한을 부여했고 '모범을 보이기 위해' 본인의 아내를 바꾸었다." 로렌스 클라크슨은 이것을 완전한 성의 자유에 대한 이론으로 정립했고, 곧이어 아비에셀 코프는 한 걸음 더 나아가 일부일처제 자체를 공격하면서 "진절머리 나는 가족의 의무를 버리시오" 하고 썼다. 클라크슨에게 간통은 기도와 다를 바 없었는데, 왜냐하면 둘 다 인간의 내면적 접근에 의존하기 때문이었다. "순수한 사람들에게는 모든 것이, 실로 간통을 포함한 모든 것이 순수하다"고 강조했다.

이것은 1650년에 쓰였는데 10년 뒤 클라크슨은 과거를 되돌아보면서 랜터파의 생활 원칙을 다음과 같이 적었다. "소위 죄를 지으면서도 그것이 죄가 아닌 것처럼 행동할 때에야 비로소 인간은 죄에서 자유로워질 수 있다. …… 한 여성과 자는 것처럼 모든 여성과 잘 수 있고, 그것을 죄라고 판단하지 않을 때까지는 죄를 지을 수밖에 없다. …… 이러한 방식이 아니고서는 완벽해질 수 있는 사람은 아무도 없다."[9] 호의적이지는 않지만 믿을 만한 증인의 기록에 따르면, 클라크슨의 견해는 이렇게 요약할 수 있다. "한 남자가 한 여자에게 얽매이는 것이나 한 여자가 한 남자에게 얽매이는 것은 저주의 결과다. 그러나 우리는 저주에서 자유롭다. 따라서 우리가 좋아하는 사람을 이용하는 것은 우리의 자유다."[10]

크리스토퍼 힐은 성과 노동에 대한 랜터파의 태도를 다음과 같이 요약했다. "내가 보기에 랜터파는 유랑자들, 무허가 움막 거주자들과 떠돌이 수

공업자들 부류에서 이미 오래 전에 보편화된 풍속에 이데올로기 형태와 일관된 표현을 부여했다.”[11] “랜터파 사상 가운데 많은 것들은 새로운 윤리라기보다 전통적 태도를 드러낸 데 불과했고 그 중 몇 가지, 예컨대 노동 혐오, 혼음, 욕설 …… 등은 유한계급에게서 비롯한 것이었다.”[12]

엥겔스는 이렇게 말했다.

거대한 혁명 운동이 일어날 때마다 ‘자유연애’ 문제가 전면에 등장하는 것은 흥미로운 일이다. 일단의 사람들에게 그것은 혁명적 진보로, 더는 필요 없는 낡은 전통의 족쇄를 끊어 버리는 것으로 받아들여지고, 또 다른 사람들에게는 남녀 사이에 있을 수 있는 자유롭고 편한 온갖 경험을 충분히 포괄하는 환영받을 만한 교리로 여겨진다.[13]

디거파와 랜터파의 성 도덕은 이 두 집단의 사회적 환경과 관계가 있다. 모든 사상·습관·관습과 마찬가지로 도덕은 인간의 경제·사회 조건에 바탕을 둔 것으로서, 이러한 조건을 기계적으로 확대한 것은 아니지만 그 조건들로부터 독립적이지도 않다.

디거파가 부여한 형태든 랜터파가 부여한 형태든, 성 혁명은 성 문제에 낡은 이중 잣대를 들이대는 도덕에서 일보 전진한 것이었다. 디거파와 랜터파 모두 사유재산과 성의 관계에 대해 매우 분명히 이해했고, 부(富)를 집단적으로 소유하고 개인이 자유로운 세계를 꿈꾸었다. 그들의 이상은 남성과 여성이 온전한 인간으로 발전할 미래의 자유로운 사회였다. 영국 혁명은 우리에게 귀중한 것을 남겼다.

02

프랑스 혁명

프랑스 혁명은 이중적 성격을 지니고 있다. 혁명이 벌어지는 내내 두 종류의 계급투쟁이 동시에 일어났다. 하나는 부르주아지와 귀족 사이의 계급투쟁이었다. 부르주아지는 소상인과 수공업자까지 포함한 제조업자와 상인으로 구성된 떠오르는 계급으로서, 자본주의가 발전하면 재산과 부를 늘린 사람들이었다. 반면, 귀족은 재산과 부의 기반이 여전히 토지에 있었다. 다른 하나는 부르주아지에 **맞선** 빈민과 무산자들, 맹아 단계의 노동계급, 즉 브라 뉘*의 계급투쟁이 있었다. 프랑스 혁명은 부르주아 혁명이었지만, 착취받고 억압받는 사람들이 모든 형태의 착취와 억압에서 벗어나고자 한 최초의 시도이기도 했다.

프랑스 혁명은 광범한 대중을 행동에 끌어들인 최초의 근대 혁명이었다.(영국 혁명은 압도적으로 크롬웰이 이끄는 청교도군의 공로였다.) 민중은 부르주아지가 귀족제와 군주제에 맞서 투쟁하도록 거듭 밀어붙였다. 빈민은 감옥과 궁전 그리고 의회를 여러 번 급습했고, 반동에 맞서 혁명을 지켜냈다. 부르주아지가 한계를 뛰어넘어 나아가도록 밀어붙인 사람들 또한 바로 빈민들이었다. 빈민 대중은 1790~1791년의 입헌군주제를 거쳐, 우익 지롱드파가 이끈 1792~1793년의 온건 공화정으로, 마침내는 부르주아지의 가장 급진적이고 단호한 분파, 즉 막시밀리앙 로베스피에르의 자코뱅파가 주도한 공화정으로 나아가도록 혁명을 밀어붙였다.

빈민과 무산자들은 가난이 끝나고 봉건영주·성직자·군주가 들씌운 오랜 억압의 멍에를 벗어던지리라는 희망에 고무돼 바스티유와 그 밖의 다른 곳에서 목숨을 바쳤다. 동시에 부르주아지가 지운 속박에서 벗어나기 위해서도 투쟁했다. 빵과 정의에 대한 이런 열망의 정치적 대변자들은 '격

---

* Bras nus, 글자 그대로 '팔을 드러낸 사람들', 달리 말해 일하느라 소매를 걷어붙인 무산계급을 말한다.

불타고 있는 바스티유.

앙파*였다. 이 명칭은 부르주아지가 가장 극단적인 혁명 정파를 가리켜 붙인 이름이었다. 마르크스는 그들을 "혁명 운동의 으뜸가는 대표자들"이라고 불렀다. 격앙파는 아직 매우 미약하고 동질성이 부족했던 맹아 단계 노동계급의 전위였다.

자코뱅파는 브라 뉘를 어느 정도는 관대하게 대했으며 왕당파와 온건 공화파의 저항을 물리치는 데 그들을 이용하기도 했다. 그러나 자코뱅파는 1793년 5월 31일에 지롱드파를 전복하자마자 어제의 동맹자들에게 등을 돌렸다. 1794년 2~3월에 자코뱅파는 격앙파를 유혈 진압했다. 이 사건으로 로베스피에르와 동료들은 혁명이 이미 너무 나아갔다고 생각한 우익 부르주아지의 맹렬한 공격에 취약하게 됐다. 그리하여 1794년 7월 27일(혁명력으로는 테르미도르 9일)에 로베스피에르와 자코뱅파는 전복되고 말았다. 브라 뉘의 정치 세력이 완전히 파괴되자, 부르주아지는 자신들의 지배가 영원히 안정됐다고 생각했다.

---

* Enragés, '앙라제'라고도 하며 '성난 사람들'이라는 뜻이다.

프랑스 혁명에서 여성의 구실은 무엇이었는가?

시몬 드 보부아르는 다음과 같이 답한다.

세상은 항상 남성의 것이었다. …… 사람들은 프랑스 혁명이 여성의 운명을 바꿨다고 생각할지도 모른다. 그러나 그러한 일은 결코 없었다. 부르주아 혁명은 부르주아 제도와 부르주아 가치에 대한 존중으로 가득 차 있다. 그리고 그 혁명은 거의 전적으로 남성에 의해 이룩됐다.[1]

이것은 사실과 달랐다. 여성들은 실제로 혁명에서 매우 중요한 구실을 했다. 계급에 따라 여성을 세 부류, 즉 귀족 여성, 부르주아 페미니스트, 무산계급 여성으로 나눌 수 있다.

부르주아 페미니스트

대체로 귀족 여성은 혁명의 전 기간 동안 수동적이었다. 귀족 여성이 하는 일은 가문과 재산 상속인을 돌보는 일이었기 때문에, 귀족 남성보다 열등했고 남편의 권리와 권력을 사실상 행사할 수 없었다. 그렇지만 그들 역시 귀족 사회의 특권을 함께 누렸고, 따라서 구체제의 열렬한 지지자들이었다.

부르주아 여성들의 경우는 달랐다. 혁명이 권력의 전통적 지배 체계를 파괴해 그들을 자극했다. 부르주아 페미니즘이 꽃피웠다. 삼부회(또는 의회)의 대표자 선거 규정 — 루이 14세가 제정했다 — 은 여성의 직접 참여를 배제했다. 그러나 부르주아 여성들은 혁명 과정에서 각종 불만·요구·제안 목록과 카이에*를 작성하는 데 활발하게 참여했다. 수많은 카이에의 핵심 주제는 정치적 권리에 관한 것이었다. 예컨대 B B 부인이 쓴 "여성의 불만과 요구"는 다음과 같이 쓰고 있다.

> 과부든 미혼 여성이든 토지나 재산을 소유한 여성들이 불만을 왕에게 토
> 로하도록 허용하는 것은 그야말로 정당하다고 생각한다. 그리고 여성들
> 은 남성들과 마찬가지로 국세를 내고 사업 계약을 이행할 의무를 지기
> 때문에, 여성들에게 선거권을 부여하는 것도 마찬가지로 정당하다. ……
> 대표자들은 반드시 그들이 대표하는 사람들과 똑같은 이해관계를 가져
> 야 하기 때문에, 여성만이 여성을 대표할 수 있다.[2]

또 다른 카이에 "1789년 국민의회에 보내는 여성의 요구"는 아내에 대
한 남편의 법적 권한을 포함한 남성의 특권을 완전히 없앨 것과 모든 정치
활동에 여성이 자유롭게 참여하도록 허용할 것 등을 요구했다. 1789년 12
월 6일자 <모니퇴르>*는 당시의 혼인법을 부당하다고 비판한 카이에 "나
쁜 결혼 생활에 대한 여성의 불만과 불평"에 대한 논평을 실었다. 그 논평
은 "한쪽이 전부이고 다른 한쪽은 아무것도 아니며 …… 한쪽은 명령하고
다른 한쪽은 봉사하며, 한쪽은 억압하고 다른 한쪽은 억압받는 상태가 끊임
없이 지속된다"고 지적하면서 이러한 부부 관계를 폐지하기 위해 이혼 합
법화를 주장했다. 남편의 합법적 전제專制는 1791년에 한 여성 단체가 국민
의회에 제출한 청원서로 또다시 도전받았는데, 그것은 간통 소송에서 남편
만 고소인이 될 수 있고 유죄 판결을 받은 아내에게는 2년형을 선고하도록
돼 있는 법률에 항의하는 탄원서였다.

---

* Cahier, 원래는 프랑스 혁명 이전 성직자 · 귀족 · 제3신분의 각 신분 단체가 국왕에게
  제출한 진정 · 제안 서류의 총칭을 말한다. 일종의 청원서로서 제3신분은 각 조합 · 지
  구 · 촌락마다 카이에를 작성했다.
* Moniteur, 프랑스에서 1789~1869년에 발행된 신문.

카이에에 나타난 페미니스트들의 제안 중 여성 교육 개선이 가장 많은 수인 33건을 차지했다.[3]

혁명기의 지도적인 부르주아 페미니스트 가운데 한 사람은 귀족 혈통을 사칭한 부유한 시민, 올랭프 드 구주였다. 혁명 초기에 드 구주는 열렬한 왕당파였다. 드 구주는 1789년 10월 6일 베르사유 궁전으로 향하는 여성들의 시위 행렬에 눈곱만큼도 동조하지 않았다. 루이

프랑스 혁명기의 지도적인 부르주아 페미니스트 올랭프 드 구주.

14세가 완성한 절대왕정 체제의 모든 것이 1789년에 드 구주에게는 거의 신성하게 보였다. 올랭프 드 구주는 "14년 동안의 과업은 훌륭한 정치체제를 발전시켰다. …… 이러한 체제를 바꾸려는 생각은 미친 짓이다. 그런데도 사람들은 정말 그렇게 할 생각을 하고 있다. 세상에!" 하고 썼다. 자신이 쓴 소책자 가운데 하나에서는 여성들은 왕비를 보호하는 경호원이 돼야 한다고 주장했다. 왕이 바렌으로 도주하고 나서야 드 구주는 온건 공화주의자인 지롱드파가 됐다.

올랭프 드 구주는 동료 여성들 중 가장 비천한 계급에게 일말의 온정도 보이지 않았다. 드 구주는 정숙한 여성들과 딸들이 파리의 거리에서 벌어지는 수치스러운 일들을 목격하지 못하도록, 번화가에서 성매매 여성들을 내쫓아 국가가 감독하고 경찰이 보호하는 특정 구역에 감금하기를 원했다.[4]

올랭프 드 구주는 혁명기에 부르주아 페미니즘을 가장 종합적으로 다룬 ≪여성 권리 선언≫을 쓴 저자인데, 이것은 왕비에게 보내는 글이었다. 널리 보급된 ≪인권 선언≫의 본문을 본떠 1790년에 쓴 이 소책자는 ≪인권 선언≫의 각 조문을 여성 권리 조문으로 대체해 여성의 평등권을 주장했다.

머리말은 다음과 같았다. "모든 여성이 자신의 비참한 운명과 사회에서 잃어버린 자신의 권리를 깨달을 때에야 비로소 혁명은 완수될 것이다. ……" 드 구주는 계속해서 이렇게 묻는다. "남성이여, 현재 당신들이 누리고 있는 권리가 정당하다고 생각합니까? 말해 보시오. 무엇이 당신에게 여성을 억압할 통치 권력을 부여했습니까? 당신의 힘이? 당신의 능력이?" 드 구주는 남녀의 조화와 협동을 강조했고 "모든 지적 능력을 갖춘 한 성을 독재적으로 지배하려는" 남성의 주장을 비웃어야 한다고 역설했다. 머리말에는 "국가의 여성 대표자가 의회의 일원이 돼야 한다"고 썼다. 그리고 제1조에 다음과 같이 선언했다.

모든 여성은 자유롭게 태어났고, 남성과 동등한 권리를 가지며 …… 모든 정치단체의 목표는 여성과 남성의 타고난, 양도할 수 없는 권리를 보호하는 것이다. …… 국가는 여성과 남성의 결합체다. …… 법은 일반의 지의 표현이고, 모든 남녀 시민은 개인적으로나 대표자를 통해 법률 제정에 참여할 권리가 있다.

이어지는 조항들은 법 앞에서, 그리고 공공생활과 사생활의 모든 영역에서 남녀의 완전한 평등을 규정했다. 기본권은 "자유, 번영, 안정, 그리고 무엇보다도 억압에 대한 저항"으로 정의됐고, 법으로 보호받을 정치적 권리와 모든 공적·사적 고용에서 차별받지 않도록 보호받을 수 있는 경제적 권리도 기본권에 포함됐다. 마지막 단락에서는 "자연의 섭리에 기초를 둔 여성의 권리"를 되찾기 위해 모든 여성이 단결할 것을 호소했다.

또 다른 저명한 부르주아 페미니스트는 귀족 칭호인 '바론Baronne'을 사용해 이름을 더욱 돋보이게 한 우익 지롱드파인 네덜란드 태생의 에타 팜 반 엘데다. 이 여성은 부르봉가家의 공주에게 자신의 자선단체들 가운데 한 단체의 후원자가 돼 줄 것을 부탁했다. 1792년 4월 1일 에타 팜 반 엘데는 부르주아 여성의 목표를 상세히 담은 청원서를 입법의회에 제출했다. 특히 이 청원서는 여성에게도 교육을 제공할 것, 여성도 21세가 되면 법적으로 성인 대우를 해 줄 것, 양성의 정치적 자유와 동등한 권리, 이혼의 권리를 보장할 것 등을 주장했다.

부르주아 페미니즘의 또 다른 주요 대변인은 지롱드파인 테루안 드 메리쿠르Théroigne de Méricourt였는데 진짜 이름은 안 테르완Anne Terwagne이었던 듯하다. 아마도 메리쿠르가 이 세 사람 중에 가장 유명했던 것 같은데, 그 주된 이유는 당시 사람들이 이 여성을 공격했기 때문이었다.

부르주아 페미니즘의 주요 주창자들 가운데 중요한 한 사람이 남았는데, 철학자이자 수학자인 마르키 드 콩도르세라는 지롱드파 남성이었다. 그는 엘리트 여성의 교육에 관한 글에서 "교육은 남성과 여성에게 동등하게 제공돼야 한다"는 원칙을 제시했다. 남녀를 분리하는 것이 아니라 함께 교육받을 수 있게 해야 한다. 경쟁을 원칙으로 남녀에게 모두 개방하는 직업 훈련에서 여성을 배제하는 것은 어리석은 짓이다. 다양한 수준의 사람들을 가르칠 기회를 남녀 모두 똑같이 가져야 한다. 그리고 여성들은 실용적 기술에 대해 특수한 재능을 갖고 있기 때문에, 이론적·과학적 학문들은 여성들에게 특별히 가치가 있을 것이다. 무엇보다도 여성은 아이들을 총명하게 키우고 아이들의 공부를 지도하기 위해 교육을 받아야만 한다. 콩도르세는 재산을 소유한 여성들은 남성들처럼 선거권을 가져야 한다고 주장하기도 했다.

혁명의 발전으로 부르주아 페미니스트들에 대한 태도가 관대해진 것은 아니었다. 하층계급들, 특히 하층계급 여성들은 올랭프 드 구주에게 자비를 베풀지 않았다. 올랭프 드 구주가 많은 다른 지롱드파 지도자들과 함께 단두대에서 처형당했을 때 노동 여성들은 박수갈채를 보냈다. 테루안느 드

메리쿠르는 1793년 봄에 한 무리의 노동 여성들에게 잔혹하게 구타당했는데, 메리쿠르가 정신이상자가 된 것은 이 때문인 듯하다. 에타 팜 반 엘데는 혁명 정부에 체포되기 전에 프랑스를 탈출할 만큼 분별력이 있었다. 콩도르세도 단두대에서 참수됐다.

부르주아 페미니스트들은 혁명의 결과물로서 몇 가지 개혁을 얻어냈다. 상속법이 바뀌어 딸과 아들이 동등한 권리를 갖게 됐다. 새로운 법은 21세 여성에게 법적 성인의 지위를 부여했다. 여성도 채무 계약을 맺을 수 있게 됐으며, 민법 사건에서 증인이 될 수 있었다. 다른 입법 조치들을 통해 여성의 재산 관련 법률들이 개정됐고, 재산 관리에서 여성에게 일정 부분 발언권이 주어졌으며, 자녀들에게 영향을 미치는 결정을 내릴 수 있는 어머니의 자격이 인정됐다. 혁명적 이혼 법은 남녀를 평등하게 다루었다.

그러나 여전히 불평등이 존재했다. 여성은 배심원이 될 수 없었다. 실제로 1790~1796년에 여성들은 가정불화를 해결하기 위해 만들어진 가정법원에 참석할 수 없었다. 게다가 혁명의 성과는 그리 오래가지 않았다. 나폴레옹 법전은 여성들이 이룩한 진보의 대부분을 파괴해 버렸다.[5]

노동 여성

정치적으로 적극적인 노동계급 여성들은 부르주아 페미니스트들의 요구에 대해 어떤 태도를 취했는가? 한 역사가는 이렇게 답했다. 노동계급 여성들은,

이혼 법, 교육 기회, 또는 여성에 대한 법적 · 정치적 평등을 반대하지는 않았으나 …… 무산계급 여성에게 여권 쟁취란 노동자 권리 일반의 획득에 좌우된다는 것을 알고 있었다. …… 노동계급 여성에게는 인플레이

선, 실업과 굶주림 같은 문제가 이혼, 교육, 법적 지위 문제보다 훨씬 더 시급한 문제였다.[6]

브라 뉘의 활동 기저에 깔려 있는 주요 동력은 공정한 가격으로 충분한 양의 식량을 얻으려는 노동 여성들의 요구였다. 역사가 라브루스에 따르면, 1726~1791년에 평균 임금노동자는 빵을 사는 데만 임금의 50퍼센트를 썼고, 경제 위기가 심각해진 1788~1789년에는 이 비율이 58퍼센트로 상승했으며, 기근이 든 달과 1789년 빵 값이 최고가에 달했을 때는 무려 88퍼센트로 엄청나게 치솟았다. 따라서 민중의 관심은 언제나 빵 가격과 공급에 쏠려 있었다.[7] 그러므로 대중이 정치조직을 판단하는 기준 역시 그 조직이 먹는 문제를 어떻게 이해하느냐 하는 것이었다.

당시에는 임금노동자조차 높은 식량 가격을 상쇄하기 위해 임금 인상을 요구할 수 없었다. 대규모 자본주의 산업이 있지도 않았고 투쟁하는 노동조합 운동도 없었다. 18세기의 전형적인 생산 단위는 고작 몇 명의 직인과 도제를 고용한 소규모 작업장이었다. 그때까지도 직인은 흔히 장인과 함께 밥을 먹고 장인 집에서 잠을 잤다. 근대적 산업 노동계급의 독특한 성격은 전체 노동인구의 4분의 1 내지 5분의 1에 달한 파리 북부의 새로운 직물 공장 노동자들 사이에서 발견할 수 있었다.[8] 파업이 없었던 것은 아니지만 대중 정치 운동에 미미한 영향만 미쳤다.[9]

실제로 모든 주르네*, 즉 1789~1795년에 간헐적으로 발생한 대중 봉기와 시위의 핵심 요구 사항은 빵이었다. 여성은 이런 시위들의 주요 참가자였다. 한 역사가는 이렇게 썼다.

프랑스 혁명에서 식량 폭동은 …… 1789년 10월 5~6일의 베르사유 행진

---

* Journées : '봉기'라는 뜻이다.

이든 그보다 규모가 작은 혁명력 3년 제르미날과 프레리알 폭동이든, 진정한 의미의 여성의 날들이었다. 빵에 관한 것은 여성들의 영역이었다. 여성이 빠진 식량 폭동은 그 자체가 모순이다.[10]

또 다른 역사가 조르주 뢰데는 1789년 10월 5일 베르사유를 향한 여성들의 진군을 다음과 같이 묘사했다.

10월 5일 아침에 중앙 시장과 포부르 생앙투안에서 동시에 봉기가 일어났다. 이 두 사건에서 지도적 인물들은 여성들이었다. 그리고 무수히 많은 다양한 기록에 따르면, 뒤따른 활동들에는 모든 사회 계급의 여성들 — 시장의 생선 장수와 노점상, 포부르의 노동 여성, 말쑥하게 차려입은 부르주아 여성, 그리고 '모자 쓴 여인들'[귀족 여성] — 이 참가한 것으로 보인다. 시장에서 …… 이 운동은 생외스타슈 성당 구역에서부터 북을 치며 빵 부족에 항의하던 어린 소녀에 의해 시작됐다. 수많은 여성들이 모여들었고 그 수는 빠르게 불어났다. ……
　이 여성들의 첫째 목표는 식량이었고, 둘째는 아마도 남성들을 위한 무기와 탄약이었던 것 같다. [시청 — 토니 클리프] 경비병들은 무기를 빼앗겼으며 그 무기들은 여성들의 뒤를 따라오며 여성들을 고무한 남성들에게 건네졌다. ……

시위 대열은 6~7천 명으로 불어났다.

초저녁에 베르사유에 도착한 뒤 시위대는 곧장 의회 회의로 향했고, 당황한 의원들과 함께 의회 건물로 몰려 들어갔다. 시위대는 치마에 검과 사냥칼을 찬 채 자신들의 청원서가 제출되길 …… 기다렸다.[11]

1789년 10월 5일
베르사유로 행진
하는 여성들.

여성들의 베르사유 행진에 대한 전통적 설명은 이렇다. 베르사유로
행진할 때 여성들은 "빵 굽는 사람과 그의 아내, 도제[루이 16세, 마리 앙
투아네트 왕비, 왕위 계상자인 도팽을 뜻함 - 토니 클리프]를 찾아내자"고
외쳤다. 여성들은 왕이 국민들 앞에 나타나 빵을 충분히 공급하겠다고
약속하길 기대했다. 이러한 희망이 즉각 실현되지는 못했다. 식량 위기
는 그 뒤로도 여러 달 계속됐다. 왕족들이 [파리로 - 토니 클리프] 귀환한
다음 날, 수많은 여성들이 곡물 시장을 습격했고 곡물 견본을 왕에게 보
여 준 다음 썩은 밀가루 1백50배럴을 강물에 던져 버렸다. 10월 21일 시
청 지구에서 식량 폭동이 일어났을 때, 제과업자 프랑수아는 플라스 드
그레브의 악명 높은 가로등에서 교수형을 당했다. …… 그 다음 날 중앙
시장에서 떨어져 있는 티보토데 거리에서 여성들은 곡물과 밀가루를 숨
겨 놓은 건물을 찾자고 주장하면서 다시 폭동을 일으켰다.[12]

비록 10월 여성 시위를 추동한 힘은 경제적 요구였지만, 점차 이 운동은
부르주아 정당이 시작하고 파리 국민방위대(빈민·무산자와 밀접한 단체) 분
견대들이 지지한 정치 봉기와 결합됐다.

1789년 11월과 1791년 9월 사이에는 눈에 띄게 물가가 안정됐고 심지어는 하락하기도 했다. 노동자와 농민의 생활수준이 실질적으로 향상됐고 식량 문제를 둘러싼 대중의 동요는 사라졌다. 그렇다고 해서 파리 노동 여성들이 혁명에 대한 관심을 잃어버린 것은 아니었다. 사실, 군주제 폐지 운동이 강력하게 성장하면서 많은 여성들이 계속해서 정치적 교훈을 얻은 것은 분명하다. 여성들은 대중 클럽과 협회에 참여했으며, 혁명적 신문을 읽었고, 모든 혁명에서 볼 수 있는 끊임없는 대중 토론에도 참여했다.

1791년 7월 샹 드 마르스 광장에서 벌어진 대규모 공화파 시위에서 체포된 23세 여성 요리사 콩스탕스 에브라르의 주목할 만한 증언을 살펴보자. 에브라르는 코르들리에 클럽*에 참석한 것을 시인했고, 정기적으로 읽은 네 종류의 신문을 언급했다. 에브라르는 공화파의 청원서에 서명하기 위해 샹 드 마르스에 갔으며, 그 청원서의 목적이 "다른 국가권력 조직을 위해" 라고 말했다.[13]

혁명적 상황에서 배우게 되는 진보적 정치와 경제적 불만의 결합은 가히 폭발적이었다.

1791년 가을부터 물가가 다시 올랐고 화폐 가치는 떨어지기 시작했다. 그리고 전운이 짙어지면서 처음에는 점진적이던 운동은 더욱 급격해졌다. 1792년 노동 여성은,

농촌의 도시 생필품 공급, 특히 우유 공급 중단에 분노했으며, 점차 주도적으로 물가 안정을 외치는 세력이 됐다. 1792년 중반부터 지방에서 물가 안정을 요구하는 움직임들이 있었다. 리옹과 동부 대도시인 브장송,

---

* Cordeliers Club, 프랑스 혁명의 주요 인물인 당통이 주도한 클럽이다. 회원들은 장 폴 마라의 일간지 <민중의 벗>에서 많은 영향을 받았다.

샬롱, 브줄에서는 그해에 신입 회원이 늘어난 지방 '여성클럽'이 이러한 행동을 주도했다.[14]

1793년 2월 25일, 노동 대중은 직접 행동에 들어갔다. 부르주아지는 분노해 그 행동을 약탈이라고 불렀는데, 노동 대중은 상점에 들어가 상점 주인에게 상품을 자신들이 정한 가격에 팔 것을 강요했다. 이 사람들 가운데는 여성들이 많았는데, 특히 비싼 비누 가격에 불만을 품은 세탁부들이 많았다. 그날 저녁 자코뱅 클럽에서 로베스피에르는 화가 나서 이렇게 소리쳤다. "인민들의 봉기는 좀 더 가치 있는 대의를 위한 것일 수 없는가? 인민들은 불쌍한 상인들과 꼭 그렇게 싸워야만 하는가?"

다음 날인 2월 26일에 여성 대표단이 모든 기본 생필품의 가격 통제를 요구하려고 시청에 갔다. 얼마 전에 선출된 파리 시장 장 파슈는 사람들을 비꼬면서 이렇게 얘기했다. "당신 남편의 임금이 고정되면 어떻게 하겠소? 그리되면 좋을 것 같습니까?" 같은 날 국민공회에서 자코뱅파 의원 바레르는 전날의 시위자들을 비난했다. 2월 28일에는 또 다른 자코뱅파 의원 캉봉이 재산권이 "끊임없이 위협받고 있다"고 선언하면서 재산 침해자를 처벌하는 엄격한 법률을 제정하라고 요구했다.

3월 초에 자신들이 사재기와 투기를 하는 사람들로 불리고 있다는 사실에 불쾌해진 자코뱅파는 로베스피에르가 몸소 작성한 회람을 각 지부에 돌렸다. 자코뱅파는 여성들의 운동에 대한 모든 책임을 부인했고, 자신들이온 힘을 다해 그 운동에 반대했다고 주장했으며, 단지 자신들의 적만이 여성들의 운동을 부추겼을 것이라고 말했다. "파리의 민중은 전제군주를 타도할 수는 있지만, 식료품 장수들은 아무 상관도 없다. 민중은 하찮은 매점매석 상인들을 몰아내는 것보다 더 중요한 일을 해야 한다."

그러나 브라 뉘는 자코뱅파의 지시에 따르려 하지 않았다. 그들은 계속 압력을 가했다. 5월 1일 정치적 열기는 더욱 고조됐다. 태피스트리[벽걸이 융단] 제작 노동자 프랑수아 뮈진은 파리의 가장 선진적인 노동계급 지구인 포부르 생앙투안 대표단의 대변인인데, 그는 의회 연단에 올라 이렇게 말했다.

> 오랫동안 당신들은 모든 기본 생필품의 상한가를 약속해 왔소. …… 그러나 언제나 약속만 되풀이하고 결코 이행하지는 않았소. …… 희생을 각오하시오. 여러분 대부분이 유산자라는 사실을 잊으시오. …… 지금까지는 빈민이 혁명을 위해 모든 희생을 감수해 왔소. 이제는 부자들과 이기주의자들 역시 공화주의자가 돼야 할 때이며, 재산 대신 용기를 보여 줘야 할 때요.[15]

노동 여성들이 투쟁한 결과, 1793년 5월 4일 국민공회는 압력에 굴복해 최초로 최고가격제를 제정해서 물가 통제 체계를 제도화하는 첫걸음을 뗐다. 이 법은 생활필수품 가격의 상한선을 규정했다.

그러나 이 법은 허점이 많았다. 가격이 여전히 높았고 심각한 식량 부족도 해결되지 않았다. 여성들은 다시 직접 행동에 나서서 이에 맞섰다. 6월 26일, 27일, 28일에 여성들은 상인들에게 상품, 특히 비누를 더 낮은 가격에 팔도록 강요했다. 푸아소니에르 지구에서 온 몇몇 시민들이 28일에 코뮌 총회 — 혁명적 시자치위원회 — 에 참석해, 방금 징발한 스무 상자의 비누를 1파운드당 20수*에 분배해야 한다고 주장했다. 국민공회는 그 제안을 만장일치로 거부했다. 코뮌 부의장 자크 에베르는 자신의 신문 <르 페르 뒤셴>**에서 항의하는 사람들에게 책임을 돌렸다. "빌어먹을! 당신들

---

* Sou, 20분의 1 프랑의 동전.
** Le Pére Duchesne, 프랑스 혁명기의 급진 신문.

은 싸워야 할 사자가 있는데도 파리를 잡는 데 시간을 허비하고 있다. 세상에! 우리가 지금 설탕이나 비누 장수들과 싸우고 있을 때인가?"[16]

8월 말 파리에서는 날마다 식량 시위와 폭동이 일어났다. 이것은 1793년 9월 4일과 5일 시위의 직접적인 배경이 됐는데, 이 시위 때문에 로베스피에르가 이끄는 국민공회는 마침내 '최고가격제'를 공포했고 파리 주변의 농촌에서 파리로 충분한 곡물과 고기를 공급하는 것을 보장하는 임무를 띤 혁명군을 창설하는 계기가 마련됐다.

노동 여성들은 식량 폭동에서만 적극성을 보인 것이 아니었다. 그들은 프랑스를 전제군주제로 되돌리려는 외국의 반혁명분자들에 대항하는 혁명 전쟁에도 깊이 개입했다. 노동 여성들은 부상자의 붕대로 쓰인 다량의 리넨(아마포) 살림살이들을 기부했다. 여성들이 평생 간직하려 했던 혼수품인 이 리넨 물건들은 노동계급 가정의 중요한 재산이기도 했다.

국경 마을인 퐁타르리에 여성들은 지원병들에게 군복을 입히려고 결혼반지 ― 어느 여성에게나 가장 돈이 되는 재산 ― 를 기증했다. 브장송에서는 하루 종일 힘들게 일한 여성들과 성매매 여성들이 아이를 재운 뒤 모여서 전방의 군인들에게 보낼 양말을 짰다. 1792년 여름 전쟁의 열기가 고조됐을 때, 여성들은 수많은 청원서를 써서 의회에 보냈다. 여성들은 애국심을 강조했고 …… "훌륭한 원칙, 헌법에 대한 사랑, 전제군주에 대한 증오" …… 라는 양질의 우유로 자녀들을 키울 것을 맹세했다. 이것보다 더 중요한 것은 남편과 자식이 전선에 나가 있는 동안 여성들 자신이 내전을 수행한 점이었다. 국내의 반역자, 그리고 실제로 반역 행위를 한 사람뿐 아니라 반역 행위를 할 가능성이 있는 자, 즉 반역자의 자식들과도 맞서 싸웠던 것이다. 오스트리아와 전쟁이 벌어지자 롱 르 솔니에, 마송, 코트 지방의 여성들은 쇠스랑과 냄비로 무장했고, 남편이 부재중인 가정과 자식들을 지킬 것과 만일 남편이 패배할 경우에는 …… 본인들이 끝까지 저항할 것임을 선언했다. 1792년 여름 타르브 지방의 여성들은 부엌칼로, 아이들은 국자로 무장하고서 스페인군과 맞섰다. 포르 앙 베셍의 여성들은 영국인들이 허를 찌르지 못하도록 해안 방책防柵을 세웠다. 성급하게 예상했던 승리가 초전에 좌절되자 내부 공모자로 의심되는 자들에 대한 반감이 더욱 심해졌다. 달아난 성직자와 망명한 왕당파들의 친척에 대한 여성들의 증오와 악의에 찬 보복은 식을 줄 몰랐다. …… 1793년에 모든 태도 표명에서 여성들은 남성들보다 …… 더 광적이고 더 격렬했다.[17]

혁명의 쇠퇴

1793년 9월 4~5일 시위로 혁명은 절정에 달했다. 브라 뉘가 자코뱅파를 어려운 상황에서 구출하자마자 자코뱅파는 그들을 공격했다. 혁명은 우경화하기 시작했다.

로베스피에르가 1793년 5월 31일 마침내 지롱드파를 격퇴하기 훨씬 이전부터 그와 동지들은 공화파 여성운동 지도자들에게 노골적으로 반감을 드러냈다. 예를 들어, 1793년 2월 22일 한 여성 대표자가 식량 매점과 가격 상승을 토론하는 데 자코뱅파 회관을 사용하고자 요청했을 때, 로베스피에르의 동생은 그러한 모임은 골치 아픈 일을 만들 뿐이라고 말했다. 더 나아가 또 다른 자코뱅파는 "만일 우리가 여성들이 이곳에 모이는 것을 허락한다면, 3만 명의 여성들이 파리에 모여 운동을 조직할지도 모르며, 이것은 자유에 치명적인 일이 될 것이다"[18] 하고 주장했다.

브라 뉘의 세력 기반은 많은 여성 단체를 포함한 대중 단체들에 있었다. 여성 조직 중에서 가장 중요한 조직은 1793년 5월 13일에 정식으로 설립된

'혁명적 공화파 협회'였다. 이 조직의 주요 지도자들은 배우 클레르 라콩브와 초콜릿 생산 노동자 폴린 레옹이었다. 회원 대부분은 빈민과 무산계급이었다.

이 협회의 전투성은 1793년 여름과 가을의 정치 투쟁에서 그들이 한 구실에서 가장 잘 드러났다. 이 여성들은 (6월 2일에 항복한) 지롱드파 지도자들을 체포할 것을 요구한 5월 말의 대규모 시위에 참가해 중요한 구실을 했다. 나중에 파리의 '드루아 드 롬'* 지구의 여성들은 승리에 혁혁한 공로를 인정해 이 협회에 '인간의 권리'라고 새긴 깃발을 수여했다.

여러분은 편견이라는 쇠사슬의 고리 하나를 끊어냈다. 여성을 가정이라는 좁은 영역에 묶어두고 국민의 절반을 수동적이고 고립된 존재로 만드는 그러한 편견은 더는 여러분에게 없다. 여러분은 사회질서 내에서 여러분의 지위를 차지하기를 바라고 있다. 무관심은 여러분을 화나게 하고 굴욕감을 갖게 만든다.[19]

'혁명적 공화파 협회'는 혁명 운동에서 가장 급진적인 좌파 집단인 격앙파와 더욱 가까워졌다. 격앙파 지도자 르클레르가 발행한 <민중의 벗>은 이 협회의 여성들이 대중의 요구를 쟁취하기 위한 투쟁을 지도할 것을 촉구했다. 1793년 8월 4일에 이 신문은 여성들을 향해 이렇게 썼다. "여러분이 보여 준 모범과 연설을 통해 공화주의적 활력을 불어넣고 식어버린 심장에 애국심을 다시 불붙이기를 바랍니다. …… 여러분은 지도할 권리를 획득했습니다. 여러분에게 영광이 있기를!"

그러나 지롱드파가 패퇴하자 로베스피에르는 노동 여성의 지지가 더는

---

* Droits de l'homme, '인간의 권리'라는 뜻이다.

필요하지 않았다. 1793년 9월 16일 저녁, 자코뱅파는 모임 내내 협회 지도자 클레르 라콩브를 공공연히 비난했으며, 여성 혁명가들에게 '강력한 조치'를 내릴 것을 요구했다. 라콩브는 체포됐다. 그러나 라콩브는 다음 날 풀려났는데, 이것은 라콩브를 고발한 자들이 단지 겁을 주려고 했던 것임을 암시한다. 그러나 의도가 정말 이런 것이었다면 성공하지 못했다. 나흘 뒤인 21일에 '혁명적 공화파 협회' 대표단은 다른 요구와 함께 파리 지구들[코뮌]이 모든 지구 대표자들로 구성된 중앙위원회를 임명할 것을 제안했다. 이와 비슷한 중앙위원회들이 과거에 왕 타도와 지롱드파 숙청을 주도했다.

자코뱅파 정부가 걱정할 만한 이유가 있었다. 9월 말이 되자 (9월 초처럼) 공공 시장에 식량이 거의 나오지 않았고, 빵집에는 빵이 부족했으며, 툭하면 싸움이 벌어졌다. 9월 29일 한 남성 애국 단체는 '혁명적 공화파 협회'를 "메디치가※, 잉글랜드의 엘리자베스, 앙투아네트와 샤를로트 코르데"와 동일시하며 협회 해산을 요구했다. 이런 심한 비난에 대해 이튿날 클레르 라콩브는 국민공회에서 이렇게 말했다. "우리 여성은 오직 하나의 괴물을 낳았지만, 지난 4년 동안 우리는 남성이라는 수많은 괴물들에게 배신당하고 살해당했습니다. 우리의 권리는 민중의 권리입니다. 그리고 우리가 억압받는다면 우리는 억압에 저항하는 방법을 터득하게 될 것입니다."

그러자 곧 자코뱅파 지도자들은 시장 여성들을 동원하기 시작했는데, 이 여성들은 식량 폭동과 가격 통제를 반대하는 것은 물론이고 공화파에도 반대했다. 10월 28일 6천여 명의 시장 여성들이 생외스타슈에 있는 '혁명적 공화파 협회' 본부를 습격했다. 10월 29일 국민공회의 한 의원은 시장 여성들을 대변해 연설했고, 협회 회원들을 규탄했으며, 그 여성들이 "구유를 기웃대는 돼지처럼" 빵을 찾아다닌다며 비난했다. 이들은 선량한 어머니와 딸들이 아니라 — 의미심장한 성격 묘사에 따르면 — 다수의 "해방된 여성과 여성 부대"였다.

얼마 뒤 방관하고 있던 여성들 중 한 명이 모든 여성 클럽 폐지를 요구하고 나섰다. 그 다음 날 당시 재판 중이던 지롱드파 지도자들을 대신해서 반혁명을 선동한 공안위원회의 한 대표자가 여성 혁명가들을 고발했다.[20] 며칠 뒤 파브르 데글랑틴 의원은 넌지시 여성 혁명가들이 성매매를 일삼는다는 말을 흘렸다. 또 다른 의원은 여성은 통치에 필요한 강한 성격을 갖추지 못했다고 주장했다. 즉, 정치 집회는 여성들이 "여성 본연의 더 중요한 관심사들"에서 멀어지게 한다는 것이다. 자연의 절대 명령은 거역할 수 없는 것이므로 여성은 정치적 권리를 가질 수 없었다.

곧바로 국민공회는 모든 여성 클럽을 불법화할 것을 결의했다. 11월 17일 한 여성 대표단이 여성 클럽 해산에 항의하기 위해 파리코뮌 총회에 참석하자 코뮌 검사 아낙사고라 쇼메트는 그들에게 이렇게 말했다.

오! 언제부터 민중이 자신들의 성(性)을 포기하도록 허락했는가? 언제부터 여성이 가사와 아이를 돌보는 경건한 임무를 저버리고 의회에 참가해 대중 앞에 나와 발언권을 얻고 연설하는 것을 용인하게 됐는가? …… 자연은 여성더러 여성이 되라고 말한다. 아이에 대한 세심한 관심, 이런저런 집안일, 어머니의 애정 어린 근심 등이 여성의 임무다. …… 오! 남자가 되길 바라는 건방진 여성은 …… 무엇을 더 원하는 건가? 여성이 활동하는 게 옳은 건가? 여성이 우리 군대의 수장 자리에 앉는 것이 올바른 일인가?(이 대목에서 쇼메트는 갑자기 잔 다르크를 회상하면서 말도 안 되는 소리를 늘어놓기 시작했다.)[21]

그 뒤 코뮌은 여성이 코뮌 회의에 참석하는 것을 금지했다. <모니퇴르>는 금지령을 공포하며 "공화파 여성에게 보내는 충고"라는 공안위원회의 포고문을 실었다. 그 글은 모두 단두대의 이슬로 사라진 마리 앙투아네트, 올랭프 드 구주, 롤랑 부인 등의 운명을 여성들에게 상기시켰다. 이런 암시의 목적은 올랭프 드 구주에 대해 한 말에서 분명하게 나타났다. "이 여성은 정치가가 되고자 했고, 그리하여 법은 자신의 성에 적합한 덕목을 망각한 이 음모가를 처단한 것으로 보인다." 드 구주가 처단된 것은 어떤 사상을 가졌느냐 하는 것 때문이 아니라 자기 견해가 있다는 사실 자체 때문이라는 것이다.

자코뱅파 지도자들은 클레르 라콩브와 그 동지들이 격앙파였기 때문만이 아니라 여성이라는 이유로도 그들을 공격했다. 자코뱅파는 혁명 동안에 국유지를 몰수하고 군대에 장비를 공급하거나 무기를 제조해 엄청난 경제적 이익을 본 자본가계급을 대표했다. 진정한 의미의 부르주아지로서, 열렬한 사유재산 옹호자인 그들은 열렬한 반反페미니스트이기도 했다. 그들에게 부르주아 가족은 신성한 것이었다. ≪공산당 선언≫은 이렇게 밝히고 있다. "오늘날의 가족인 부르주아 가족의 토대는 무엇인가? 그것은 바로 자본과 사적 이익이다." 이 신흥 부자들에게 여성은 재산이나 마찬가지였다.

다니엘 게랑의 논평은 적절하다. 즉, "혁명적 여성은 여성을 해방시킬 수 있는 혁명의 씨앗을 너무 빨리 뿌리길 원했기 때문에 제거되고 말았다."[22]

브라 뉘의 패배

여성 클럽 해산은 대중적 협회 일반에 맞선 자코뱅파의 투쟁과 밀접하게 연관돼 있었다. 유명한 자코뱅파와 코르들리에파 협회들처럼 공식적인 단체도 아니고 높은 회비를 받지도 않은 이 협회들은 남녀 모두에게 개방적이었다. 자코뱅파는 그들을 두려워하고 증오했는데, 공식 지구 모임들과 달리 협회들은 통제하거나 조종할 수 없었고, 협회들이 노동 대중의 요구에 더 우호적인 사람들을 위한 회합을 열었기 때문이었다. 1794년 5월 협회들이 폐쇄됐다. 자코뱅파는 여성만 조직하는 것이든 남성과 함께 대중 클럽에 참석하는 것이든, 대중 토론과 대중 활동에서 여성을 배제하기로 결정했다.

이와 더불어 브라 뉘는 또 다른 패배를 겪게 된다. 물가를 통제하는 최고가격제가 완화됐고 곧 실질적인 의미를 잃었다. 1794년 12월 9일 국민공회는 최고가격제 폐지를 공표했다. 생계비가 엄청나게 상승했다.

이제 민중의 직접민주주의의 세력 기반이던 파리코뮌과 가격 통제를 집행한 혁명군은 중앙정부의 통제에 종속됐다.

혁명이 전진했을 때 종교 신앙은 뒷걸음질쳤다.

예배를 없애자는 결정은 위가 아니라 아래에서 나왔다. …… 파리의 각 지구들에서는 잇따라 교회를 폐쇄하거나 다른 목적으로 이용했다. …… 그토록 오랫동안 사람들을 억압해 온 교회의 중압에서 벗어나자 사람들은 날아갈 것만 같았다. 사람들은 옛 예배당 건물에서 춤을 추었다. 프랑스 전역에서 펼쳐진 이러한 광경은 전에는 한 번도 보지 못한 일이었다.

그러나 1793년 말 로베스피에르는 가톨릭 신앙과 교회 조직을 부활시켰고, "성직자와 교회에 대항해 열렬히 투쟁하는 대중운동을 약화시키고 해체하거나 파괴했다."[23]

로베스피에르가 절대 권력을 장악한 동안 노동 대중의 물질적 조건은 눈에 띄게 나빠졌다. 같은 시기에, 특히 1794년 3월 이후에 국민공회는 임금 억제책을 강행했다. 로베스피에르가 우파에게 전복당한 테르미도르 9일에 시청에서 항의 시위가 벌어졌던 이유도 바로 임금 억제 정책 때문이었다. 로베스피에르는 좌파를 공격함으로써 자신을 권좌에 앉힌 사람들, 바로 1년 전까지만 해도 충심으로 자신을 지지하던 사람들 사이에서 고립을 자초하고 말았다.

테르미도르 반동 당시 폐쇄된 어느 자코뱅 클럽.

우리가 살펴본 것처럼, 우파는 로베스피에르와 그 지지자들을 제거하자마자 식량 가격 통제를 풀어 버렸다. 이 조치는 파리 시민에게 재앙이 됐다. 인플레이션은 폭동을 일으켰다. 생활비 상승, 자코뱅파 박해, 부유한 투기꾼과 전쟁 와중에 이익을 얻은 자들의 사치, 신흥 중간계급의 거만함 등 이 모든 것들이 엄청난 적대감을 불러일으켰다. 그리고 이것은 프랑스 혁명의 마지막 식량 폭동들인 1795년 4월과 5월의 폭동을 일으키는 요인이 됐다. 그러나 무엇보다도 식량 폭동을 일으킨 원인은 극심한 식량 부족이었다.(때로는 하루 할당량이 3~4온스[85~113그램]밖에 안 됐다.)

3월 25일 여성들은 국민공회 안팎에서 더 많은 빵을 요구하며 시위를 벌였고 그라비이에르 지구와 텅플르 지구에서는 임금노동자들과 주부들의 식량 폭동이 일어났다. 4월 1일 군중은 "빵을 달라! 빵을 달라!" 하고 외치며 국민공회를 습격했다. 그러나 그 시위는 지도자도 없었고 분명한 방향도 없었다. 시위대는 경고를 받았고, 국민방위대가 나타나자 전혀 저항하지 않고 해산해 버렸다.[24]

5월 20일에 국민공회로 밀어닥친 시위대들은 무장하고 있었으며 이전의 어느 시위대보다 훨씬 더 격렬했다. 그들은 모자나 웃옷에 "빵과 1793년의 헌법!"이라는 선동적인 슬로건을 붙이고 있었다. 또 다른 슬로건은 "빵 아니면 죽음을 달라!"였다. 시위대 대부분이 여성이었다. 이 시위는 처참하게 패배하고 말았다. 1789년 이래 처음으로 정부는 군대를 동원해 시위를 진압했고, 그리하여 파리 민중은 결정적 패배를 당했다. 그 뒤 파리 민중은 1830년까지 35년 동안 사회세력으로서 일어서지 못하게 된다.

국민공회는 이제 회의에서 여성을 배제하기로 결의했고, 그 뒤 여성들은 시민증을 가진 남성과 함께 왔을 때만 회의를 참관할 수 있었다. 사흘 뒤 국민공회는 모든 파리 여성을 일종의 가택 연금 상태에 두게 된다. "모든 여성은 특별한 명령이 없는 한 주소지로 돌아가야 한다. 파리가 평정을 되찾을 때까지, 이 명령을 공표한 1시간 뒤부터 다섯 명 이상 떼 지어 거리를 돌아다니는 여성들은 강제 해산되거나 체포될 것이다."

혁명의 패배는 노동 여성의 패배를 뜻했다.

반동으로 돌아선 여성들

뒤이어 혁명 기간 동안 일어난 가장 비극적인 상황이 펼쳐진다. 노동 여성들을 배반한 부르주아 혁명은 이제 이 여성들을 반동의 무기로 바꿔 놓았다.

1795년에 노동 여성들은 기아, 식량 폭동 실패, 그리고 부를 자랑하는 부자들의 도발 때문에 완전히 절망에 빠졌다. 굶주림은 언제나 여성에게 더 가혹했다.

기근이 계급적 성향이 있다는 것은 말할 필요조차 없으리라. 굶주림이 만연하면 가장 연약한 사람, 즉 어린이와 노인의 죽음, 유산과 사산이 증가한다. 그런데 유산과 사산의 증가는 여성의 운명이라는 것, 여성의 몸은 빈곤의 정도를 보여 주는 가혹한 척도라는 것을 유념해야 한다. 영양실조로 말미암은 불임이 이러한 상황에서 바랄 수 있는 최선이다. 죽은 아이를 낳거나 아이가 움직이지 못한다든지, 아이를 낳아도 먹일 젖이 없는 것보다 그 쪽이 훨씬 더 낫다는 것이다. 1795년 캉 지방의 어머니들은 물에 적신 누더기로 갓난아기의 울음을 달랬다. 그러나 아기들은 얼마 가지 않아 죽었다. 어머니들은 아기가 울지도 못할 정도로 약해지는 것을 지켜봐야만 했다.

자살이 증가했다. 센 강에서는 여성들과 아이들의 시체가 날마다 건져 올려졌다.[25]

자코뱅파 집권기에 파리 여성들은 교회를 멀리 했고 많은 여성들은 인습을 타파하고 예배당을 파괴하는 데 적극적이었다. 그러나 1796년에 여성들은 광적으로 가톨릭에 귀의했다.

1795년 이래 가톨릭은 본능적이고 감정적인 것이었다. 시대의 가혹함, 즉 질병이나 영양실조로 말미암은 죽음에 대한 절박감, 환멸, 치욕, 실패 …… 속죄할 수 있는 종교를 …… 찾는 참회의 감정 등에서 가톨릭은 힘을 얻었다. 쿠탕스의 여성들은 자기 아기가 먼저 세례를 받아야 한다고 서로 싸웠고, 그곳의 신부는 기다리다 죽을 것 같은 아기에 대해 개인적으로 판단함으로써 문제를 해결했다. 이 신부는 두 번이나 잘못 판단했고 죽은 아이에게도 세례를 내렸다. 이런 변화는 잔인했다. 각 도시에서 최고 성직권자의 교회들이 의기양양하게 다시 문을 열었다. 르퓌 지방 교구에서는 여성들이 지방의 자코뱅파 지도자들을 찾아내 죽이거나 갈

기갈기 찢어 버렸다. 이러한 변화는 백색테러가 수반하는 핵심적 내용이었다.[26]

맺는말

계급 갈등이 최고조에 달했을 무렵, 프랑스 혁명은 여성을 서로 적대하는 세 집단 — 귀족 여성, 부르주아지 여성, 브라 뉘, 즉 빈민과 무산계급 여성 — 으로 분열시켰다. 브라 뉘 여성들의 구체적인 요구는 부르주아 페미니스트들의 요구와는 근본적으로 달랐고 그것에 적대적이었다. 노동계급 여성들은 자신들의 이해관계 때문에 부르주아지(그 절반인 여성을 포함해)에 맞서 격렬히 투쟁하게 됐다. 노동계급 여성들은 격앙파와 힘을 합해 왼쪽에서 자코뱅파를 비판한 반면, 부르주아 여성들은 지롱드파와 결탁했고 심지어 왕당파와도 타협했다.

노동계급 여성들의 활동과 운명은 그들이 속한 계급과 분리될 수 없었다. 이것은 혁명의 상승과 쇠퇴, 두 과정에서 모두 입증됐다. 노동 여성들은 노동계급이 봉기할 때는 함께 봉기했으나, 노동계급이 패배했을 때는 형제들[남성들]보다 훨씬 더 심각한 패배를 겪었다.

혁명기 내내 파리의 노동 여성들은 혁명에 적극 참가했다. 그러나 이 여성들은 주어진 상황에서 행동해야만 했다. 당시의 물질적 조건, 부르주아의 한계를 극복할 수 없도록 만든 혁명의 계급적 성격, 더 진보적인 계급, 즉 당시 기껏해야 맹아단계에 있던 산업 노동계급의 지도력 부족 등이 바로 그 상황이었다. 1789년 7월 14일에서 1793년 9월 5일까지 노동 여성들은 혁명을 훨씬 더 왼쪽으로, 즉 입헌군주제에서 공화정으로, 그 다음에는 민주주의로 나아가게 한 시위에서 적극적인 구실을 했다. 그러나 자본가계급의 가장 급진적인 민주주의 부문을 대표하는 자코뱅파가 권력을 장악하자,

노동 여성들은 오히려 공격의 대상이 됐다. 노동 여성들은 반동의 품으로 내몰렸다.

03

파리코뮌의 여성

노동 여성들의 투쟁 역사에서 가장 영웅적인 장章 가운데 하나는 1871년 파리코뮌이다.

1870년 여름 비스마르크의 독일과 나폴레옹 3세 치하의 프랑스 사이에 전쟁이 일어났다. 프랑스는 이 전쟁에서 참패했다. 9월 3일 스당에서 전 프랑스군이 프러시아군에게 포위됐고 나폴레옹 3세가 생포됐다. 뒤이은 정치적 격분 속에서 프랑스는 공화국으로 선포됐다. 1871년 1월 28일 휴전이 선포됐고, 2월에 새로운 국민의회 선거가 실시됐다. 그 결과 프랑스 전역에서 우익 왕당파가 크게 승리했다. 수십 년 동안 극우 왕당파였던 아돌프 티에르가 국민정부의 수반이 됐다. 국민의회와 정부는 파리에서 약 10마일가량 떨어져 있는 베르사유에 있었다.

파리는 중앙 정부와 보조를 완전히 달리하고 있었다. 1870년 9월 18일부터 4개월 뒤의 휴전 때까지 파리는 프러시아 군대에게 포위돼 있었다. 이것이 수도 파리의 경제를 붕괴시켰고 시민들을 급진화하게 만들었다. 그해 겨울은 가장 살기 어려웠던 겨울로 기억됐다. 음식과 연료가 매우 부족했고, 2월에는 식량 폭동이 일어났다. 파리 시민들은 또 심각한 실업난으로 고통받았다. 노동자 대부분에게 유일한 수입은 국민방위대 일당으로 나오는 1.5프랑이 전부였다. 사실상 모든 노동 남성이 군대에 들어갔고, 국민방위대는 30만 명으로 불어났다.

수도를 통치하지 못한 정부 수장이었던 티에르는 파리의 통제권을 장악하기를 열망했다. 그 계획의 주된 장애물이 바로 국민방위대였다. 1871년 3월 18일 티에르의 군대는 국민방위대의 대포를 탈취하려 했지만, 이 습격은 격퇴됐다. 우파 의원들은 파리에서 도망쳤고, 노동자들은 자신들의 정부를 선출했다. 이리하여 코뮌이 탄생했다.

1871년의 파리코뮌은 새로운 형태의 국가였다. 마르크스가 ≪프랑스 내전≫에서 썼듯이, "그것은 본질적으로 노동계급의 정부였다. 그것은 착

1870년 프러시아 전쟁 기간에 전쟁에 대해 논쟁을 벌이는 파리 카페의 모습.

취 계급에 맞서 생산 계급이 벌인 투쟁의 산물이었고, 노동자의 경제적 해방을 위한 노력 속에서 마침내 발견된 정치 형태였다."[1]

상비군이나 관료제가 없는 국가가 설립됐다. 재판관을 포함한 모든 공무원이 선출되고 소환될 수 있었고 노동자의 임금과 동일한 급료를 받았다.

3월 30일에 코뮌은 징병제와 상비군을 폐지하고, 유일한 군대는 국민방위대라고 발표했는데, 국민방위대에는 무장할 수 있는 모든 시민이 등록할 수 있었다. 1870년 10월부터 [다음해] 4월까지의 집세가 모두 면제됐고 이미 낸 돈은 장래의 임대료로 기입됐으며, 시 전당포에서 저당 잡은 물품의 판매를 전면 중지시켰다. 같은 날, 코뮌에 선출된 외국인들의 직책이 승인됐는데, 그 이유는 "코뮌의 깃발은 세계 공화국의 깃발이기" 때문이었다. …… 6일에는 국민방위대 제137포병대대가 단두대를 끌어내 수많은 군중이 환호하는 가운데 공개적으로 불태웠다. 12일에 코뮌은, 1809년의 전쟁이 끝난 뒤 나폴레옹이 포획한 대포를 녹여 만든 방돔 광장 전승비가 배타적 애국주의의 상징이자 민족적 증오를 부추기므로 부숴 버려야 한다는 결정을 내렸다. 이 결정은 5월 16일 실행에 옮겨졌다. 4월 16일 코뮌은 공장주들이 폐쇄한 공장들에 대한 통계표를 작성할 것과, 이전에 이 공장들에 고용됐던 노동자들이 공장을 운영할 계획을 완성할 것을 명령했는데, 이 노동자들은 협동조합으로 조직될 예정이었다. 그리고 코뮌은 협동조합을 하나의 거대한 조합으로 조직할 계획을 마련하도록 명령했다. 20일에 코뮌은 제과 노동자들의 야간작업을 없애고 제2제정 이후 경찰이 임명한 사람들 ─ 가장 악랄한 노동 착취자들 ─ 이 독점해 운영해 온 직업소개소를 폐지했다. 파리 20개 구의 구청장들이 직업소개소들의 운영을 맡았다. 4월 30일에 코뮌은 전당포가 노동자를 개별적으로 착취하고 노동 계약과 신용 대부를 보장받을 노동자들의 권리에 위배된다는 이유로 전당포 폐업을 명령했다.[2]

쁘띠부르주아 사상의 유산

코뮌은 불행하게도 여러 세대가 남긴 정신적 유산 때문에 고통받았다. 프랑스의 혁명 전통은 혁명의 자극제이면서 동시에 혁명을 제한하는 틀이기도 했다. 마르크스가 코뮌 탄생 약 20년 전에 썼듯이 "모든 죽은 세대의 전통은 악몽처럼 살아 있는 사람들의 머리를 짓누른다."

이 전통은 쁘띠부르주아 급진주의로 요약할 수 있다. 이 사상의 자양분은 소기업이 지배적인 프랑스 산업의 후진성이었다.

제정 말기 파리의 노동인구는 아직 산업 프롤레타리아트가 아니었다. 1872년의 인구조사는 노동인구의 44퍼센트를 산업 노동자로 분류하고 있으나, 1백 명 이상을 고용한 공장은 대략 15개쯤이었고, 1백여 개의 공

장이 20~50명의 노동자를 고용했다.[3]

소규모 작업장에서 일하는 프랑스 노동자들의 좁은 시야는 노동자들이 여성을 대하는 태도에 커다란 영향을 미쳤다. 여기에서 지배적인 사상은 프랑스 아나키즘의 아버지 피에르 조제프 프루동(1809~1875년)의 사상이었는데, 그것은 전형적인 급진 쁘띠부르주아지 이데올로기였다. 여성에 대한 프루동의 견해는 반동적이었다. 그는 자신의 견해를 아주 자세히 설명했다. 프루동은 여성의 신체적 왜소함과 성행위에서 예상되는 수동성이 여성이 본래 남성보다 더 약한 증거라고 지적했다. 큰 엉덩이와 골반과 가슴은 여성의 유일한 기능이 출산임을 보여 주는 증거이고, 여성의 뇌가 상대적으로 작은 것(분명 사실이지만 지적 열등성과는 관계없는 사실)은 여성의 지적 열등성을 드러내는 것이라고 썼다. 프루동은 남녀 양성에 대해 기이한 수치상의 가치 체계를 적용해, 남성과 여성의 관계는 육체적으로 3 : 2이고 이 비율은 주도성, 교육 능력, 잠재력 등에도 적용돼야 한다고 주장했다. 즉, 남성은 주인이고 여성은 복종해야만 한다는 것이었다.

프루동은 "천재성은 남성다운 정신이고 이 정신은 추상력, 일반화 능력, 창조력, 사고력 등을 수반한다. 어린 아이, 거세된 남자, 여성에게는 똑같이 이러한 재능이 결여돼 있다"고 단언했다.

프루동에 따르면, 여성은 날 때부터 단지 재생산의 도구로 선택됐을 뿐이다. 즉, 여성이 사회에 쓸모 있는 유일한 기능은 아이를 낳는 것이고, 그 외에는 여성이 존재할 이유가 전혀 없다는 것이다. 남성에게 여성은 남자가 버는 것보다 더 많은 돈을 쓰게 하는 존재일 뿐이고, 따라서 여성은 남성이 끊임없이 희생함으로써 살아가는 존재다.

프루동은 오직 두 가지 직업만이 여성에게 열려 있다고 말했다. "아내 아니면 매춘부." " …… 해방을 꿈꾸는 모든 여성은, 해방을 꿈꾼다는 바로 그 사실 때문에 영혼의 건강, 빛나는 지성과 마음의 순결을 잃어 왔다."
이러한 타락을 방지하기 위해서, 아내 살해의 근거에 "간통, 건방짐, 배신, 술 취함, 방탕, 낭비, 도둑질, 그리고 끊임없는 불복종" 등을 포함시켜야 한다고 프루동은 권고했다. 왜 안 되겠는가? 여성은 단지 "귀여운 동물"일 뿐이었다. 여성 평등에 찬성하는 "문자 그대로 거세된 남자"의 말에 귀 기울이는 것은 괘씸한 소행이었다. "······ 그것의 필연적 결말은 자유연애, 결혼과 여성다움에 대한 비난, 남성에 대한 질투와 은밀한 증오이며, 최후에는 억누를 수 없는 음탕함으로 이어진다. 해방된 여성의 철학은 언제나 이런 것이다."[4]

프랑스 사회주의와 페미니즘 역사가 M J 복세르는 프루동 사상의 사회적 뿌리를 정확하게 요약했다.

통 만드는 사람과 요리사의 아들인 프루동은 전형적인 프랑스 노동자, 농민 또는 장인을 아주 잘 대표했는데, 이들은 중앙집권적으로 위계화된 권력을 불신하는 사람들이었다. 가정의 영역에서는 프랑스의 가톨릭 전통이 반교권주의를 퇴색시켰다. 프루동의 좌우명인 "가족 반대, 문명 반대, 공화국 반대"는 많은 프랑스 노동자의 감정을 표현한 것이었다.[5]

프루동의 여성에 대한 태도는 그의 일반적인 쁘띠부르주아적 세계관의 본질적 일부였다. 프루동은 독립 장인, 재산 소유자, 가부장적으로 집안을 다스리는 사람들의 생각을 반영해, 계급투쟁보다는 [계급] 협조를 강조했고 산업의 국유화에 반대했으며 파업에도 반대했다. 프루동은 부자들에 적대적이었으나, 부자들과 싸우는 노동자들에게도 적대적이었다.

부자가 기업가를, 기업가가 노동자를, 지주가 소작인을 착취하고 억압하는 것과 마찬가지로, 가난한 사람들이 부자를, 노동자들이 고용주를, 소작인이 지주를, 회사 후원자가 주주들을 착취한다.[6]

훗날 제1인터내셔널로 알려진 국제노동자협회가 1864년에 설립됐고, 이 협회의 총평의회(마르크스가 주도했다)는 여성 회원 가입을 허용하기로 투표로써 결정했다. 그러나 프랑스 대표단의 '압도 다수'는 이 안에 반대표를 던졌다. "여성이 있어야 할 곳은 공개 토론회장이 아니라 가정이다. …… 인간 문제의 연구와 노동은 남성의 몫이다. 여성의 일은 아이를 돌보고 노동자의 가정을 꾸미는 것이다"라는 것이 그 이유였다. 이러한 충돌은 회원 자격을 지부별로 정하도록 허용함으로써 해결됐다.[7](프랑스의 결정은 소급력이 없었고, 따라서 일부 여성은 그대로 회원 자격이 인정됐다.)

프랑스 대표자들은 여성 노동을 없애고 싶어 했다. 그들은 "지구에서 가장 위대한 이름은" 생활비를 버는 "아버지의 이름이다" 하고 주장했다. 그렇지만 여성은 사회에서 중요한 구실을 수행하는데, 여성의 '영역'인 가족은 "전체 사회 조직의 기초이고 …… 슬픔과 괴로움, 고뇌에 지친 영혼의 피난처를 제공하기 때문이다. …… 우리는 사회가 여성에게 또 다른 직업을 제공하는 것이 쓸모 있는 일이라고 생각하지 않는다. 만일 노동자의 아내가 대표위원이 되면 …… 누가 노동자의 수프에 소금 간을 맞춘단 말인가?" 그리고 여성은 "아버지가 통제력을 행사하는 명백한 조건 아래" 아이의 교육자 노릇을 해야 한다. 산업 노동은 여성이 "자신의 타고난 기질에 순응하지" 못하게 할 것이다. 프랑스 대표들은 "현 사회에서든, 사회주의로 재조직된 사회에서든"[8] 여성 노동을 용인하지 않을 것이라고 선언했다.

국제노동자협회 회원이기도 했던 1871년 파리코뮌의 구성원들은 대부분 프루동 지지자였다. 코뮌의 수명(72일)은 혁명적 추진력과 코뮌을 무겁게 짓누른 과거라는 엄청난 부담 사이의 모순을 극복하기에는 너무 짧았다.

코뮌의 여성들

코뮌에서 여성이 매우 중요한 구실을 했다는 많은 증거가 있다. 한 반동적인 저자는 다음과 같이 공공연하게 말했다.

약한 성[여성]은 이 통탄할 기간 동안 수치스럽게 행동했다. …… 코뮌에 헌신한 여자들 ─ 그런 사람들이 많았다 ─ 은 오직 한 가지 야심만 갖고 있었다. 그것은 남성의 악행을 과장해 남성보다 더 높은 곳에 오르려는 야심이었다. …… 코뮌에 참여해 선동하고 불평을 터뜨린 여자들은 모두 …… 신사의 재봉사, 신사의 셔츠를 만드는 사람, 성숙한 남학생을 가르치는 교사, 각종 허드렛일을 하는 하녀 등이었다. …… 참으로 우스운 것은 구빈원에서 도망친 이 여자들이 끊임없이 잔 다르크를 되뇌었고, 스스럼없이 자신들을 잔 다르크에 비유한 점이다. …… 최후의 날에 이 호전적인 여장부들은 바리케이드 뒤에서 남자들보다 더 오래 버텼다.

또 다른 극우 반동주의자 도방Dauban도 이렇게 증언했다.

여성들은 남성들과 마찬가지로 열렬했고, 무자비했으며, 광폭했다. 여성들이 그렇게 많이 모습을 드러낸 적은 일찍이 없었다. 여성들은 위험을 무릅썼고, 죽음도 두려워하지 않았다. 산탄, 포탄, 기관총 등에 끔찍하게 부상당한 사람들을 치료해 줬다. 여성들은 전대미문의 끔찍한 경험 속에서 아픔과 분노로 울부짖고, 흐느끼고, 고함치는 사람들 곁으로 달려갔다. 그때 그들의 눈앞은 피바다를 이뤘고, 아직 살아 있는 육체에서 터져 나오는 신음소리가 귓가에 울려 퍼졌다. 여성들은 결연히 샤스푀총의 일종를 집어 들고, 그와 똑같은 부상과 똑같은 고통을 향해 달려 나갔다. 바리케이드에서 그 불굴의 투지! 전투에서 그 맹렬함! 벽을 등지고 총살

1871년 3월 18일
파리 노동자들의
바리케이드.

집행 부대 앞에서 보인 그 침착함이란! ……

1871년 5월 19일 <타임스> 특파원은 이렇게 썼다.[9] "프랑스가 프랑스 여성만으로 이뤄졌다면, 얼마나 끔찍한 나라가 됐을까!"

코뮌의 첫째 날인 3월 18일, 여성들은 티에르가 국민방위대의 대포를 탈취하려고 보낸 군대를 무력화하는 데 중대한 구실을 했다. 몽마르트에서 르콩트 장군이 발포 명령을 내렸다. 이때 여성들이 군인들에게 말했다. "우리를 쏠 겁니까? 당신들의 형제를? 우리의 남편들을? 우리의 아이들을?" 도렐 드 팔라딘 장군은 당시 상황을 이렇게 묘사했다.

여성들과 아이들이 다가와서 군대와 뒤섞였다. 이들이 우리 병사들에게 접근하게 내버려 둔 것은 엄청난 실수였다. 왜냐하면 여성들과 아이들은 병사들 속으로 들어가서 이렇게 말했기 때문이다. "사람들을 쏘지 마세요." 내가 알고 있는 한, 이렇게 제88대대와 다른 연대의 병사들은 자신들이 포위됐음을 깨달았고, 자신들에게 쏟아진 열렬한 환영에 저항할 힘을 잃어 버렸다. 사람들은 소리쳤다. "연대聯隊 만세!"라고.

예상하지 못한 개입 앞에서 병사들은 머뭇거렸다. 한 준위가 자기 중대 앞에서 외쳤다. "항명하라!" 그 즉시, 제88대대는 군중과 친구가 됐다. 사병들이 장군을 체포했다.

우동Houdon 거리에 수많은 여성들이 모여 들었다. 쉬스비엘 장군이 공격 명령을 내렸다. "그러나 여성들의 고함 소리에 겁먹은 기병대는 '뒷걸음질쳤고' 그 때문에 군중은 웃음을 터뜨렸다. 모든 곳에서 …… 대부분 여성들로 이뤄진 군중은 군인들을 에워싸고, 말을 멈추고, 마구를 잘라냈으며, '당황한' 군인들이 국민방위대의 '형제들'과 친해지도록 떠밀었다."[10]

여성동맹

가장 중요한 조직이자 단연코 가장 명확한 혁명적 여성 조직 가운데 하나는 '파리 방어와 부상자 지원을 위한 여성동맹'(여성동맹)이었다. 여성동맹은 제1인터내셔널 프랑스 지부의 여성 분과였다. 러시아를 탈출해 스위스에서 공부하기 위해 위장 결혼을 한 러시아 귀족의 딸 엘리자베스 드미트리예프(1851~1910년)가 1871년 4월에 이 동맹을 설립했다. 드미트리예프는 런던에 갔을 때 마르크스를 만났고 그의 딸들과 친해졌다. 코뮌 몰락 뒤 드미트리예프는 러시아로 도망쳐 시베리아 유형을 선고받은 어느 죄수와 결혼했고, 그와 함께 시베리아로 가서 그곳에서 일생을 마쳤다. 여성동맹은 철저하게 노동계급으로 구성됐다.

1백28명의 회원 가운데 60명의 직업을 알 수 있다. 거기에는 여성이 할 수 있는 온갖 직업이 망라돼 있다. 재봉사 15명, 조끼 만드는 사람 9명, 재봉틀 기술자 6명, 옷 만드는 사람 5명, 리넨 장수 5명, 남성 의류 제조자 3명, 장화 만드는 사람 2명, 모자 만드는 사람 2명, 세탁부 2명, 마분

지 만드는 사람 2명, 군대용 훈장 수놓는 사람 1명, 끈 만드는 사람 1명, 넥타이 만드는 사람 1명, 교사 1명, 향수 만드는 사람 1명, 보석 만드는 사람 1명, 금광金光을 내는 사람 1명, 책 매는 사람 1명, 제책하는 사람 1명 등이었다. 원칙적으로 파리 20개 구를 대표하는 20명의 위원으로 구성되는 중앙위원회는 이러한 사회적 구성을 정확하게 반영했다.

여성동맹은 "민중의 대의와 혁명과 코뮌을 방어하고 지지하리라 굳게 결심한 파리 여성 시민들의 책임감 있는 조직이었다." 각 구에 위원회가 설립돼, 야전 병원과 야전 취사장에서 봉사할 여성을 모집했고, 자발적으로 모은 기금을 관리했다. 중앙위원회의 명령과 코뮌위원회의 요청이 있으면 "낮이든 밤이든 어느 때라도" 동맹 여성들을 소집했다. "간단히 말해서, 구 위원회가 여성을 동원하는 책임을 맡았다."[11]

4월 11일에 나온 첫 투쟁 호소에서 여성동맹은 대담하게 사회주의와 국제주의를 선언했다.

파리는 봉쇄돼 있습니다. 파리는 폭격당하고 있습니다. 여성 시민 여러분
…… 포효하는 대포 소리, 신성한 사명을 전하는 경종 소리가 들립니까?
무기를 드십시오! 조국이 위험에 처해 있습니다! '자유, 평등, 우애'라는
이름의 승리를 위협하고 있는 것이 파리를 공격하려고 온 외국인들일까
요? 아닙니다. 민중과 자유를 살해하려는 적들은 바로 프랑스인입니다.
　파리의 여성 시민 여러분, 대혁명의 여성들, 민중과 정의의 이름으로
베르사유로 행진했고 루이 16세를 포로로 잡은 여성들의 후예 여러분,
프랑스 민중의 어머니요, 아내요, 자매인 우리가 가난과 무지가 우리 아
이들을 공격하는 것을 계속 허용해야 한단 말입니까? 바로 우리 눈앞에
서 아버지가 아들을, 또는 형제끼리 서로 죽이도록 내버려 두고, 파리를

외국인들에게 넘겨 없애 버리기를 원하는 압제자들의 변덕에 놀아날 것입니까? …… "여성 시민 여러분, 싸움은 시작됐습니다. 승리 아니면 죽음뿐입니다."[12]

여성동맹은 자신의 목표를 이렇게 요약했다.

현재의 모든 사회적·법적 구조를 철폐하고, 모든 특권과 착취 형태를 일소하고, 자본의 지배를 노동의 지배로 바꾸기 위한 완전한 사회혁명. 즉, 노동계급의 손으로 쟁취하는 노동계급의 해방.[13]

여성을 조직한 다른 클럽들이 많이 있었지만, 어떠한 클럽도 정치적으로 이토록 진보적이지는 않았다.[14]

활동

여성은 코뮌 방어에 필요한 무기 생산에서도 중요한 구실을 했다.

3천 명의 여성들이 탄피를 만드는 일에 고용돼 있었던 듯하다. 리사그레이*는 1천5백 명의 여성들이 바리케이드용 모래주머니를 꿰매던 입법부 건물의 작업실을 이렇게 묘사했다. "키가 크고 아름다운 소녀인 마르타가 일을 분배했다. 마르타는 친구가 준 은빛 술 장식이 달린 붉은 스카프를 두르고 있었다. 즐거운 노래가 노고를 덜어 줬다. 매일 저녁 노동자들은 일한 만큼 주머니 1개당 8상팀의 임금을 바로 받았다. 전에 중개인은

---

* Lissagray, 코뮌 참가자였고 1876년 ≪파리코뮌의 역사≫를 출간했다.

기껏해야 2상팀을 주었을 뿐이다."[15]

드미트리예프는 사장들이 회사를 버리고 파리에서 도망쳤을 때, 협동조합이 그것들을 인수해 생산하는 것이 경제를 사회주의적으로 재조직하는 출발점이라고 생각했다. 드미트리예프는 코뮌이 설립한 노동·교환위원회에 제출한 보고서에서 이렇게 썼다.

생산자에게 수익을 보장하기 위한 노동의 재조직은 그것이 어떤 것이든 간에, 다양한 산업을 생산자들의 집단적 이익에 유리하게 사용하는 자유로운 생산 조합을 통해서만 가능하다. 노동을 자본주의적 착취의 속박에서 벗어나게 하면서, 이러한 조직 형성을 통해 결국 노동자들은 자신의 사업을 경영하게 될 수 있을 것이다.

생산의 사회적 관계뿐 아니라 비인간적인 노동의 형태도 바뀔 것이다. "똑같은 손동작을 끊임없이 반복하는 것은 유기체와 뇌에 치명적인 영향을 미치기" 때문에 반드시 변해야 한다. 노동시간 단축도 고려해야 하는데, 왜냐하면 "육체적 힘의 고갈은 필연적으로 도덕적 힘을 소진시키기" 때문이다. 마지막으로, "여성 노동자와 남성 노동자 사이의 모든 경쟁"을 철폐하는 것도 훌륭한 생각일 것이다. 왜냐하면, 자본주의에 맞선 투쟁에서 남녀 노동자들의 이해관계는 같기 때문이다. 동일한 노동에 대한 임금은 동일해야 한다.[16]

여성들은 부상자를 치료하는 야전 병원 운영에 적극적이었다. 그들은 무료 식당을 만들고 빈민을 돕는 중요한 책임을 맡았다.

여성들은 일련의 진보적인 교육 개혁을 계획하고 부분적으로는 그것을 수행하는 중요한 구실을 했다. 파리의 어린이 3명 가운데 1명은 그 어떤 공식 교육도 받지 못했다. 교육받은 아이들도 절반 이상은 교회 학교에 다녀야만 했다. 여자 아이의 교육은 남자 아이의 교육보다 훨씬 더 많이 교회의 통제를 받았다. 코뮌은 이러한 상황을 바꾸려는 중대한 조치로 국가가 비용을 대는 의무교육 제도를 지향했는데, 이것은 성직자의 영향에서 벗어나 인문학과 과학이 균형을 이루게 하고 그것들을 유용한 기술 훈련과 결합하는 것이었다. 여자 아이들의 교육은 가장 소홀하게 취급돼 온 분야였기 때문에 특별히 더 관심을 기울였다. 여학교를 세우기 위한 노력을 감독하기 위해 모두 여성으로 이뤄진 특별위원회를 구성했다. 여자 아이들을 위한 실업학교가 설립됐다. 노동 여성을 돕는 하나의 수단으로 공장 근처에 보육 시설을 세우려는 최초의 노력이 이뤄졌다.[17]

코뮌이 교육에 들인 노력은 여성 평등과 해방을 위한 첫걸음이었다. 그러나 불행하게도 역사는 중대하고도 영속적인 성과를 이룰 기회를 허락하지 않았다.

많은 여성들과 여성 조직들은 성매매 여성들에게 적대적이고 반동적인 태도를 취했다.

'의학학교 클럽'은 이렇게 요구했다. "공공 도로에서 추잡한 장사를 열심히 해대고 있는 행실이 수상쩍은 모든 여자들을" 즉시 체포해야 한다. "자존심을 잊어버린 술꾼들"도 마찬가지다. 카페는 밤 11시가 되면 문을 닫아야 하고 음악회에서 흡연을 금지해야 한다. 이 문서는 만장일치로 승인됐다. 1구와 2구의 거주자들은 11구의 자치평의회가 성매매 여성과 술주정꾼들에게 취한 조치를 칭찬했고, 다른 구에도 똑같은 종류의 법령을 적용할 것을 요구했다. …… 15구 코뮌 의원들이 성매매 여성과 술주정꾼을 체포했다.[18]

1871년 5월 29일, '피의 주간'
이후 파리코뮌 모습.

그러나 다른 많은 여성들은 다른 태도를 취했고, 많은 성매매 여성들이 코뮌을 위해 기꺼이 싸우는 용기를 보여 줬다. 성매매 여성 아만다는 생세브랭 클럽에서 코뮌이 성매매 여성들의 특수 부대를 조직할 것을 제안했다.

지도적인 여성 코뮌 참가자인 루이즈 미셸은 성매매 여성에게 그 어떠한 도덕적 비난도 하지 않으려고 노력했다. "구세계의 가장 가엾은 피해자인 그들보다, 새로운 세계를 위해 목숨을 바칠 권리를 더 많이 가진 사람이 누구란 말인가?" 그래서 미셸은 성매매 여성들을 "이 여성들을 환영할 만큼 관대한 정신을 가진" 여성위원회(여성연맹의 18구 자경단)로 보냈다.

성매매 여성들은 "우리는 결코 코뮌의 명예를 더럽히지 않을 것입니다" 하고 말했다. 실제로, 코뮌이 진압된 5월의 '피의 주간'* 동안 많은 성매매 여성들이 바리케이드에서 용감하게 죽어 갔다.[19]

* La Semaine Sanglante, 1871년 5월 21일~28일 코뮌 참가자와 정부군 사이에서 치열한 전투가 벌어졌던 주간. 이 주간에 약 3만 명 이상의 코뮌 참가자들이 목숨을 잃었다.

그러나 에디스 토머스에 따르면, 성매매 여성 대부분은 믿을 만한 코뮌 지지자가 아니었다. "…… 그들 대부분은 '직업' 때문에 언제나 천대받았고, 경찰에 협력하지 않을 때보다 협력할 때가 훨씬 더 많았으며, 기존 질서를 '존중'했다."[20]

코뮌은 새로운 성 도덕과 여성해방의 맹아를 싹틔우기도 했다. 결혼은 거센 비난을 받게 됐다. 4월 10일에 코뮌은 "민중의 권리를 지키다가 죽은 모든 시민"의 미망인과 그 아이들 — 적자든 서자든 — 에게 연금을 줄 것을 법령으로 포고했다. 이것은 사실상 파리 노동계급 사이에 널리 퍼져 있던 자유로운 결합을 결혼과 동등한 관계로 인정함을 뜻했다. 아르누는 나중에 다소 희망적으로 이렇게 말했다. "이 법령은 현대 사회에서 입증됐듯이, 종교-군주제적 결혼 제도에 치명적 타격을 입혔다."

일부 여성들은 더 나아가기를 원했다. 생자크 교회의 대중 클럽에서 한 여성은 결혼을 "과거 인류가 저지른 최대의 실수"라고 비난했고, 미혼으로 전사한 국민방위대 동료들에게만 연금을 지급해야 한다고 주장했다. "자유로운 여성에게 모든 것을 주고, 노예에게는 아무것도 주지 말아야 한다"는 것이었다.[21]

강력한 공화주의 전통은 1789년 이래로 프랑스의 정치적·지적 생활에 강한 영향을 미쳤다. 가톨릭교회가 혁명에 대항했기 때문에 공화주의 전통은 반교권주의를 정치적 논쟁의 중심에 놓았고, 교육에 엄청난 중요성을 부여했으며, 교육의 통제권을 둘러싸고 19세기 내내 교회에 맞서 투쟁했다.

프랑스 혁명 과정에서 노동 여성과 아이들은 극도로 굶주릴 때면 과격한 혁명적 태도에서 반혁명적 가톨릭주의로 돌아섰다. 이 때문에 공화주의 전통은 페미니즘에 적대적으로 됐다. 공화주의 전통은 정치적으로 여성에 대한 전반적인 불신에 기초를 두었는데, 왜냐하면 여성이 남성보다 성직자의 영향을 훨씬 더 많이 받는다고 생각했기 때문이다. 이런 까닭으로 코뮌은 여성에게 선거권을 줄 생각조차 하지 않았다.

'프랑스 민중에게 보내는 선언'이 내세운 코뮌의 목표는 여성의 존재를 전혀 고려하지 않았다. 코뮌의 남성은 단 한순간도 여성이 시민권을 가질 수도 있다고는 생각하지 못했고, 1789년과 1793년의 '위대한 조상들'이나 1848년의 혁명가들보다 나아진 점이 없었다.[22]

여기에서 우리는 코뮌의 가장 기묘한 역설 가운데 하나를 발견한다. 즉, 노동계급 여성들은 자신들에게 선거권도 주지 않는 혁명에서 엄청난 구실을 했다. 그러나 여성에 대한 코뮌의 태도는 단지 반페미니즘으로서가 아니라, 코뮌의 전반적인 정치적 미성숙의 일부로서 이해해야 한다. 코뮌 선거는 기존의 선거권을 바탕으로 실시됐고, [코뮌에] 극도로 적대적인 부유한 구區도 참여했다. 코뮌 참가자들은 국가의 구실과 본질을 전혀 이해하지 못했고, '합법적인 반역'을 주장했다.

최후의 날들

그러나 코뮌의 생명은 꺼져 가고 있었다. 파리의 혁명적 변화는 독일군의 포위 공격 때문에 프랑스의 나머지 지역들과 동떨어져 고립된 상태에서 일어났다. 반면 티에르는 독일의 묵인 아래 군대를 증강할 수 있었다. 티에르의 군대는 코뮌 참가자들의 방해를 전혀 받지 않고서, 베르사유에 집결했다. 그들은 먼저 시를 폭격한 다음, 침공해 들어갔다. 코뮌 참가자들은 모든 바리케이드에서 저항했다. 코뮌 참가자들이 마침내 패배해 무장해제를 당했을 때, 정부의 복수는 참혹한 유혈극이었다. 그들은 수천 명의 남자, 여자, 그리고 아이들을 한 줄로 세워 사살했다.

여성들은 최후의 순간까지 코뮌을 방어하면서 엄청난 용기를 보여 줬다.

국민방위대원들, 여성들과 아이들, 작업복 입은 노동자들은 하루 종일 밤 늦게까지 그들 중 많은 사람들이 그 위에서 죽게 될 방어 시설을 만들었다. 팡테옹 광장에서는 긴 스카프와 붉은 리본을 단 여성들과 '출발의 노래'와 '라 마르세예즈'를 부르는 아이들이 바리케이드를 세웠다. 클리쉬 가街의 블랑슈 광장에서는 1백20명의 여성 부대가 전설적인 바리케이드를 쌓았다. 화요일에 그들은 격렬하게 그 바리케이드를 지켰지만, 바리케이드가 무너지면서 많은 사람들이 학살당했다. 18구의 동부에서는, 1848년 리옹 봉기에서 한 구실로 이미 '바리케이드의 여왕'이라는 명성을 얻었고 지역 클럽 회원이었던 조세핀 쿠르투아가 두도빌 가街와 스테팡 송 가街의 길모퉁이에 바리케이드를 쌓는 것을 돕기 위해 빈 나무통을 징발하고 있었다. 쿠르투아는 탄약을 나눠 주었고 어린 딸을 보내 싸우는 사람들에게 탄약을 전달했다. 에디스 토머스는 코뮌 기간의 여성을 다룬 책에서, 바리케이드에서 자신의 몫을 다하고 훗날 체포된 이와 비슷한 다른 많은 인물들의 목록을 작성했다.[23]

코뮌이 함락됐을 때, 여성과 아이들은 남편과 아버지의 뒤를 따라가며 군인들을 향해 소리쳤다. "우리도 쏴라!" 그리고 그들은 사살됐다. 여성들이 길거리에 쓰러지는 것이 목격됐다. 여성들은 이 도살자들에 대해 분노했고, 장교들과 마주치면 마치 죽음이 기다리는 벽과 같은 군인들의 대열을 향해 자신을 내던졌다.[24]

파리코뮌 여성의 영웅적 활동은, 과거에 자신들이 저지른 부패의 증거를 없애려는 반혁명가들과 베르사유의 포탄이 불붙인 불길과 결합돼, 여성 선동가들에 대한 집단 히스테리를 불러일으켰다.

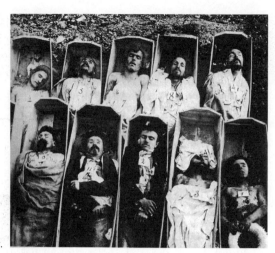

전사한 파리코뮌 참가자들.

석유방화범의 전설은 처음에 공포에서 생겨나 신문을 통해 널리 퍼졌고, 수백 명의 불행한 여성의 생명을 앗아 갔다. 표독스러운 여자들이 불붙인 석유를 지하실에 던져 넣는다는 소문이 퍼졌다. 옷차림이 남루하거나 우유 깡통, 양동이, 빈 병 따위를 나르는 여성이라면 누구나 석유방화범으로 지목돼, 옷이 갈기갈기 찢겨진 채 길 구석에 몰려 연발권총에 맞아 죽었다.[25]

코뮌 패배 뒤 1천51명의 여성이 군사위원회에 회부됐다.

파리의 노동계급과 장인 계급은 군사위원회에 회부된 여성들 가운데 7백56명이 침모針母, 수놓는 사람, 여성 직인, 세탁부, 리넨 장수, 옷 만드는 사람, 제책공 등이라고 주장했다. 우리는 재산 있는 여성은 단 1명, 학교교사는 4명, 호텔이나 카페 경영자 33명, 상점이나 작업장 소유주는 11명뿐이라는 사실을 발견했다. 나머지 2백46명은 "직업이 없다."[26]

이 여성들은 훌륭한 용기를 보여 줬다. 한 여성은 2명의 군인을 죽인 죄로 고소된 것에 항변하며 이렇게 말했다. "바라건대 신께서 내가 더 많이 죽이지 않았다는 사실에 대해 벌을 내려주시기를! 저의 두 아들은 이시Issy 지역에 있었는데, 둘 다 살해됐습니다. 그리고 또 다른 두 아들은 뇌이Neuily 지역에서 살해됐습니다. 남편은 이 바리케이드에서 죽었습니다. 자, 이젠 나를 당신들 마음대로 하시오." 그 여성은 발가벗겨져 총살당했다.[27]

루이즈 미셸은 법정에 출두해 법관과 역사 앞에서 자신의 행동에 대한 모든 책임을 졌다.

사람들은 제가 코뮌의 공모자라고 얘기합니다. 네, 그렇습니다. 코뮌, 그리고 다른 무엇보다 사회혁명을 원했고, 사회혁명은 저의 가장 소중한 바람이기 때문입니다. 더욱이, 저는 코뮌 주동자 중 하나라는 영광을 누리고 있습니다. …… 자유를 향해 고동치는 심장의 권리가 작은 총탄에 박히는 것뿐이라면, 제 심장에도 총탄이 박혀야 할 것입니다. 당신들이 날 살려둔다면, 나는 끊임없이 복수를 외칠 것입니다.[28]

베르사유의 복수, 특히 베르사유 숙녀들의 복수는 무시무시했다. 리사 그레이는 이렇게 썼다. 코뮌이 함락됐을 때, "우아하고 기쁨에 찬 여성들은 즐거운 나들이라도 나온 듯이, 시체에 다가가 양산 끝으로 덮개를 들어 올리면서 용감하게 죽은 사람들의 광경을 즐겼다."[29] 자유주의 보수 신문 <세기>의 1871년 5월 30일자에는 이러한 글이 실렸다. "우아한 숙녀들이 지나가는 죄수들을 모욕하고 심지어 양산으로 때리는 것을 볼 수 있다."[30] 코뮌 기념일에 한 역사가는 이렇게 언급했다. "보도에 따르면, 우아하게 차려입은 숙녀들이 가장 폭력적이었는데, 특히 같은 성인 여성들에게 더욱 그러했다."[31]

맺는말

파리의 노동자, 여성과 남성은 인간의 잠재력과 자유를 잠깐이나마 드러내 보였다. 여성은 바리케이드에서, 새로운 협동조합과 교육에서, 그리고 성 도덕에 관한 새로운 사상에서 훌륭한 용기와 주도력을 보여 줬다. 그러나 코뮌은 비록 노동계급의 형제자매들이 함께 싸우고 죽었다 할지라도 완전한 단결을 이루지는 못했음을 보여 줬다.

프랑스와 파리의 혁명적 전통에는 양면성이 있었다. 이 혁명적 전통은 노동자들 — 남녀 모두 — 의 혁명적 활동을 고무했으나, 또한 노동자들의 사고와 행동을 규정하는 보수적인 틀로 작용하기도 했다. 산업의 장인적 특성은 이러한 틀을 강화했다. 프루동의 사상은 남녀 사이의 갈등과 분열의 결과이자 원인이었다. 마치 불투명한 유리를 통해서 보는 것처럼, 코뮌은 우리에게 여성해방의 모습을 어렴풋이 보여 줬다.

여성 코뮌 참가자들이 보기에 여성의 권리 획득은 노동자의 권리 획득에 달려 있었다. [그러나] 그들이 획득한 노동자의 권리와 여성의 권리는 모두 매우 불완전했다. 파리 노동계급은 여전히 미숙한 상태였고, 분명한 정치적 지도력이 결여돼 있었다. 게다가 포위 공격을 받는 제약된 상황에 처해 있었다. 무엇보다도 코뮌의 수명이 너무 짧았다.

여성과 남성 코뮌 참가자들이 완전한 단결을 이루지는 못했다. 그러나 여성 코뮌 참가자와 부르주아 여성 사이에는 공통된 견해가 전혀 없었다. 앙갚음을 위해 생사를 건 투쟁이 벌어졌다. 노동계급 '자매들'을 향한 부르주아 여성의 복수심과 원한은 끝이 없었다.

04

남북전쟁 이후의 미국 여성운동

미국의 페미니즘은 노예제 폐지 운동에서 태동했다. 엘리너 플랙스너는 미국 페미니즘 역사를 다룬 고전 ≪투쟁의 세기≫에서 이렇게 쓰고 있다.

수천 명의 남성들과 여성들이 그 활동[노예제 폐지 운동]에 참여했다. 그 여성들 중에 최초의 의식적인 페미니스트들이 있었다. 이 페미니스트들은 노예 해방을 위해 투쟁하면서 학교에 가고자 했고, 그 과정에서 여성 평등을 위한 자신들의 투쟁을 시작했다. 여성들이 처음으로 조직하고, 대중 집회를 열고, 청원 운동을 벌이는 법을 배운 것은 노예제 폐지 운동을 통해서였다. 노예제 폐지론자로서 여성들은 처음으로 대중 앞에서 말할 권리를 획득했고, 자신들의 사회적 지위와 기본권에 관한 철학을 발전시키기 시작했다. 사반세기 동안 노예제 폐지 운동과 여성해방운동은 서로를 고무하고 강화시켰다.[1]

처음에는 노예제 폐지 운동에 적극 참여하다가 나중에 페미니스트 운동에 투신한 가장 저명한 여성 중에 수전 B 앤서니와 엘리자베스 캐디 스탠턴이 있었다. 엘리자베스 캐디 스탠턴은 반세기 넘게 여성운동의 지도적 지식인이었고, 수전 B 앤서니는 여성운동의 주요 조직자였다.

페미니즘이 운동으로서 처음 모인 것은 1848년 7월 14~15일에 열린 '세니카폴스 대표자회의'였다. 엄밀히 말해, 이 회합은 대표자회의가 아니었다. 선출된 대표가 아무도 없었기 때문이다. 스탠턴은 미국 독립선언문을 본떠서 회의의 목적을 다룬 선언문 초안을 작성했다.

우리는 다음과 같은 진실이 자명하다고 믿는다. 남성과 여성은 평등하게 창조됐으며 생명, 자유, 행복 추구 등을 포함해 양도할 수 없는 일정한 권리를 창조주에게서 부여받았다. ……

인류 역사는 여성이 남성에 의해 해를 입고 권리를 침해당하는 일이 거듭된 역사이며, 여성에 대한 독재 수립을 노골적인 목적으로 삼고 있다. 사실을 솔직하게 드러내 보이면 이것을 증명할 수 있다.

선언문에 제시된 사실들은 여성 지위의 모든 측면을 망라했다. 선언문은 본보기로 삼은 독립선언문과 달리 이렇게 결론 내렸다.

우리는 우리 앞에 놓인 대과업에 착수하면서 어떠한 오해와 왜곡, 비웃음도 없기를 기대한다. 우리는 우리의 목적을 이루기 위해 힘이 닿는 한 모든 수단을 사용할 것이다. 우리는 활동가들을 고용하고, 소책자를 배포하고, 주 의회와 입법부에 청원서를 보내고, 교회와 언론을 동조 세력으로 만들기 위해 노력할 것이다. 우리는 이 회의에 이어 미국 전역을 포괄하는 일련의 회의들이 개최되기를 바란다.[2]

이 회의에서는 스탠턴이 제안한 다음과 같은 결의안도 통과됐다.

선거권이라는 신성한 권리를 획득하는 것이야말로 우리나라 여성의 의무임을 결의한다.

이 결의안은 근소한 차이로 통과됐다. 마지막 절차로 68명의 여성과 32명의 남성이 원칙 선언문에 서명했다.[3]

당시 미국의 부르주아지는 아직 진보적이고 혁명적인 단계에 있었다. 노예를 소유하고 있던 남부는 부르주아지가 임금노동에 기초한 자본주의 경제를 발전시키는 데 장애물이었다. 페미니스트 운동도 부르주아 혁명 세력의 한 축으로서 진보적 구실을 했다. 그러나 1861~1865년의 남북전쟁이 마침내 북부 산업 자본이 미국을 통일하는 것으로 끝나자, 부르주아 계급 전체와 그 계급의 일부인 페미니스트들은 그 이상의 급진적 변화에 반대하기 시작했다.

여성운동과 노예제 폐지 운동은 분열했다. 1866년 헌법 제 14조 수정안은 흑인 남성에게는 선거권을 주면서도 흑인 여성뿐 아니라 백인 여성에게도 선거권을 주지 않았고, 이러한 부당함에 페미니스트들은 분노를 터뜨렸다. 격분한 수전 B 앤서니는

수전 B 앤서니(오른쪽)와 엘리자베스 캐디 스탠턴.

"여성의 선거권이 아니라 검둥이의 선거권을 위해 애쓰느니 차라리 내 오른팔을 잘라 버리겠다"고 맹세했다. 엘리자베스 캐디 스탠턴은 '검둥이'를 모욕하는 말을 일삼았고, "아프리카인과 중국인, 그리고 온갖 무식한 외국인들이 우리 해안에 발을 딛는 순간 그들에게" 선거권을 주는 것을 경멸하는 발언을 서슴지 않았다.[4]

19세기가 지나면서 여성운동은 갈수록 점잖아졌고 보수적으로 변해 갔다. 역사가 에일린 크래디터의 설명에 따르면,

여성참정권이 급진적 요구였을 때, 대중의 비난에 기꺼이 맞서려 한 소수의 선구자들은 바로 여성참정권 운동의 지도자들이었다. 여성참정권론자들이 썩은 달걀과 과일 세례를 받을 것이 뻔했던 때에, 적의에 찬 대중 앞에서 자신의 주장을 펼치는 데 삶을 바친 여성들에게 인습에 얽

매이지 않는 정신은 없어서는 안 되는 것이었다. 그 여성들은 자신들이 받은 대우 때문에 정치와 종교 분야에서 사회가 신성시해 온 모든 것을 의심하는 경향이 짙어졌다. 그러나 19세기의 마지막 10년 동안 여성참정권은 사회적으로 용인할 만하다고 여겨지게 됐고, 다른 모든 문제에 관해서는 인습에 얽매인 견해를 고집하던 여성들이 이제 배척받을 것이라는 두려움 없이 참정권 조직에 가입할 수 있게 됐다.[5]

19세기 말 무렵 미국 부르주아지가 진보 세력에서 반동 세력으로 탈바꿈하면서, 여성참정권을 제외한 모든 문제에서 부르주아 계급 남성들과 견해와 가치를 공유한 부르주아 계급 여성들은 인종차별주의자, 외국인 혐오자가 될 수밖에 없었고 노동계급에 지독하게 적대적이었다. 여성이든 남성이든 그들이 살고 있는 사회·정치·이데올로기 환경에서 벗어나기란 불가능하다.

몇 가지 요인들이 우경화를 강화했다. 한 가지 요인은 1870년대 이후 전투적인 노동계급 운동의 고양이다. 곳곳에서 파업이 일어났는데, 그 가운데 하나인 1877년 철도 대파업에는 대서양 연안에서 미시시피 강 유역에 이르는 지역까지 10만 명에 가까운 노동자들이 참가했다. 또 다른 요인은 여성운동이 남부로 확산한 것이었다. 흑인 여성은 거의 언제나 페미니스트 운동에서 배제됐다. 그런데 19세기 말부터 페미니스트 운동은 공공연한 인종차별주의자인 남부의 중간계급 백인 여성들을 조직하기 시작했다.

우익에게는 흑인 혐오, 외국인 혐오, 슬럼 거주자 혐오, 전투적인 노동자 혐오 등 수많은 혐오증이 있었다. 따라서 페미니스트들의 여성참정권 요구는 수십 년이 넘도록 바뀌지 않았지만 그것을 뒷받침하기 위해 내놓은 주장들은 완전히 달라졌다. 외국인을 혐오하는 인종차별적인 주장들이 나오게 됐다. 수전 B 앤서니는 "짐승 같고 무식한 검둥이 남자"에게 선거권을 준 것을 갈수록 신랄하게 비판했다. 전
미여성참정권연합NAWSA의 지도자 중
한 명인 캐리 채프먼 캐트는 "무식한
외국인의 선거권"과 슬럼 거주자들의
선거권을 비난했다. 캐트는 "슬럼 거주
자들의 선거권을 박탈해 여성에게 달
라!"고 주장했다. NAWSA의 처지에서
볼 때, 여성에게 선거권을 주는 것의
결정적 매력은 그것이 "남부에서 백인

NAWSA의 지도자 캐리 채프먼 캐트.

의 지배를 영원히 보장할" 것이란 점이었다.[6]

에일린 크래디터가 썼듯이,

여성참정권 운동은 이제 더는 모든 성인 미국인에게 선거권을 확대하기 위
한 운동이 아니었다. 오히려 이 운동의 이론적 근거 가운데 중요한 부분
은 일부 미국인들 — 남부의 흑인들과 북부의 귀화한 시민들 — 한테서
선거권을 박탈하기 위한 제안으로 탈바꿈했다.[7]

이런 배경에서 여성운동은 새롭게 커다란 지지를 얻었다. NAWSA 회원
은 1893년의 1만 3천1백50명에서 1905년 1만 7천 명, 1907년 4만 5천5백1
명, 1910년 7만 5천여 명, 1915년 10만 명, 1917년 2백만 명으로 증가한
것으로 추산된다.[8]

다른 세계에서

미국 노동계급 여성들은 부르주아 페미니스트들과는 동떨어진 세계에

서 살았다. 노동계급 여성들의 생활조건은 가혹했다. 쥐꼬리만한 임금을 받고서 주당 70~80시간씩 일했고, 어지간한 의료 시설이나 다른 시설들도 전혀 없는 끔찍한 빈민가에서 살았다.

노동계급 여성들을 노동조합으로 조직하는 것은 남성을 조직하는 것보다 훨씬 더 어려웠다. 게다가 전 세계의 모든 신생 노동계급이 공통으로 갖는 어려움 말고도 미국의 특수한 조건에서 발생하는 어려움도 있었다. 도시의 엄청난 이민자들, 지방 분권적 구조의 방대한 나라로 끝없이 이어진 이주 물결이 바로 그것이다. 게다가 노동조합 투사들은 고용주와 국가의 가혹한 탄압과 폭력에도 맞서야 했다.

조직화에 대한 노동자들의 열망과 도저히 넘을 수 없을 것 같아 보인 조직화의 장애물들 사이의 투쟁이 반전을 거듭했기 때문에, 미국 노동자의 역사는 대부분 커다란 전진과 후퇴가 반복된 이야기다. 전진하는 시기에 노동자들은 숙련공과 미숙련공, 남성과 여성, 백인과 흑인 등 모든 노동자들을 포괄하는 산업별 노동조합이나 일반노동조합을 조직하려고 노력한다. 그러나 그 뒤 노동조합은 와해된다. 새롭게 전진의 시기가 도래하지만, 이번에는 노동조합들이 조심스러워져서 사실상 여성과 흑인을 배제하고 백인 숙련공만 조직한다. 이 시기는 더욱 급진화한 미조직 노동자들이 산업별 노동조합과 일반노동조합을 건설하기 위해 거의 혁명적 조치를 취하는 반란의 시기로 이어진다. 그런 뒤 엄청난 후퇴가 새롭게 시작된다. 이러한 과정이 계속 되풀이됐다.

산업 전선에서 이러한 전진과 후퇴의 반복은 정치 전선의 노동자 조직에도 영향을 끼쳤다. 그래서 우리는 미국 노동계급의 정치 운동이 혁명적 생디칼리슴과 극단적 우파 개량주의 사이를 오락가락하는 것을 볼 수 있다.

이 양상을 간단히 살펴보자.

여성 노동자들이 조직화를 위해 엄청난 노력을 기울인 최초의 사례들 가운데 하나는 10시간 노동제 운동이다. 당시에는 1주일에 6일을 하루 15시간씩 노동했다. 1845년 9월 15일 웨스턴 펜실베이니아의 면직물 공장들에서 일하는 5천 명의 여성들이 파업을 일으켰다. 이 여성 노동자들은 거의 한 달 동안이나 버텼다. 자포자기한 일부 여성들은 공장으로 돌아갔지만, 파업 참가자들은 공장을 돌면서 문을 부수고 들어가 일하는 여성들을 붙잡아 다시 끌어냈다. [그러나] 결국 여성 노동자들은 굶주림 때문에 아무것도 따내지 못한 채 어쩔 수 없이 작업장으로 돌아가야만 했다.[9]

노동조합을 건설하기 위한 수많은 파업과 노력이 있었지만, 그 가운데 겨우 소수의 직업별 노동조합*만이 살아남은 한 세대 뒤에야 새로운 전진이 시작됐다. 1866년에 전국노동자연맹이 창립됐다. "전국노동자연맹은 여성을 위해 동일노동 동일임금 문제를 제기하고 여성을 지도부에 임명한 세계 최초의 조직 가운데 하나였다. 이 연맹은 흑인 대표자들을 환영한 미국 최초의 전국적 노동자 연맹이었다"고 한 역사가는 말한다.[10] 안타깝게도 이 조직은 1873년까지밖에 버텨 내지 못했다.[11]

희생과 투쟁으로 점철된 반세기가 지난 뒤에도 광활한 미국의 전체 조합원 수는 1878년에 5만 명에 불과했다.[12]

노동기사단

노동기사단이 등장하고 나서야 비로소 이전의 모든 노력들이 작아 보일 정도로 중대한 변화가 일어났다. 노동기사단은 1869년에 창설된 비밀 공제조합에서 출발해, 1881년에는 조합의 의례적 관행을 대부분 버리고 진지하게 노동자들을 대규모로 조직하기 시작했다. 노동기사단의 목표는 "모든

---

* Craft union, 특정 직업이나 직능에 속한 노동자들로 구성된 노동조합. 19세기 중반 미국과 영국에서 발달했고, 주로 숙련 노동자들의 배타적인 조합이었다.

생산적인 산업 부문을 조직"하고 "노동자들에게 그들이 창출해 낸 부의 정당한 몫을 보장하는 것"이었다.[13] 미국 노동운동 역사가 필립 S 포너는 이렇게 말한다.

> 노동기사단은 종교적 · 정치적 견해가 제각각인 미국 노동계급 — 숙련공과 미숙련공, 남성과 여성, 북부 출신과 남부 출신, 흑인과 백인, 미국 태생과 외국 태생 할 것 없이 — 에게 단일한 조직 형태와 공통된 지도력을 제공했다.[14]

노동기사단은 조직자들이 노동자들에게 그들의 모국어로 말하고 국적에 따라 회의를 하도록 했고, 그와 동시에 국적이 다른 노동자들로 구성된 '통합' 회의도 마련했다. 이런 통합 회의에서는 조직자들이 흔히 폴란드어, 헝가리어, 독일어, 영어로 말해야 했다.[15]

노동기사단은 빠르게 성장했다. 회원 수가 1878년에 9천2백87명에서 1879년 2만 1백51명, 1980년 2만 8천1백36명, 1883년에는 5만 1천9백14명으로 증가했다. 노동기사단은 1885~1886년에 최고로 성장했는데, 이 기간에 가입한 회원이 60만 명이 넘었다.[16]

노동기사단은 남부의 흑인 노동자들을 조직하기 위해 대단히 많은 노력을 기울였다. 끊임없이 폭력의 위협이 있었기 때문에 비밀리에 활동해야 했다. 그러나 많은 어려움과 엄청난 방해에도 불구하고 이전에 노동조합 운동에 전혀 참여해 본 적이 없는 수만 명의 흑인 노동자가 노동기사단에 가입했다.[17] 1887년에 흑인 노동자 회원 수는 대략 9만 명 정도였다. 흑인 조합원이 소수인 경우가 대부분이었지만 흑인 노동자들은 지방회의, 지역회의, 주 대표자회의, 총회 등 모든 곳에서 지도부에 선출됐다.[18]

노동기사단은 거리로 나와 흑인과 백인이 함께하는 대규모 시위를 벌이며 흑인 민중을 위해 노력했다. 루이스빌에서는 6천 명의 흑인과 백인이 흑인의 출입이 금지된 국립공원에 들어가기도 했다. "노동기사단은 이렇게 편견의 벽을 허물어 버렸다." 버밍햄, 앨라배마, 댈러스, 텍사스에서 대규모 시위가 벌어졌고 처음으로 흑인 연사들이 등장했다.[19]

노동기사단은 여성들을 조직하는 데도 엄청난 노력을 기울였고, 여성들은 열렬히 반응했다.

폴리버와 우스터의 방직 공장과 사우스노워크의 모자 공장에서 일하는 노동기사단 여성 회원들이 일으킨 1884년 파업은 파업 참가자들의 전투성과 끈질긴 노력이 두드러졌다. 1880년대에 가장 기억할 만한 파업 가운데 하나는 1885년에 뉴욕 용커스에서 알렉산더 스미스선즈에 고용된 노동기사단 소속의 융단 짜는 여성 노동자 2천5백 명이 일으킨 파업이었다.[20]

노동기사단 회원이 가장 많았던 1886년에 여성 회원은 약 5만 명으로 전체의 8~9퍼센트를 차지했던 것으로 추정된다.[21]

노동기사단은 여성의 동일임금을 위해 투쟁했다. 1886년 뉴저지 주 노동국장은 "소녀들이 노동기사단에 가입했기 때문에 남성과 같은 임금을 받는다"고 말했다. 로스앤젤레스의 <노동조합>은 1880년대 중반 전국 노동 현장 조사를 마치고 이렇게 결론 내렸다. "노동기사단은 부녀자들의 가입을 장려하고 확실한 남녀평등을 요구하며 동일노동 동일임금을 주장하는 유일한 조직이다."[22]

그러나 노동기사단이 이룬 모든 성과에도 불구하고 노동기사단은 살아남지 못했다. 이 조직은 여러 가지 심각한 약점을 드러냈다.

노동기사단은 순수한 노동계급 조직이 아니었다. 이 조직은 고용주들한테도 가입을 권유했다. 1880년대 중반에 이르자 노동계급이 아닌 회원들이 정책을 좌우하게 돼, 회원들 대부분의 이익을 거스르는 정책들을 추구하기 시작했다. 노동기사단은 노동조합 승인, 임금 인상, 노동시간 단축, 노동조건 개선 등을 위한 파업에 전력하는 대신에 생산자 협동조합을 조직하는 데 집중했다. 그들은 생산자 협동조합이 "모든 인간이 자신의 주인이 되고, 모든 인간이 자신의 고용주가 되게" 해 임금 제도를 폐지하기를 바랐다.

마지막으로 중요한 점을 하나 지적하자면, 가톨릭교회가 노동기사단의 산업 투쟁성을 둔화시키는 데 결정적 구실을 했다.

1886~1887년에 고용주들은 노동기사단의 취약한 지도력과 당시의 경기후퇴를 이용해 공세를 폈다. 2백여 건의 공장폐쇄가 발생해 1백61만 6백10명의 노동자들(대부분이 노동기사단 회원)이 일자리에서 쫓겨났다.[23] 바로 그때 노동기사단 지도부는 회원들에게 중요한 그 어떤 투쟁도 모두 외면했다. 1886년 지도부는 비밀 투표에서 3분의 2 이상이 찬성하지 않은 파업을 금지했다. 외부에서 재정을 지원받아야 할 경우에는 파업이 허용되지 않았고, 집행부 구성원이 파업을 중재하려고 노력해야 했다. 중재가 실패한 경우에도 집행부가 승인을 내리지 않으면 파업은 금지됐다.

그 결과 노동기사단 회원은 1886년 여름 최대 70만 명 이상에서 1887년 7월 51만 3백51명으로 줄어들었다. 1년 후 회원 수는 22만 1천6백18명으로 줄어들었고 1890년 10만 명, 1893년 7만 4천6백35명, 그리고 1895년에는 겨우 2만 명으로 줄어들었다.[24]

결국 관료주의가 노동기사단을 죽인 것이다. 숙련도·인종·종교·성·출생국의 차이를 극복할 수 있을 만큼 강력한 노동자들의 단결을 이루고자 했던 위대한 노력은 끝이 났다. 공백기 동안 새로운 전국적 노동조합 조직이 생겨났지만 이번에는 미숙련 노동자와 여성과 흑인이 배제됐다.

미국노동총연맹

1881년에 창설된 미국노동총연맹AFL은 노동기사단이 약화되고 있을 때 조금씩 꾸준히 성장했다. AFL 지도부는 노동기사단한테서 전투성이 아니라 신중함이 필요하다는 것을 배웠다. AFL은 자본가들의 광포한 공세 앞에서 위축됐고, 기존의 직업별 노동조합의 토대를 넓혀 노동자들을 강력한 산업별 노동조합으로 단결시키려는 노력은 대기업·정부와의 정면충돌을 불러올 것이고, 결국 기존 노동자 조직을 파괴시킬 뿐이라고 믿었다. 그래서 흑인·이주·여성 노동자 대부분을 포함하는 미숙련·반#숙련 노동자들이 큰 희생을 치르더라도 직업별 노동조합을 유지시켜 준다면, 고용주들과 타협하고자 애썼다.[25]

흑인 노동자들 중 소수가 노동조합에 가입하더라도 분리된 지역이나 지부로 편제됐다. AFL은 '짐 크로우'*, 즉 백인 우월주의적인 조직이었다. 연맹 위원장 새뮤얼 곰퍼스는 이 사실을 누구보다도 솔직하게 드러냈다. 콤퍼스는 흑인을 '검둥이'라고 부르면서 흑인에 대한 인종적 증오심을 부추겼다. 또 흑인은 미신에 빠져 있고, 멍청하고 무식하고 되는 대로 살며, 낭비가 심하고 게으르고 부도덕하다고 말했다. 선거권 박탈, 폭력, 흑인의 배심원 자격 불허, 학교·대학·철도와 다른 공공장소에서의 흑백 분리 같은 매우 중요한 문제들에 대해 콤퍼스는 완전히 침묵했다.[26] 이주 노동자들도 흑인과 똑같은 취급을 받을 뿐 아니라, AFL 지도자들은 이주 노동자들이 미국에 들어오는 것 자체를 반대했고 나중에는 AFL 가입도 반대했다.

AFL은 압도 다수가 미숙련이거나 반숙련 노동자들인 여성들 역시 원하지 않았다. AFL은 여성에게 오랜 견습 기간을 요구하고, 가입비를 비싸게

---

* Jim Crow, 1877년에 제정된 흑인의 사회적·정치적 차별에 관한 '흑인 차별법'을 말한다.

매기고, 특별 심사하는 방식으로 여성을 배제했다. 일부 노동조합은 특정 산업 부문에서 일하는 여성만 받아들였다. 이런 경우에도 대개 여성은 그 직종에서 가장 높은 임금을 받는 부문에서는 제외됐다.[27] 여성이 가입할 수 있는 곳에서는 분리된 노동조합을 설립하는 경우가 많았다. AFL 조직자들이 하나의 작업장이나 공장에서 남녀가 분리된 두 개의 노동조합을 따로따로 결성하고 둘 다를 대표하는 합동위원회가 사용자와 협상을 진행하는 일이 흔했다. 여성 노동자들은 그러한 체계에서는 자신들의 상황이 더욱 열악해진다고 자주 불만을 제기했다.[28] 왜냐하면 "남성들은 여성들이 남성처럼 좋은 일을 가져서는 안 되며 남성 수입의 절반가량도 벌어서는 안 된다고 생각"하기 때문이다.

AFL처럼 파업을 파괴한 조직은 어디에도 없었다. 필립 포너에 따르면,

"작업장에서 벌어지는 파업 파괴"는 AFL에서 흔한 일이 됐다. 동업조합이 동업조합의 파업을, 조합원들이 동료 노동자들의 파업을 깨뜨렸다. 심지어 다른 AFL 노동조합의 파업을 깨뜨리기 위해 고용된 파업 파괴자들이 생활할 막사를 AFL의 건설 노동조합이 짓는 어처구니없는 일도 있었다.[29]

또 AFL에서 있었던 것과 같은 규모의 부정부패는 그 어디서도 찾아볼 수 없었다. 연맹 간부들은 강탈한 조합 기금, 선물, 입회비, 미상환 부채, 조합원들과 고용주들한테서 받은 뇌물 따위로 사리사욕을 채웠다. 또한 파업 방지나 중지, '합리적인' 계약 체결과 계약 조항 무시, 특정 산업에서 고용주들의 독점권 형성에 협조하기, 경쟁자가 독점에 합세하기를 거부하거나 그 요구에 따르지 않을 경우 그에 반대하는 파업 유발 등을 통해 거액의 뇌물을 챙기기도 했다.[30]

AFL의 관료들은 통제력을 유지하기 위해 극단적인 수단에 의존했다. 지지 분파를 만들고 부정 선거를 획책했으며, 전일제 상근자인 대표자들 일색으로 협의회를 구성하고, 조합 내 반대 세력들을 제압하기 위해 폭력배들을 고용하기도 했다.

AFL 관료들 때문에 주로 피해를 입은 사람들은 미숙련 노동자, 흑인 노동자, 이주 노동자, 그리고 여성이었다. 이 집단들의 운명은 하나로 연결돼 있었는데, 노동기사단 아래에서는 이러한 연관성이 긍정적이었지만 이제는 부정적인 것이 됐다.

세계산업노동자연맹

선거권이 없는 이주 노동자들과 떠돌이 노동자들, 미숙련 노동자들 등 AFL에게 문전박대를 받은 남녀 대중이 각성하면서, '와블리스Wobblies'로 알려진 세계산업노동자연맹IWW이 탄생했다. IWW의 탄생은 1905년 러시아 혁명에 고무받은 것이기도 했다. 1905년 6월 IWW 창립 대회에서 나중에 IWW의 가장 중요한 지도자가 된 '빅 빌Big Bill' 헤이우드는 이 새로운 운동이 "노동자 대부분을 끌어들일 만큼 전국적으로 성장해, 이 노동자들이 오늘날 러시아 노동계급처럼 자본주의 체제에 맞서 반란을 일으키기를" 바란다고 말했다.[31]

IWW는 모든 노동자가 "하나의 거대 노동조합"으로 조직돼 노동자의 기본 무기이면서 총파업이라는 혁명적 무기로 발전할 수 있는 파업을 통해 계급투쟁을 벌여야 한다고 봤다. IWW는 총파업이 자본주의를 끝장내고 노동조합 조직이 운영하는 노동자 국가를 건설하게 될 것이라고 생각했다.

초기 IWW의 지도자들은 모두 사회당 당원들이었는데, 사회당 좌파는 혁명적 산업별 노동조합을 열렬히 지지했다. 또 IWW는 시민권, 언론의 자

1914년 뉴욕 IWW 시위.

유, 부랑법* 반대, 죄수의 권리 옹호, 그 밖의 많은 쟁점들을 둘러싼 정치 투쟁에 지속적으로 개입했다.[32] '빅 빌' 헤이우드는 선거 정치에도 무관심하지 않았다. 헤이우드는 1904년과 1908년에 실시된 대통령 선거와 국회의원 선거에서 사회당의 가장 정력적이고 유능한 선거운동원 가운데 한 사람이었으며, 1906년 콜로라도 주지사 선거에 사회당 후보로 출마하기도 했다.[33]

그러나 1912년에 사회당은 당내 좌파를 쫓아냈고 헤이우드도 IWW 지도자라는 이유로 당 집행부에서 제외됐다. 그러자 헤이우드는 당을 떠났고, 쫓겨나거나 스스로 탈당한 수천 명의 좌파들이 그와 함께했다. 그 뒤로 IWW는 정치 활동을 거부하며 점점 더 비정치적 태도를 취했다.

IWW는 특히 서부의 유랑 노동자들한테서 호응을 얻었다. 그들은 젊고 독신이며 집도 없이 빈 화물 열차를 타고 이 직장 저 직장을 떠돌아다니는 반숙련·미숙련 노동자로 이뤄진 수백만 명의 방랑 부대였다. 그들은 제재소, 광산, 건축 공사장, 들판 등에서 일했다. 또 여행하면서 인종·국적·종

---

* 노숙자들과 부랑자들을 처벌하는 법.

교의 차이에 상관없이 자유롭게 어울렸다.[34]

IWW는 이주 노동자들의 지지를 자랑스러워했다. 이주 노동자를 끌어들이기 위해 특별히 다양한 외국어 출판부를 조직했다. 1912년 말 IWW는 영어, 프랑스어, 이탈리아어, 스페인어, 포르투갈어, 러시아어, 폴란드어, 슬라브어, 리투아니아어, 헝가리어, 스웨덴어, 유대어, 일본어 등 다양한 언어로 된 13종의 신문을 발간했다. 이 신문들 대부분은 단명했다.[35]

흑인 노동자를 조직하기 위한 노력도 각별했다. IWW는 완전한 평등에 바탕을 둔 흑인 노동자 조직을 표방했다. IWW는 남부 오지에서도 자신이 공언한 것을 실천에 옮겼는데, 그곳에서 "인종, 신념, 피부색을 넘어서자!"라는 기치를 내걸고 흑인 노동자와 백인 노동자가 공동 투쟁 속에서 단결하도록 했다.[36]

서부의 IWW 회원이 주로 남성이었던 반면, 동부의 반숙련과 미숙련 노동자 사이에서는 주요 회원들이 여성들이었다. IWW는 여성의 투쟁성을 매우 잘 이해했다. M 택스는 ≪여성의 반란≫에서 이렇게 썼다.

여성이 남성과 나란히 파업에 참가하면 자본주의와 그 해악들을 일소할 수 있는 투쟁력이 생길 것이다. …… 키플링의 말을 빌자면 "여성이 남성보다 더 치명적이다." 남성들이 여성들을 지원하고 격려할 때 더 '치명적'이 된다고 해도 좋을 것이다. 산업별 노동조합 운동은 남성과 여성 모두의 투쟁성을 높이기 위해 노력한다.[37]

IWW의 신문들은 '소녀 노동자들의 활동' 소식이라면 무엇이든 특별한 관심을 기울였고, IWW의 중요한 파업들에 대한 보도는 언제나 참가자로서든 파업 중인 남성들의 지지자로서든 여성들의 활동을 강조했다.

역사에서 노동조합이 성매매 여성들의 파업을 조직한 첫 번째 사례는 아마 1907년 4월 뉴올리언스에서 IWW가 이끈 파업일 것이다. 필립 포너가 그 이야기를 들려준다.

그 도시[뉴올리언스]의 많은 성매매 여성들이 그 지역 IWW의 활동에 고무 받아서 성매매 업소를 빠져나와 더 나은 조건을 요구했다. 몇몇 업소의 포주들이 소녀들이 손님 접대를 위해 사용하는 방세를 두 배로 올리려 했다. 소녀들은 IWW의 활동 방식에 대해 토론한 다음, 조직을 만들고 임원을 선출하고 "문제를 일으키는 고용주들의 영업을 봉쇄했다." 모든 회원들에게 봉기한 자매들에게 연대를 표할 것을 호소한다는 원칙 아래, IWW는 파업에 들어간 업소의 이용을 막는 것으로 대응했다. 파업은 성공했다.

소녀들은 기뻐하며 이에 보답했다. 나중에 미국 최남부의 IWW 기관지 <민중의 소리>는 "소녀들은 겁쟁이들을 거부한다"는 제목의 기사가 실렸다. 신문은 이렇게 썼다. "홍등가의 소녀들이 파업을 깨뜨리는 속물들에게 몸을 팔기를 거부했다." 이 속물이란 뷰트의 파업 노동자들을 진압하기 위해 파견된 국민군을 말했다.[38]

엘리자베스 걸리 플린

IWW의 뛰어난 조직자들 가운데 일부는 여성이었는데, 그 중에서도 가장 뛰어난 사람으로 얘기되는 여성은 엘리자베스 걸리 플린이었다. 1915년 노동조합 활동 때문에 날조된 죄로 유타 감옥에서 처형을 기다리던 조 힐은 '소녀 반항아The Rebel Girl'라는 노래를 지어 엘리자베스 걸리 플린에게 바쳤다. 이 노래 제목은 플린의 별명으로 굳어졌다. 플린은 1906년 16세에 IWW에 가입했고 1년 뒤 코네티컷 주에 있는 브리지포트 튜브 공장에서 처음으로 파업을 경험했다. 그때부터 플린은 [투쟁하는] 모든 곳에 있었다. 메사비 철광 지대의 파업 광부들과, 최루가스와 곤봉, 얼음물 세례를 견디며 수백 명의 노동자들이 투옥당하는 상황에서도 17개월이나 저항한 퍼세이드의 섬유 노동자들, 2개월 동안 치열한 파업을 벌인 로렌스의 2만 3천 섬유 노동자들, 5개월 동안 경찰의 만행과 체포, 그리고 극심한 굶주림을 견뎌 낸 패터슨의 견직공과 리본 제조공들, 플린은 이 사람들과 함

IWW의 여성 지도자 엘리자베스 걸리 플린.

께했다. 이런 사례를 열거하자면 끝이 없을 정도다.

엘리자베스 걸리 플린은 일관된 혁명적 계급 노선을 따랐다. 플린은 부르주아 페미니즘에 한 치도 양보하지 않았다. "여성에게 보내는 IWW의 호소"라는 기사에서 플린은 이렇게 썼다.

우리에게 사회란 성이 아닌 계급 관계 속에서 움직인다. 성의 차이는 우리에게 그리 큰 영향을 끼치지 못하며, 경제적 차이가 없다면 더 작은 영향을 미칠 것이다. IWW에게 관심을 갖는 것은 임금노동자거나 노동자의 아내인 여성들이다. 우리는 페미니스트들이 말하는 공통의 이해관계에 대해 어떤 근거도 찾을 수 없고, '성 갈등'이 당연한 것이라는 증거도 전혀 알 수 없으며, 여성들만의 연대의 가능성, 또는 오늘날 여성들만의 연대의 필요성도 전혀 발견할 수 없다. …… '응접실의 여왕'과 '부엌의 하녀' 사이에는 공통의 이해관계가 전혀 없다. 주급 5달러를 받는 점

원이 할 수 있는 유일한 다른 일은 성매매라는 것을 깨달은 17세 소녀에게 백화점 주인의 아내는 자매애가 담긴 관심을 조금도 보이지 않는다. 여성의 자매애는 남성의 형제애와 마찬가지로 노동자에게는 무의미한 거짓말일 뿐이다. 그 독선에 가득 찬 위선과 역겨운 감상 이면에는 계급 전쟁의 불길한 모습이 엿보인다.[39]

플린은 "부유한 변덕쟁이들"이 여성참정권 운동을 지배하고 있다고 생각했고, "노동계급 여성들은 소녀들을 고용해 비참하고 치욕적으로 살게 하는 바로 그 계급의 여성들이 조종하는 선거권 [운동]이라는 연의 꼬리가 됐다"고 불평했다.[40] 엘리자베스 걸리 플린은 여성 노동자가 각성하게 되는 열쇠는 작업장 투쟁이라고 주장했다. 여성은 남성과 함께 조직하고 투쟁해야 한다.

IWW는 노동조합의 단결과 힘이 세계를 호령하게 될 때까지, 점차 스스로 노동과 임금의 규칙을 결정하게 될 노동조합 안에서 여성들이 남성 동료들과 나란히 조직할 것을 호소한다. IWW는 어린 소녀들에게는 결혼이 노동 문제에서 벗어나는 탈출구가 전혀 아니라는 사실을, 어머니들에게는 자신과 자녀의 이익이 계급의 이익과 엮여 있음을 일깨운다. IWW는 어떻게 보수주의와 이기주의를 극복할 것인가? 그것은 여성이 노동조합 활동, 특히 파업에 적극 참여하도록 권장하는 것을 통해서 가능하다. 파업 기간에 벌어지는 대규모 집회, 대규모 피케팅, 여성들의 집회와 아이들의 모임은 엄청난 감정적 자극제가 된다. 옛 노동조합들은 여성을 파업 투쟁의 일부라고 생각하지 않았다. 여성은 집에 남아 끼니와 굶주린 아이들을 걱정해야 하고 성난 집주인 때문에 마음 졸이는, 회사 앞잡이들의 손쉬운 먹잇감으로 여겨졌다. 파업은 '남성의 일'이었다.

남성은 투쟁의 기쁨을 누리는 데 반해 여성은 그것에 대해 이해할 만한 설명조차 듣지 못했다. …… 여성은 파업의 목적을 얼마나 이해하느냐에 따라 파업의 가장 전투적 요소가 될 수도 있고 가장 보수적 요소가 될 수도 있다. IWW는 여성을 선두에 세운다는 비난을 받아 왔다. 진실은 IWW는 여성을 후방에 묶어두지 않는다는 것이고, 그러면 여성들이 전면에 나선다는 것이다.[41]

엘리자베스 걸리 플린은 사회주의 혁명 없이 여성해방을 쟁취할 수 없다고 주장했다. "여성해방을 위해서는 선거권이라는 추상적인 권리보다 훨씬 더 많은 것이 필요하다. 사회혁명만이 오늘날 여성을 속박하고 발전하지 못하게 만드는 영역을 분쇄해 버릴 수 있다."[42] 사회주의 혁명은 여성이 성적 억압의 족쇄를 깨뜨리는 데 필요한 선결 조건이기도 하다.

내가 알고 있는 유일한 성 문제는 어떻게 여성이 자신 자신을 통제하고 자유롭게 될 수 있는가, 그리하여 오직 사랑만이 행동의 준거가 될 수 있는가 하는 것이다. 나는 오직 한 가지 방법이 있다고 본다. 먹고 입는 생활의 문제, 즉 여성 자신의 경제생활이라는 한 가지 문제를 통제하는 것이다. …… 성적 노예화는 …… 경제적 노예화의 결과이며, 성적 노예화란 하룻밤만의 성매매이든 전 생애에 걸친 성매매든 성매매의 완곡한 표현에 불과하다.[43]

'마더 존스'

엘리자베스 걸리 플린보다 20년 앞서 시작해 60년 동안 계속 노동자들을 지도한 또 다른 위대한 여성으로 '마더Mother' 존스가 있다. 엘리자베스 걸리 플린은 '마더' 존스에 대해 이렇게 썼다.

> 우리 시대의 가장 위대한 여성 선동가는 마더 존스다. 존스는 체포, 국외
> 추방, 국민군에 의한 감금, 경찰과 살인 청부업자의 추적과 위협에도 굴하
> 지 않고 60년 동안 꾸준히 활동했다.
>
> 　존스는 아일랜드의 코크에서 태어나 소녀 시절에 이곳[미국]으로 왔다.
> 테네시 주 멤피스에서 유행성 황열병 때문에 철제 거푸집 제조공인 남편과
> 네 아이를 잃었다. 노동조합이 남편과 아이들의 장례식을 치러줬다(1867
> 년). 존스는 홀로 외롭게 시카고로 가서, 부자들을 위해 옷 만드는 일을 했
> 다. 호숫가에 있는 화려한 대저택에서 바느질을 하는 동안 존스는 도시
> 의 가난과 비참함을 목격했고, 시카고 화재 사건[1871년] 뒤 불탄 건물에
> 서 열린 노동기사단 집회에 참석했다. 1886년 5월 맥코믹 수확기 공장
> 밖에서 벌어진 첫 번째 노동자 대학살과 뒤이은 노동조합 지도자들에 대
> 한 헤이마켓 사건 날조를 목격하고 나서, 존스는 파업 현장마다 돌아다
> 니면서 선동하고 조직하고 격려하는 지칠 줄 모르는 노동 순례자가 됐
> 다. 존스는 웨스트버지니아 주에서 시작해 [펜실베이니아 주 서부의] 무연
> 탄 지대로까지 활동 무대를 넓혀 나갔고, 그때부터 20년 동안 동부와 콜
> 로라도 주에서 광부들이 벌인 사실상 모든 투쟁에 함께했다.[44]

'마더' 존스는 노동기사단의 조직자이자 IWW 창설자였고 마지막까지
IWW의 주요 지도자였다.(존스는 사회당 창당 당원이기도 했다.) 존스는 주되
게 미국 탄광노동조합 조직자로 활동했다. 헤이우드는 이렇게 썼다. "광부
들에게 문제가 발생할 때면 언제나 마더 존스가 나타났다. 군인이 다리를
순찰하고 있으면 존스는 겨울에도 걸어서 강을 건넜다. 열차가 감시당하고
있을 때는 열차 승무원들이 존스를 몰래 통과시켜 줬다. 존스는 탄광에서

분규가 일어났을 때 파업 파괴자를 쫓아내기 위해 대걸레, 빗자루, 접시 씻는 통 등으로 무장한 '여성 부대'를 조직했다. 석탄 소유주들은 이 무시무시한 대열과 마주치면 '야단났군! 사나운 여자들이 그 노파와 함께 있다니!' 하고 탄식했다."[45]

노동자들을 지도한 위대한 여성 '마더' 존스.

마더 존스는 1891년에 버지니아에서, 1900년과 1902년에 무연탄 지대에서, 1912~1913년에는 웨스트버지니아의 페인트 크릭과 캐빈 크릭에서, 1913~1914년에는 콜로라도의 러들로우에서, 1921년에 캔자스에서, 그리고 그 밖의 다른 지역에서 광부 파업을 이끌었다.[46] 1903년·1904년·1905년·1911년에 철도 노동자 파업을 조직하는 일에 참여했고, 1901년·1903년·1905년에는 방직업에서 일하는 여성 노동자 대중을 파업으로 이끌었다. 1910년에 존스는 밀워키의 양조장들을 상대로 파업을 벌인 여성 노동자들을 지도했다.[47]

마더 존스는 거의 모든 파업에서 체포됐고, 출소하면 또다시 선동·조직하고 그러면 다시 투옥되는 일이 반복됐다. 존스는 1912년 82세 때 웨스트버지니아에서 광부 파업 도중 체포돼 20년 형을 선고받았다. 그러나 미국 노동자들이 거센 항의 운동을 벌여 웨스트버지니아 주지사가 석방 명령을 내리게 만들었다.[48] 존스가 참여한 마지막 파업 가운데 하나는 90세가 다 됐을 때인 1919년에 벌어진 철강 대파업이었다.

엘리자베스 걸리 플린처럼 마더 존스도 부르주아 페미니즘에 반대했다.

존스는 언젠가 뉴욕에서 열린 여성참정권론자들의 집회에서 이렇게 말했다. "분노를 표출하는 데 참정권이 필요한 것은 아니다! 신념과 주장이 필요할 뿐이다! …… 콜로라도 여성들은 두 세대 동안 선거권을 행사했지만 노동하는 남성들과 여성들은 여전히 노예 상태에 있다." 존스가 보기에 여성참정권은 여성들이 진정한 문제를 못 보게 하고 "참정권과 금주 법, 자선 사업"에나 정신을 팔게 만들려는 부자들의 책략이었다.[49]

마더 존스는 1930년 1백 살의 나이로 세상을 떠났다. 존스는 일리노이 주의 올리브 산에 자리 잡은 광부 공동묘지에 버든 노동조합 열사들과 함께 묻혔다.

'빵과 장미'*

가장 거대한 여성 파업은 1912년 1월~3월의 로렌스 방직 노동자 파업이었다. 2만 3천 명의 파업 노동자들은 45개의 다른 언어를 사용하는 25개국 출신이었다. 필립 포너가 썼듯이, "미국 노동운동 역사에서 과거 그 어떤 때에도 그렇게 많은 다양한 민족과 언어 집단이 하나의 파업에서 그토록 효과적으로 단결한 적이 없었다."[50]

모든 피케팅과 행진에서 여성 파업 노동자들과 남성 파업 노동자의 아내들이 매우 중요한 구실을 했다. 그들은 남성들과 나란히 얼어붙은 길을 걸었고, 흔히 시위와 행진 대열의 맨 앞줄을 차지했다. 임산부와 아이를 안은 여성들도 함께 행진하면서 다른 공장 소녀들처럼 "우리도 빵과 장

---

* Bread and Roses, 이 구호는 제임스 오펜하임의 시 제목에서 유래한 것이다. 1912년 로렌스와 매사추세츠에서 벌어진 방직 노동자들의 파업은 '빵과 장미 파업'으로 불렸다. 이 구호는 공평한 임금과 더 나은 노동조건을 호소하는 것이었다.

1912년 로렌스 파업 참
가자들의 평화 행진을 가
로막고 있는 군인들.

미를 원한다"고 쓴 팻말을 치켜들었다. …… 피케팅을 하는 동안 파업
파괴자들을 위협했다는 이유로 체포된 사람들은 남성보다 여성이 더 많
았던 것 같다. …… 이 여성들은 벌금을 내는 것을 거부하고 차라리 감옥
에 가는 쪽을 택했다. 특히 이탈리아 · 폴란드 · 러시아 · 리투아니아 여성
들이 그랬다.[51]

IWW는 언제나 새로운 파업 전술을 만들어 내는 데 뛰어난 재능을 발휘
했다. 그들은 대중 피케팅, 대중 행진과 시위 등의 아이디어를 도입했다.
로렌스 파업도 비할 데 없는 독창성을 보여 줬다.

파업위원회는 공장 앞에서 집회를 여는 것을 금지한 법망을 빠져나가기
위해 …… 그 유명한 이동 피켓라인을 개발했다. 피켓라인은 파업 파괴
자들을 막기 위해 매일 계속해서 공장 지대 주위를 돌았다. …… 시위행
진도 연일 벌어져 3천~1만 명의 사람들이 악대의 음악에 맞춰 '인터내서

패터슨 파업 지도
자들. 가운데가 엘
리자베스 걸리 플
린이고 제일 오른
쪽이 빌 헤이우드.

널', '마르세예즈', '단결이여, 영원하라' 등의 급진 가요와 IWW의 노래를
부르며 행진했다.[52]

로렌스 방직 노동자 파업의 공인된 지도자는 광부 출신인 '빅 빌' 헤이
우드였다. 엘리자베스 걸리 플린이 그와 함께 일했다. 파업은 압도적 승리
로 끝났다.

그러나 IWW는 투쟁을 지도하는 데는 강했지만 그 뒤에 조직을 유지하
는 데는 취약했다. 이 파업 전에 로렌스에서 IWW의 회원은 약 3백 명이었
다. 1912년 9월 회원 수는 1만 6천 명까지 증가했다. 그러나 1913년 여름
무렵에는 다시 7백 명으로 줄었다.[53] 파업 때 조합원 수가 급증했다가 파업
이 끝나면 급속히 줄어드는 것이 IWW의 전형적인 양상이었다.

로렌스 방직 노동자 파업에 이어 1913년 2만 5천 명이 참가한 강고한
패터슨 견직공 파업이 벌어졌다. 이 파업은 5개월에 걸친 치열한 투쟁 끝에
완전한 패배로 끝났다. 몇 달 뒤 IWW가 주도한 두 차례의 파업 — 아크론
의 고무 노동자들과 디트로이트의 스튜드베이커 자동차 노동자 파업 — 도

패배했다. IWW의 조직자들은 두 번 다시 의미 있는 수의 방직 노동자들을 규합할 수 없었고, 동부의 IWW는 완전히 붕괴해 버리고 말았다.

주로 서부 주들의 조합원들이 통제한 IWW는 그 구성과 사상에서 강점과 약점을 동시에 드러냈다. 유랑 노동자들 사이에서 안정된 조합을 결성하는 것은 불가능한 일이었다. 엘리자베스 걸리 플린은 "우리 대부분은 뛰어난 선동가이지만 노동조합 조직자로서는 형편없다"고 인정했다.[54]

IWW는 결국 소규모의 혁명 조직에 불과했고 결코 많은 회원을 확보하지 못했다. 전성기였던 1912년에 IWW 회원은 2만 5천 명이었지만, 1913년에는 1만 4천8백51명으로, 1914년에는 1만 1천3백65명으로 줄었다.[55]

여성노동조합동맹

한편으로 AFL이 여성을 조직하는 데 실패했고, 다른 한편으로 IWW가 불안정했기 때문에 여성노동조합동맹WTUL이 결성될 수 있었다. 사회복지사업을 하던 자유주의 여성들과 노동조합 활동가 몇몇이 1903년에 여성노동조합동맹을 설립했다. WTUL 지도자들은 이 조직을 혁명의 도전에 대한 하나의 해결책으로 생각했다. 그래서 지도자들 가운데 한 명인 앨리스 헨리는 1911년에 이렇게 썼다.

산업의 부당한 불평등을 교정해야 하는 부담을 전부 피억압 사회집단에게 떠넘긴다면, 사람들은 혁명이라는 조잡하고 원시적인 방식을 취할 것이다. 이에 대한 유일한 대안은 공동체 전체가 협력해 산업의 부당 행위들을 없애고 산업이 노동자들을 공명정대하게 다루도록 만드는 것이다.[56]

동맹의 또 다른 여성 지도자 루이저 퍼킨스는 이렇게 썼다.

WTUL의 문장(紋章). 8시간 노동과 최저 임금 등의 요구가 쓰여 있다.

급진적 개혁을 가져올 이상적인 추진 기구는 부와 훈련된 지성, 실제 경험과 훌륭한 통찰력을 갖춘, 다양한 산업과 사회 이익집단의 대표자들, 사적인 이해관계가 전혀 없는 남녀들로 구성돼야 한다.[57]

WTUL은 자신을 모든 계급의 연합체로 여겼다. 초대 부회장 제인 애덤스는 "노동자들은 …… 한 계급의 고통을 돌볼 여유가 없다"고 말했다. WTUL 역사가 G 분G Boone은 WTUL이 "여성을 위한 독립적 조직을 건설하려고 노력했으나 결국 해체돼 버렸다"고 서술했다.[58]

WTUL은 독자 운영에 실패하자 노동조합에서 연대 세력을 물색했다. 그러나 혁명적 IWW한테서는 냉대만 받았을 뿐이다. IWW는 이 동맹이 "남성과 여성 노동자의 분열"을 확대시킨다고 생각했기 때문이다.[59] 그래서 WTUL은 AFL이 여성 노동자들을 무시하는데도 그쪽에 의지했다.

WTUL은 '3만 명의 반란'으로 불린, 1909년 11월 뉴욕 블라우스 제조 노동자들의 파업으로 다소 유명해졌다. WTUL이 파업에 참여했다가 결국에는 배신하는 과정을 간략하게나마 알려면 메러디스 택스가 《여성의 반란≫에서 묘사한 상세한 내용을 인용하는 것도 좋을 듯하다. WTUL 지도자들은 처음에는 파업을 적극 지지했다. 그들은,

> 파업을 알리기 위해 자동차 홍보단을 조직했다. 많은 부유층 여성에게 빌린 차들이 로어이스트사이드의 비좁은 거리를 경적을 울리면서 지나갔고, "파업 노동자들을 태우고 내렸다. …… 자동차 안에서 세련된 옷차림의 부유한 여성과 가난하고 허약한 파업 소녀들이 …… 이 기이한 사건에 흥분하고 있었다. 부유층 여성들이 노동자 조직의 필요성이 명시된, 노동시간 단축과 임금 인상을 요구하는 팻말을 들고 있는 것을 보는 것은 재미있는 일이었다."
>
> 파업에서 언론의 관심을 가장 많이 끈 측면은 부유한 여성들, 특히 알바 벨몬트와 앤 모건이 파업을 지지한 것이었다. 알바 벨몬트는 앨라배마의 농장주와 뉴욕에서 가장 저명한 사교계 부인의 딸이었다. 벨몬트는 윌리엄 K 반더빌트와 결혼한 뒤 뉴욕 사회의 '최상층'에 끼려고 엄청난 돈을 써 가며 활동하기 시작했다. 뉴욕 5번가에 3백만 달러짜리 프랑스식 저택과 뉴포트에 2백만 달러짜리 저택을 지은 뒤에야 그 목표는 이뤄졌다. 그 뒤 벨몬트는 반더빌트와 이혼하고 뉴욕 지하철 상속인 올리버 해저드 페리 벨몬트와 결혼했다. ……
>
> 앤 모건은 '강도 귀족' J P 모건'의 딸이었다.[60]

파업 중재인들이 타협안을 내놓았다. WTUL 지도자들은 타협안을 환영했다. 그러나 파업 노동자들은 그 안을 완전한 배신(예를 들어, 노동조합을 인정하지 않았다)이라고 생각했고, 분노해 그것을 부결시켜 버렸다. 그러자

---

* Robber Baron, 19세기 미국에서 특정 산업을 독점하고 엄청난 부를 쌓은 사업가들과 은행가들을 경멸적인 의미로 일컫는 말.

동맹 지도자들은 여성 노동자들의 '극단주의'와 노동자들 중 사회당 세력을
비난했다.

1912년 로렌스의 '빵과 장미' 파업이나 1913년 패터슨의 대규모 여성
파업 등 IWW가 주도한 파업들의 경우 WTUL은 완전히 손을 놓고 있었다.

생긴 지 10년 정도 지나자 WTUL은 조직화보다는 입법 활동에 더 역점
을 뒀고, 점점 더 연방 정부의 지원을 기대했다. 윌리엄 오닐은 1919년 즈
음 WTUL 회원들이 38개의 정부 직위를 차지하고 있었다고 추산했다.[61]

AFL, IWW, WTUL이 25년 동안 했던 활동을 평가해 보면, 성과가 보잘
것없다는 슬픈 결론에 도달하지 않을 수 없다. 1910년에 노동조합에 속한
여성의 수는 모두 합쳐 7만 6천7백48명밖에 안 됐다. 전체 여성 임금노동자
의 1.5퍼센트, 제조업 여성의 5.2퍼센트만 조직돼 있었다.[62]

사회당 : 혼란, 애매함, 뒤죽박죽

미국 사회당은 그 세력이 절정에 달했을 때 당원이 15만 명이 넘었고
수백 종의 신문을 발행했다. 사회당 대통령 후보는 1백만에 가까운 표를 얻
었으며 AFL 조합원 가운데 3분의 1이 사회당을 지지했다. 사회당은 IWW를
조직하는 데서도 가장 중요한 세력 중 하나였다. 여성 노동자들에 대한 사
회당의 태도를 이해하려면 노동조합에 대한 사회당의 태도에서 출발해야
한다.

종파적이고 소규모인 사회주의노동자당SLP의 지도자 다니엘 드 레온은
"당이 노동조합 운동을 지배해야 한다"고 주장했다. 반면에, 사회당은 노동
조합 문제에서 당의 중립을 주장했다. 심지어 유진 V 뎁스가 이끈 사회당
좌파조차 비록 당과 노동조합 활동의 철저한 구별에 반대하기는 했지만,
여전히 "노동조합과 사회당은 별개의 조직으로 각자가 수행해야 할 특정

임무가 있고 어떤 식으로든 상대방에게 간섭하는 것은 삼가야 한다는 원칙을 고수했다."[63]

사회당 당원들은 경제 분야 활동은 노동조합 지도부에게 맡기고, 자신들은 형제자매들에게 사회당에 투표해야 할 필요성을 교육하는 데 전념해야 한다는 생각을 받아들였다. 이런 생각의 연장선상에서 사회당은 AFL 정기 대의원대회에서 주로 임금 제도 폐지와 생산수단의 집단적 소유에 기초한 사회 건설을 다룬 당 결의안에 대한 지지를 얻고자 노력했다. 이 결의안은 미조직된 사람들을 조직하는 문제는 거의 다루지 않았다. 사회당은 산업별 노동조합을 지지하면서도 AFL과 교류했고, 직업별 노동조합에 대한 공개적인 비판을 삼갔다.

그러나 사회당의 많은 좌파 당원들은 노동조합 문제에 간섭하지 않는다는 노선을 따르지 않았다. 1912년까지는 '빅 빌' 헤이우드처럼 IWW의 지도적 활동가들 중 많은 수가 사회당 당원이기도 했다.

사회당의 우파 지도자들 중에는 뻔뻔스런 인종차별주의자가 많았다. 최초의 사회당 하원의원 빅터 L 버거는 공개적으로 "의심할 나위 없이 흑인과 혼혈아는 열등한 인종이다"[64] 하고 말했다. 사회당의 가장 유명한 여성 지도자 중 한 사람인 케이트 오하라는 "검둥이의 평등"이라는 제목의 문서에서 "사회당원들은 검둥이를 백인과 경쟁할 수 없는 곳에 두기를 원한다"고 썼다. 인종차별 문제의 유일한 해결 방안은 '격리'뿐이었다.

심지어 오클라호마의 한 사회주의자는 흑인과 백인은 내세도 다를 것이라고 주장했다. 그는 "흑인의 천국"이 그늘진 나무들과 춤출 수 있는 무대와 수많은 다른 오락 시설이 군데군데 흩어져 있는 "하나의 광대한 수박밭"일 것이라고 상상했고, "거기에서 그들은 영원히 놀고 춤추며 마음껏 소리 지를 것"이라고 생각했다. 이런 환상이 ≪내가 사회주의자인 이

유≫라는 소책자에 실려 있다.[65]

1910년 사회당 당대회에서 어니스트 운터만(마르크스의 ≪자본론≫ 영역자)은 '인종 편견'을 없애려는 모든 노력은 사회주의의 원칙을 배반하는 것이라고 주장하기까지 했다!

사회당 역사가 아이러 킵니스에 따르면, 사회당 좌파조차도 이론에서는 흑인 평등을 표방했으나, 흑인 권리를 위한 투쟁에서 당을 활용하려는 노력은 사실상 전혀 하지 않았다.

사회당은 중간계급으로 구성돼 있었기 때문에 노동조합 문제에 간섭하지 않는다는 결정을 내리기가 매우 쉬웠다. 1912년 당대회에서 대의원 1백93명 중에 가장 많은 수를 차지한 집단은 신문 기자 32명, 교수 21명, 변호사 20명, 시장 12명, 당 상근자 11명 순이었다. 또 다른 대의원 60명은 제조업자, 부동산 중개업자, 소매상인, 작가, 목사, 의사, 치과 의사 등이었다. 사무직 노동자 11명, 농부 10명, 주부 7명도 있었다. 나머지는 대부분 목수, 기계공, 전기공 같은 숙련 노동자였다.[66]

1906년 사회당 밀워키 시장 후보 윌리엄 A 아널드는 "…… 밀워키에서 사업가들은 공화당과 민주당 정부에서보다 사회민주당 정부에서 더 안전할 것이다" 하고 공언했다. 아널드는 자신이 부동산 보유자이고 납세자이므로 시의 사업에 손해를 입히고 싶은 생각이 전혀 없다며 유권자들을 안심시켰다. 빅터 L 버거 — 그의 인종차별적 태도는 앞에서 언급했다 — 는 시의 기업가들에게 사회당에 던지는 한 표가 파업을 방지하는 한 표라고 보증했다. 버거의 주장에 따르면, 밀워키에서는 노동조합에 대한 사회당의 영향력 때문에 지난 6~7년 동안 밀워키 시의 절반 정도밖에 안 되는 도시에서보다 파업이 더 적게 벌어졌다. 버거가 말하기를, "나는 밀워키의 사회민주당원들이 이곳에서 지금까지 선언된 거의 모든 파업에 반대했다고 실제 경험을 통해 말할 수 있다."[67]

이런 척박한 상황에서, 선거권이 없는 노동자 대중을 조직하려 한 사회 당원들은 IWW로 옮겨 갔다. '빅 빌' 헤이우드가 사회당 간부에서 제명되고 탈당하자 좌파 당원 수천 명이 탈당해, 사회당원 수는 1912년 5월 당대회 전 15만 명에서 1913년 6월 7만 8천 명으로 줄어들었다.[68] 그 다음 달에는 좌파 당원 수천 명이 쫓겨나 당은 활력을 전부 잃어버렸다.

사회당은 여성 노동자에게는 특별히 관심을 두지 않았다. 여성 노동자 들은 선거권이 없었던 것이다. 아이러 킵니스는 당이 "젊은이나 여성보다 개신교 목사들의 지지를 얻는 데 훨씬 더 신경 썼다"고 주장했다.[69] 실제로 사회당원 중에는 성직자가 3백 명이 넘었다. IWW보다는 AFL을 지향한 것 또한 사회당이 투쟁하는 여성 노동자들과 효과적으로 연관 맺는 것을 어렵 게 만들었다.

사회당 주변의 여성들은 주로 당원의 아내들이었다. 그들은 당을 지지 하는 독립적이고 자율적인 단체들을 만들었다.[70] 사회주의 여성 단체들의 핵심 활동가들은 여성 클럽들에서 오랫동안 활동한 여성들이었고, 여성 클 럽들의 소규모 토론 모임에서 부르주아 여성들과 나란히 앉아 있는 데 익숙 했다. 단체 내에서 서로 친하게 지내는 일이 적극적인 정치 활동의 잠재력 이 있는 신입 회원을 한 명 모집하는 것보다 우선시됐다. 샌프란시스코의 여성 사회주의자들은 윌리엄 모리스 클럽을 결성하고 모토를 "자유·예 술·우애 속에서 동지적 세계를 건설하기 위해 노력하자"로 정했다. 그들 은 여성들이 "삶을 풍부하게 표현"하는 것의 가치를 이해하는 능력을 개발 하는 데 초점을 맞추고, 이상적인 방법으로서 교육을 장려했다.[71] 그들은 사회당에 대한 확고한 지지를 표명하면서도 "자기 개인의 의식을 일깨우고 심화하는 것"을 더 좋아했다.[72]

격주에 한 번 회원 집 거실에서 열리는 모임이 일반적인 모임 형태였다.

단체 활동은 지역 성향에 따라 차이는 있었지만 어린이 합창단, 소년 토론 모임, 사회주의 일요학교(이곳에서 아이들은 사회주의 노래와 율동을 배웠다), 이동도서관 등은 대부분 지역에서 공통적이었다. 도시에서는 보통 대중 선동과 정치 활동이 포함됐다. 여성 사회주의자들은 연대 단체의 대표로서 금주회·여성참정권·여성 클럽 조직의 회의에 참석했다.[73]

여성 단체 활동가들 중에 사회당원이 많기는 했지만 회원들은 대체로 사회당원이 아니었다. 1901년 11월 사회당은 여성들이 당에서 멀어지는 것을 막기 위해 주간지 <이성理性에 호소한다>에서 급진적인 사회주의 여성 조직의 필요성을 역설했다. 그 목적에 관한 설명은 다소 밋밋했다.

> 지금보다 더 고도의 산업 체제, 즉 모든 인간의 마음이 동일하다는 황금 률에 바탕을 둔 체제의 원리를 가르칠 조직이 필요하다. …… 자유와 의무에 책임을 지는 영혼이 살아 있는 모든 여성, 신과 인류에게 충실하고자 하는 모든 여성은 인류의 진보를 위한 전 세계적 투쟁에 참여하고 전국여성사회주의자연합의 회원이 될 것을 요청하는 바다.[74]

1904년에 모든 여성 단체를 아우르는 연합체를 건설하려는 노력이 수포로 돌아갔다. 1907년에 잡지 ≪사회주의 여성≫(나중에 <진보 여성>으로 제호를 바꿨다)이 단체들에게 구심점을 제공하기 위해 창간됐다. 이 잡지는 사회주의가 가미된 ≪레이디스 홈 저널≫*류의 대중 잡지로서 기획됐다. 그러나 가장 잘나갈 때도 발행 부수는 고작 1만 2천 부 정도였다.[75]

1년 뒤인 1908년에 여성 단체들이 마침내 연합했다. 그해 사회당 당대회에서 거의 모든 여성 단체가 가입한 사회당 전국여성위원회가 꾸려졌다.

---

* Ladies Home Journal, 1884년 창간한 미국의 대표 여성지. 당시 발행 부수가 1백만 부가 넘었다.

당대회는 우파와 중도파의 연대를 공고히 했고, 그때부터 당은 혁명적인 체 하던 것도 죄다 그만두고 좌파 축출 운동을 벌이기 시작했다. 성조기가 걸쳐진 마르크스와 엥겔스의 초상화가 회의장을 장식했다.[76] 또 이 당대회에서는 이민을 둘러싸고 전면적인 논쟁이 처음으로 벌어졌는데, 극단적인 인종차별주의자들이 논쟁을 주도했다.

사회주의 여성운동은 여성을 노동자가 아닌 주부나 소비자로 바라봤다. 사회당 신문 <진보 여성>은 이렇게 썼다.

> 모든 노동계급 여성의 관심을 끄는 문제들은 가정, 자녀, 가계와 음식 등이다. …… 평범한 여성은 아이에게 1년에 신발이 몇 켤레 필요한지, 식사할 때 설탕이 얼마나 필요한지, 그리고 세월이 흐르면서 옷 가격은 올라가고 자기 옷은 점점 적어진다는 것을 안다. 만약 당신이 그 여성에게 상원 의원 빙Bing의 조치가 가정 경제와 어떤 연관이 있는지 정확히 얘기해 줄 수 있다면, 그 여성은 싫어도 그 상원의원에게 관심을 갖게 될 것이다.[77]

사회주의 여성운동이 떠들어댄 것과 같은 '사회주의'는 계급투쟁과 조금도 관련이 없었다. 그 사회주의는 여성의 감정과 사랑의 산물이었다.

> 자매 동지들이여, 당신들은 사랑으로 세상을 선하게 만드는 것이 여성의 특별한 본분이라고 생각한 적이 있습니까? 우리가 이러한 사랑을 게을리하고 억제했던 건 아닐까요? 그리고 이것이 남자들의 어리석음과 결합되면서 오늘날과 같은 사태가 빚어진 것은 아닐까요?[78]

사회주의 여성운동의 주요 정치 활동은 여성참정권 운동이었다. 이 운동에서 그들은 당시 공공연한 인종차별 · 외국인 혐오 · 반노동계급 성향의 부르주아 페미니스트 조직인 NAWSA와 협력했다. 미국 사회주의 여성들이 NAWSA와 협력한 것은 1907년 사회주의 인터내셔널 슈투트가르트 대회의 다음과 같은 결정에 위배되는 것이었다.

> 여성 사회주의자는 완전한 평등이나 선거권을 얻기 위한 투쟁에서 중간 계급 여성참정권론자들과 동맹하는 게 아니라, 일반적인 참정권의 완전한 민주화를 위해 기본적이고 가장 중요한 개혁 가운데 하나로서 여성참정권을 요구하는 사회당과 공동으로 투쟁을 전개해야 한다.

그러나 미국 사회주의 여성운동의 지도자들은 선거권은 계급 쟁점이 아니라고 주장했다.

1909년 11월 블라우스 제조 노동자 파업이 배신당한 뒤, 뉴욕 사회주의 여성운동의 지도적 인사들은 부르주아 참정권론자들과 관계를 끊기로 결정했다. 그래서 1909년 12월 뉴욕의 한 대회에서 여성 사회주의자들은 "사회주의 여성의 참정권 운동은 노동계급의 정치 · 경제 조직을 통해 독자적이고 독립적인 노선에 따라 수행돼야 한다고 결의"하고 NAWSA에서 탈퇴했다.[79] 전국에서 몇몇 여성 지부는 이 결의안을 승인했으나 다른 많은 지부들은 거부했다. 1910년 5월 사회당 당대회에서, 어떤 여성 단체와도 대립하고 싶지 않았던 지도자들은 NAWSA와의 협력에 대해 당과 여성운동의 각 지부가 독자적으로 전술을 결정하는 것을 허용한 모호한 결의안을 통과시켰다. 많은 지부들이 계속 NAWSA에 소속돼 있었다.[80]

맺는말

부르주아 여성참정권론자들이 어떻게 노예제 폐지 운동을 계기로 운동에 뛰어들게 됐고, 19세기의 마지막 20~30년과 20세기 초 미국 사회에서 첨예한 계급 분화가 일어난 뒤 그들이 어떻게 반동, 인종차별, 외국인 혐오, 슬럼 거주자 증오로 나아갔는지 살펴봤다.

그리고 여성운동에서 이방인이라고 느낄 수밖에 없었던 노동계급 여성들이 왜 노동계급의 산업·정치 조직에 섞여 들어가는 것도 어려워했는지 살펴봤다. 미국 노동계급은 여성·흑인·이주 노동자 같은 미숙련 노동자들을 포괄하는 안정된 노동조합 조직을 건설하지 못했다. 노동기사단과 IWW는 힘을 잃고 소멸하고 말았다. IWW는 미국 노동계급 역사상 가장 영웅적인 발자취를 남겼다. 그러나 살아남은 것은 타락한 노동조합 운동의 전형인 AFL이었다.

이러한 산업 상황은 노동계급의 정치 활동에 근본적인 영향을 미쳤다. IWW는 대체로 전투적이고 혁명적인 노동자 대중의 요구를 표현했다. 그러나 IWW가 사회당의 기회주의에 반발해 모든 '정치'와 '당'을 불신하며 정치를 거부하는 태도를 취한 것은 IWW의 한계를 보여 준다. 사회당은 IWW와 결별하고 AFL로 돌아섬으로써 숙련 노동자와 하층 중간계급의 당으로 남았다. 그 결과는 인종차별과 노동조합에서 여성 노동자 배제에 맞선 투쟁의 약화였다.

사회당 안팎의 여성은 주로 숙련 노동자와 하층 중간계급의 아내들이었다. 그들은 NAWSA의 엘리자베스 캐디 스탠턴과 수전 B 앤서니의 부르주아 페미니즘과 IWW의 '마더' 존스와 엘리자베스 걸리 플린의 노동계급 전투성 사이에서 선택에 직면했다. 사회당 여성은 후자의 편에 설 수 없었다. 따라서 어쩔 수 없이 부르주아 페미니즘의 영향 아래 놓이게 됐고, 뒤죽박죽 혼란스런 사상을 발전시켰다. 남성과 여성, 흑인과 백인, 숙련 노동자와 미숙련 노동자의 단결, 즉 모든 노동자의 단결을 이룩할 수 없었기 때문에 그들은 '성'의 단결, 귀부인과 하녀의 단결로 흘러갔다.

05

독일 혁명과 사회주의 여성운동

파리코뮌이 패배한 뒤 국제 노동운동의 중심은 독일로 이동했다. 제1차 세계대전이 일어날 때까지 독일 사회민주당SPD은 국제적으로 가장 중요한 사회주의 세력이었고 독일 노동운동의 모든 측면을 지배했다. 머지않아 노동조합이 노동당을 건설하게 되는 영국과 달리, 독일에서는 SPD가 노동조합보다 먼저 생겨났고 SPD가 중심이 돼서 노동조합을 건설했다.

SPD는 사회주의자단속법 때문에 12년 동안 불법으로 활동해야 했다. 1890년에 이 법이 폐지됐을 때조차 당은 여전히 심한 제약을 받았다. 그러나 SPD는 단연 세계 최대의 사회주의 정당이었고 경제·사회·정치 질서와 날카롭게 대립했다. 1914년에 SPD는 당원이 1백만 명이 넘었고, 국회의원 선거에서 4백50만여 표를 얻었다. 또 90종의 일간지를 발행하고 대규모 노동조합과 협동조합, 스포츠 클럽과 노래 클럽, 청년 조직, 여성 조직을 운영했다. 상근자 수는 수백 명이나 됐다.

SPD의 여성 조직화를 다루기 전에 먼저 이 당의 '마르크스주의'의 전반적 성격을 살펴봐야 한다.

독일 국가는 전통적인 부르주아 민주주의가 아니었다. 독일 중간계급은 1848년에 자신들의 혁명을 수행하는 데 비참하게 실패해 프로이센 군주제에 굴복하고 말았다. 그 결과, 프로이센의 지주 귀족인 융커가 운영하는 낡은 군주 국가 구조가 독일을 계속 지배했지만, 점차 부르주아 계급의 경제적 요구에 봉사하게 됐다. 프로이센을 비롯한 다른 독일 연방들에서, 그리고 무기력한 제국의회에서 법적 제약에 직면한 SPD는 비타협적 반대 견해를 취할 수밖에 없었다.

동시에 독일 자본주의가 장기간 성장하고 반세기 동안 노동자들의 생활수준이 꾸준히 향상됐기 때문에 산업 투쟁 수준이 낮았고, 당은 무감각한 수동성에 빠져 들었다. SPD는 '국가 안의 국가'와 다름없었다. 노동조합과 당의 상근간부들과 당 집행부는 당을 관료적으로 운영했다.[1] 노동자들은 고용주를 위해서 일할 때를 제외하고는 태어나서 죽을 때까지 당 기구들에 거의 완전히 둘러싸여 있었다. 당원은 사민당 협동조합에서 사 온 음식을 먹고, 사민당 신문과 잡지만 읽고, 사민당 자전거 클럽이나 체육 클럽에서 여가를 보내며, 사민당 합창단에서 노래 부르고, 사민당 술집에서 술을 마셨고, 사민당 장례협회의 도움을 받아 땅에 묻혔다.

이렇게 SPD는 혁명적 마르크스주의의 형식과 개량주의의 내용을 결합시켰다. 이 둘의 종합은 '마르크스주의의 교황' 칼 카우츠키가 대부분 작성한 당 강령인 에르푸르트 강령에 분명히 드러났다. 에르푸르트 강령은 뚜렷이 구분되는 두 부분, 즉 일상적 개혁을 다루는 최소 강령과 메이데이[노동절] 연설에 유용한 최대 강령으로 나뉘어 있었다. 이러한 종합은 오래 유지됐다. SPD에 관한 최고의 역사가인 칼 쇼르스케는 이렇게 설명한다.

독일 국가가 계속해서 노동계급을 천민 지위에 묶어두는 한, 그리고 노동계급이 왕성하게 팽창하는 자본주의의 물질적 축복의 일부를 받아낼 수 있어서 반란으로 내몰리지 않는 한, 에르푸르트의 종합은 유효할 것이었다.[2]

경제와 정치, 최소 강령과 최대 강령, 이론과 실천의 분리는 SPD의 약화를 부채질하는 원인이었다. 임금 투쟁은 노동조합이 독점했고, 정치는 투표용지에 ×표시를 하거나 자본주의 국가와 타협하는 것으로 제한됐다.

개량주의적 내용과 '혁명적' 형식의 종합은 1905년 러시아 혁명의 여파가 밀려오는 동안 독일 노동운동 내에서 벌어진 논쟁에서 가장 분명히 드러났다. 러시아 혁명이 불러일으킨 혁명에 대한 열정 덕분에, 1905년 예나에서 열린 SPD 당대회는 사회주의 혁명을 향한 첫걸음으로서 총파업 전술을 채택했지만, 1년 후 만하임에서 열린 당대회에서 강력하고 공격적인 노동조합 지도자들의 완강한 요구 때문에 번복되고 말았다. 당 지도자들, 특히 베벨과 카우츠키는 노동조합은 당으로부터 **독립적**이고 늘 그래야 한다는 것을 인정했다.

SPD의 '마르크스주의'는 약화됐고, 마르크스의 혁명적 사상은 형태는 유지됐으나 정신은 사라졌다. 기본적으로, 자본주의 내부의 경제적 개혁을 위한 투쟁과 자본주의에 맞서는 혁명적 투쟁을 연결하는 고리가 끊어졌기 때문이었다.

이러한 분리에 맞서 혁명적 관점에서 끊임없이 카우츠키의 '마르크스주의'에 반대한 사람들은 로자 룩셈부르크를 중심으로 한 SPD 내 소규모 그룹뿐이었다. 그러나 로자 룩셈부르크와 그의 동지들조차도 독립된 조직이 아닌 SPD 내의 한 경향으로서 행동했을 뿐이었다. 그래서 그들은 노동자들의 일상 투쟁에 독자적으로 관여하지 않았다.

노동조합에서 여성 조직화

여성을 조직하는 데서 SPD는 칭찬받을 만한 긍정적인 업적을 많이 쌓았다. 그 가운데서도 가장 중요한 업적은 여성들을 노동조합으로 조직한 것이었다.

1892년 SPD의 자유노동조합 소속 여성 조합원 수는 전체 조합원의 1.8 퍼센트에 불과한 4천3백55명으로 여성이 노동인구에서 차지하는 비율 — 1895년 인구조사에 따르면 34.9퍼센트 — 에 훨씬 못 미쳤다.[3]

그해 자유노조의 할버슈타트 대회는 직업별 노동조합을 '직업 통합' 조직으로 바꿔 미숙련 여성 노동자를 숙련 남성 노동자와 같은 노동조합에 가입할 수 있게 했다. 한 노동조합이 남성과 여성을 모두 조직하는 것은 이전에는 불법이었다. 그러나 이것이 합법화됐을 때에도 여성의 조직화를 가로막는 다른 법적 장애물들은 사라지지 않았다. 프러시아, 바이에른, 작센 등 대부분의 독일 연방에서 여성들은 정치 쟁점을 다루는 어떤 조직에도 참여하는 게 금지됐는데, 이것은 매우 광범하게 해석됐다. 예컨대,

> 1886년 경찰은 노동조합 활동에 관여한 한 여성 협회를 해산시켰다. 왜냐하면 이 협회가 국가의 표준 노동일 제정, 제국의회에 제출된 노동자 보호 법안, 공장 구내에 대한 정부 감독 도입 안을 가지고 토론했기 때문이었다. 또 다른 협회도 산업 재판소에 여성 자문을 임명해 달라는 진정서를 해당 지역 시 당국에 제출했다는 이유로 해산됐다.[4]

1890년 이후 사회주의 운동의 정치 부문과 노동조합 부문은 여성 문제를 다루는 조직위원회를 만들었다. 모든 위원회는 서로 긴밀히 접촉했고, 흔히 회원을 공유했다. 결과는 인상적이었다. 전체 조합원 수는 1892년에 23만 7천94명에서 1913년 2백57만 3천7백18명으로 늘어나 절정에 달했다. 그러나 여성 조합원은 상대적으로 훨씬 빠르게 증가해 같은 시기에 4천3백55명에서 23만 3백47명으로, 즉 조합원의 1.8퍼센트에서 8.9퍼센트로 늘어났다.[5]

여성을 노동조합에 가입시키는 일은 전통적인 여성 직종에서보다 여성이 남성과 함께 일하는 산업에서 훨씬 더 성공적인 것으로 판명됐다. 1914년에 제조업 분야 여성의 44퍼센트 이상이 노동조합에 가입한 반면, 의류 산업에서는 겨우 1퍼센트만이 조합원이었다.[6]

독일 사회주의 여성운동에서 결코 빼놓을 수 없는 사람은 바로 클라라 체트킨(1857~1933년)이다. 체트킨은 여성을 노동조합으로 조직하는 데서 핵심적인 구실을 했다. 체트킨 자신이 25년 동안 슈투트가르트에 있는 제책 노동조합 조합원이었고, 의류 노동조합에서 적극적인 구실을 하면서 의류

노동조합 대의원대회에 많이 참석했다. 그리고 1896년 런던에서 열린 제2차 의류 노동조합 국제대회에 독일 의류 노동조합 대표 중 한 사람으로 참석해 임시 국제 서기로 선출됐다.

독일 사회주의 여성운동 지도자 클라라 체트킨.

다른 지도적 여성 사회주의자들 역시 여성들을 노동조합으로 조직하는 데 중요한 기여를 했다. 루이제 지츠(1865~1916년)는 오랫동안 미숙련공장노동자조합의 조합원이었으며 여러 번 노동조합 대의원대회의 서기로 선출됐다. 오틸리에 바더(1847~1925년)는 사회주의 여성운동과 의류 노동조합의 지도적 인물이었다. 여성 사회주의 운동 활동가들은 '카르텔Kartels' — 노동조합 연맹의 한 형태이지만 영향력이 더 큰 — 에서 일했다. 1905년부터 카르텔은 함부르크와 뉘른베르크 같은 도시에서 자체 여성 조직가를 임명했다. 그들은 대개 파업 기금을 관리했고, 따라서 파업 정책에 영향을 미쳤다.[7]

노동조합에서 남성과 여성이 단결할 필요성은 체트킨의 사고와 행동의 중심이었다. 러시아에서는 처음부터 노동조합이 남성과 여성을 포함한 반면, 독일에서는 남성 지배적인 노동조합이 여성에게 문호를 개방하는 데 한 세대가 걸렸다.(영국에서는 무려 세 세대가 걸렸다. 예컨대, 1852년에 설립된 통합금속노동자협회ASE는 91년 동안 여성 가입을 허용하지 않았다가, 1943년이 돼서야 최하위 분과에서만 여성을 받아들였다.)

어떤 경우에도 노동 여성은 별도의 노동조합을 건설하는 것을 바라지 않았다. 노동계급의 약한 부분은 부문주의로 기울지 않는다. 그들이 부문주의로 기우는 경우는 영국과 미국의 WTUL처럼 자유주의 부르주아 페미니스트의 영향력, 분리를 강요하는 자본주의의 법률, 남성 노동조합의 직업별 노동조합주의와 관료주의 때문에 그럴 수밖에 없는 경우였다. 여성만으로 구성된 노동조합은 모두 약하고 불안정해서 적당한 계기가 있기만 하면 남성 노동조합과 통합됐다.

여성들을 SPD에 가입시키는 문제에서 체트킨과 동료들은 큰 법적 난관에 부딪혔다. 1908년까지 독일 대부분 지역에서 여성의 정당 가입은 불법이었다. SPD는 이 법을 피하기 위해 다양한 방법을 써야 했다. 1889년 베를린에서 노동조합과 SPD 활동의 중심축을 마련하기 위해 몇몇 여성들로 구성된 선동위원회가 꾸려졌다. 다른 도시들에서도 비슷한 위원회를 만들었다. 일부 위원회들은 경찰이 폐쇄한 노동 여성 조직을 대신했다. 선동위원회는 강연과 집회와 다른 활동들을 조직하고 지역 당 조직들과 꾸준히 연락을 취했다. 모든 선동위원회는 법을 위반하지 않기 위해 서로 독립해 있었다. 그러나 국가는 계속 그들을 탄압하는 여러 조치를 취했다. 1895년 선동위원회는 완전히 금지됐다.

1894년 SPD 당대회는 '대변인' 제도를 채택하기로 결정했다. 정치 선전의 책임을 개인에게 맡기면 정치 단체를 금지하는 법률이 적용되지 않았다. 그래서 개별 대변인은 스스로 어느 정도는 정치적 주도력을 발휘할 수 있었다. 대변인 수는 1901년 25명에서 1907년에 4백7명으로 증가했다.[8]

1895년 11월에 독일 전역의 조직 노동 여성을 위한 연결 고리 구실을 맡도록 중앙 대변인이 임명됐다. 동시에 체트킨은 SPD 전국집행위원으로 선출됐다.

여성들은 법에 걸리지 않기 위한 다른 방법들도 찾아냈는데, 프러시아 법률의 허점 때문에 예컨대 선거 전에 적극적으로 선거운동을 할 수 있는 기간 동안 선거인 모임들을 만드는 일이 가능했다. 루이제 지츠는 여성이 공공 집회에서 연사가 될 수 없도록 한 튀링겐 법을 어떻게 피할 수 있었는지 이렇게 설명했다. "나는 연설을 할 수 없었다. 그래서 한 남성 동지가 10분 동안 연설한 뒤 나는 청중 토론에 참여하는 형식으로 1시간 반 동안 연설했다."[9]

단체법이 1908년에 폐지되자 대변인 제도의 필요성도 사라졌다.

오랫동안 여성 사회주의자들은 여성을 노동조합에 가입시키는 데 큰 기여를 했다. 여성 조합원 증가는 SPD 여성 당원 증가를 뒷받침했다. 단체법 때문에 둘 사이에 시간차가 생기기는 했지만, SPD 여성 당원 수는 여성 조합원 수를 빠르게 따라잡았다. 1906년 SPD의 여성 당원은 6천4백60명에 지나지 않았지만, 자유노조의 여성 조합원은 11만 8천9백8명이었다. 즉, 여성 조합원 가운데 SPD 당원은 1퍼센트가 채 안 됐다. 그러나 이 비율은 1907년까지 8퍼센트로 증가했고, 1908년 21.3퍼센트, 1909년 46.5퍼센트, 1910년 51.2퍼센트, 1911년 56.3퍼센트, 1912년 58.5퍼센트, 1913년 61.3퍼센트로 증가했다. 그리고 1914년에 이르면 83퍼센트에 달했다.[10]

SPD는 대규모 공개 집회를 통해 여성을 당원으로 조직했다. 1905년 11월 6일, 2백80명이 참석한 함부르크 집회에서 26명의 여성이 입당했다. 1907년에 가장 규모가 컸던 세 차례 집회에서는 다음과 같은 인원이 당에 가입했다. 2월 20일 7백 명이 참가한 집회에서 45명이 가입했고, 3월 18일 1백10명이 참가한 집회에서 13명이 가입했으며, 9월 7일 1천2백 명이 참가한 집회에서 50명이 가입했다. 이듬해인 1908년 2월 11일에 열린 또 다른 대규모 집회에서는 5백 명의 청중 가운데 39명이 당에 가입했다.[11]

부르주아 페미니즘에 대한 체트킨의 견해

체트킨은 여성을 사회주의 운동에 끌어들이려면 부르주아 페미니스트

들에 반대해야 한다고 주장했다. 체트킨은 1896년 SPD의 고타 대회에서
한 연설(나중에 《프롤레타리아 여성과 함께할 때만 사회주의는 승리할 수 있다》
라는 소책자로 발간됐다)에서 이렇게 선언했다.

그 자체로 독자적으로 존재하는 '여성운동' 같은 것은 없다. …… 여성운
동은 역사 발전의 맥락 속에서만 존재하고 …… 따라서 부르주아 여성운
동과 노동계급 여성운동만이 있을 뿐이다. 이 두 운동은 사회민주주의*
가 부르주아 사회와 닮은 점이 없는 것보다 더 공통점이 없다.

또 체트킨은 같은 연설에서 이렇게 말했다.

노동계급 여성은 경제적 독립을 획득했다. 그러나 한 사람으로서 또는
한 여성이나 아내로서 노동계급 여성은 개인으로서 온전한 삶을 살 가능
성이 없다. …… 아내이자 어머니로서 하는 노동으로 노동계급 여성이
얻는 것은 자본주의 생산이 식탁에서 떨어뜨린 빵 부스러기뿐이다.
　결과적으로 노동계급 여성의 해방 투쟁은 ─ 부르주아 여성과 달리 ─
자기 계급의 남성에 맞서는 투쟁이 될 수 없다. …… 노동계급 여성의
궁극적 투쟁 목표는 남성과 자유롭게 경쟁하는 것이 아니라 노동계급의
정치적 지배를 이루는 것이다. 노동계급의 여성은 자기 계급의 남성과
손잡고 자본주의 사회에 맞서 싸워야 한다.[12]

부르주아 페미니즘은 '여성참정권'(사실은 제한된 여성참정권) 요구에 집
중했다. 그러나 여성이 정치적으로 평등해지더라도 실제 세력 관계는 전혀

---

* 당시에는 사회민주주의가 마르크스주의를 뜻했다.

달라지지 않을 것이다. 노동계급 여성은 노동계급 남성과 '평등하게' 착취당할 것이고, 반면 부르주아 여성은 부르주아 남성과 '동등한' 특권을 누릴 것이다.

여성 사회주의자는 부르주아 페미니스트처럼 선거권 요구에만 국한해서는 안 되고 일할 권리, 동일임금, 유급 출산휴가, 무료 보육시설, 여성 교육 등을 위해 싸워야 한다고 체트킨은 주장했다. 체트킨은 '페미니스트'라는 호칭에 대해 거듭 경멸을 드러냈고, 그 용어를 '우파 여성Frauenrechtl-erinnen'으로 번역했다.[13] 체트킨은 이렇게 끝맺었다.

> 여성의 활동은 어렵다. 그것은 고되고 엄청난 헌신과 희생을 요구한다. 그러나 희생은 보상받게 될 것이며 보상받아야 한다. 왜냐하면 노동계급이 국적이나 직업의 차이를 뛰어넘어 함께 투쟁할 때만 해방될 수 있듯이, 노동계급이 성을 뛰어넘어 단결할 때만 노동계급의 해방을 쟁취할 수 있기 때문이다.[14]

체트킨이 지도한 독일 사회주의 여성 노동자 운동의 발전을 이해하려면 그들의 적인 부르주아 페미니스트들에 대해서 알아야 한다. 독일의 비非사회주의 여성운동은 극우부터 급진 좌파까지 여러 조류가 있었는데, 급진 좌파는 SPD 우파와 가까웠다.

SPD와 가장 가까웠던 급진 페미니스트*들을 살펴보자. 1904년 헬레네 슈퇴커가 지도하는 '모성 보호와 성 개혁 연맹' ― 신新도덕주의자들로도 알려져 있다 ― 이 창립했다. 이 연맹은 남편·아내·자식의 법적 평등, 손쉬운 이혼, '자유 결혼'의 법적 승인을 추구했다. 경찰의 간섭을 막고, 서

---

* 1970년대 이후 급진 페미니스트와는 다르다.

독일 급진 페미니스트 헬레네 슈퇴커.

자가 적자와 동등한 법적 권리를
누리게 하기 위해서였다.[15] 연맹은
피임기구 보급과 낙태금지법 폐지
를 위한 운동을 벌였다. 낙태금지
법은 강간으로 임신한 경우에도 낙
태할 경우 6개월에서 5년 사이의 징
역에 처하도록 규정하고 있었다. 연
맹이 여성운동 내에서 가장 강력한
영향력을 발휘한 것도 바로 이 쟁점
에서였다. R 에번스는 ≪1894~1944
년의 독일 페미니스트 운동≫에서
신도덕주의자들의 위상을 이렇게 평가한다.

빅토리아 우드헐과 애니 베전트, 마거릿 생어와 마리 스톱스가 비슷한
목표를 갖고 운동을 벌였다. 특이한 것은 슈퇴커의 강령이 급진 페미니
스트 운동의 광범한 지지를 받았다는 사실이다. 영국과 미국의 페미니스
트 운동은 대개 자유연애와 피임을 주창하는 사람들을 배척했다. 심지어
조세핀 버틀러*도 오명을 쓰고 불신을 받았다. 반면 슈퇴커와 그가 이
끈 운동은 독일 페미니스트 운동의 일부였다.[16]

급진 페미니스트들은 SPD 여성들과 경쟁하면서 노동조합 활동에도 가
담했다. 1889년에 그들은 여성 점원들의 협회를 만들었다. 이 협회는 그

---

* Josephine Butler, 영국의 사회개혁가. 여성 교육 향상과 성매매 여성 복지를 위한
운동을 벌였다. 열렬한 기독교 신자로서 성매매에 반대했으나, 성매매 여성을 남성
억압의 피해자로 여겼고 이중적 성 도덕을 비판했다.

뒤 10년 동안 회원 수가 1만 1천 명으로 증가했다. 자유노조의 점원 노동조합 조합원 수는 1908년까지도 남성은 3천8백7명, 여성은 4천9백97명에 불과했다. 급진 페미니스트들은 가정부도 조직했다.[17] 그들은 <독일 노동 여성 신문>도 발행했다.

급진 페미니즘 경향의 사회적 기반은 교사와 사무직 노동자 등 쁘띠부르주아였는데, 당시 이들은 오늘날에 비해 훨씬 더 육체 노동계급과 거리가 멀었다. 이러한 전통적인 쁘띠부르주아 직업에서 일과 지위를 둘러싼 경쟁은 남성과 여성의 성性 전쟁이 됐다. 그런 사례들 중에는 남녀 교사 사이에 분리된 적대적인 조합, 남성 사무원 연합 등이 있었다.

급진 페미니스트들은 1904년과 1907년에 노동 여성 대회를 개최하고 SPD와 자유노조에 대표단 파견을 요청하기도 했다. 그들의 노동 여성에 대한 태도는 이를테면 오늘날 영국의 ≪스페어 립Spare Rib≫이 보이는 태도보다 훨씬 더 진지했다. 그들의 언어는 흔히 사회주의자들과 거의 구분할 수 없을 정도였다. 예컨대, 그 지도자 중 한 명인 미나 카우어는 1913년 11월 15일에 이렇게 썼다. "오직 노동 여성 대중과 함께할 때만 우리는 언젠가 투쟁을 벌일 수 있고 오직 그들, 즉 고용돼 일하는 여성 대중과 함께할 때만 여성들은 선거권을 얻게 될 것이다."

그러나 급진 페미니스트들은 노동계급 같은 응집된 지지 기반이 없었기 때문에 제1차세계대전이 일어나기 몇 년 전에 개인적인 문제로 격렬히 다투다 분열을 거듭했고, '모성 보호와 성 개혁 연맹'은 결국 와해되고 말았다.

체트킨은 항상 급진 페미니스트들과 거리를 두려고 노력했다. 체트킨은 힘을 합치는 것이 실제 행동으로 나아가는 것이 아니라 사회주의 정책의 선명함을 무디게 할 수 있다고 말했다. 거리를 두는 것이 늘 쉽지만은 않았는데, 왜냐하면 급진 페미니스트들이 설득력 있는 '사회[주의]적' 언사로 말을 하고 실제로 급진적인 운동들을 주도하기도 했기 때문이었다. 1895년에 여성의 정치조직 가입을 금지한 단체법 폐지를 위한 운동의 일환으로, 급진 페미니스트 미나 카우어와 릴리 폰 기치키, SPD 당원 아델레 게르하르트가 청원서를 작성했다. SPD 중앙지 <전진>은 지지 성명과 함께 그 청원서를 게재하고 당원들에게 서명을 권유했다. 체트킨도 자신의 신문 <평등>에 그 청원서를 게재했다. 그러나 굵은 글씨로 다음과 같은 경고를 함께 실었다. "계급의식을 지닌 노동계급 성원들은 모두 어떤 방식으로든 이 청원서에 반대할 것을 단호하게 충고한다."[18] 체트킨과 베테랑 사회주의자 빌헬름 리프크네히트가 <전진>의 지면을 통해 날카로운 논쟁을 벌였다. 리프크네히트는 열과 성을 다해 급진 페미니스트들을 편들었다. 체트킨은 엥겔스의 견해를 물었고 엥겔스는 체트킨의 생각에 완전히 동의했다.[19]

급진 페미니스트들은 거듭해서 여성 사회주의자들에게 자신들의 시위에 참가할 것을 요청했지만, 체트킨은 이런 요청을 항상 거절했다. 겉으로 보기에는 같은 목표를 성취하기 위해 노력한 부르주아 여성들과 협력하지 않는 이런 방식은 결코 바뀌지 않았다. 그러나 체트킨은 노동계급 여성을 급진 페미니스트들과 떼어 놓는 데 엄청난 어려움을 겪었다. 엘리너 마르크스가 지적했듯이, 체트킨은 "노동 여성이 부르주아[또는 쁘띠부르주아 — 토니 클리프] 여성과 함께 모일 때마다 노동 여성은 부르주아 여성의 영향을 받게 된다"고 거듭 설명해야만 했다.

<평등>

여성을 교육하고 조직하는 데서 가장 중요한 무기 가운데 하나는 격주간 여성 신문 <평등>이었다. 신문의 부제는 "여성 노동자의 이익을 위해"였다. <평등>은 1891년에 창간해 체트킨이 25년 동안 편집을 맡았다. 체트킨은 사회주의 운동이 정치적·조직적으로 일치단결할 필요성을 늘 강조

하면서도, 사회주의 선전이 대상으로 하는 특정 청중에게 적합하게 이뤄져야 한다고 생각했다. 체트킨은 1913년 9월 7일 네덜란드인 동료 헬렌 앙커스미트에게 보낸 편지에서 다음과 같이 말했다.

여성을 사회주의 편으로 획득하려면 부분적으로 특별한 방식과 수단, 방법이 필요하다. 사회주의에 이바지하는 과업과 투쟁을 위해 각성한 사람들을 이론적으로나 실천적으로 단련시키려면 그것을 위한 특별한 조직과 계획이 있어야 한다. …… 우리는 여성들이 주된 추진·실행 세력이 될 수 있는 특별한 조치 없이는 잘 해낼 수 없을 것이다.[20]

체트킨은 "독자에게"라는 사설에서 <평등>의 구상을 자세히 설명했다. 이 사설은 1890년대에는 매년 초에 내용이 거의 바뀌지 않고 실렸다.

<평등>은 무엇보다 육체노동을 하던 정신노동을 하던 자본의 노예인 노동계급의 가장 진보적인 구성원들을 대상으로 한다. <평등>은 그들을 이론적으로 교육하고, 그들이 역사 발전 과정을 분명히 이해하고 노동계급의 해방을 위한 전투에서 의식적으로 활동할 뿐 아니라, 노동계급 동지들을 깨우치고 가르치며 그들을 분명한 목표를 지닌 투사로 훈련시키는 데 도움이 되는 능력을 갖출 수 있도록 모든 노력을 다한다.[21]

체트킨에 따르면, <평등>은 "대변인 여성들을 위한 신문이었다. 이 신문은 여성 대중이 아니라 오히려 선전적인 여성들을 대상으로 했다."[22] <평등>은 방직업, 의류 산업, 식품가공업, 제본 산업, 가내 공업 등 여성 진출이 매우 활발한 모든 경제 분야의 노동조건을 기술하는 데 많은 지면을 할애했다. 그리고 여성 노동자들이 충분히 법의 보호를 받을 수 있도록 아무

리 사소한 것일지라도 상세한 공장 법 정보를 제공했다. 그리고 독일과 다른 나라 노동 여성들의 파업과 노동쟁의를 항상 비중 있게 보도했다.

<평등>은 초기 몇 년 동안, 체트킨이 편집을 담당했을 뿐 아니라 기사의 대부분을 썼다. 처음 14년 동안은 발행 부수가 얼마 되지 않았지만, 1891년의 2천 부에서 1903~1904년에는 1만 1천 부로 꾸준히 증가했다. 사회주의 여성운동이 급속히 확산되면서 신문의 성격이 크게 변했고, 1907년에는 발행 부수가 7만 5천 부에 달했다.[23]

1904년부터 <평등>은 사회주의 운동의 여성 구성원들과 SPD 당원의 아내들에게 무료로 배포되기 시작했다. 이것이 1903~1904년 1만 1천 부에서, 1905~1906년 4만 4천 부, 1908~1909년 7만 7천 부, 1914년 12만 5천 부로 발행 부수가 엄청나게 늘어난 주요 원인이었다.

1904년 SPD 지도부 때문에 체트킨은 <평등>이 더 넓은 독자층을 끌어들이도록 신문의 형태와 성격을 바꾸는 일을 시작해야 했다. 1904년 SPD 여성협의회에서 체트킨은 그 다음 해 초에 어린이들에게 좋은 읽을거리를 제공하고 "주부이자 어머니로서 여성들의 교육과 이익에 이바지하게" 될 <평등>의 부록을 발행할 것이라고 발표했다. 부록 발행은 1905년 1월에 시작됐는데, "우리 주부들과 어머니들을 위해" 또는 "우리 어린이들을 위해"라는 제목이 번갈아 가며 붙었다. 체트킨은 어느 정도 자신에게 강요된 상황을 가능한 좋은 방향으로 활용하려 했다. 그래서 노동계급 자녀들이 다니는 학교에서 무시하고 있는 관점들을 특히 강조하고, 걸출한 혁명적 저술가나 소설가의 작품을 골라 실었다.

사회주의 여성운동의 또 다른 주요 활동 분야는 교육이었고, 운동의 지도자 대부분이 여기에 참여했다. 체트킨은 슈투트가르트 여성교육클럽에서 문화사를 강의했다. 지츠는 함부르크에서 교육 클럽을 운영했고 바더도 베를린에서 교육 활동에 적극 참여했다. 1905년에는 3천 명의 여성이 교육

클럽으로 조직돼 있었다.[24]

1908년부터 SPD는 독일 전역에서 주로 마르크스주의 교육에 전념한 '여성 독서·토론 모임'을 후원했다. 많은 여성들이 여기에 참가했다. 예를 들어, 1910년 베를린에서는 약 4천 명이 참여했는데 이 수는 여성 당원의 3분의 1에 달했다. 약 1백50개 지역에서 이러한 모임을 운영했다.[25] 1913년 말에 베를린의 텔토브 베스코브 구역의 강의 과정을 보면 그 독서 모임이 어떤 것이었는지를 대충 알 수 있다. 독서 모임은,

> 한 가지 주제, 즉 현대 노동계급 운동의 과학적 기초에 집중한다. 참가자들은 사회 개혁, 민주주의와 사회주의의 관계, 관념론과 유물론, 공상적 사회주의와 과학적 사회주의와 같은 주제에 입문했다. 그 뒤에는 자본주의 이전의 경제 발전, 자본주의 생산양식의 기원, 노동계급의 형성, 자본주의 착취의 성격 등에 대한 분석을 배웠다. 11주 뒤 강좌는 계급투쟁의 방법과 목표에 관한 토론으로 끝을 맺었다.[26]

체트킨과 국제 사회주의 여성운동

클라라 체트킨은 독일 국경 너머 여성 사회주의자들에게도 영향을 미치고 지도하기 위해 많은 일을 했다. 1907년 체트킨은 슈투트가르트에서 15개국 59명의 여성이 참가한 최초의 국제 사회주의 여성 대회를 소집하는 일을 주도했다. 이 대회는 모든 사회주의 여성 조직을 포괄하는 국제 조직을 만들기로 결정했다.[27]

대회 참가자들은 전혀 단일하지 않았다. 핵심 문제인 여성참정권에 관해 오스트리아·벨기에·영국·프랑스의 대표들은 재산이나 소득에 따라 선거권을 주는 제한 선거권 요구가 보통선거권 요구보다 더 '현실적'이라고

국제 여성의 날의 기원이
된 1908년 뉴욕 시위.

주장했다. 이와 비슷한 맥락에서 영국과 프랑스 대표들은 부르주아 페미니
스트 운동에 대한 체트킨과 그 지지자들의 '종파주의'에 반대하는 주장을
폈다.

그러나 체트킨은 이 두 문제에서 조금도 양보하지 않았다. 체트킨은 특
히 러시아 대표 알렉산드라 콜론타이의 지지를 받았다. 체트킨이 사람들을
설득해, 대회는 다음과 같은 강력한 결의문을 통과시켰다. "모든 나라의 사
회주의 정당은 여성의 보통선거권을 도입하기 위해 정력적으로 투쟁할 의
무가 있다." 그리고 "사회주의 여성들은 부르주아 페미니스트들과 동맹하
는 것이 아니라 사회주의 남성들과 함께 투쟁을 지도해야 한다." 체트킨은
국제여성사회주의조직의 서기로 선출됐고, <평등>은 이 운동의 중앙기관
지로 지정됐다. 콜론타이는 사무국에 선출됐다.

1910년 코펜하겐에서 열린 두 번째 국제 사회주의 여성 대회는 '보통선
거권' 요구를 재확인했다. 체트킨은 그때 3월 8일을 국제 여성의 날로 정할
것을 제안했다. 그 날짜와 취지는 모두 1908년 3월 8일 뉴욕에서 부르주아

참정권 운동에 반대한 미국 사회주의 여성들의 시위에서 따왔다. 그 제안은 대회에서 열렬한 지지를 받으며 통과됐다. 국제 여성의 날 시위는 1911년에 시작해 1914년 전쟁이 일어날 때까지 계속됐으며, 사실상 유럽의 모든 주요 도시에서 조직됐다.(물론 가장 중요한 시위는 전쟁 중에 벌어졌는데, 그것은 [1917년] 러시아 혁명을 촉발한 러시아 여성들의 시위였다.)

체트킨에 대한 우파의 반대

SPD 내부와 마찬가지로 사회주의 여성운동 내에도 체트킨에 반대하는 우파가 있었다. SPD는 세 경향으로 나뉘어 있었다. 가장 오른쪽에는 에두아르트 베른슈타인을 따르는 '수정주의자', 가장 왼쪽에는 로자 룩셈부르크 지지자들, 그 중간에는 베벨과 카우츠키 추종자들이 있었다. 똑같은 세 경향이 사회주의 여성운동에도 나타났다. 사회주의 여성운동 내 우파는 SPD 내 우파보다 훨씬 더 기꺼이 자유주의자들과 계급 연합을 실행할 태세가 돼 있었다.

이러한 경향의 가장 유명한 대변자는 릴리 브라운(1865~1916년)이었다. 브라운은 귀족 출신이었고 결코 자신의 뿌리를 잊지 않았다. 브라운은 사회주의는 노동계급의 혁명적 활동뿐 아니라 페미니스트들을 포함한 많은 진보 세력의 활동을 통해서 성취될 것이라고 말하면서, 계급투쟁에 반대했다. 브라운은 사회주의자들이 계급 불평등에 반대하는 것과 마찬가지로 페미니스트들은 성 불평등에 반대하기 때문에 모든 페미니스트들이 당연히 진보적이라고 주장했다.

1895년 브라운은 단체법 개혁을 요구하는 청원서를 작성하면서 부르주아 페미니스트들과 협력했다. 그리고 급진 부르주아 페미니스트인 미나 카우어와 함께 <여성운동>이라는 신문을 편집했다. 창간호에는 정치적 신념

독일 사회주의 여성운동 내 우파 릴리 브라운.

을 떠나 모든 여성을 지지하고 완전한 남녀평등이라는 공동 목표를 위해 투쟁한다는 신문의 원칙이 요약돼 있었다. "우리는 동일임금 투쟁과 마찬가지로 동등한 교육을 위해서도 공평하게 투쟁하기를 원한다."

릴리 브라운은 노동운동 내 남성의 여성에 대한 태도에 대해 불평하면서 계급투쟁이 남녀 사이의 갈등을 극복하리라고 믿는 것은 환상이라고 주장했다. 1901년 브라운은 ≪여성 노동과 가사 협동조합≫이라는 소책자를 출판했다. 이 책자는 가사 협동조합을 만들어 여성들을 가사 부담에서 벗어나게 해야 한다는 요구를 담고 있었다. 체트킨은 이러한 발상이 공상적이고 기회주의적이라며 격분했다. 왜냐하면 안정적이고 정기적인 소득이 있는 중간계급 여성만이 그런 사업에서 이익을 얻을 수 있기 때문이었다. 체트킨은 제안된 협동조합을 "부르주아 개혁 사업"으로 평가했다. [그러나] 사회주의 여성운동의 많은 저명인사들과 SPD의 지도적 남성들 상당수가 브라운을 지지했다.

릴리 브라운과 그 지지자들이 아무런 결실도 얻지 못한 것은 아니었다. 1898~1902년에 베를린과 함부르크에서 몇 차례 열린 연석회의에서 노동계급 여성들과 부르주아 페미니스트들은 협력의 가능성을 숙고했다. 체트킨은 엄청나고 지속적인 노력을 기울여 비로소 브라운의 영향력을 극복할 수 있었고, 1903년에는 결국 브라운을 사회주의 여성운동 밖으로 사실상 밀어냈다.

클라라 체트킨에 반대한 또 다른 견해는 제국의회 의원 에드문트 피셔로 대표되는 반페미니스트 경향이었다. 1905년 ≪월간 사회주의≫에 실린 "여성 문제"라는 기사에서 피셔는 이렇게 물었다. "일반적으로 여성들이 노동하는 것이 부자연스럽고 사회적으로 건강하지 못한 일인가? 자본주의 폐지와 함께 사라질 것이고 사라져야만 하는 자본주의의 폐해인가?" 그의 대답은 분명했다. "이른바 여성해방이란 여성과 전 인류의 본성에 역행하는 것이다. 여성해방은 자연스럽지 못한 일이며, 따라서 성취할 수 없다."[28] "여성의 삶에서 으뜸가는 미덕, 여성의 본성에 깊이 들어있는 미덕은 어머니가 돼 자식을 가르치며 사는 것이다" 하고 주장했다.

1906년 SPD 만하임 대회에서 로자 룩셈부르크가 이끄는 좌파가 패배했다. 당시 우파는 체트킨을 표적으로 삼았다. 체트킨이 개인적으로나 정치적으로 룩셈부르크의 절친한 친구였기 때문이다.

1908년 단체법이 폐지되자, 뉘른베르크 여성 대회는 여성 단체들이 SPD 지역 지부에 가입해야 한다고 결정했고, 각 지역과 지구의 집행위원회는 여성 노동자들에 대한 선전을 담당할 여성을 적어도 한 명 이상 포함하도록 했다. 여성운동의 중앙사무국은 SPD 전국 집행위원회 산하의 여성국으로 바뀌었다. 여성들이 항의했는데도 오직 한 여성만이 집행위원이 됐다. 그 사람은 루이제 지츠였다. 지츠는 체트킨 같은 당내 극좌파가 아니라 카우츠키의 중도 노선을 지지했다.[29] 체트킨이 밀려난 해인 1908년에 가장 급진적이던 청년 조직도 쫓겨났다.[30]

여성운동이 SPD에 통합되면서 여성들이 대거 입당했다. 여성 당원은 1908년 2만 9천4백68명에서 1914년 17만 4천4백74명으로, 6년이라는 짧은 기간 동안 15만 명 가까이 증가했다![31]

1908년은 체트킨의 <평등> 편집권이 약화된 해이기도 했다. 앞서 언급했듯이 잡지의 성격은 이미 변하고 있었다. 분량은 이제 12쪽에서 24쪽으로 두 배 늘었고, 매호마다 어린이 부록과 어머니이자 가정주부인 여성을 위한 부록이 함께 발행됐다. 1910년에는 마침내 패션 부록을 내라는 요구가 있었다. 이것은 체트킨이 편집권을 상실했다는 징표였다. 1908년부터 체트킨은 조리법과 여성 의상 등을 비롯한 패션과 요리에 대한 기사를 정기적으로 실어 어느 정도 이런 요구에 따랐다. 심지어 체트킨은 1913년 당대회에서 이제부터는 "전혀 교육받지 못한 사람들", "아직 우리 견해의 기초도 모르는" 사람들에게 더 많은 관심을 기울이겠다고 약속하기까지 했다.[32]

그 뒤 노동조합들은 무료로 배포하기 위해 공식적으로 <평등>을 엄청나게 주문했다. 그래서 1914년에는 전체 발행 부수 중 5분의 3을 노동조합이 소화했다. 발행 부수는 1903~1904년 1만 1천 부에서 1914년에는 12만 5천 부로 크게 증가했다.[33] 1914년 <평등> 배포 부수는 SPD 여성 당원의 71.6퍼센트, 자유노조 여성 조합원의 59.4퍼센트에 해당하는 숫자에 맞먹었다.

1914년 8월, 전쟁이라는 분수령

제1차세계대전이 터진 것은 커다란 분수령이었다.

전쟁이 일어난 지 며칠 뒤인 1914년 8월 5일, 체트킨은 "노동계급의 여성들이여, 준비하라!"는 제목의 기사를 <평등>에 게재해 전쟁을 비판했다.[34] 체트킨은 독자들에게 독일이 "반동적인 합스부르크 왕가의 이익을 위해, 냉혹하고 양심 없는 대토지 소유자와 대자본가의 황금과 권력욕을 위해" 전쟁을 벌이고 있다고 말했다.[35] 이 기사는 넌지시 혁명을 호소하는 말로 결론을 맺고 있다.

노동계급에게 형제애는 헛된 꿈이 아니며 세계 평화는 결코 듣기 좋은 말에 불과한 것이 아니다. …… 무엇을 해야 하는가? 민중의 삶에는 모든 사람이 준비돼 있기만 하면 모든 것을 쟁취할 수 있는 단 한순간이 있다. 지금이 바로 그런 순간이다. 노동계급 여성들이여, 준비하라!^{36}

체트킨은 반전 견해 때문에 계속해서 검열에 걸리게 됐다. 시위의 뜻으로 빈칸으로 남겨진 <평등> 지면이 늘어나는 것이 이 점을 보여 줬다.

<평등>은 몇 달 동안 국제적으로 인정받는 반전 여성지가 됐다. 체트킨은 로자 룩셈부르크와 함께 1915년 3월 베른에서 전쟁에 반대하는 국제 여성대회를 조직했다. 1915년 8월 체트킨은 체포됐는데, 이것은 시작에 불과했다.

그러나 독일 여성운동의 다수가 로자와 체트킨의 견해를 지지했다고 생각하는 것은 잘못이다. 사실, 두 사람은 반전 문제에서 고립돼 있었다.

로자 룩셈부르크와 클라라 체트킨은 둘 다 신경쇠약으로 고통을 겪었고 한 때는 거의 자살할 지경에 다다랐다. 그들은 힘을 모아 [1914년 − 토니 클리프] 8월 2일과 3일에 반전 선동을 벌이려 노력했다. 급진적인 견해를 가진 것으로 알려진 20명의 SPD 제국의회 의원들과 접촉했지만 단지 [칼] 리프크네히트와 메링의 지지를 얻었을 뿐이다. …… 로자는 전쟁에 반대할 것이라 여긴 지역 관료들에게 3백 통의 전보를 보내 투표에 대한 그들의 의견을 물어보고, 긴급 대회를 위해 그들을 베를린으로 초청했다. 결과는 비참했다. "클라라 체트킨만이 유일하게 곧바로 거리낌 없이 지지 전보를 보냈다. 다른 사람들 − 애써 답변을 보낸 사람들 − 은 구차하고 성의 없는 평계를 담은 답신을 보내왔을 뿐이었다."^{37}

SPD가 두르고 있던 마르크스주의라는 외피는 얇디얇았고, 당 지도부

대부분은 하룻밤 사이에 국제주의를 버리고 독일의 전쟁 노력에 찬성표를 던졌다. 노동조합들 대부분이 <평등> 구독을 중단해 발행 부수가 1914년 12만 5천 부에서 1915년 12월 4만 부로 급격하게 줄어들었다.[38] 체트킨은 편집장 자리에서 쫓겨났다.

전쟁 때문에 SPD 여성 당원들은 부르주아 페미니스트들과 협력하게 됐다. 부르주아 여성들은 시 행정기관에 들어가 전국 여성 봉사대를 구성했고 시청 직원들을 위한 여성 지원군을 조직했다. SPD 여성들의 수장 자격으로, 루이제 지츠는 사회주의자들이 복지에 들인 노력을 설명하기 위해 베를린의 중간계급 집단 앞에서 연설했으며 협력의 가능성을 제기했다. 사회주의 페미니스트들은 전쟁 동안에 계급투쟁을 중지함으로써 SPD를 따랐다.

부르주아 여성과 협력하는 문제에 대한 실제 결정은 지역 클럽들에 맡겨졌지만, 전쟁 때문에 새로운 정치적 선택지가 생겨났다. 중간계급 여성과 접촉하는 데 대한 반응은 아주 다양했다. 어떤 집단은 부르주아 여성들과 함께 일했고, 어떤 집단은 계속 협력을 거부했다. 이제 체트킨의 손을 벗어난 <평등>은 1917년 7월 20일 이렇게 썼다. "…… 실천적 문제에서 우리는 부르주아 여성들한테 많은 것을 배울 수 있다."[39] 노동조합은 또한 1916년 1월에 격주간지 <노동조합 여성 신문>을 창간했다. 게르트루트 한나가 편집한 이 신문은 불과 1년 만에 배포 부수가 10만 부에 달했고 1919년 1월에는 35만 부나 됐다.[40]

SPD가 전쟁을 열광적으로 지지한 지 1년 뒤 루이제 지츠는 당의 의견을 그대로 받아들이기에는 곤란하다는 것을 마침내 깨달았다. 지츠는 카우츠키와 베른슈타인 등 미래의 독립사회민주당USPD 지도자들의 편에 섰다. 1915년 여름에 지츠는 SPD 집행위원회에서 쫓겨났다.

<평등>은 이제 "노동자의 아내와 여성 노동자의 이익을 위한 잡지"라는 새로운 부제를 갖게 됐다. 새 편집진은 그 강령을 "정치 교육, 간단한

전쟁에 반대한 독일 여성 사회주의자들,
클라라 체트킨(왼쪽)과 로자 룩셈부르크.

가르침과 유익한 오락"으로 설명했다. 1922년에 이 부제는 다시 바뀌어
이번에는 "노동 인민의 여성과 소녀를 위한 잡지, 통합 SPD의 기관지"가
됐다.

　클라라 체트킨은 로자 룩셈부르크와 SPD 좌파였던 사람들 중 극소수와
함께, 반전이라는 견해에서 조금도 물러서지 않았다. 해가 갈수록 공포감과
참극이 커지면서 독일 노동계급 사이에 반전 분위기가 전반적으로 높아졌
고, 이것은 1918년과 1919년에 독일을 혁명의 벼랑으로까지 몰고 갔다.[41]
하지만 4년 동안의 전쟁이 끝난 뒤에도 독일 사회주의 운동에서 단연 가장
위대한 인물인 로자 룩셈부르크와 사회주의 여성운동의 가장 뛰어난 지도
자인 클라라 체트킨 주변에 모인 여성들은 소수였다. 1918년 로자 룩셈부
르크가 창당한 신생 독일 공산당은 고작 당원의 9퍼센트만이 여성이었다.
이에 비해 USPD와 SPD는 각각 당원의 15퍼센트, 20.5퍼센트가 여성이었

다.[42] 절대적 수치로 보면 1919년에 SPD 여성 당원 수는 20만 7천 명이었던 반면, 공산당 여성 당원은 3백 명이 채 안 됐다.

로자 룩셈부르크와 클라라 체트킨, 그리고 그 지지자들이 (남성을 대상으로 한 경우와 마찬가지로) 여성들 사이에서 의미 있는 사회주의 조직을 건설하는 데 실패한 것은 객관적 상황과 독일 좌파의 주관적 약점 둘 다의 결과였다. 객관적 상황은 노동운동을 관료주의에 빠지도록 하고 이 운동을 철저히 개량주의 운동으로 바꾸게 한 자본주의의 팽창이었다. 혁명적 좌파의 주관적 잘못은 좌파가 일상 투쟁에 개입하지 않았던 점, 그래서 노동자들의 개혁 투쟁과 좌파의 혁명적 정치 사이에 가교를 건설하지 못한 것이다. 다시 말해서 좌파는 혁명적 실천을 발전시키지 않고 활동을 일반적인 선전에 국한했다. 혁명적 좌파는 이렇다 할 만한 조직도 없었다. 개량주의자들이 사실상 <평등>을 접수한 제1차세계대전 이전의 시기에 체트킨은 이 잡지의 편집장으로서 도대체 무엇을 하고 있었는가 하고 물어볼 만하다.

혁명적 좌파는 사실 느슨하게 연결돼 있는 개인들의 집단이었다. 로자 룩셈부르크의 스파르타쿠스동맹이 제1차세계대전 중에 만들어졌지만, 이 동맹은 산업 노동자들과 긴밀한 관계를 맺고 있지 못했다. 동맹의 주요 활동은 작업장이 아니라 거리와 대중 집회에서 이뤄졌다. 혁명가들이 노동자 투쟁과 거의 연관을 맺지 못했다면 여성 혁명가들은 더 말할 필요도 없었다. 여성 노동자들은 전반적으로 남성에 비해 가장 전투적이고 핵심적인 산업 부문에 속해 있지 않았기 때문이다.

SPD 여성운동의 초라한 종말

전쟁 기간 동안 노동 여성의 수는 9백50만 명에서 약 1천5백만 명으로 늘어났다.[43] 전쟁이 끝난 뒤, SPD는 독일 사회주의 혁명을 살해했다. 군인들이 전쟁터에서 돌아오면서 발생하는 대량 실업의 위험에 대한 해결책을 내놓는 것이 자본주의 경제와 국가가 안정을 찾는 데 관건이었다. 해결책은 간단했다. 여성을 해고하는 것이었다. 고용주들은 1919년 3월 18일과 1920년 1월 25일의 법령에 따라 임금에 절대적으로 의존하지 않는 사람을 다음의 순서에 따라 해고해야 했다.

1. 남편이 직업이 있는 여성
2. 독신 여성과 소녀
3. 부양할 사람이 한두 명뿐인 여성과 소녀
4. 나머지 모든 여성과 소녀[44]

SPD의 여성 지도자들은 이러한 조치를 정당화했다. 그래서 독일노동조합총연맹 여성 사무국의 일원이었던 게르트루트 한나는 이렇게 말했다.

더 작은 악은 무엇인가? 여성 실업인가, 남성 실업인가? 이 문제에 대답하기란 참으로 어려운 일이다. …… 나는 현재 여성 문제를 어떻게 풀 수 있는지에 대해 어떠한 제안도 할 수 없는 불편한 처지에 있다. …… 오직 하나만 제안할 수 있을 뿐이다. 여성들은 누구를 고용하고 누구를 해고하는지에 영향을 더 많이 끼칠 수 있도록 노력해야만 한다.[45]

SPD 여성 조직은 단지 사회복지사업을 수행하는 기구가 될 수밖에 없었다. 1919년 12월 SPD는 주요 여성 활동 조직으로 노동자 복지국을 신설했다. 1921년의 SPD 당대회는 "여성은 인류의 보호자로 태어났고 그런 까닭에 사회복지사업은 여성의 본성에 부합한다"고 선언해 이런 방향을 정당화했다.[46]

SPD 여성들은 당의 새 정치에 맞는 새로운 신문을 만들었다. <평등>이라는 제호는 너무 혁명적인 느낌이 들었다. 새로운 제호는 <여성 세계>였다. <여성 세계>는 교훈적인 이야기, 의복 양식과 패션 삽화, 요리법 등을 주로 취급했고, 정치는 거의 다루지 않았다. 1924년 베를린 여성 대회에서 한 대표가 이 신문이 여성 노동자가 실제로 살면서 겪는 고통을 조금이라도 다뤄 줄 것을 요청하자, 남성 편집자인 로만 박사는 이렇게 말했다.

그 문제에 대한 제 견해는, 어쨌든 저는 여성 동지들 대부분의 지지를 받고 있다는 겁니다. 여성 동지들은 제게 수많은 편지를 보내, 자신들의 비참한 가정생활을 여가 시간에까지 보고 싶지는 않다고 강조했습니다. 그 동지들은 사회주의 때문에 미래의 어느 날 자신의 삶에 햇빛이 환히 비치기를 원하고 있습니다.[47]

극우파의 부르주아 페미니스트 운동 장악

한편, 부르주아 페미니즘에는 무슨 일이 일어났을까?

급진적인 '모성보호와 성 개혁 연맹'은 1908년 부르주아 여성들의 연합 기구, 즉 독일여성단체연합BDF한테서 심한 공격을 받았다. BDF는 정치적 압력 집단, 여성참정권 협회, 도덕적·사회적 개혁 단체뿐 아니라 문화·종교·자선·오락 단체 등 다양한 종류의 여성 단체들의 연합이었다. BDF는 페미니스트 조직이 아니라 순수한 여성 단체였다.

독일식민지여성연맹 같은 단체들이 BDF에 가입하자 우파는 더욱 힘을 얻어 활개를 쳤다. 1907년에 창립해 1911년에 회원이 약 1만 2천 명에 달한 독일식민지여성연맹은 모국에서 백인 여성을 수출해 독일 식민지에 사는 백인들의 순수성을 보존하는 데 힘을 쏟았다. 독일과음반대협회는 1883년에 창립해 회원 수가 1911년에 3만 7천 명(주로 남성)이었다. 가장 영향력 있는 보수 단체는 독일복음주의여성연맹이었다.[48]

BDF의 회원 수는 제1차세계대전이 일어날 무렵 약 25만 명으로 증가했다. 정부는 여성들이 특별히 관심을 갖는 듯 보이는 문제들에 대한 '여성의 견해'를 수집하기 위해 BDF에 자문을 구하는 것이 편리하다는 사실을 깨닫기 시작했다.

우경화를 가장 잘 보여 주는 사람은 게르트루트 보이머였다. 보이머는 1910년부터 1919년까지 9년 동안 BDF 의장을 지냈다. 보이머는 여성운동이 민족적이고 사회적이어야 한다고 주장했는데, 이것은 침략적인 제국주의 외교정책을 지지하고, 사회 개혁과 조직된 복지 사업을 통해 사회 긴장과 계급 갈등을 줄이는 데 이바지한다는 뜻이었다. 보이머에 따르면, 여성해방의 궁극 목표는 "형식적 평등이 아니라 모든 여성적 가치가 우리 문화에 똑같이 활기차고, 충만하고, 풍요로운 영향을 미치는 것이다." 즉 "특별한 여성의 힘을 세계 활동 전체에 더욱 풍요롭게 유입하는 것이다." 보이머는 "특별한 여성의 힘"을 현실에 적용하면서 여성이 "자신을 집과 가족에 국한하는 것이, 일정한 상황에서는 어떤 남성적 직업에 종사하는 것보다 더 여성운동의 이상에 부합하는 행동이다" 하고 선언했다.[49]

1911~1914년에 BDF는 '신도덕'에 반대하는 활동을 벌였다. BDF는 낙태가 감옥에 갈 만한 범죄 행위라는 견해를 강력히 지지했다. 낙태 금지는 "국민 전반의 도덕성을 높이는 가장 좋은 방법"인 "성 문제에 대한 도덕적 책임감"을 자극했다.[50]

여성운동의 우파 경향은 공격적인 제국주의자들이었다. 이러한 경향을 대변하는 마리아 리슈네브스카는 독일이 세계 패권을 다투는 싸움에서 승리하려면 "거대한 적의 무리에 맞서 우리의 성과를 지킬 사람이 필요하고 …… 우리가 가지고 있고 여전히 정복해야 하는 식민지들에 거주할 사람들이 필요하다.……"고 주장했다. 우파들은 인종차별적이기도 했다. 우파 대변인 중 한 명은 결혼과 가족제도를 굳게 지지하는 한편, "인종 간 결혼을 불법화할 것"을 요구했다. 그는 "혼혈인"은 "대부분 열등"하다고 천명했다. 식민지에서 '잡종 인간'이 늘어날 위험을 피해야만 했다. 당시에 인기 있던 또 하나의 요구는 "술꾼을 추방하자"는 것이었다. 사회 무질서의 원천으로 여겨지던 성매매는 이제 인종의 장점과 순수성을 해치는 위험이라는 더 심각한 편견으로 바뀌었다. 이러한 관점에서 보면 국가의 규제는 재앙적인 정책이었고, 성병을 확산시키는 주요 원인인 성매매를 소탕해야 한다는 의견이 지지를 얻게 됐다.

이미 1914년 7월 31일에 BDF는 내무부와 협력해 전시에 국내 전선에서 복지 업무를 수행하기 위한 전국여성봉사대를 창설했다.[51] 전쟁이 끝나고 바이마르 공화국이 수립됐을 때 BDF는 계속해서 민족주의를 우선시해야 한다고 주장하며, 그들이 "민족의 정체성을 표현하기 위해 당파와 교의를 초월해 모든 독일 여성"을 단결시켰다고 말했다. 1920년대에 BDF 지도부는 계속 우경화했고 여성의 권리에 가장 적대적인 정당들을 지지했다. 여성의 권리에 가장 우호적인 경향을 보인 독일 민주당, 그리고 더 많은 지지를 보낸 SPD와 '독립사회주의자들'과 독일 공산당 같은 정당들은 선거에서 여성의 지지를 거의 받지 못했다.[52] 반면, BDF는 대중 조직으로 성장했고 1931년에는 회원 수가 1백50만 명이라고 주장했다. 이 숫자가 2배로 계산됐다 해도 BDF의 회원 수는 75만 명가량이었음은 분명하다.[53]

1929~1933년의 탄압 기간 동안 쁘띠부르주아 수백만 명이 부르주아 정당을 버리고 나치당에 가입했다. BDF는 극우로 옮겨 갔다. 히틀러는 이에 보답했다. BDF의 공식 기관지 <여성>(여전히 보이머가 편집권을 갖고 있었다)은 제3제국의 거의 마지막까지 살아남았다.[54]

06

러시아 마르크스주의자와 여성 노동자

러시아의 부르주아 여성운동과 사회주의 여성운동은 두 운동이 장기간에 걸쳐 서로 투쟁했던 독일에 비해 규모도 훨씬 작았고 역사도 짧았다. 그러나 둘 사이의 갈등은 독일에서보다 훨씬 더 첨예했다.

젠트리 페미니스트

러시아에서는 1905년 혁명 때까지 이렇다 할 만한 여성운동은 없었지만, 페미니스트 단체들은 존재했다. 1861년에 차르 알렉산드르 2세가 농노제를 폐지하고 몇몇 제한된 개혁 조치들을 취하자 사람들은 또 다른 자유를 꿈꾸기 시작했다. 귀족 여성들도 이 영향을 받아 1859년에 한 여성 젠트리* 단체가 러시아 최초로 페미니스트 단체를 결성했다. 이 단체는 ≪라즈베트Razvet≫(성인 여성을 위한 과학 · 예술 · 문학 잡지)를 출판했고, "기독교 교육 정신에 따라" 여성의 고등교육을 요구하는 투쟁을 조심스럽게 벌였다.[1] 그런데 1백 명 가운데 기껏해야 5, 6명만이 글을 읽을 수 있고, 그 중에서도 겨우 1명만 고등교육을 받던 시기에 이러한 요구는 러시아 여성 대중의 공감을 얻지 못했다.[2] 20세기로 넘어가면서 읽고 쓰는 능력이 확산돼 식자율이 21퍼센트에 달했다고는 하지만 1909년에도 소녀 3백 명당 겨우 1명만 중등학교에 진학할 수 있었다.[3]

≪라즈베트≫가 창간된 해에 '상트페테르부르크 주민을 위한 저렴한 주거 임대와 원조 협회'라는 여성 자선단체가 설립됐다. 이 단체가 1868년부터 가장 의욕적으로 벌인 사업은 노동자 3백~5백 명을 고용하는 대형 피복 공장을 건설하는 것이었다. 이 공장은 주로 전쟁부의 군복 주문을 받았다.[4] 그리고 이 단체는 공동 취사장과 일하는 어머니를 위한 학교도 설립했다.[5]

---

* 중세 후기에 군사적 구실을 잃은 기사가 지주화하거나, 자영농이나 상인이 토지를 구입해 지주화함으로써 형성된 소지주 계층.

다른 자선단체들도 생겨나 여성빈곤구호협회, 유익도서대출협회, '노동에 대한 사랑을 격려하는 협회' 등이 설립됐다.

이런 소규모 자선단체들은 크게 발전했다. 1893년 창립한 러시아여성상호자선협회[6]는 1900년에 회원 수가 약 2천 명이 됐다. 이 협회는 교육받은 여성들을 위한 60실 규모의 기숙사, 단기 체류자를 위한 숙박시설, 식당, 직업소개소, 노동 여성을 위한 탁아소를 운영했다. 그리고 '자녀의 신체·정신·도덕 교육'에 대해 상담하고 홍수와 기근 피해자를 돕는 특별위원회도 두었다.[7]

1900년에는 성매매에 반대하는 러시아여성보호협회가 생겼다. 에브게니 올덴부르크스카야 공주와 엘레나 삭센-알텐부르크스카야 공주가 번갈아 가며 대표를 역임한 이 협회는 긴스부르크 남작과 파니나 백작부인 같은 작위 귀족과 부유한 자선가들이 운영했다.[8] 러시아 페미니즘 역사가 스타이츠는 이렇게 쓰고 있다.

성매매에 대한 페미니스트들의 태도에 담긴 주요 요소는 소심한 동정과 기대에 부푼 신앙심이었다. 페미니스트들은 타락한 여성들을 돌보고 그들이 다시 거리로 돌아가지 않도록 정신력을 불어넣는 식으로 대응했다.

황후들, 황태후들, 공주들이 앞에 나섬으로써 러시아 귀부인들 사이의 전통적인 '자선'은 미화됐다. 활동은 대체로 제한적이고 고상하고 비인간적인 것이었다.[9]

부르주아 페미니스트

혁명의 해였던 1905년은 수백만 명의 노동계급·부르주아·쁘띠부르주아 여성들을 일깨웠다. 알렉산드라 콜론타이는 이렇게 회고했다. "1905

년에 갖가지 방식으로 자신에 대해 말하고 새로운 권리를 요구하는 여성의 목소리를 어디서나 들을 수 있었다."[10] 모스크바, 상트페테르부르크, 민스크, 얄타, 사라토프, 빌나, 그리고 오데사 등지에서 처음으로 공개 여성 권리 집회가 열렸다.[11]

1905년 2월 말에는 주로 중간계급과 인텔리겐치아 여성들로 이뤄진 페미니스트 정치조직이 결성됐다. 이 조직의 이름은 여성평등권연합이었다. 지도적 회원들은 교사연합과 밀접히 연관돼 있었고 저널리스트들도 많이 있었다. 카데츠당*의 전신인 정치 서클 출신의 두 여성 회원, 안나 밀류코바와 아리아드나 티르코바가 가입함으로써 이 조직은 더욱 강화됐다.[12]

여성평등권연합은 빠르게 성장했다. 1905년 5월 7일 모스크바에서 3일 동안 열린 제1차 조직대회에는 19개 도시의 26개 지부에서 70명의 대의원을 파견했다.[13] 여기에서 많은 노동 여성들이 동일노동 동일임금, 모자 복지 같은 산업 여성과 여성 농민의 요구를 강조한 결의안을 제출했다. 그러나 대회에서 다수를 차지한 부르주아 여성들은 이 안을 부결시켰다. 그런 다음 그들은 공화주의 형태의 정부와 성·민족·종교에 따른 차별이 없는 보통 선거권을 쟁취하기 위한 투쟁에서 모든 사회 계층의 여성이 단결하자는 것만을 요구하는 결의안을 제출했다.[14] 그 외에도 그들의 강령은 민족 자치, 법 앞의 남녀평등, 모든 토지 개혁에서 여성 농민의 평등한 권리 보장, 복지법, 여성 노동자의 보험과 보호, 남녀에게 동등한 기회 부여, 모든 학제에서 남녀공학 실시, 성매매 관련법 개정, 사형 철폐 등을 요구했다. 이것은 고전적인 급진 부르주아 개혁 강령이었다.

혁명이 절정에 달한 1905년 10월 8일, 여성평등권연합 제2차 대회가

---

* Kadet Party, 러시아 혁명 전의 입헌민주당. 차르의 절대주의와 노동자 운동에 모두 반대했다.

소집됐을 때 그 대회는 볼셰비키·멘셰비키·사회혁명당을 따라 두마, 즉 의회 선거의 보이콧을 요구할 정도로까지 발전했다. 이 대회에서 회원들은 "사회주의 정당들의 목표가 여성의 목표에 가장 가깝다는 사실을 인정했다." 모스크바의 연합 회원들은 경찰에게 살해당한 볼셰비키인 니콜라스 바우만의 장례 시위 대열에서 '여성 차별 없는 보통선거권'이라고 쓴 펼침막을 들고 행진했다. 경찰이 시위대에게 발포해 연합의 한 회원이 부상당했다. 회원들은 시위에 참가하고 파업위원회에서 활동하기도 했지만, 연합의 활동 대부분은 무료 식당, 응급 치료소, 실업자를 위한 기구 설립 같은 지원 활동이었다. 흑백인조*라는 인종차별적 깡패 집단이나 경찰 또는 군대와 충돌이 벌어지는 동안, 연합 활동가들은 의료 봉사 활동을 했다.[15]

여성평등권연합이 가장 전투적이었던 시기는 1905년 10월 총파업부터 그해 12월 모스크바 봉기에 이르는 전체 혁명 활동의 절정기와 일치한다. 그러나 연합은 느슨한 조직이었으므로, 많은 지부들이 두마 보이콧 요구를 무시하고 카데츠를 따랐다. 1906년 5월 21일 연합의 제3차 대회에서 보이콧 요구가 철회됐다.[16] 1906년 연합의 회원은 8천 명에 달했다.[17]

1905년에 만들어진 또 다른 부르주아 페미니스트 조직은 마리아 이바노브나 포크로프스카야 박사가 이끄는 여성진보당이었다. 포크로프스카야는 가장 극단적인 페미니스트 분리주의를 대표했다. 1904~1917년에 포크로프스카야는 잡지 ≪여성 신문≫에 많은 시간과 돈을 투자했는데, 자기 아파트에서 그 잡지를 거의 혼자서 편집하고 출판했다. 다른 페미니스트 잡지들과 달리, 이 잡지는 여성 공장 노동자, 하녀, 성매매 여성, 그리고 농민의 상황에 많은 지면을 꾸준히 할애했다. 잡지는 그 이유를 이렇게 밝히고 있다.

---

* Black Hundreds, 1905년 혁명 이후 출현한 극우 단체.

평등권을 열망하는 여성들이 부르주아지와 귀족 계급에 희망을 걸 수 없음은 명백한 사실이다. 노동 인민은 권리 부재를 충분히 경험했고 지금도 경험하고 있다. 오늘날 우리가 기댈 수 있는 사람들은 노동 인민이다.[18]

포크로프스카야는 여성 노동자들에게 세심한 주의를 기울여 보편적 공장 개혁뿐 아니라 구체적으로 여성 공장 감독관, 10개월 유급 출산휴가, 공장 내 보육시설, 동일노동 동일임금도 요구했다. 여성진보당은 유럽에서 대등한 위치에 있는 다른 단체들보다 훨씬 더 사회 개혁적인 시야를 가진 러시아의 자유주의 단체들 가운데 하나였다. 여성진보당은 "부의 불공평한 분배를 없애고 노동에 정당한 보수를 지급할 것"을 요구했고, 국민 건강 조치를 개선했지만, 여성 노동자를 위한 보호 입법에는 반대했다. 한 가지 중요한 항목을 제외하면, '군국주의 분쇄', 군대를 시민군으로 대체, '보편적 인도주의 이념에 따른 러시아 전 민족의 통합' 요구가 여성진보당 강령의 전부였다. 이것들은 모두 로마노프 군주정과 타협하면서 군주정을 개혁해 입헌군주정으로 만드는 것을 통해 성취할 수 있는 것들이었다![19]

그러나 포크로프스카야는 페미니스트와 평화주의자의 원칙을 내세워 노동계급의 전투성에 반대했다. 그리고 파업이 여성에게 미칠 결과들을 근거로 파업에 반대했다.

우리는 묻고 싶다. "누가 파업의 부담을 가장 많이 지는가?" 바로 아내이자 어머니다. …… 파업할 때 남성더러 배고픈 아이들과 함께 집을 지키게 해 보라. 여성들이 배고파 울어대는 아이들에게서 마음대로 벗어나게 해 보라![20]

포크로프스카야의 당은 여성평등권연합과 달리 남성을 받아들이지 않왔다. 포크로프스카야는 사회주의자들에 반대했는데 "다른 정당들처럼 사회주의자들도 남성이 주도해 남성의 지배와 여성의 수동성을 영속시킬 뿐이었기 때문이다." 그는 계급투쟁도 전혀 지지하지 않았다.

평등을 갈망하는 모든 여성은 그가 지주든 농민이든, 공장주의 아내이든 노동 여성이든, 특권층이든 아니든 페미니스트로 불려야 한다. 페미니즘에서는 계급, 법적 지위, 교육 수준이 전혀 문제되지 않는다. 페미니즘은 모든 사람을 평등하게 만드는 사상이다.[21]

포크로프스카야는 혁명의 폭력성을 비난했고, 1905년에 모스크바 봉기가 일어났을 때는 "우리는 폭력과 학살이 아니라 오직 평화로운 개혁을 통해서만 삶을 재창조할 수 있다"고 썼다.

여성진보당은 중간계급이나 상층계급에 속한 소수한테서만 지지를 얻었다. 콜론타이는 집회에서 여성진보당 당원의 행동과 옷, 대화가 노동계급 여성을 소외시켰다고 썼다.[22]

1905년 혁명 동안 러시아여성상호자선협회는 중요 인물들과 기관들을 상대로 엄청나게 많은 청원 운동을 벌였다. 1905년 한 해에만 협회는 여성의 권리를 지지해 달라는 요청서를 지방의회(젬스트보Zemstvos)에 3백98건, 시 정부에 1백8건을 제출했고, 다른 사회 기관과 정부 기관에 6천 통의 호소문을 발송했으며, 5명의 총독과 80명의 장관, 46명의 귀족 대표에게 평등권을 승인해 달라는 청원서를 보냈다.[23]

혁명 운동과 여성

입수할 수 있는 자료 중에 혁명가들에 대한 가장 믿을 만한 목록은 체포된 사람들의 명단이다. 이 명단을 보면 1860년대에 체포된 2천 명 가운데 여성은 65명으로, 약 3퍼센트를 차지했다.[24] 1870년대에 이 비율은 훨씬 높아져, 체포된 5천6백64명의 12퍼센트가 넘는 약 7백 명에 달했다. 운동에 참가하는 여성의 나이는 남성과 마찬가지로 대부분 20~30세였다. 여성은 남성보다 젠트리 출신이 월등하게 많았는데, 1873~1877년에 가장 깊숙이 혁명적 활동에 개입한 사람들 가운데 3분의 2정도가 젠트리 출신이었고, 이 가운데 적어도 4명은 장군의 딸이었다. 소수를 제외하고 이들은 대부분 유럽의 대학에서, 1876년 이후에는 러시아의 대학에서 양질의 교육을 받았다.[25]

민중주의[나로드니즘] 운동을 통해 성장한 사회혁명당에서 여성의 비율은 1901~1916년에 14.3퍼센트였다.[26] 여성은 주로 테러 임무에 가담했는데, 여성이란 사실이 전술적으로 상당히 유리했다. 그래서 여성들은 활동에 대한 값비싼 대가를 치렀다. 1880~1890년에 테러 활동으로 중노동이 부과된 종신형을 선고받은 혁명가 43명 가운데 21명이 여성이었다.[27]

1890년대와 20세기 초에 중요해진 마르크스주의자들 가운데 여성의 비율은 훨씬 낮았다. 아쉽게도 자료가 충분하지 않다. 1917년 8월 제6차 볼셰비키 당대회에서는 대의원 1백71명 중 약 6퍼센트인 10명이 여성이었다. 당원에 대한 포괄적인 조사는 1922년이 돼서야 처음으로 실시됐는데, 그때 여성은 전체 공산당원의 8퍼센트에도 미치지 못했다.[28] 개인의 영웅적 행동에 중점을 둔 민중주의 운동과 테러 운동이 더 많은 여성들을 끌어당겼는데, 그들은 주로 인텔리겐치아 출신이었다. 마르크스주의자들의 주요 활동은 산업 노동자들 속에서 선동하고 조직하는 것이었는데, 그곳에서 여성을 조직하는 것은 어려운 일이었다.

여성과 산업 투쟁

노동계급이 산업 투쟁의 장에 등장하면서부터 여성은 행동하기 시작했다. 1870년대부터 1905년 사이에 일어난 여성 노동자들의 산업 투쟁사에 대해서는 혁명 운동에 주도적으로 참여한 콜론타이의 증언을 듣는 것이 가장 좋을 것이다.

여성 노동자 운동은 그 본질상 전체 노동자 운동에서 분리할 수 없는 일부다. …… 차르 제정을 혐오한 모든 봉기와 공장 폭동에서 여성은 노동 남성과 동등한 구실을 했다. …… 노동 여성들은 1874년 크렌겔름스카야 공장의 소요에 적극적으로 참가했고, 1878년 상트페테르부르크에 있는 노바야 프랴질리나 공장 파업에 참가했으며, 1885년 오레호보-제예보에서 일어난 유명한 파업에서 방직 노동자들을 지도했다. 그때 공장 건물이 파괴되자 차르 정부는 7월 3일 여성과 젊은이의 야간 노동을 금지하는 법률을 서둘러 통과시킬 수밖에 없었다.

야로슬라프 공장의 1895년 '4월 폭동'은 여성 직조공들의 도움과 영향을 받아 일어났다. 상트페테르부르크의 여성 노동자들은 1894~1896년에 산발적으로 벌어진 경제 파업에서 동지들을 저버리지 않았다. 그리고 1896년 여름, 방직 노동자들의 역사적 파업이 일어났을 때 여성 노동자들은 남성들과 혼연일체가 돼 파업에 동참했다.

천대받고 소심하며 권리를 갖지 못했던 프롤레타리아 여성들은 투쟁과 파업의 순간에 갑자기 성장해 주체로서 우뚝 서는 법을 배운다. …… 노동운동에 참가함으로써 여성 노동자는 노동력 판매자로서뿐 아니라 여성·아내·어머니·주부로서 자신의 해방을 향해 나아가게 된다.

콜론타이는 노동계급 여성을 미화하지는 않는다. 콜론타이는 그들의 모습을 있는 그대로 그린다. 콜론타이는 여성 노동자들이 끈기가 부족하고, 정치적·사회주의적 요소가 약하다는 점을 지적한다.

파업의 물결이 사그라지고 승리해서든 패배해서든 노동자들이 일터로 돌아가자마자, 여성은 또다시 흩어지고 고립되고 말았다.

지하 정당 조직에서 활동한 소수의 여성들은 인텔리겐치아 출신이었다. 마르크스주의와 혁명적 사회주의를 "지리와 산수 수업으로 가장해 강연하는" 비합법·'합법' 집회에 노동 여성을 설득해 참가시킬 수는 없었다. "노동 여성은 아직 삶과 투쟁을 기피하고 있었고, 자신의 운명은 냄비·빨래통·요람이라고 여기고 있었다." 그러나 콜론타이는 이렇게 썼다.

혁명의 붉은 깃발이 러시아에 높이 휘날리자 상황은 순식간에 변한다. …… 혁명의 해인 1905년과 1906년, 여성 노동자들은 …… 모든 곳에서 …… 사회주의의 이상에 대한 프롤레타리아 여성들의 자기희생과 충성을 유감없이 발휘했다. 우리는 혁명의 사건들을 한 장면 한 장면 기술해야 할 것이다.[29]

사회민주당의 양 날개 ― 볼셰비키와 멘셰비키 ― 와 사회혁명당은 여성을 노동조합으로 끌어들이기 위해 최선을 다했다. 볼셰비키가 우세한 모스크바 지역 방직 노동조합은 1906년에 "노동계급 전체, 특히 여성의 지위를 향상시킬 유일한 해결책은 프롤레타리아 계급의 조직화다" 하고 생각했다. "경제와 가정에서 여성이 처한 상황 때문에 여성이 자본의 구속과 착취에서 자신을 방어할 능력이 훨씬 더 적다"는 것을 고려해, 그들은 "남성과 대등한 조건으로 노동조합과 다른 모든 노동자 조직에 여성을 가입시키기 위해 모든 조치를 취할 것"을 제안했다.

1905~1907년에 일어난 파업의 요구 사항은 거의 대부분 여성 노동자들

의 요구를 반영했다. 여성을 고용한 산업에서 일어난 파업 기록 가운데 어떤 형태로든 유급 출산휴가(보통 4주 산전 휴가와 6주 산후 휴가), 수유 시간 제공, 공장 내 보육시설 설치 등의 요구 사항을 언급하지 않은 경우는 거의 없다.[30]

영국이나 독일과 달리 러시아에서는 처음부터 노동조합의 문이 여성에게 활짝 열려 있었다. 그러나 여성 노동자를 조직하는 일은 매우 힘들었다. 우선 식자율과 교양 수준이 낮았는데, 특히 여성은 남성보다 훨씬 더 낮았다. 그리고 여성의 낮은 임금 ─ 1913년 제조업에서 남성의 절반가량[31] ─ 과 노동자이면서 동시에 주부라는 이중 부담도 문제였다. 그래서 여성들은 자신감이 부족했다. 한 여성 노동자는 여성 노동자들이 노동자 단체에 참여하는 것에 대해 느끼는 감정을 이렇게 표현했다.

나도 나 자신을 표현하고 싶기는 하지만, 곰곰이 따져 보게 된다. 그토록 많은 사람들이 모두 나를 바라볼 테고 만약 어떤 사람이 내가 하는 말을 비웃기라도 하면 어떻게 하나. 생각이 여기에 미치면 소름이 끼치고 공포에 사로잡힌다. 이렇게 여성들은 잠자코 있는 편을 택하지만, 가슴은 분노로 가득 차 있다.[32]

그 결과, 안 그래도 노동조합 운동이 뒤처진 나라에서 노동조합의 여성 조직화 수준이 매우 낮았다. 여성을 많이 고용한 산업들이 특히 부진했다. 그래서 1907년에 인쇄 노동자의 43퍼센트와 금속 노동자의 8.6퍼센트가 조합원인 반면, 의류 산업 노동자는 1.2퍼센트만이, 그리고 방직 노동자는 3.9퍼센트만이 조합원이었다.[33] 노동조합원 가운데 여성의 비율은 매우 낮았다. 예를 들어 모스크바 방직업의 경우 조합원의 4.4퍼센트만이 여성이었

1905년 혁명 당시 여성 혁명가들.

다. 상트페테르부르크와 주요 공업 지역에서 그 비율은 좀 더 높았지만, 역시 매우 낮은 수준이었다.[34] 1905년에 등장한 소비에트, 즉 노동자평의회에서도 여성들은 과소 대표됐다. 페테르부르크 노동계급의 약 5분의 2가 여성인데 반해, 대표자 5백62명 중 여성은 겨우 6명이었다.[35]

1905년 혁명의 여파

커져 가는 민중 봉기에 직면해 정부가 후퇴한 1905년이 돼서야 노동 여성을 대규모로 조직하는 것이 가능해졌다. 마르크스주의자들은 부르주아 페미니스트들과 치열하게 경쟁했다. 여성을 조직하는 것이 매우 어려웠고, 그 결과 여성이 남성에 비해 상대적으로 취약했기 때문에, 여성들은 남성 노동자들이 자유주의 정당 카데츠에게 받은 영향보다 훨씬 큰 영향을 부르주아 여성 단체들한테서 받았다. 남성 노동자들에 대한 카데츠의 영향력은 미미했다.

부르주아 페미니스트들은 노동 여성을 끌어들이려고 노력했다. 출발은 성공적이었다. 1905년 상트페테르부르크에서 그들은 노동 여성을 겨냥한

4개의 여성 정치 클럽을 만들었고, 경찰이 폐쇄하기 전까지 2개월가량 운영했다.[36] 많은 노동 여성들이 사회민주당 조직자들의 모집에는 거부감을 드러냈다. 모스크바의 안드레프 공장에서 만들어진 한 단체는 사회민주주의자들은 '너무 과격하니' 페미니스트 선동가 몇 명을 파견해 달라고 여성평등권연합 지부에 요청했다.

때때로 사회민주당 조직자들은 페미니스트와 함께 활동했다. 여성 노동자들을 조직한 한 남성 사회민주당원은 페미니스트 문학을 활용했고 여성평등권연합의 도움과 조언을 받은 경우도 있었다. 여성 노동자들은 페미니스트 집회에 참가했고 여성평등권연합의 연사를 공장에 초청하기도 했다.[37]

그러나 부르주아 페미니스트들이 조직한 단체들은 빠르게 성장하기도 했지만 급속히 해체되기도 했다. 부르주아·쁘띠부르주아 여성들과 노동 여성들 사이에 존재하는 심한 간극이 한 가지 이유였다. 하녀들의 경우가 좋은 예다. 여성평등권연합은 모스크바와 몇몇 다른 도시에서 하녀 노동조합 결성을 도왔다. 연합의 중앙사무국 일원인 S K 이스폴라체바는 역시 연합 회원인 자신의 요리사가 평소에 부엌에서 가정부 모임을 열었다고 말했다. 이스폴라체바가 이러한 모임들을 이끌었다. 모임 규모가 커지자 모임 장소가 가정부가 드나드는 출입구 쪽 계단으로 옮겨졌다. 모임은 항상 하인 구역에 국한돼서 열렸다.[38]

콜론타이는 이렇게 평가했다. "여성평등권연합은 지체 높은 여성 고용주와 하녀가 어우러진 목가적인 조합을 건설하려고 노력했다. …… 그들은 여주인들의 경계어린 눈초리 속에서 하녀들을 조직하려고 애썼다."[39]

하리코프에서는 여성평등권연합 지부가 하녀들의 상황을 조사하기 위해 특별위원회를 설치했다. 이에 대응해 사회민주당원들은 하녀 회의를 소집해 "고용주들이 깊이 개입하고 지도해 계획한 사업안을 받아들일 수 없음"을 지적했다. 이 회의들에서 하녀들은 최저임금, 표준 노동일과 휴일 등을 포함한 자신들의 요구안을 제시했다. 하녀들 대부분이 이 안을 환영했다. 그러나 페미니스트 대부분은, 콜론타이에 따르면, "낙담했다." 그들은 노동 여성을 조직하려는 자신들의 노력이 실패했다고 결론을 내리고 방침을 바꿨다. 여성평등권연합 회원들은 노동 여성들 사이에서 벌이는 활동을 일요학교, 개별 공장에서 노동 강좌 실시, 식당과 무료 식당에서 작업하기, 청원서 서명운동 등과 같은 일반적인 선전 활동에 국한하기로 결정했다.[40]

뛰어난 러시아 여성 사회주의자 알렉산드라 콜론타이.

사회민주당 여성들은 여성평등권연합이 조직한 노동 여성 모임들에 개입했지만 연합에 대한 태도는 다양했다. 사회혁명당과 멘셰비키 여성들은 사회주의자와 자유주의 여성을 포함하는 광범한 동맹을 창설할 필요가 있다고 생각했다.[41] 볼셰비키는 이에 반대했다.

콜론타이는 1896년에 이미 마르크스주의자가 됐지만 1905년 겨울에서야 비로소 여성을 조직하는 일을 시작했다. 당시 콜론타이는 아직 볼셰비키가 아니었지만, 어떤 형태의 [계급] 연합에도 가장 강력히 반대한 사람들 가운데 하나였다.[42] 콜론타이는 "엄격한 계급 노선" 견지, 노동계급 여성을 노동조합과 사회민주주의 운동으로 조직하기,[43] 페미니스트들에 대한 전면적 반대 등을 주장했다. 콜론타이는 항상 '페미니스트'라는 말을 경멸적인 의미로 사용했다. 콜론타이는 페미니즘을 이렇게 정의했다. "페미니즘이란 부르주아 여성이 단결해 서로 의지함으로써 공동의 적인 남성을 물리치려는 투쟁이다."[44]

1905년에 콜론타이는 많은 페미니스트 집회에 참석해 그 지도자들을 비판하고, 여성 노동자들에게 그들과 결별할 것을 호소했다. 그 길은 순탄하지 않았다. "행패다!", "당신은 흑백인조를 이롭게 하는 행동을 하고 있다!", "목 졸라 죽이는 것도 당신에게는 과분하다!" 하고 사람들이 소리치는 일이 다반사였다.[45]

볼셰비키와 멘셰비키 여성들은 베라 자술리치 같은 몇몇 지도적인 사회주의자들의 반대를 무릅쓰고 노동 여성을 위한 클럽을 결성하려고 노력했다. 페테르부르크 당위원회가 승인한 콜론타이의 첫 시도는 실패로 돌아갔다. 당이 모임 장소를 제공하기로 약속했는데도, 콜론타이와 몇몇 노동자들이 도착했을 때 문에는 이렇게 게시돼 있었다. "여성만을 위한 모임은 취소됐다. 내일 남성만을 위한 모임이 열릴 것이다."[46]

노동계급 여성 클럽의 설립 성과는 참으로 보잘것없었다. 사회주의자들이 후원한 최초의 여성 노동자 클럽인 노동여성상호부조협회가 1907년 가을 페테르부르크에서 창립됐다. 협회는 합법 단체였고 콜론타이와 일단의 여성 노동자들이 협회 조직가들이었다. 협회 활동에는 강좌와 도서관 운영이 포함돼 있었다. 협회는 매일 밤 열렸고 2백~3백 명의 회원(그들 중 약 3분의 2가 여성, 3분의 1이 남성)들이 있었다. 협회는 의도적으로 어떤 당파와도 동일시되지 않으려 했기 때문에 볼셰비키와 멘셰비키 모두 협회 활동에 참여했다. 1908년 봄, 한차례의 분파 투쟁이 일어나 협회는 분열했는데, 한 요란한 분파가 모든 인텔리겐치아를 클럽에서 축출할 것을 요구했고, 콜론타이도 인텔리겐치아였던 까닭에 쫓겨나고 말았다.

1908년 말에 이르면 상트페테르부르크의 모든 노동 여성 클럽들이 해체된 반면 남녀를 모두 회원으로 받아들인 15개 노동자 단체는 살아남았다.

이 단체들의 회원은 다 합쳐 약 6천 명이었는데, 이 가운데 5분의 1가량이 여성이었다. 이 여성들은 대부분 젊고(약 3분의 2가 25세 이하) 글을 읽을 줄 알았다. 자료가 남아 있는 두 클럽의 경우 각각 여성의 96.6퍼센트와 99.5퍼센트가 글을 읽을 수 있었다.[47]

제1차 전러시아여성대회

혁명의 물결이 퇴조하면서 여성운동의 활력도 줄어들었다. 여성운동에 활력을 불어넣으려 한 마지막 시도가 1908년 12월에 1주일 동안 개최된 제1차 전러시아여성대회였다. 이 대회를 살펴보면, 여성 사회주의자와 부르주아 페미니스트의 관계가 분명하게 드러난다.

여성상호자선협회와 여성평등권연합 회원들은 새로운 단일 여성 조직 결성을 바라면서 힘을 합해 거의 1년 동안 이 대회를 준비했다. 러시아 페미니즘의 창시자 중 한 사람이며 당시 70대였던 안나 필로소포바가 특히 전국러시아여성평의회를 창설함으로써 자신의 오랜 페미니스트 활동을 마무리하고 싶어 했다. 필로소포바는 대회 참가자들에게 이런 질문을 던졌다. "우리 자신이 여성의 힘을 결집하고 동원하지도 못하면서 어떻게 우리가 정치적·사회적 권리와 영향력을 획득할 수 있겠는가?"[48] 대회의 구호는 "여성운동은 부르주아도 프롤레타리아도 아닌 모든 여성을 위한 운동이어야 한다"였다.

가을에 방직 노동자들이 [대회] 조직위원회를 꾸려 다른 노동조합들과 접촉했고, 마침내 상트페테르부르크 노동조합 중앙사무국의 정식 승인을 얻었다. 조직위원회는 방직 노동자 외에도 점원, 식자공, 여성 재봉사, 회계원, 사무원, 제과공 등의 조합원들로 구성됐다. 나중에 노동자 클럽들의 대표들도 합류했다.[49] 이렇게 노동자들이 이 대회에 계속 관심을 갖자, 대회에 반대했던 볼셰비키들도 참가하기로 결정했다. 대회에 참석한 한 남성 볼셰비키는 대회 전에 퍼져 있던 환상에 대해 훗날 이렇게 썼다.

모든 여성 노동자들은 이 대회를 통해 "전체 프롤레타리아 앞에서" 자신의 쌓이고 쌓인 한을 털어놓고 싶어 했다. 우리가 여러 차례 이 대회에서 "우리는 아무것도 얻을 게 없다", "우리는 선동만 할 것이다" 하고 말했지만, 우리는 대표들의 얼굴에서 환상을 읽을 수 있었다.

볼셰비키들은 계속 이러한 '환상'을 깨기 위해 최소한의 인원만 참가하면 된다고 생각했다. 처음에 그들은 노동자들에게 단지 "대회에 가서 당신들의 펼침막을 보여 주고 행진해 돌아오시오!" 하고 촉구했다. 그러나 이것으로 그 열기를 누그러뜨리지 못하자 볼셰비키들은 자신들의 대표자들이 참가해 사회민주당의 의견을 명확히 하는 방향으로 양보했다. 만약 요구가 거부되면 퇴장할 것을 제안했다.

대회 전에 50개가 넘는 준비 모임들이 열렸는데, 3명부터 1백50명까지 다양한 규모였다. 콜론타이에 따르면, 참가한 전체 노동 여성은 5백~6백50명이었다. 이렇게 노력한 결과, 폭넓은 기반을 가진 '노동자그룹'이 대회에서 노동계급 여성들을 대표하기 위해 설립됐다. 콜론타이는 이 그룹 내의 세 가지 기본 견해를 구분했다. 그들은 페미니스트들과의 협력을 최소한으로 줄이고 가능한 빨리 대회를 떠나기를 원한 볼셰비키, 이와 반대 입장에서 대회의 민주적 구성원들을 밀리하는 데 반대하고 포괄적인 민주주의 동맹 창설을 주장한 멘셰비키, 여성 문제에 대한 기본 논점에서 페미니스트와 사회주의자 사이의 모순을 분명히 할 것을 주장한 콜론타이 자신으로 나뉘어 있었다.[50]

볼셰비키가 통제하는 사회민주당 페테르부르크 위원회는 두 명의 지도적인 볼셰비키 여성을 노동자그룹에 대표로 파견했는데, P F 쿠젤리와 이전에 대회 참석을 맹렬하게 반대했던 V 슬루츠카야가 그들이다. 그리고 '세르게이 동지'라고만 알려진 한 남성이 지도자로서 파견됐다. 12월 10일 상트페테르부르크 시청에서 대회가 열렸을 때 노동계급 여성들은 1천53명의 대표 가운데 45명에 불과해 매우 작은 세력임이 드러났다.[51]

대회에는 세 부류가 있었다. 연단 위 긴 탁자 뒤에 "마련된 두 줄의 안락한 좌석에" 조직위원회 위원들, "페테르부르크의 대표적인 '귀부인 후원자들'", 페테르부르크와 지방의 귀족과 부르주아지 '최상류층', 즉 장관·고위 관료·공장주·무역상의 아내들, 저명한 여성 자선사업가들"이 앉아 있었다.[52] 대회장의 다른 편에는 연단 위의 여성들과 현저히 대조되는 한 무리의 여성 노동자들이 있었는데, 대회가 일하는 시간에 열렸기 때문에 수가 적었다. 그들 중 상당수가 볼셰비키였다. 최대 집단은 단연 인텔리겐치아 출신 인자들로 이뤄져 있었다.

참석자들에 관한 통계 자료 — 비록 공식 대표자 1천53명 중 고작 2백43명의 정보만을 담고 있는데다, 설문지 배포 전에 회의장을 떠난 대다수 노동자들을 제외한 통계이기는 하지만 — 를 통해 앞서 말한 대회의 인상을 다시 확인할 수 있다. 응답자 가운데 다수인 60퍼센트는 30~50세였고, 27퍼센트가 30세 이하, 13퍼센트가 50대 이상이었다. 전체의 59퍼센트는 기혼자였고 미혼이 28퍼센트, 12퍼센트가 과부였으며, 겨우 1퍼센트만이 '자유 결혼'을 한 사람들이었다. 54퍼센트가 중등학교를 마쳤고, 30퍼센트가 고등교육을 받았으며, 16퍼센트가 문법학교 수준의 교육을 받았다. 절반 이상은 직업이 있었으나, 상당수인 42퍼센트는 직업을 명시하지 않았거나 아니면 아마도 유급 노동을 하지 않는 듯했다. 직업이 있는 여성들은 의사, 교사, 작가, 예술가 같은 '자유로운 직업'에 종사하는 사람들이 75퍼센트로 압도 다수였다. 나머지 사람들 중 14퍼센트는 공공 기관이나 사설 기관에서 일했다. 11퍼센트는 학생과 노동자였고, 결혼한 사람 대부분의 남편 직업은 전문직이었다.

계급 갈등이 계속해서 폭발했다. 여성평등권연합의 지도자 미레비치는 단결을 호소했다. "단결 속에 힘이 있다. 단결은 당파 관계를 완전히 청산할 때만 가능하다." 볼셰비키 안나 구레비치는 다음과 같이 반박했다.

서로 다른 집단과 계급의 여성들에게는 서로 다른 권리가 필요하며, 서로 다른 방식으로 투쟁해야 하고, 조직 또한 달라야 한다. 여성 노동자들은 노동계급의 요구를 위해 투쟁해야 한다.[53]

노동자그룹 소속의 한 사람은 "노동 여성은 자신의 완전한 권리를 위해 싸우고 있다. ……"[54]고 말했다. 부르주아 여성은 자신들을 무능력하게 만드는 법적 굴레들을 제거해 버리는 데 만족하면서 노동계급(특히 하녀들)을 계속 착취했다. 마르크스주의자들은 "현대 삶의 유일한 지배자인 자본"[55]을 파괴하려고 노력했다. 콜론타이는 12월 15일에 "현대 사회의 여성 노동자"라는 제목으로 연설했다.

페미니스트들이 말하는 여성 문제는 '권리와 정의'의 문제다. 프롤레타리아 여성이 말하는 여성 문제는 '빵 한 조각'의 문제다. 여성의 각성과 여성의 특별한 필요와 요구가 발전하는 것은 여성이 독립적인 노동 대중의 군대에 가담할 때만 가능할 것이다.[56]

독자적인 여성 문제는 없다. 여성 문제는 우리 시대가 안고 있는 사회 문제의 일부로서 발생했다. 그러므로 사회성원·노동자·개인·아내·어머니로서 여성의 해방은 전체 사회 문제의 해결과 현 사회질서의 근본적 변혁과 함께할 때만 가능하다.[57]

한 페미니스트는 자신들과 노동자그룹의 차이점을 어느 정도 솔직하게 드러냈다.

인간 활동의 두 가지 주요 양식은 개인적인 것과 집단적인 것이다. 페미니스트들처럼 개인적 행동으로 자신을 표현할 수 있는 더 큰 기회·시간·수단을 소유한 사람들은 자신들이 참여한 활동에 흔적을 남기기를 원하며 그렇게 행동한다. 기본적으로, 이것이 페미니즘 운동의 바탕에 깔려 있는 추진력이다.[58]

사회주의자들은 자신들의 말대로 집단행동에 강조점을 둔다.

또 다른 페미니스트 지도자 올가 샤피르는 이렇게 지적했다. "나는 단결이 …… 계급사회에서는 불가능하다고 생각한다. 나는 노동자 정당이 끊임없이 분열을 호소하기 때문에 우리가 헛된 희망을 폐기할 수밖에 없다고 생각한다." 따라서 샤피르는 노예근성이라는 굴레에서 여성을 해방시키기 위해서는 운동이 '의식 고양'(당시 페미니스트들이 자주 사용한 말)을 통한 여성의 내적 해방에 중점을 둬야 한다고 주장했다.[59]

대회 마지막 날 노동자그룹에 속한 볼셰비키들은 항의성 퇴장을 단행하며 노동자와 자본가 사이에는 어떠한 협력도 유지될 수 없음을 분명히 했으나, 멘셰비키들은 그대로 남았다.[60]

대회가 끝난 뒤 조직위원회는 호화 음식점에서 연회를 마련했다. 연회가 열리던 중 한 볼셰비키 여성이 끼어들어 다음과 같이 큰 소리로 물었다. "이 식탁에는 왜 노동 여성, 농민 여성, 하녀가 없습니까?"[61]

이 대회를 다룬 멘셰비키 신문의 기사는 노동자그룹이 경제 문제를 매우 강조하고 계급 분열의 '명시'를 주장한 것을 비판했다. 그 기사는 이렇게 보도했다. 조심스럽게 표현된 노동 여성에 대한 호의적 개방성이 주로 노동자그룹의 극단주의 때문에 진전되지 못했다. 따라서 노동자들 때문에 좌파와 자유주의 세력의 진정한 연합이 발전하는 것이, 불가능하지는 않더라도 어렵게 됐다. 그들은 일시적일지라도 자신들과 민주적 여성을 연결시켜 주는 공통의 정치적 이해관계의 "아주 중요한 연결 고리를 끊어 버렸고", 여성운동 전체를 반대하는 듯한 인상을 줬다. 그들은 마치 사회주의가 사회 병폐를 치유하는 유일한 길인 것처럼 여겨지게 만들었다.

같은 신문에서 콜론타이가 쓴 기사는 그 대회가 "계급 적대, 즉 사회적·경제적 이해관계의 대립이 남성의 세계를 두 적대 진영으로 나눴듯이 여성의 세계를 나눈다"는 것을 결정적으로 입증했다고 주장했다. 콜론타이는 그 대회를 통해 여성 노동자들이 다른 계급 여성들과 연합하는 것이 소용없는 일임을 결정적으로 확신하게 됐다고 주장했다.[62]

반동과 부흥

1907~1912년은 가혹한 반동의 시기였다. 노동계급 전체가 심각한 패배를 잇달아 겪었고 여성 노동자들은 훨씬 더 후퇴했다. 그 뒤 계급 운동이 상승하면서 여성 노동자들은 다시 적극적으로 활동했고, 전투적이고 잘 조직된 대규모 여성 파업들이 벌어졌다. 역사가 안네 보브로프는 이렇게 썼다. 1905~1920년 동안,

파업 참가자들은 조직 기술, 진정한 성과를 얻기 전에는 작업장으로 돌아가지 않겠다는 단호함, 여성과 남성이 기꺼이 서로 도우려 하는 열의를 발전시키기 시작했다. 공장에서 여성들이 파업을 벌이면, 남성을 포함한 다른 노동자들의 지지를 끌어내 동조 파업에 돌입하는 일이 드물지 않았다. 예를 들어, 1910년 10월 체이코프 방직 공장 경영진은 수력 방적

기 작업장에서 일하는 여성들의 작업량을 늘렸다. 수력 방적기 작업은 이전의 조건에서도 '가장 힘든' 일이어서, 결국 과로로 두 사람이 목숨을 잃었다. 게다가 "경영진이 여성 노동자들을 매우 무례하게 다뤄 여성들 사이에서 불만이 팽배했다." 여성들은 파업에 들어갔고 곧이어 공장의 방직 노동자들과 방적 노동자들, 마침내는 5천 명의 노동자 전원이 파업에 합류했다.

1913년 여름, 대부분이 여성인 팔리야 방직 공장 노동자 2천 명이 임금 인상, 유급 임신 휴가, 사장 소유의 목욕탕과 세탁 시설 이용 등을 요구하면서 47일 동안 파업을 벌였다. 1913년 말, 리가 고무 공장에서 대부분이 여성인 5천 5백 명의 노동자들이 파업에 들어갔다. "그리고 흘루도프스키 방직 공장에서 여성 세 명이 노동자들에게 파업을 선동했다는 이유로 해고되자 그에 맞서 5천 명의 노동자들이 파업을 벌인 데 이어 다시 분규가 일어났다." 모스크바의 과자와 향수 제조 공장에서도 3천 명 규모의 파업이 일어났는데, 참가 노동자 가운데 3분의 2가 여성이었다.[63]

1910~1914년의 여성 파업 운동에서 가장 흥미로운 발전은 아마도 여성 노동자들 사이에서 여성으로서 자신들만의 요구 사항에 대한 의식이 성장한 점일 것이다. 그들은 작업반장이나 사장의 무례와 성적 착취를 더는 용납하지 않았다. 그리고 자신들의 특별한 필요에 관련된 파업 요구 사항을 제기했다.

고질적인 성적 학대를 거부하면서 파업이 시작되는 일이 잦았다. 1913년 모스크바의 그리소프 공장에서 파업이 일어난 이유는 "공장 경영진의 태도가 너무나 역겨웠기 때문이었다. 성매매라는 말 외에는 달리 그것을 표현할 말이 없었다." 요구 사항 중 하나는 여성 노동자들을 정중

하게 대할 것, 특히 욕설을 하지 말 것이었다. 야르체프의 홀루도프스키 공장에서 5천여 노동자들이 일으킨 1911년 파업의 직접적 원인은 한 작업반장이 여성 노동자들을 '함부로 다룬' 것이었는데, 그가 저지른 무례한 행동들은 공장 조사관의 기록에도 적혀 있었다. 파업 요구 사항에는 그 작업반장의 해고도 포함됐다.

리가에 있는 한 합판 공장 여성들은 피, 굳어진 우유, 시멘트, 석회로 만든 접착제를 사용해 작업을 했다. 그 접착제는 냄새가 지독했으며 손을 썩게 만들었다. 그러나 불만의 또 다른 원인은 몇몇 작업반장들이 "여성들에게 음탕한 말로 욕설을 하고도 부끄러워하지 않는다는 것"이었다.

여러 공장에서 임신부들과 어머니들에 관한 요구들이 제기됐다. 임신 휴가, 임신부 해고 반대, 출산휴가 동안 월급의 절반 지급, 임신 중에는 무거운 짐을 운반하는 작업을 시키지 말 것, 수유 중인 엄마들에게 하루에 두 번 1시간씩 휴식 시간 제공, 기혼 여성을 고용하지 않는 정책 중단 등이 있었다.[64]

국제 여성의 날

1913년, 러시아에서 최초로 국제 여성의 날 행사가 열렸다. 이 행사는 경찰의 방해가 두려워 엿새나 먼저인 3월 2일(당시에 사용되던 구력으로는 2월 17일)에 열렸다. 볼셰비키 신문 <프라우다Pravda>는 6면짜리 특별 호를 발행해 이 날을 기념했고, 볼셰비키가 통제하는 사회민주당 페테르부르크 위원회는 여성 방직 노동자들과 볼셰비키 활동가들로 구성된 축일위원회를 꾸렸다. 축하 행사가 페테르부르크·모스크바·키예프·사마라·티블리시 이렇게 5개 도시에서 열렸다. 페테르부르크의 행사 규모가 가장 컸다. 1천 명이 넘는 사람이 행사장을 가득 메웠고 더 많은 사람들이 입장하지 못했다. 행사장은 안팎으로 삼엄한 경찰의 감시를 받았다. 경찰이 앞의 두 줄을 차지하고 있었다. 주요 연사 중 한 명인 방직 노동자 얀체브스카야는 집회의 의미를 이렇게 요약했다. "여성 노동자 운동은 프롤레타리아 운동이라는 거대한 강으로 흘러들어가 그것에 힘을 더해 주는 하나의 지류다."[65]

이런 말들과 국제 여성의 날의 전반적 정신은 부르주아 페미니스트 포크로프스카야 박사의 신경을 거슬렀다. 포크로프스카야는 이렇게 썼다.

예상했던 대로 여성 노동자의 날은 남편과의 관계에서 아내가 차지하는 종속적 지위에 대해 전혀 항의하지 않았다. 그들은 주로 자본에 의한 프롤레타리아 여성의 노예화에 대해 말했고, 그저 지나가는 말로 가정 내의 굴종을 언급했을 뿐이다. …… 여성 노동자에게 경제적 이익이 가장 중요하다고 주장한 쿠젤리 부인은 틀렸다. 개인의 자유가 더 중요하다.[66]

포크로프스카야의 결론은 이랬다. 모든 남성은 남성의 특권에서 이득을 얻기 때문에 모든 여성은 남성의 특권에 맞서 싸우기 위해 뭉쳐야 한다.

1914년, 정부는 페테르스부르크의 광역 노동자 지구에서 3월 8일 국제 여성의 날을 경축하려는 10개의 집회 신청을 거부하고 1개의 집회만을 허용했는데, 이것조차 삼엄한 감시를 받았다. 예정된 5명의 연사 가운데 3명이 체포됐고 경찰은 다른 사람이 대신 연설하는 것도 허용하지 않았다. 실망하고 분노한 많은 참가자들이 혁명가를 부르면서 거리로 쏟아져 나왔으나 결국은 경찰에 의해 해산됐고 많은 사람들이 체포됐다.

멘셰비키는 축하 행사에 오직 여성만 참가하기를 원한 반면, 볼셰비키는 노동 여성뿐 아니라 노동계급 전체가 국제 여성의 날을 축하해야 한다고 주장했다.[67]

전쟁 동안에는 국제 여성의 날을 경축하기가 훨씬 더 어려웠다. 그러나 정부가 금지했는데도 1915년과 1916년에 작은 모임들과 축하 행사들이 열려 이 날을 기념했다.

<라보트니차>

1913년 1월 초 볼셰비키 일간지 <프라우다>는 "노동 여성의 노동과 생활"이라는 제목의 특집 면을 발행하기 시작했다. 특집 면은 국제 여성의 날을 준비하기 위해 열린 모든 집회와 시위, 통과된 결의안들에 대한 정보를 제공했다.[68] 특집 면에는 독자투고란도 있었는데 1913년 겨울에는 노동 여성들에게서 받은 편지가 너무 많아서 다 실을 수 없을 정도였다. 그래서 레닌의 제안으로 볼셰비키당 중앙위원회 국외사무국은 특별히 노동계급 여성을 대상으로 하는 별도의 신문을 발행하기로 결정했다. 신문의 제호는 <라보트니차Rabotnitsa>(노동여성)였다.

레닌은 해외에서 누이 안나 울랴노바-엘리자로바에게 편지를 보내서 안나가 신문 발행을 준비하고 편집부를 구성할 것을 제의했다. 중앙위원회의 승인을 받아 안나가 선정한 사람들은 국내 거주 그룹과 해외 망명자 그룹으로 나뉘었다. 국내 거주 그룹에는 P F 쿠젤리, K N 사모일로바, L 멘쉰스카야, 안나 자신이 포함됐다. 망명자 그룹에는 이네사 아르망, 나데즈다 크룹스카야, 릴리나 조니비예바, 류드밀라 스탈이 있었는데, 이들은 모두 다양한 망명지에 흩어져 있었다. 그래서 러시아 거주 편집자들이 신문 발행과 그것과 관련된 모든 조직을 책임져야 했다.

러시아의 편집위원들은 창간호의 발행 자금을 마련하기 위해 재봉일을 시작했다. 많은 여성들이 <프라우다>의 <라보트니차> 기금 마련 호소에 열렬히 호응했다. 노동 여성 30명으로 이뤄진 한 단체가 서명한 편지가 이런 분위기를 잘 보여 준다.

우리의 신문 〈라보트니차〉에 따뜻한 인사를 보냅니다. 우리는 이 신문이 우리의 요구와 이익을 진정으로 대변할 것임을 확신하며, 언제나 물심양면으로 지지할 것을 약속합니다. 우리는 신문 기금으로 2루블 74코페이카를 기부하겠습니다.

크룹스카야는 당면한 정치 상황, 여성의 참여에 초점을 맞춘 노동자 운동의 전반적인 정치·경제 투쟁, 여성들의 노동조건 보호, 다른 나라 노동 여성의 투쟁, 그리고 가족과 노동 여성 등을 신문의 내용에 포함하는 편집 계획을 제안했다.[69]

창간호 발간 예정일을 며칠 앞두고 안나 울랴노바-엘리자로바를 제외한 러시아의 모든 편집위원들이 체포당했고, 창간호에 실을 대부분의 기사가 경찰에 압수당했다. 안나가 애를 써 마침내 인쇄기를 마련하는 데 성공했다. 계획한 대로 국제 여성의 날에 1만 2천 부가 발간됐다.[70] 크룹스카야가 쓴 머리기사는 볼셰비즘과 부르주아 페미니즘의 차이점을 예리하게 지적했다. 크룹스카야는 소위 '여성 문제'에 대해 이렇게 썼다.

부르주아 여성은 자신의 **특별한** '여성의 권리'를 주장하며, 항상 남성과 대립하고 남성에게 자신의 권리를 요구한다. 그들은 현대 사회를 두 개의 주요 범주, 즉 남성과 여성으로 나눈다. 남성은 모든 것을 소유하고 모든 권리를 누린다는 것이다. 문제는 [부르주아 남성과] 동등한 권리를 획득하는 것이다.

노동 여성들에게는 여성 문제가 사뭇 달라진다. 정치의식이 있는 여성들은 현대 사회가 계급으로 나뉘어 있음을 안다. …… 노동 여성을 노동 남성과 단결하게 만드는 이유가 그들을 분리시키는 이유보다 훨씬 더 강하다. 그들은 공통된 권리의 결여, 공통의 필요, 노동 착취라는 공통의 조건, 공동 투쟁과 공동 목표 등으로 결속된다. "모든 사람은 한 사람을 위해, 한 사람은 모든 사람을 위해." 여기에서 "모든 사람"은 모든 노동 계급 구성원들 ─ 남성과 여성 모두 ─ 을 뜻한다.

노동 남성과 노동 여성에게 '여성 문제'는 어떻게 노동 여성 가운데 후진적인 대중을 조직하는가, 노동 여성의 이익을 분명하게 이해시키는 더 나은 방법은 무엇인가, 어떻게 여성을 빨리 공동 투쟁의 동지로 만드는가 하는 문제다. 노동 남성과 노동 여성의 연대, 공통의 대의, 공통의 목표, 그 목표를 향한 공동의 방침. 이것이 노동자들 내에서 '여성 문제'에 대한 해결책이다. …… 우리 신문은 노동 여성의 의식화와 조직화에 기여하기 위해 노력한다.[71]

〈라보트니차〉는 여성의 광범한 관심사, 즉 출산 보험, 여성 노동, 보육 시설, 건강 정보, 노동 여성과 가족의 문제, 아이들 이야기, 여성의 날, 여성 참정권 등을 다뤘다. 1914년 2월 23일부터 6월 26일까지 일곱 호가 발간됐는데, 전쟁이 만들어 낸 장애물들 때문에 어쩔 수 없이 7호를 끝으로 발간을 중단했다. 일곱 호 중에서 두 호는 경찰에 몰수됐다.

분리주의에 맞서

볼셰비즘에 비판적인 역사가 안네 보브로프는, 레닌이 항상 당 지도부가 여성의 활동을 통제해야 한다고 강조했다고 불평한다. 보브로프는 이렇게 말한다.

〈라보트니차〉를 운영한 볼셰비키 여성들은 레닌과의 긴밀한 협력 속에서 작업했다. 그리고 비록 두 편집위원회 모두 완전히 여성들로 구성되기는 했지만, 투표에서 동수가 나왔을 때는 <사회민주주의자> 편집자인 레닌이 결정권을 쥐고 있었다.

게다가 보브로프는 국내와 해외 편집위원회가 동등한 투표권을 가진 것이 "레닌과 그와 가장 가깝게 접촉하는 여성들이 편집 방침에 대해 더 큰 통제력을 차지하는 것을 보장하려는" 장치였다고 말한다.

이것을 명백히 보여 주는 사례가 1915년 3월 베른에서 열린 국제 여성 대회에서 있었다고 보브로프는 얘기한다.

레닌은 여성 대회가 진행되는 동안 근처 식당에서 차를 마시고 있었다. …… "레닌의 지도를 받는 볼셰비키 여성들은, 기존 사회당과 노동당 내의 다수파와 조직적 관계를 즉시 끊고 새로운 인터내셔널을 결성할 것을 요구하는 결의안을 제출했다." 다른 모든 대표들이 압도적으로 반대했는데도, 볼셰비키 대표들은 자신들이 발의한 안건 철회를 거부했다. 당시에 사회주의자들 사이의 국제적 단결을 보여 주는 것이 절실히 필요했기 때문에, 클라라 체트킨은 결국 러시아 여성들 그리고 레닌과 별실에서 협상을 벌였다. "여기에서 레닌이 마침내 타협안에 동의했다."[72]

이 사건을 통해 우리는 "노동 여성들이 여성만으로 구성된 단체로 조직되는 것을 볼셰비키들이 거부했음을 다시 한 번 알 수 있다."[73]

안타깝게도 안네 보브로프는 많은 비非마르크스주의자들처럼 혁명적 사회주의 정당의 역할과 레닌이 제안한 '민주적 중앙집중주의'가 필요한 이유를 이해하지 못했다. 마르크스의 말대로 노동계급은 '역사의 주체'다. 따라서 노동계급은 자신의 해방을 위해 투쟁하면서 억압받는 모든 사람들,

모든 인류의 해방을 위해서도 투쟁해야 한다. 이런 이유 때문에 노동자를 인종·민족·성에 따라 분열시키는, 널리 퍼져 있는 부르주아 사상에 한 치도 양보해서는 안 된다. 노동계급의 권력 장악을 위한 투쟁에서, 노동계급을 지도하는 임무를 맡고 있는 정당은 특히 그래야 한다.

'민주적 중앙집중주의'는 당을 운영하는 원리였지 보브로프가 암시하듯이 중앙 지도부의 독재를 뜻하는 것이 아니었다. 중앙 지도부가 제대로 기능할 때, 지도부는 지도부 마음대로 행동하는 것이 아니라 노동계급 투쟁에 대한 가장 폭넓은 이해를 바탕으로 내린 결정들을 수행한다. 따라서 당이 노동계급의 필요를 충족시키는 정책을 제시할 수 있으려면, 당내 민주주의가 필수적이다. 그러나 중앙집중주의도 필수적이다. 왜냐하면 부르주아적 편견 때문에 노동계급이 끊임없이 분열하고, 계급투쟁의 경험과 이해가 노동자 집단에 따라 엄청나게 다르기 때문이다. 만약 사회주의를 위한 투쟁에서 승리하기에 충분할 정도로 노동계급을 단결시키려면, 당은 이러한 불균등과 분열을 극복해야만 한다. 그리고 이러한 투쟁이 자본주의 국가라고 하는 고도로 중앙집중화된 적을 상대로 하기 때문에 중앙집중주의는 필수적이다.

일단 당의 중앙 지도부가 민주적으로 선출되면, 당의 모든 부문 조직들은 우리가 살고 있는 부르주아 사회의 분열이 아니라 전체 노동계급 투쟁의 요구들을 반영한 활동을 펼치기 위해 중앙 지도부를 따라야 한다. 레닌이 여성 문제에 깊숙이 개입한 이유는 바로 그가 여성들 사이에서 매우 진지하게 정치 활동을 수행했기 때문이다.

10월을 향해

전쟁은 러시아에서 사회주의 여성과 부르주아 페미니스트 사이의 간극을 벌려 놓았다. 부르주아 페미니스트들은 애국주의 선풍에 편승했다. 포크로프스카야 박사는 이렇게 선언했다.

이토록 중대한 애국의 시기에 …… 우리는 우리의 요구를 최소한으로 줄이고, 사치를 중단하고, 사회를 위해 모든 것을 희생해야 한다. …… 이것은 전 세계의 진보적인 여성이 성취하고자 하는 평등이 실현되는 데 …… 중요하다.[74]

상호자선협회는 후방 활동을 책임진 자발적인 조직들을 통해 전쟁 노력을 아주 열렬히 지지했다. 1915년 8월 여성평등권연합은 영국의 크리스타벨 팽크허스트가 펼친 노선을 따라 '러시아의 딸들'의 '여성 동원'을 호소했다. 이것은 모든 러시아 여성을 다양한 전쟁 활동으로 끌어들이려는 운동이었다. "이것은 조국에 대한 우리의 임무이고, 우리가 남성과 동등하게 승전 러시아의 새 생활에 참여할 권리를 부여할 것이다."[75]

그러나 러시아 노동 여성에게 전쟁은 이미 그들을 무겁게 짓누르던 무거운 부담이 더 가중됨을 뜻했다. 동시에 전쟁 동안 고용 형태가 달라져 여성의 경제력이 강화됐다. 고용된 여성의 수가 엄청나게 증가했다. 대량 징집 때문에 조사 대상 산업에 고용된 남성의 수가 1914~1917년에 12.6퍼센트 감소한 반면, 같은 기간에 여성은 18.8퍼센트 증가했다. 여성은 전쟁이 시작될 때 노동인구 중 3분의 1을 차지했는데, 1917년에는 약 절반에 달했다.[76]

전쟁 초기에 노동운동은 완전한 혼란에 빠졌다. 처음 9개월 동안 산업 전선은 아주 조용했다. 변화를 촉발한 것은 여성들이었다. 식량 폭동이 일어난 것이다. 1915년 4월 6일 페트로그라드*에서 하루 동안 육류 판매가 중지되자 여성들이 대형 육류 시장에 난입해 고기를 약탈했다. 이러한 광경은 이틀 후 빵 부족을 둘러싸고 모스크바에서 재현됐다. 혼란의 와중에 시 사령관이 날아드는 돌멩이에 크게 다치기도 했다. 여름에는 히트로바 시장에서 소요가 발생하는 등 식량 폭동이 계속됐다.

여성들은 수많은 파업에 동참했다. 1915년 6월 이바노보-보즈네센스크에서 벌어진 파업은 처음에는 '밀가루를 요구하는 파업'이었는데, 한 달 뒤에 다시 벌어진 시위는 전쟁 종식과 투옥 노동자 석방을 요구하는 정치적 시위였다. 30명이 이 시위에서 살해당했다. 같은 시기 코스트로마에서 벌어진 파업은 무력 진압을 당해, 그 뒤 집단 장례식이 거행됐다. 다시 시위가 분출했고, 이번에 노동 여성들은 군인들에게 총알이 아니라 보호를 요구하는 전단을 뿌렸다.[77]

충돌 소식은 8월과 9월에 커다란 정치 파업으로 이어졌다. 8월에 페트로그라드에서 2만 7천 명의 노동자들이 공장에서 코사크 기병대 철수, 유배된 볼셰비키 두마 의원 5명의 석방, 출판의 자유 등을 요구하며 파업에 돌입했다. 9월 초에는 6만 4천 명의 노동자들이 정치적 요구를 내걸고 페트로그라드에서 파업을 벌였다. 1915년 한 해 동안 모두 9백28건의 파업이 있었는데, 그 가운데 7백15건이 경제 파업으로 38만 3천5백87명의 노동자가 참가했고, 2백13건이 정치 파업으로 15만 5천9백41명의 노동자가 참가했다.

투쟁은 1916년에도 지속됐다. 1916년 1월 9일 '피의 일요일' 기념식에 5만 3천 명의 노동자들이 참가했다.(그들 중 85퍼센트가 페트로그라드에서 열린 기념식에 참가했다.) 1916년 내내, 특히 하반기에 점점 더 많은 노동자들이 파업에 참가했을 뿐 아니라, 파업은 점점 더 정치적 성격을 띠게 됐다. 1916년에는 모두 28만 9백43명의 노동자들이 정치 파업에, 22만 1천1백36

---

* 독일식 이름인 '페테르부르크'의 명칭이 제1차세계대전 당시의 애국주의 분위기로 이렇게 바뀌었다.

1917년 국제 여성의 날 행진에 참가한 페트로그라드의 여성 노동자들.

명이 경제 파업에 참가했다.

1917년 1월에 한 경찰 보고서는 이렇게 기록했다.

식료품을 사기 위해 끝없이 줄을 서는 데 지치고, 반쯤 굶주린 병약한 아이들을 지켜보면서 고통받는 어머니들은 이제 밀류코프 씨나 로지체프 씨[카데츠 지도자들]보다 훨씬 더 혁명에 가까워진 것 같다. 물론 그들은 하나의 불꽃이 큰 불길을 일으키는 가연성 물질 저장소와 같기 때문에 더더욱 위험하다.[78]

1917년 혁명을 시작한 것은 바로 페트로그라드 여성 노동자들이었다. 2월 22일(3월 7일), 한 무리의 여성 노동자들이 다음 날 있을 국제 여성의 날 준비에 대해 논의하기 위해 모였다. 볼셰비키당 페테르부르크 지구위원회의 노동자 지도자인 V 카유로프는 그들에게 성급한 행동을 자제하라고 충고했다.

그러나 놀랍고 분하게도, 2월 23일 에릭슨 공장 복도에서 열린 5인 긴급

회의 때 우리는 니키페르 일리인 동지한테서 몇몇 방직 공장이 파업에 들어갔다는 소식과 많은 여성 노동자 대표들이 도착해 금속 노동자들에 대한 지지를 밝혔다는 소식을 들었다. 나는 파업 참가자들의 행동에 무척 화가 났는데, 왜냐하면 그들이 뻔뻔스럽게도 당 지구위원회의 결정을 무시하고 바로 전날 밤에 내가 그들에게 냉정함과 규율을 유지할 것을 호소했는데도 파업을 감행했기 때문이다. 볼셰비키들은 마지못해 [파업의 확산에] 동의했으며 다른 노동자들, 즉 멘셰비키와 사회혁명당원들도 그 뒤를 따랐다. 그러나 일단 대중파업이 벌어지면 모든 사람들을 거리로 불러내고 선두에 서야 한다.[79]

볼셰비키는 2월 25일이 돼서야 처음으로 총파업을 호소하는 전단을 들고 나왔다. 그때는 이미 20만 명의 노동자들이 파업에 돌입한 뒤였다! 파업과 시위의 거대한 물결은 수년 동안 쌓인 분노가 극에 달한 것이었다. 한 목격자는 나중에 이렇게 말했다.

굶주림과 전쟁으로 필사적이게 된 노동 여성들은 엄청난 기세로 지나는 길에 있는 모든 것들을 파괴해 버리는 허리케인처럼 나아갔다. 수세기 동안의 억압에 대한 증오로 가득 찬 노동 여성들의 이 혁명적 행진은 차르 제정을 붕괴시킨 2월혁명의 거대한 불길을 댕긴 불꽃이었다.[80]

대표자를 선출해 지지 호소문을 들고 이웃 공장을 돌도록 한 것도 방직업 여성 노동자들이었다. 이렇게 해서 혁명이 폭발했다. 트로츠키가 말했듯이 그것은,

혁명은 혁명 조직 자체의 저항을 극복하며 아래로부터 시작했고, 노동계

급 가운데 가장 억압받고 짓밟힌 부분인 여성 방직 노동자들이 자발적으로 주도권을 잡았다.[81]

바로 이 여성들이 사병들과 친교를 맺고, 장교의 명령에 불복해 발포를 멈추라고 사병들을 설득했다.

여성들은 남성들보다 더 대담하게 경계선으로 다가가 총을 움켜잡고 간청하거나 거의 명령하다시피 말한다. "총검을 내리고 우리에게 동참하시오." 군인들은 흥분하고 부끄러워하며, 불안한 눈길을 주고받고 동요한다. 누군가 먼저 마음을 먹는다. 그러면 죄를 진 것 같이 병사들은 전진하는 대중들 사이에서 총검을 치켜들고 투항한다. 경계선이 뚫리고 기쁨에 넘치는 "만세!" 소리가 공기를 뒤흔든다. 병사들은 포위된다. 어디서나 논쟁, 질책, 호소가 벌어진다. 혁명은 또 한 발 앞으로 나아간다.[82]

새로 복간된 <프라우다>는 한 사설에서 혁명이 여성들에게 빚을 졌음을 인정했다.

여성 만세!
인터내셔널 만세!
여성들은 여성의 날에 페트로그라드 거리로 나온 첫 번째 사람들이었다. 모스크바에서 많은 경우에 여성들은 군대의 행보를 결정지었다. 여성들은 막사로 찾아가 군인들에게 혁명의 편에 서라고 설득했다.
여성 만세![83]

그러나 수세기의 무거운 짐은 쉽게 제거되지 않는다

그러나 혁명조차도 수세대에 걸쳐 남녀 노동자들의 마음속에 주입된 뿌리 깊은 편견을 제거할 수는 없었다. 마르크스가 말했듯이 "모든 죽은 세대의 전통은 악몽처럼 살아 있는 사람들의 머리를 짓누른다."

동일임금 문제를 예로 들어 보자. 1905년 혁명 때 최저임금 요구는 대부분 여성 임금을 남성 임금보다 낮게 요구한 것이 사실이다.[84] 똑같은 생각이 1917년 2월혁명 뒤 맺어진 임금 협약에도 깔려 있었다. 노동자·병사 대표 소비에트가 공장주 협회와 체결한 첫 최저임금 협정은 두 종류의 최저임금을 제정했다. 하나는 남성용으로 일당 5루블이었고, 다른 하나는 여성용으로 일당 4루블이었다.[85] 네프스키 신발 공장의 최저임금은 남녀가 각각 5루블과 3루블, 페트로그라드의 거대한 스코로헤트 신발 공장(3월 13일)은 각각 5루블과 3루블 15코페이카, 예카테리노슬라브(6월 14일)의 미숙련 노동자들은 각각 3루블과 2루블이었다.[86]

볼셰비키는 불평등한 임금에 반대해 투쟁했다. 콜론타이는 1915년 볼셰비키에 가입했다. 1917년 5월 5일 <프라우다>에 실린 "심각한 결함"이라는 기사에서 콜론타이는 다가오는 노동조합 대회의 의제를 비판했다.

> 대회의 의제에 심각한 결함이 있다. 노동계급 전체, 특히 노동 여성에게 가장 시급한 문제 가운데 하나인 동일노동 동일임금 문제가 토론 사항에 포함돼 있지 않다. 전쟁 때문에 가족의 유일한 '부양자'인 수많은 여성들이 노동시장에 뛰어들었으므로 여성의 낮은 임금은 이제 절대로 용납할 수 없다.[87]

1917년 10월혁명 뒤 동일임금은 법으로 확립됐다.

불평등의 또 다른 양상은 1905년에 그랬듯이 소비에트에서 여성 대표

들이 극도로 적었다는 데서 드러난
다. 역사상 가장 민주적인 선거들에
서 여성 노동자들은 계속 자신들의
대표로 남성을 뽑았다. 여성이 노동
인구의 절반을 차지하는 모스크바
지방에서도 1917년 3월 26~27일에
열린 소비에트에 참가한 대표 4천7
백43명 가운데 겨우 2백59명이 여
성이었다. 그로즈니에서는 1백70명
의 대표 중 4명이, 니즈니고로트에
서는 1백35명 중 3명이, 오데사에서
는 9백 명 가운데 약 40명이, 야로슬

볼셰비키의 여성 신문 〈라보트니차〉.

라프에서는 87명 가운데 5명만이 여성이었다.[88]

　1917년 2월혁명의 선두에 섰던 여성들은 그 뒤 역사 무대의 뒷전으로
물러났다. 그리하여 트로츠키의 ≪러시아 혁명사≫에서 여성 노동자는 첫
두 장에만 등장한다.

　1917년 4월 페트로그라드로 돌아온 레닌이 취한 첫 조치들 가운데 하나
는 중앙위원회에 여성들의 정치 활동을 지원하도록 요청한 것이었다.

　　여성이 일반적인 정치 생활에서뿐 아니라 모든 사람이 해야 할 일상 활
　　동에서도 독립적인 구실을 하게 되지 않는 한, 사회주의는커녕 완전하고
　　확고한 민주주의를 말하는 것조차 무의미한 일이다.[89]

　페트로그라드의 볼셰비키 집행위원회는 여성을 조직하기 위해 각별히
노력했다. 3월 10일 베라 슬루츠카야가 노동계급 여성을 선동하는 임무를

맡았다. 사흘 뒤 슬루츠카야는 페트로그라드 위원회 내에 여성국을 창설하고 <라보트니차>를 복간하는 건의안을 제출했다. 페트로그라드 위원회의 각 지구위원회가 여성국에 보낼 여성 대표를 선출하게 돼 있었는데, 대표자들이 긴급히 해야 할 임무는 <라보트니차>의 재발행을 위한 조치를 취하고 "특별히 여성 프롤레타리아의 문제에 초점을 맞춘" 전단을 발행하는 것이었다.

슬루츠카야는 "어떠한 독자적인 여성 조직도 만들어지지 않을 것이다" 하고 분명히 말했다. 노동 여성은 주로 노동계급의 정치 기구와 노동조합 기구로 조직될 것이었다. 여성국은 페트로그라드 위원회의 결정에 따라서 단지 선동 작업만을 수행할 예정이었다. 따라서 선동국이 모든 지구에 설립됐다. 비당원 노동 여성을 당 활동으로 끌어들이려는 목적의 모임들도 만들어졌다.

5월 10일 <라보트니차>는 4~5만 부를 발행하는 주간지로 출발했다. 편집진은 크룹스카야, 엘리자로바, 콜론타이, 사모일로바, 나콜라예바, 쿠젤리, 벨리츠키나였다. 신문은 전쟁, 하루 8시간 노동, 지역 두마 선거, 아동 노동, 러시아와 외국의 여성운동 같은 문제들을 다뤘다.[90]

1917년 10월 볼셰비키가 권력을 장악했을 때 당원이 아닌 여성 대중의 참여 문제가 새로운 차원의 문제로 등장했다. 이제 문제는 사회주의 건설에 참여할 수백만 명의 여성을 어떻게 동원하느냐 하는 것이었다. 볼셰비키가 어떤 점에서 성공하고 어떤 점에서 실패했는지는 나중에 살펴볼 것이다.

맺는말

러시아 여성운동사는 첨예한 계급투쟁이 어떻게 여성을 적대적인 두 개의 여성운동 — 노동계급과 부르주아지 [여성운동] — 으로 양극화하는지를 선명하게 보여 준다. 여성의 양극화가 심화할수록 노동계급 여성과 남성 사이의 결속은 더욱 강화됐다. 이 결론은 부르주아 페미니스트들에 반대하는 견해를 굽히지 않은 볼셰비키에게 중요했다. 이에 반해 자유주의자들과 정치적으로 동맹할 것을 주장한 멘셰비키는 노동계급 여성과 부르주아 페미니스트 사이의 협력에도 찬성했다.

볼셰비키는 노동계급 여성을 조직하는 일이 어렵다는 것을 이해했는데, 노동계급 여성은 임금 노예와 가정의 노예라는 이중 억압의 피해자로서 발목이 잡혀 있었기 때문이다. 볼셰비키가 이러한 사실에서 끌어낸 결론은 페미니스트 분리주의자들과 근본적으로 달랐다. 볼셰비키는 여성과 남성 노동자들은 같은 고용주, 같은 자본주의 국가와 맞닥뜨린다고 주장했다. 여성들이 (주로 사회의 가족 구조가 강요하는) 수동성과 상호 고립을 극복할 수 있고 집단적으로 행동할 능력이 있다는 확신을 얻을 수 있는 곳은 작업장이다. 그리고 노동자로서 남성과 여성의 요구는 동일하다. 이 때문에 남성과 여성 노동자들 사이에 분리를 주장하는 것은 어떤 것이든 모두에게 해가 될 것이고, 남성보다는 여성이 더 많은 피해를 보게 될 것이다.

게다가 당의 구실은 노동계급의 투쟁을 지도하는 것이므로 당 구조 — 여성들과 관련된 조직을 포함해 — 는 부르주아 사회의 정치 구조가 아니라 노동자 투쟁의 구조에 적합해야 한다. 이것은 다시 여성과 남성의 이익이 공존하는 작업장에 초점을 맞추는 것을 뜻한다.

여성 문제에 대한 볼셰비키의 견해가 옳다는 결정적 증거는 혁명 자체였다. 바로 여성 노동자들이 남성과 함께 "억압받는 사람들의 축제"를 시작했다. 그리고 10월혁명은 여성해방의 가장 위대한 장을 열었다.

07

산업혁명 이후의 영국 여성운동

독일과 러시아에서 있었던 여성 노동자들과 부르주아 페미니스트들 사이의 첨예한 분리가 잉글랜드*에서는 나타나지 않았다. 여기에는 여러 가지 이유가 있었다.

첫째, 독일과 러시아에서는 사회주의 정당이 노동조합을 만든 반면, 영국에서는 노동조합이 노동당을 만들었다. 면직물 산업을 제외하고 노동조합들은 오랫동안 여성들을 받아들이지 않았다.

둘째, 잉글랜드 노동계급의 정치 운동은 매우 혼란스럽고 보수적이었다. 이 운동의 지도자들은 편협한 직업별 노동조합주의와 함께 보수적 사상과 자유주의 사상이 뒤범벅된 혼란스러운 사상을 계속 고수했다. '마르크스주의자들'은 주로 종파적인 사회민주주의연맹SDF에 속해 있었는데, SDF의 일부 지도자들은 극단적인 반페미니스트(그리고 인종차별주의자)였다. 페미니스트에게 우호적인 사회주의자들은 대부분 독립노동당ILP에 속해 있었다. 자유당과 공조를 추구한 혼란스러운 정당인 ILP는 노동계급 여성과 자유당 여성이 협력해야 한다는 생각을 매우 강력하게 지지했다. 노동 여성이 고상한 귀부인들과 어울릴 때, 누가 누구에게 영향을 끼칠지는 분명하다.

19세기 전반의 노동 여성

19세기의 첫 25년 동안 여성들은 불법 노동조합 운동에 참가했고, 반노조법** 폐지 운동에서도 적극적으로 활동했다. 프랑스 혁명기에 시작해 나폴레옹 전쟁이 끝난 뒤 다시 일어난 개혁 운동은 몇몇 제조업 지역에서, 특히 랭커셔의 면직물 노동자들 사이에서 대중적 지지를 얻었다. 이 운동에

---

* 영국을 구성하는 4개 지역인 잉글랜드, 웨일스, 스코틀랜드, 북아일랜드 가운데 하나.
** Combination Acts, 이 법은 1799년에 처음 제정됐다. 파업, 노동조합 결성, 단체교섭을 금지한 법이다.

는 많은 여성들이 참가했는데, 그들은 위원회와 임원을 둔 여성 정치 조합들을 결성했다. 1819년 8월 16일 맨체스터의 세인트피터스 광장에서 열린 의회 개혁을 요구한 유명한 시위에 많은 여성들이 참가했다.[1]

1834년 여름, 로버트 오언이 직종·숙련도·성에 상관없이 모든 사람에게 개방된 일반노동조합인 전국노동조합대연합을 결성하자 수만 명의 여성이 가입했다. 불행하게도 그것은 약 5년 뒤 해체됐다.

노동계급 정치 운동, 즉 1837~1848년의 차티스트 운동에서도 여성들은 중요한 구실을 했다. 그들은 많은 여성헌장협회들을 결성했고 세 차례의 헌장 운동에서 모두 아주 적극적으로 활동했다. 차티스트 운동에서 최대 규모의 집회였던 1842년 버밍엄 집회에는 수만 명의 남성뿐 아니라 5만 명이나 되는 여성들이 참가했다.[2] 그러나 이것은 짧은 역사의 한 장이었고 긴 반동의 시기가 뒤따랐다. 도로시 톰슨의 뛰어난 논문 "여성과 19세기의 급진 정치 : 잃어버린 공간"을 인용해 보자.

> 남성과 여성이 각성하고 자신에 차 더욱 평등하고 협력하는 정치 활동을 추구한, 차티스트 운동 기간에 얻은 성과들은 19세기 중반이 되기도 전에 사라져 버렸다. …… 빅토리아 시대에 벌어진 이러한 손실 가운데 하나는 노동계급 공동체의 여성들이 정치와 사회 전반에 기여할 수 있는 잠재력이었다.[3]

1840년대 말과 1850년대 초에 부상한 노동조합들의 형태가 확립됐을 때 조직을 결성한 사람들은 숙련 남성들이었다. 여성을 포함한 미숙련 노동자들은 대개 제외됐다. 랭커셔 면직물 노동조합만이 예외였다. 이 노동조합은 여성들을 조직하고 활동적으로 만들기 위해 진지하게 노력해 성공했을 뿐 아니라, 일하는 노동자의 성이 아니라 '직업 임금'에 바탕을 두고 임금 협상을 했다.[4] 여성이 면직물 산업을 제외하고는 매우 작은 규모의 작업장, 즉 의복을 만드는 혹사 공장이나 가정, 레이스 제조소, 소규모 도자기 제조소 등 조직하기 어려운 곳에 분산돼 있는 사실 때문에 다른 노동조합들에서 여성이 배제되기 더 쉬웠다.

엠마 패터슨(1848~1886년)은 노동조합이 조직하지 않은 여성들을 조직하기 시작했다. 패터슨은 교사의 딸이었고 가구 제작자와 결혼했다. 1874년 패터슨은 여성보호검약동맹WPPL을 결성해 명예 간사가 됐다. WPPL은 여성 노동자 문제에 관심이 있는 유한계급 여성과 노동계급 여성의 연합체였다. '노동조합'이라는 명칭은 중간계급 지지자들의 반감을 살까 봐 일부러 쓰지 않았다. WPPL은 "고용주들에 대한 여성 노동자의 어떤 적대적 견해도 거부하고자 했다." 파업은 "경솔하고 잘못된 행위"로 비판받았고 중재가 장려됐다.[5] 부르주아 귀부인들이 노동 여성들의 조직화를 '돕는' 경험을 하게 된 것은 노동계급 내의 여성 차별적 분리 때문이었지만, 부르주아 여성들의 개입 자체가 분열이 더 깊어지는 원인이었고, 노동권이나 선거권에 대한 많은 노동계급 남성들의 반동적 견해에 좋은 핑계거리가 됐다.

WPPL의 목적은 여성만으로 구성된 노동조합을 설립하는 것이었다. 그러나 성과는 보잘것없었다. WPPL은 1874~1886년에 잉글랜드와 스코틀랜드에서 30~40개의 여성 협회를 창립했다. 회원이 몇 백 명 이상이거나 몇 년 이상 유지된 협회는 거의 없었다. 절반 정도가 1년도 안 돼 사라져 버렸다. '듀스베리 양모 직조공'과 '레스터 재봉사' 같은 가장 성공적인 협회들은 나중에 남성 노동조합에 합류했다. 1886년 여성 협회들의 총 회원 수는 2천 5백 명 미만이었던 듯하다. 같은 기간에 면직물 노동조합들의 여성 조합원은 1876년 1만 5천 명에서 1886년 3만 명으로 꾸준히 증가했고, 남성과 함께 임금도 점차 올랐다.[6] WPPL의 회원 수는 전체 조직 여성 노동자의 7퍼센트에도 미치지 못했다.

이러한 실패 때문에 엠마 패터슨은 1880년대에 방향을 180도 바꿔 남성 노동조합들과 협력을 추구하게 됐다. 패터슨과 WPPL이 급격하게 방향을 바꾼 또 다른 문제는 여성과 아동의 하루 노동시간을 제한하는 보호 입법이었다. 많은 남성 노동자들은 제시된 변화들에서 이익을 얻을 것이라고 생각했기 때문에 보호 입법을 지지했고 1870년대 노동조합 운동은 일반적으로 보호 입법을 지지하는 투쟁을 벌였다. 남성들은 보호 입법의 규제들 때문에 여성 취업이 더 어려워지기를 바랐다. 그렇게 되면 남성은 일자리를 놓고 여성과 경쟁을 벌일 필요가 없게 될 것이었다.

그러나 상황은 그렇게 되지 않았다. 실제로는 1847년 방직업에 종사하는 성인 여성과 소녀의 하루 노동시간을 제한하는 최초의 법률이 도입된 뒤, 방직업에서 성인 여성과 13세 이상 소녀의 비율이 55.9퍼센트에서 57퍼센트로 증가한 반면, 성인 남성은 26.5퍼센트에서 25.8퍼센트로 오히려 감소했다.[7] 그 대신 보호 입법은 남성 노동자의 하루 노동시간도 단축하는 성과를 이뤄냈다. 올덤 방적공협회 사무총장 토머스 애슈턴이 재미있게 표현했듯이 "성인 일반의 노동시간 단축을 위한 투쟁은 여성의 치맛자락 뒤에서" 벌어졌다.[8]

WPPL의 중간계급 페미니스트 후원자들은 여성 차별적이라는 이유로 보호 입법을 반대했다. 물론, 고용주들은 WPPL의 이런 견해를 열렬히 지지했다.[9]

신노동조합 운동

신新노동조합이 등장할 때까지는 매우 적은 수의 노동자들만 조직돼 있었다. 1888년 전체 조합원 수는 75만 명으로, 전체 취업 인구의 약 5퍼센트였다. 성인 남성 육체노동자들 가운데 조합원의 비율은 약 10퍼센트였다.[10]

브라이언트앤드메이 성냥 공장 노동자들.

1888~1889년에 산업 투쟁의 물결이 전국을 휩쓸었는데, 이 물결을 타고 노동조합 조직 — 이번에는 미숙련 남성들과 여성들의 노동조합 — 이 새롭게 분출했다. 런던 동부의 브라이언트앤드메이 성냥 공장에서 일하던 여성 노동자 7백 명이 벌인 파업은 "미숙련 노동자들 사이에 저항의 거대한 불길을 댕기고 노동조합 운동을 순식간에 퍼뜨린 자그마한 불씨"였다.[11]

1889년 3월 윌 손Will Thorne은 전국가스·일반노동자조합을 출범시켰다. 이 노동조합은 파업 한 번 하지 않고 하루 8시간 노동을 따냈다. 이 노동조합은 놀라울 정도로 성장했다. 1890년 9월 무렵에는 전부 여성으로만 이뤄진 두 지부를 포함해 89개의 지부가 있었고 전체 조합원 수는 6만 명이었다.[12] 가스 노동자들의 전투성은 항만 노동자들에게 영향을 끼쳤다. 1889년에 일어난 부두 파업은 1만 명으로 시작해 10만 명으로 참가자가 늘어났다. 부두 노동자 조합인 부두·항만·선착장노동조합의 조합원 수는 8백 명에서 6만 명으로 증가했다.

처음부터 신노동조합은 여성들을 배제하지 않았지만, 주로 운송과 육체

노동 부문에서 노동조합이 조직되는 경우가 많았기 때문에 그들의 활동 범위 안에는 여성들이 거의 없었다. 그러나 신노동조합 운동의 정신이 여성들을 고무해 1888년 이후에는 여성들이 주요 산업 행동에 참가하게 됐다. 해크먼드와이크의 담요 직공들, 노팅엄의 여성 담배 제조공들, 던디의 면직물 노동자들과 황마 직공들이 1888년에 자생적으로 행동에 나섰다. 런던의 주석 상자 제조 공장에서 일하는 여성들은 파업을 일으키고 작업을 계속한 남성들에게 붉은 물감과 밀가루를 뿌렸다.[13]

1889년 런던에 10여 개의 소규모 여성 노동자 협회가 생겼고 지방에서도 비슷한 수의 협회들이 생겼다. 리즈 지역의 여성 재봉사 파업은 한 줌밖에 안 되던 한 지방 '노동자협회'의 회원 수를 몇 주 만에 2천 명으로 불어나게 만들었다.[14] 1888~1889년에 수천 명의 여성들이 노동조합에 가입했다.

그러나 1889년 말 고용주들이 대대적인 반격에 나섰다. 리버풀의 부두 파업은 크게 패배했다. 1890년대 초 런던의 부두 노동조합은 부두에서 쫓겨났고,[15] 조합원은 1889년 10만 명에서 1890년 5만 6천 명으로, 1892년 2만 2천9백13명, 1896년 1만 명으로 줄어들었다. 비슷한 사태 진행이 전국 가스·일반노동자조합에도 영향을 미쳐 조합원이 1890년 6만 명에서 1892년 3만 6천1백8명, 1896년 2만 9천7백30명으로 줄었다. 1890년 5만 8천7백80명의 조합원을 확보한 전국선원소방수통합노조는 1894년에 해체됐다. 1890년 조합원이 6만 명인 전국노동자연맹도 마찬가지였다.[16] 일반노동조합들에 남은 여성은 거의 없었다.

그러나 이런 후퇴가 있었지만 전반적으로는 여성들이 노동조합으로 더 많이 조직되는 추세였다. 무엇보다 남성 노동조합들이 여성들에게 문호를 개방했다. 전체 노동조합에서 여성 조합원 수는 1886년 약 3만 7천 명에서 1896년 약 11만 8천 명으로, 그리고 1906년에는 약 16만 7천 명으로 증가했다. 이 가운데 14만 3천 명의 여성들이 방직 노동조합에 속해 있었는데 그 중 12만 5천 명이 면직물 노동조합 소속이었다. 이에 비해 당시 여성만으로 이뤄진 노동조합들의 조합원 수는 겨우 5천 명 정도였던 것으로 보인다.[17]

전국여성노동자연맹

여성노동조합동맹WTUL[여성보호검약동맹WPPL의 후신이다]은 다양한 직종의 여성 노동조합들을 통합하는 상부 조직 구실을 했다. 남녀 혼성 노동조합들도 WTUL과 협력했고 소액의 가입비를 내고 여성 조직가의 도움을 받았다. 그러나 WTUL은 회원들의 계급 구성이 단일하지 않았기 때문에 노동조합 운동에 통합될 수 없었고 영국 노총TUC에 가입할 수도 없었다.[18]

이 때문에 1903년에 WTUL의 서기가 된 메어리 맥아더는 1906년 전국여성노동자연맹NFWW을 결성하기로 결정했다. NFWW는 일반노동조합 형태로 만들어졌고, 노동조합이 없는 직종에서 일하거나 해당 노동조합에 가입할 수 없는 모든 여성들이 가입할 수 있었다.[19]

맥아더는 남녀 분리에 반대했다. 맥아더는 "여성이 남성과 여성을 모두 대표하는 크고 강력한 조직체의 일부가 될 날을 항상 고대했다."[20] 따라서 NFWW는 숙련 남성 노동조합과 최대한 협력했고, NFWW 회원들은 동일 직종이나 산업에서 일하는 남성과 여성의 통합 조직 정책을 적극 지지했다. NFWW의 지부가 여성에게 문호를 개방하기로 결정한 남성 노동조합으로 들어가는 일이 흔했다.

NFWW는 "다른 어떤 조직보다 여성들을 많이 조직했고, 파업을 더 자주 벌였으며, 여성 노동조합 운동을 건설하는 활동을 활발히 벌였다." NFWW는,

초창기 일반노동조합의 사상과 전투성에 뿌리를 두고 있었다. 임금 · 노

1920년 NFWW의 실업
급여 시위.

동조건 향상 투쟁에서 그들은 대체로 파업이 자신들이 쓸 수 있는 유일한 무기임을 알았다. 1906~1914년의 NFWW 기록은 대부분 파업에 관한 것이었다.[21]

1904~1914년 NFWW 회원은 2천 명에서 2만 명으로 증가했다.[22] 1914년 무렵 모든 노동조합의 여성 조합원은 35만 7천9백56명으로 증가했는데, 그 중 21만 2백72명이 면직물 노동조합에 속해 있었다.[23] 8년 동안 19만 명이 늘어난 셈이었다.

노동계급 투쟁이 정점에 달한 1910~1914년에는 노동 여성과 노동 남성의 투쟁이 1888~1889년보다 더 긴밀하게 연결됐다. 광부·선원·부두·철도·금속·운수 노동자들의 대중파업이 벌어졌다. 동시에 버밍엄의 크래들리 히스에서는 체인 제조업의 전체 여성 노동자 중 절반 정도인 5백 명이 파업을 일으켰다. 10주 동안 공장이 폐쇄된 끝에 그들은 승리했고 체인 제조공 조합원은 순식간에 1천7백 명으로 급증했다.

여성 체인 제조 노동자들의 승리가 끼친 영향은 대단했다. 미들랜드 전체가 영향을 받았다. 벽돌과 금속 기물 제조업 노동자들, 그리고 블랙컨트리*의 시커먼 공장이나 작업장에서 1파운드도 안 되는 주급을 받고 일한 미숙련·미조직 남성들 수천 명이 반란을 일으켰다. 그들은 모두 크래들리 히스의 여성 노동자들처럼 받아들일 만한 임금 인상률과 노동조합 조직을 쟁취했다.[24]

1911년 여름 버몬지의 21개 회사에서 일하는 미조직 여성 1만 5천 명이 파업을 일으켜 그 중 18개 회사의 여성들 ─ 잼과 피클 제조 노동자, 과자 제조 노동자, 차茶 포장 노동자, 코코아 제조 노동자, 아교·풀 제조 노동자, 주석상자 제조 노동자, 병 세척 노동자 등 ─ 이 노동조합을 결성했다. 전투성이 고양되면서 여성 조합원 수가 급증해 1910~1914년에 그 수가 두 배 증가했다.[25]

그러나 1888~1889년과 1910~1914년에 여성 노동자들이 커다란 성과를 거두기는 했지만 여전히 남성 노동자들보다 훨씬 뒤처져 있었다. 주된 원인은 영국 노동운동의 일반적 성격에 있었다.

영국 노동운동의 보수성

급속한 산업화 때문에 숙련·미숙련·남성·여성 노동자들을 포함한 일반노동조합이 빠르게 건설된 독일과 달리, 영국에서는 완만한 산업화 과정 때문에 조직화가 숙련공 사이에서 먼저 확산됐고 이것은 그들의 배타성

---

* Black Country, 영국 잉글랜드 스태퍼드셔 주 남부에서 헤리퍼드우스터 주 북부에 이르는 광대한 중공업 지대. 채굴이 용이한 지하자원이 풍부해, 산업혁명 이후 제철 관련 공업이 급속히 발전했다. 공장이 내뿜는 검은 매연으로 이 지역 일대가 뒤덮여 이런 이름이 붙여졌다.

을 조장했다. 영국의 조합원 수는 1891~1910년에 1백10만 9천 명에서 2백 56만 5천 명으로 2.5배 증가했다. 같은 기간 독일 자유노조는 27만 8천 명 에서 2백1만 7천 명으로 7배 정도 증가해 영국의 조합원 수와 거의 비슷해 졌다.[26]

통합금속노동자협회ASE가 반숙련 노동자들도 조합원으로 받아들이는 데는 50년이 걸렸다. 1914년 8월 반숙련 노동자는 ASE 조합원의 6.1퍼센트 에 불과했다.[27] 독일금속노동자조합DMV은 후발주자였는데도 영국판 금속 노동자조합인 ASE보다 훨씬 더 큰 조직이 됐다. 1914년 ASE의 조합원이 고작 17만 4천 명이었던 반면,[28] DMV의 회원은 54만 5천 명이었다.[29] ASE 에는 1943년까지 여성 조합원이 한 명도 없던 반면, DMV에는 1914년에 여성 조합원이 2만 2천5백51명(전체 조합원의 약 7퍼센트)이었고, 1917년에 는 8만 3천2백66명(21퍼센트)이었다.[30]

직업별 노동조합이 경제적 안정을 위해 계속해서 고용주에 맞서 거듭 치열한 투쟁을 해야 했다 할지라도, 넓은 역사적 맥락에서 보면 직업별 노 동조합주의는 남녀 가릴 것 없이 노동계급 전체에 중대한 피해를 입혔다. 강력한 노동조합의 숙련 남성 노동자, 즉 '노동 귀족'이 사실상 영구적인 일자리를 보장받은 반면, 노동자들 대부분은 고용주들에게는 더할 나위 없 이 유리한 구매 시장에서 살아갔다. 이 숙련 남성 노동자들은 더 나은 소득 과 교육, 문화를 누렸다. 그들은 사회적으로 노동계급보다는 하층 중간계급 에 더 가까웠다. 그래서 그들은 노동계급 전체에 영향을 미친 편협한 보수 성이라는 전통을 창출했는데, 이 보수성은 마르크스주의가 영국에서 세력 을 얻지 못하게 하는 보루 구실을 했다.(그리고 심지어 겨우 뿌리 내린 '마르 크스주의', 즉 SDF의 마르크스주의를 크게 왜곡했다.)

1893년에 마침내 ILP라는 형태로 노동자 정당이 건설됐을 때, 그 지도 자들은 공공연한 자본주의 정당들인 자유당·보수당과 자신들 사이의 차이점들을 흐리려고 갖은 애를 썼다. 그래서 1894년 ILP의 2차 정기 당대회에서 ILP 지도자들은 노동조합 지도자들이 겁먹고 도망가지 않도록 하기 위해서, 당원들에게 다음과 같은 의무를 지우려는 시도를 좌절시켰다.

> 어떤 선거에서든 ILP의 목표·정책·강령을 채택한 후보, 그리고 …… 자유당·급진당·보수당·통일당*·아일랜드국민당의 당원이나 추천인이 아닌 후보만을 지지하고 그들에게만 투표한다.[31]

1900년에 뒷날 노동당으로 발전한 노동자대표위원회가 ILP와 노동조합 운동 속에서 탄생했다. 랠프 밀리반드는 노동자대표위원회의 활동을 "주로 선거에서 자유당과 손을 잡으려는 정치적 책략의 역사"[32]로 적절하게 요약하고 있다.

1906년에 노동당 전당대회는 "현 자본주의 경쟁 체제 전복과 공적 소유제 확립"을 당의 목표로 명시하기 위한 당헌 개정안을 압도적으로 부결했다. 케어 하디는 이렇게 물었다. "하원에서 사회주의자가 아닌 의원들을 쓸어내는 것이 바람직한 일일까?" 자유당과의 공조는 제1차세계대전까지 꾸준히 계속됐다.

영국에서는 특이하게 미숙련 노동자 전반, 특히 여성에 대한 노동조합과 노동조합 지도자들의 무관심과 계급 협력이 결합됐는데, 이것이 WTUL·NFWW와 같은 조직이 등장한 원인이 됐다. 비슷한 단체들이 러시아나 독일에서는 생겨나지 않았다. 러시아나 독일에서는 첨예한 계급 격차 때문에 노동자의 경제·정치 조직과 자본가들의 조직이 분리됐다. 귀부인 자선가

---

* Unionists, 영국의 아일랜드 지배를 지지한 아일랜드통일당을 말한다. 1905년 얼스터통일당으로 바뀌었다.

들이 여성을 여성조합으로 조직할 여지도 거의 없었다.

정치 영역에서 그 차이는 더욱 뚜렷했다. 독일과 러시아의 노동자 조직들은 대체로 불법이었고 흔히 광폭한 탄압을 받았기 때문에 국가는 노동자들의 철천지원수였다. 따라서 두 나라에서 참정권 문제는 계급 쟁점이었다. 모든 사회주의 정당이 성인 보통 참정권을 요구했다. 누구도 참정권을 오직 남성에게만 제한해야 한다고는 꿈에도 생각하지 못했다.

영국에서는 사태가 근본적으로 달랐다. 영국에서는 1832년에 중간계급 남성이, 1867년에 숙련 노동자 다수가, 1884년에 숙련 노동자와 남성 조합원이 모두 선거권을 얻는 등 오랜 점진적 과정을 거쳐 남성에게 선거권이 주어졌다. 남성이 선거권을 얻으려면 주택 소유자, 부동산 소유자, 등본 소유권자, 10파운드를 지불하는 임차인, 대학의 학위나 여타의 자격 등으로 재산 자격을 증명해야만 했다. 한 자료에 따르면, 이 때문에 잉글랜드와 웨일스에서 성인 인구의 약 70퍼센트 정도가 선거에서 배제됐다. 여기에는 모든 여성, 부모와 함께 사는 아들, 고용주 집에 사는 하인, 병영에서 거주하는 군인 등이 포함됐다. 남성의 42퍼센트가 선거권이 없었다.[33] 선거권을 얻는 마지막 조건은 한 장소에 12개월 동안 등록돼 있어야 한다는 것이었다. 이것은 노동계급 유권자, 특히 런던의 노동계급 유권자에게 무척 불리한 것이었다. 왜냐하면 당시 교통비 부담이 매우 커서 남성이 직장 근처로 옮겨 다니는 경우가 흔했기 때문이다.[34]

여성에게 선거권을 부여해야 한다고 주장한 사람들 사이에는 남성과 같은 조건의 여성참정권을 위해 투쟁해야 한다는 견해와 성인 보통 참정권 획득을 위해 투쟁해야 한다는 두 가지 선택지가 있었다.

첫째 선택지는 사실상 극소수의 여성만이 선거권을 갖게 됨을 뜻했다. 실비아 팽크허스트는 다음과 같이 설명했다.

만약 선거권이 [남성에게 적용된 것과 — 토니 클리프] 같은 조건으로 여성에게 확대된다면, 노동계급 어머니들은 선거권 자격을 얻을 수 없을 것이다. 왜냐하면 여성이 아니라 남편이 주택 소유주로서 그들에게 허용된 단 하나의 선거권을 행사할 것이기 때문이다. 세입자인 박봉의 노동자는 선거권을 얻을 만큼 높게 평가된 방을 구했다고 하더라도 방에 들여놓을 가구를 마련하지 못할 것이다. 반면에 부유층의 아내, 딸, 어머니는 쉽사리 필요한 조건을 갖출 수 있을 것이다.[35]

메어리 맥아더는 여성이 남성과 같은 조건으로 선거권을 인정받는다면 노동 여성들 중 5퍼센트도 채 안 되는 여성만이 자격이 있을 것이라고 추정했다.[36]

둘째 선택지는 노동당에 있는 많은 사람들의 마음에 들지 않는 것이었다. 남성 중 5분의 2가 선거권이 없는 한, 여성을 포함한 모든 사람의 보통선거권이라는 '실현 불가능한' 요구는 당의 '점진주의적' 철학을 폐기하는 것으로 보였다.

물론, 여성들의 선거권에 완전히 반대하는 셋째 견해도 있었다. ILP, 노동당, SDF, 노동조합에는 각기 이 세 가지 견해를 취한 서로 다른 분파들이 있었다.

1905년 노동자대표회의에서 케어 하디와 필립 스노든은 성인 참정권이 "실현 가능성이 없다"는 근거로 남성에게 적용되는 것과 동일한 조건으로 여성참정권을 요구하는 결의안을 지지했다.(스노든은 ILP 창설자 중 한 사람으로, 1924~1929년 노동당 정부의 재무장관을 지냈고 그 뒤 램지 맥도널드와 함께 보수당과 거국내각을 구성하는 데 동참했다.) 그 결의안은 런던노동조합회의 대표이자 SDF 회원인 해리 켈치의 반대에 부딪혔다. 켈치는 그 결의안이 부르주아 여성에게 유리하며, 따라서 선거에서 보수당과 자유당의 당선

가능성을 높일 것이라고 주장했다. 켈치는 성인 참정권을 요구하는 수정안을 제출했고, 수정안은 4백83표 대 1백70표로 통과됐다. 1906년 회의에서 켈치의 견해가 재확인됐으나 이번에는 간신히 통과됐다. 성인 참정권을 주장한 또 다른 주요 인물은 메어리 맥아더와 점원조합의 핵심 회원인 마거릿 본드필드였다.

1906년 제한된 참정권 법안에 반대하는 진영을 통합하기 위해 성인참정권협회가 결성됐고 마거릿 본드필드가 회장이 됐다. 그러나 성인참정권협회는 전혀 실효를 거두지 못했다.

몇몇 노동운동 지도자들은 여성참정권을 전적으로 반대한다는 것을 드러냈다. 가장 극단적인 사람은 SDF의 '이론가'인 벨포트 백스였다.(SDF의 많은 회원들이 백스의 반페미니즘과 인종차별을 매우 싫어했다는 것을 강조해야 한다. SDF에는 여성해방에 진심으로 헌신한 혁명적 사회주의자들이 많이 있었다.) 백스의 말도 안 되는 소리를 몇 가지 인용해 보자.

> 영국에서 여성은 사실상 남편을 부양할 모든 책임을 면제받는 반면, 남편은 [부양의 의무를] 위반할 경우 3개월의 중노동 형에 처하는 구빈법 때문에 아내를 부양하도록 강제된다. …… 그렇다면, 내가 생각하기에, 현행 혼인법은 단지 여성이 남성을 억압하고 갈취할 수 있게 해 주는 '책략'에 불과하다는 사실을 누구도 부인할 수 없다.[37]
>
> 남편은 관습과 법 때문에 어쩔 수 없이 무료 봉사를 하거나 아내가 안락하게 살 수 있을 만큼 소득의 일부를 내줘야 한다. …… 여성은 성적(性的) 만족 수단, 즉 자기 육체의 독점권을 지니고 있는데, 법은 남편이 이에 접근하는 것을 허용하는 대신 여자가 아무런 노력 없이도 의식주 형태의 사용료 — 요컨대, 자신의 '농노'인 남편이 차지하고 있는 지위에 알맞은 지급 — 를 요구할 수 있는 권리를 여성에게 부여한다.[38]

벨포트 백스는 여성이 선거권을 가져서는 안 된다는 것을 '증명'하기 위해 여성은 흑인처럼 열등하다고 억지 주장을 펼쳤다.

하등 인종은 고등 인종에 대해 아이들이 어른과 맺는 것과 똑같은 관계에 놓여 있다. 후자의 정신은 전자와 전혀 다르기 때문에 양자 사이의 타고난 평등을 뒷받침할 만한 근거는 아무것도 없다.

백스는 이런 시각을 여성과 연결지어 계속해서 다음과 같이 말했다.

그러므로 어느 한 집단이 정치·행정 생활에 참여함으로써 공동체 전체에 위협이 되거나 불이익을 줄 수 있는, 타고난 차이에서 비롯한 열등함을 드러낸다면, 그들의 선거권을 법으로 금지하는 것이 정당하다고 생각한다. …… 여기에 문제가 있다. 우리는 여성이 남성에 비해 열등한, 근본적인 차이가 있다고 생각하고 있지 않은가? 그렇다면 우리가 여성참정권을 반대하는 것은 바로 그 사실 때문에 정당한 일일 것이다. 왜냐하면 여성참정권은 공동체 전체의 안녕을 위협할 것이기 때문이다.[39]

오직 보수적 운동만이, 영국 노동운동과 같이 지적으로 후진적인 운동만이 벨포트 백스와 같은 사람을 탄생시킬 수 있을 것이다.

노동계급 여성의 문제

자유당-노동당 제휴 정책은 남성들보다 여성 노동자들의 이익에 훨씬 더 해로웠다. 노동계급 여성들의 잠재된 투쟁 능력이 왜곡되거나 가로막혀 전혀 발전할 수 없었던 동안, 노동계급 여성들은 계급 동맹과 보수성으로 향하게 됐다. 19세기 말과 20세기 초에 벌어진 여성 면직물 노동자들의 참정권 운동은 실제로 존재한 그 잠재력을 잠시나마 드러냈다. 질 리딩턴과 질 노리스는 탁월한 저서 ≪우리 등 뒤에 결박된 한 손≫에서 이 점을 보여준다.[40]

1893년 에스더 로퍼는 랭커셔의 방직 노동자들 사이에서 참정권 운동을 벌였는데 이 운동은 오래된 참정권 협회들, 성장하던 노동자대표위원회, 그리고 마침내 의회까지 상당한 영향력을 미쳤다. 이 운동은 1900년 초부터 1906년까지 세력을 확대해 인상적인 성공을 거뒀다.

1900년 5월 1일 랭커셔에서 청원서 서명운동이 시작됐다. 이듬해 봄쯤 되자 청원서에 서명한 노동계급 여성의 수가 2만 9천3백59명이나 됐다. 3월 18일 랭커셔 여성 면직물 노동자 대표 15명이 하원에 청원서를 제출하기 위해 런던으로 갔다. 이러한 성공에 고무된 북잉글랜드협회 활동가들은 조직망을 요크셔 모직공과 체셔 북부 면직공 · 견직공에게까지 넓히기로 결정했다.[41] 1902년 2월 요크셔와 체셔 여성 방직 노동자 대표단이 새로운 청원서를 하원에 제출했다.

면직물 노동조합들의 9만 여성 조합원들 — 1896년 전체 조직 여성 가운데 6분의 5에 해당하는 수 — 이 그 운동의 중추였다. 그들은 사회적 · 경제적 요구 사항의 일부로 성인 보통 참정권을 원했다.

그 여성들은 단지 평등의 상징으로서만 선거권을 갖는 데 관심이 있었던 것이 아니다. 자신과 같은 여성이 처한 조건을 개선하기 위해서 선거권을 원했다. …… 선거권을 어떻게 이용할 수 있을지에 대해 아무런 생각도 없었다면, 선거권이 무슨 소용이 있었겠는가? 그들은 모두 노동 여성을 위한 더 광범한 운동에 예외 없이 참가했다. 노동조합원으로서 여성의 임금수준 향상과 작업 조건 개선을 위해 노력했다. 노동계급 소녀들

을 위한 더 나은 교육과 노동계급 어머니와 자녀를 위한 더 나은 시설을 요구하는 운동을 벌였다.[42]

그 여성들의 활동 방식은 노동계급의 경험에 기초했다. "······ 그들의 방법은 공장 정문 앞 집회, 노동조합 지회를 통해 선거권 동의안 추천하기, 직업별 회의를 통한 조직화 등 다른 곳에서 배운 것들이었다."[43]

불행하게도 그 운동은 더 광범한 노동운동에서 당연히 받아야 할 지지를 얻지 못함으로써 극복할 수 없는 수많은 장애물에 직면하게 됐다. 그 운동은 부르주아 페미니스트들의 수중으로 넘어갔다가 몇 년 뒤에는 소멸해 버렸다.

여성사회정치동맹

역사책에 훨씬 더 큰 자취를 남긴 조직은 에멀린 팽크허스트와 그의 딸 크리스타벨의 조직이었다. 법정 변호사*이자 맨체스터 상공회의소 회원이며 맨체스터자유당협회 설립자인 리처드 팽크허스트 박사의 아내였던 에멀린은 1892년에 자유당을 탈당해 새로 창설된 ILP에 입당했다. 1894년 말 에멀린은 ILP의 콜튼 빈민구제위원회** 후보로 선출됐고, 이듬해 총선에서는 고튼 지역의 ILP 후보였던 남편의 선거운동에 참여했다. 팽크허스트 박사는 1898년에 세상을 떠났다.

1890년대와 1903년 말까지 에멀린 팽크허스트는 여성참정권보다는 노동당 발전을 위한 활동에 전념했다. 1903년 에멀린은 ILP 전국 운영위원으

---

* 상급 법원에서 변호할 자격이 있는 변호사를 말한다.
** 1834년 구빈법 개정안에 따라 창설됐다. 구빈원을 운영했고, 1875년 공중건강법에 따라 지역 보건도 담당하게 됐다.

버킹엄 궁 앞에서 열린 여성참정권 시위 뒤 체포
되고 있는 에멀린 팽크허스트.

로 선출됐다. 팽크허스트 집안의 자식들 모두 — 크리스타벨, 실비아, 하티, 아델러 — ILP에 가입했다. 같은 해에 에멀린과 크리스타벨(어머니와 가장 가까운 딸이었다)은 "여성의 노동조건을 향상시킬 것"[44]이라는 이유로 여성참정권 청원을 수용했다. 몇 달 동안 여성 면직물 노동자들의 실업과 조업단축이 늘어나자, 1903년 10월 10일 에멀린은 노동 여성의 운명을 개선하려는 열망에서 주로 ILP의 노동계급 지지자들로 이뤄진 작은 단체를 하나 만들었다. 이것이 여성사회정치동맹wSPU이었다.[45]

정치 활동뿐 아니라 사회 활동을 지도하는 것이 에멀린의 의도였다. 에멀린은 새로운 단체의 회원들을 위해서 출산 수당 지급과 기타 편의 제공을 계획했다. 당시 에멀린이 의도한 새로운 단체는 주로 노동 여성으로 구성되고, 선거권을 가장 강조하기는 하지만 정치적으로는 여성 ILP에 해당하는 조직이었다.[46]

WSPU는 초창기에는 선거권만이 아니라 다른 목표들도 채택하는 경향, 즉 실제로 개혁 운동을 전반적으로 지원하려는 경향이 있었다.[47]

WSPU는 여성참정권 외에도 실업자들, 요크셔의 파업 방직공들, 나탈의 '원주민들', 그리고 다른 운동들에 관심을 갖고 활동했다. WSPU의 주요 활동은 ILP 모임, 노동조합, 직업별 회의, 노동자 교회, 클라리언 클럽* 등에서 연설하는 것이었다. WSPU가 공식적으로 ILP에 가입한 것은 아니었지만, 사실 홍보·연설 기회·청중 면에서 ILP에 의존하고 있었다.

크리스타벨 팽크허스트.

그러나 여성만으로 구성된 조직의 논리상, 선거권 문제에 점점 더 많은 힘을 쏟음으로써 조직 활동의 사회적 내용은 약화하기 시작했다. 1903년 11월, 단일 쟁점에 집중하려고 노력한 첫 인물인 크리스타벨은 새로 결성된 셰필드여성참정권협회에서 한 연설에서 "여성은 분열하지 말고 선거권이라는 한 가지 문제로 결집해야 한다"고 촉구했다.[48]

1905년 7월에는 런던의 이스트엔드에서 웨스트민스터까지 여성 1천 명이 행진했다. 11월에는 실직 남성의 아내 4천 명이 "아이들에게 줄 음식", "남성들의 일자리" 등을 요구하고, "만국의 노동자여 단결하라"고 외치면서 시위를 벌였다.[49]

1906년 WSPU 지도자들은 맨체스터에서 런던으로 이동했는데, 처음에 그들은 런던에서도 계속 노동계급 여성에 관심을 두었다. 같은 해에 그들은 첫 번째 참정권 시위를 조직했다. 2월 19일 이스트엔드에서 여성 3백 명이 참가한 시위가 끝난 뒤, 부유층 귀부인들도 참석한 집회와 의회 로비 활동

---

* Clarion Club, 1894년에 창설됐다. ILP 당원들과 사회주의 신문 <클라리언> 독자들이 주축이 된 노동자 자전거 클럽이었다.

이 있었는데, 어떤 귀부인들은 신분을 감추기 위해 하녀 옷을 입기도 했다. 2월 27일 '사우스웨스트햄 실업 여성들'은 WSPU 최초의 런던 지부인 WSPU 캐닝타운 지부가 될 것을 투표로 결정했다.[50]

그러나 WSPU를 지배하게 된 크리스타벨은 얼마 지나지 않아 노동 여성이 여성 가운데 가장 허약한 부문이기 때문에 노동 여성 운동은 가치가 없다고 판단했다. "확실히 가장 약한 사람들을 투쟁에 이용하는 것은 실수다! 우리에게는 가장 강력하고 가장 지적인, 선택받은 여성이 필요하다!"[51] 크리스타벨은 다음과 같은 말로 WSPU의 목표를 재규정했다.

> 우리 운동은 계급 운동이 전혀 아니다. 우리는 최상층과 최하층, 부유층과 빈민층을 모두 포괄한다. 연결 고리는 여성이라는 것이다! 사회주의자들은 남성들 사이에서 그렇듯이 불의한 정신의 소치라고 생각하는 악에 맞서 싸우고 있다. 나는 여성이 처음부터 정당한 영향력을 행사할 수 있었더라면 사태가 완전히 달라졌을 것이라고 생각한다. …… 요컨대, 남성은 자신의 배를 저어 가야 하고 우리는 우리 배를 저어 가야 한다.[52]

가난한 대중한테서 모은 푼돈은 부자들이 WSPU에 기부하기 시작한 거금에 비해 하찮게 여겨졌다. 예를 들어 1908년 3월 19일 앨버트홀 집회에서 한 여성은 여성이 투표할 수 있을 때까지 해마다 1천 파운드를 내겠다고 약정했고, 다른 12명의 여성들은 각각 1백 파운드를 냈다. WSPU의 회계사 페틱 로렌스도 연 1천 파운드를 기부하겠다고 약속했다.[53] 그 당시 파운드는 아마 현재의 30배 정도 되는 가치가 있었을 테니, 이것은 막대한 금액이었다. WSPU의 수입은 1906~1907년 3천 파운드에서 1913~1914년 최고 3만 7천 파운드까지 엄청나게 증가했다. 그러한 재원을 확보한 조직은 찾아볼 수 없었는데, 심지어 노동당조차 비교가 되지 않았다.[54]

조직 운영은 완전히 독재적으로 바뀌었다. 에멀린과 크리스타벨은 1907년 9월과 10월 이후에 WSPU 전국 협의회를 전혀 허용하지 않았다. 그들과 페틱 로렌스 부부는 1912년 10월까지 그 어떤 위원회도 두지 않고 주도권을 장악했는데, 이후에 에멀린과 크리스타벨은 절차도 거치지 않고 로렌스 부부를 축출했다.

이제 노동계급 여성들은 WSPU에서 밀려났다. 나아가 에멀린과 크리스타벨이 '여성참정권'이라는 WSPU의 구호를 남성에게 적용되는 것과 같은 조건의 선거권을 뜻하는 것으로 해석하자, 여성 조합원들은 여성참정권을 '귀부인들을 위한 선거권'이라고 부르며 거듭 비난했다.

막다른 골목으로

1906년 말부터 1907년 내내 런던 외에도 많은 도시에서 WSPU 시위는 점점 더 규모가 커지고 잦아졌다. 매 시위마다 많은 사람들이 체포됐는데, 1907년 2월 13일 53명, 3월 8일 74명, 3월 21일 65명이 체포됐다. 시위대는 점점 더 불어났다. 1908년 7월 15일 런던 남부의 클래펌 커먼에서 벌어진 시위에 2만 명, 7월 19일 맨체스터의 히튼파크 시위에 15만 명이 참가했으며, 7월 26일 리즈의 우드하우스 무어에서는 10만 명이 시위를 벌였다. 1907년 3월 1일에서 1908년 2월 29일까지의 WSPU 연보에는 WSPU가 한 해 동안 집회를 5천 회 이상 열었고 그 가운데 참가자가 1천 명이 넘는 집회가 4백 회 정도였다고 나와 있다.

WSPU의 시위는 1908년 6월 21일에 절정에 달해, 하이드파크에 대규모 군중이 집결했다. <타임스>는 시위 규모를 25만 명에서 50만 명 사이로 추정했고, WSPU 신문 <여성참정권>은 "이제까지 한 장소에서 한 번에 모인 집회 가운데 참가자 수가 세계 역사상 최대였다고 말해도 결코 과장이

1908년 6월 21
일 하이드파크
에서 열린 여성
참정권 시위.

아니다" 하고 주장했다.[55]

　불행하게도 이 시위들은 아무런 성과도 얻지 못했다. 자유당 정부는 여
성참정권 문제에 관해 꿈쩍도 하지 않았다. 그리고 에멀린과 크리스타벨은
6월 21일의 하이드파크 시위를 재현하려는 엄두를 감히 내지 못했고, 더
큰 시위가 가능하지 않다고 본 그들의 생각은 옳았다. 좌절한 WSPU 회원
두 명이 1908년 6월 30일 영국 총리 관저의 유리창 몇 개를 부숴 버렸다.
자유당 집회들이 저지당했다. 1909년 8월부터 새로운 전술이 채택돼 체포
된 사람 전원이 단식 투쟁을 벌였다. 정부는 '고양이와 쥐' 방식으로 대응했
는데, 처음에는 [단식 투쟁하는 사람들을] 강제로 먹이고, 그 다음에 건강이
심각하게 나빠지면 죄수를 석방하고, 그러고 나서 건강이 나아지면 다시
체포하는 식이었다.

　동시에 WSPU의 정치는 점점 더 노동계급에 적대적인 성격을 띠게 됐
다. 1915년 8월 리버풀과 라넬리의 운수 파업에서 파업 노동자 3명이 죽은
(2명은 총에 맞아 죽었다) 뒤에 <여성참정권>은 이렇게 언급했을 뿐이다.
"몇 사람이 목숨을 잃었"지만, 여성참정권론자들은 노동 남성보다 반란을

일으킬 이유가 더 많다. 왜냐하면 노동 남성들은 선거권이라도 있지 않은 가. 따라서 노동 남성들은 "파업에 의존하지 않고도 자신의 조건을 개선할 수 있다." 톰 만, 가이 바우만, 프레드 크라우슬리가 군인들에게 파업 중인 동료 노동자들을 향해 발포하지 말라고 호소한 것 때문에 투옥됐을 때, WSPU는 그들의 죄는 여성참정권론자들의 그 어떤 죄보다도 크기 때문에 더 엄중하게 처벌해야 한다고 냉담하게 논평했다.[56]

1910년 에드워드 왕이 죽자 크리스타벨은 보수당 신문과 경쟁하다시피 왕에 대한 충성을 표현했다. WSPU는 기관지에 모든 선전을 멈추고 심심한 애도의 뜻을 표했다.[57]

아일랜드 자치 문제에 관해 WSPU는 하원의 아일랜드국민당(아일랜드 자치를 주장함)이 WSPU의 요구 사항에 대해 아무런 지지도 밝히지 않았기 때문에, "여성참정권 없이는 자치도 없다"는 구호를 내걸고 의회 밖에서 팻말 시위를 조직했다. 그 대신 WSPU는 1913년 9월 여성참정권 요구를 수용한 얼스터통일당(영국의 아일랜드 지배를 지지함)을 전폭 지지했다.

WSPU는 잇따른 실패 때문에 더욱더 필사적인 전술을 들고 나왔다. 1911년 11월 21일 에멀린과 크리스타벨은 런던의 웨스트엔드에서 대규모 창문 깨뜨리기 운동을 조직했다. 1913년 1월 그들은 저명한 부유층을 겨냥해서 장기간의 방화 운동을 벌이기 시작했다. 1913년 6월 3일 에밀리 와일딩 데이비슨은 더비 경마 대회에 참가해 갑자기 경주로 안으로 뛰어들었고, 결국 왕의 말과 부딪혀 목숨을 잃었다.

그 사이 대중 집회와 시위 형태의 대중 활동은 거의 없었다. 1910~1914년에 중요한 대규모 파업들과 공장폐쇄가 벌어지는 동안 WSPU는 구경만 하고 있었다.

그리고 WSPU의 운동은 극단적으로 남성에게 적대적인 심리를 발전시켰다. 크리스타벨은 ≪대재앙과 그것을 끝내는 방법≫이라는 책에서 자신의 생각을 기술했다. 대재앙이란 성병을 가리키는 것으로서 "의학 당국이 널리 인정"하는 바에 따르면, 혼전 "남성의 75~80퍼센트"가 이 병에 걸려 있다. "다시 말하면 신부를 위험에 빠뜨리지 않고 결혼할 수 있는 남성은 4명 가운데 겨우 1명뿐이다." 성병을 고칠 수 있는 것은 "여성의 선거권인데, 왜냐하면 선거권이 여성에게 더 큰 자신감과 경제적 지위를 제공하고 남성에게는 순결을 부여할 것이기 때문이다." "젊은 여성에게 …… 남성의 도덕규범이 완전히 바뀔 때까지 결혼은 매우 위험하다는 사실을 경고해야 한다."[58] WSPU는 크리스타벨의 사상을 선전하기 위해 '도덕 십자군'*이라고 불린 운동을 시작했다.

영국이 독일에 선전포고한 1914년에 이르면 WSPU는 영국에서 가장 광적인 애국주의 단체가 됐다. 크리스타벨은 "독일인의 승리는 대영제국은 물론 세계 문명에 재앙이 될 것"이라고 선언했다. 그 다음 달에 팽크허스트 일가는 군수산업에 종사할 여성을 모집하는 전국적 운동을 주도했다. 10월 15일에 [WSPU의 신문] <여성참정권론자>는 <브리타니아>**로 개명했다. 부제는 "왕을 위해, 나라를 위해, 자유를 위해"였다.

1915년 WSPU는 저명한 기업가들이 보낸 물심양면의 후원을 받아 '산업 평화 운동'을 시작했다.(불과 1, 2년 전에 이 기업가들의 시골 저택 몇 개가 팽크허스트가 주도한 방화 운동으로 불타 없어졌다.) '산업 평화 운동'의 유급 상근자들은 주로 여성참정권론자 출신이었다. 그들은 계급투쟁을 선동하는 '볼셰비키' 직장위원들을 비판했다. 외국 이론에 물들지 않은 여성들은 남성들에게 사회주의는 위험하고 유치한 허튼 짓이라는 것과 그들의 의무와 진정한 이익이 어디에 있는지 알려 줘야 한다는 것이었다. 이 운동은 산업

---

* The Moral Crusade, 도덕 개혁 운동을 뜻한다.

** Britannia, 현재의 영국 브리튼 섬에 대한 고대 로마 시대의 호칭.

분규가 가장 많은 지역, 즉 잉글랜드 북부, 글래스고, 웨일스 남부의 광산 지역 등에 집중해서 활동을 펼쳤다. 경과 보고서가 정기적으로 총리에게 제출됐다.[59]

크리스타벨의 신문 〈여성참정권론자〉를 읽고 있는 한 여성.

군대에 자원하지 않은 시민들에게 [겁쟁이를 상징하는] 흰색 깃털을 보내기 시작한 것도 WSPU였다.

1917년 6월 1일 에멀린 팽크허스트는 총리 로이드 조지에게 자신을 러시아에 보내줄 것을 요청했다. 에멀린은 러시아에서 케렌스키를 만나서 볼셰비키에게 단호한 태도를 취하라고 충고했다. 그리고 케렌스키가 창설한 여성 부대인 '죽음의 대대'도 사열했는데, 이 부대는 남성의 애국심을 부추기고 수치심을 자극해 남성들을 전투에 끌어들이려는 최후의 필사적인 시도였다. 에멀린은 이들을 "잔 다르크 이래 역사상 가장 위대한 여성들"이라고 생각했다.[60] 이 부대는 10월 볼셰비키에 맞서 동궁冬宮을 마지막까지 지켰다. 에멀린 팽크허스트는 러시아 여성들에게 러시아 전역의 소비에트를 공격하고 남성들이 케렌스키와 임시정부를 지지하게 만들라고 호소했다. 그러나 케렌스키가 나약하기 때문에 오직 코르닐로프 장군의 반혁명만이 러시아를 구할 수 있을 것이라는 생각을 은근히 내비쳤다.[61]

실비아 팽크허스트

팽크허스트 가족 중에 유일하게 노동운동에 계속 적극적이었던 사람은 실비아로, 런던 이스트엔드의 노동계급 투쟁에 지대한 공헌을 했다. 안타깝게도 실비아는 보수적인 노동운동과 부르주아가 지배하는 페미니스트 운동 때문에 고통을 겪었는데, 실비아가 쓴 수많은 글을 살펴보면 마르크스 이래 혁명적 사상가들의 사상에 대해 전혀 알지 못한 듯하다.

실비아는 WSPU 활동의 절정기인 1911년에 출판된 자신의 첫 번째 저작 ≪여성참정권론자≫에서 WSPU를 무비판적으로 찬양했고 다른 단체들에 대해서는 대충 간단히 언급만 했다. 실비아는 창문 깨뜨리기와 방화 운동에 반대했지만 비판은 자제했다. 그리고 1931년에 쓴 책 ≪여성참정권 운동≫에서 당시에 왜 자신이 어머니나 언니와 관계를 끊을 수 없었는지 설명한다.

> 나는 그때나 지금이나 운동에 필요한 것은 소수의 더 열렬한 전투성이 아니라 거대한 대중을 투쟁에 참여시킬 더 강력한 호소력이라고 믿는다. 그런데도 나는 비판하거나 충고할 생각이 없었다. 나는 힘들게 투쟁하고 있는 그들의 행동에 반대하는 말을 한마디라도 꺼내느니 차라리 화형당하고 싶었다.[62]

실비아는 WSPU가 소득에 따라 제한된 선거권을 여성에게 부여하는 법안을 지지하는 것에 반대했다. "에멀린 팽크허스트는 내 주장의 진실성은 인정했지만 그 문제는 이미 결정됐으며 단결이 가장 중요하다고 단언했다. 나는 단결이 중요하다는 주장이 설득력 있다고 느꼈다."[63]

실비아는 화해하려고 노력했지만 자신의 의지와 상관없이, 앨버트홀에서 열린 대중 집회 — 제임스 코널리*가 주요 연사였다 — 에서 파업 중인

---

* James Connolly, 아일랜드 사회주의자. 노동자 시민군을 조직해 1916년 부활절 봉기

더블린 노동자들을 지지하는 연설을 한 뒤 1914년 1월 WSPU에서 제명당했다.

에멀린과 크리스타벨이 런던 서부에 살면서 유복한 집단들과 어울리며 시간을 보내는 동안, 실비아는 1912년 이스트엔드에서 런던동부여성참정권연맹ELFS을 통해 조직 활동을 시작했다. ELFS는 1916년 3월 18일 노동자참정권연맹이 됐고, 1918년 5월에는 노동자사회주의연맹WSF이 됐다. 실비아는 러시아 혁명이 일어나기 전까지는 선거권을 획득하는 문제에만 전념했다. 1914년 3월 8일, 실비아가 발행한 주간 신문 <여성의 전함> 창간호는 신문의 과제를 이렇게 규정했다.

주로 노동 여성으로 구성된 조직인 런던동부여성참정권 연맹이 <여성의 전함>을 발간하며, 이 신문의 주요 임무는 노동 여성의 관점에서 참정권 문제를 다루고 런던 동부의 '여성참정권' 운동의 활동을 보고하는 것이 될 것이다. 그러나 이 신문은 여성해방운동의 전 분야를 평가하는 것도 빠뜨리지 않을 것이다.[64]

6천 단어로 된 사설과 8면 가운데 3면 이상 — 모두 실비아 팽크허스트가 썼다 — 이 참정권 문제를 다뤘다. 역시 실비아 팽크허스트가 쓰고 서명한 성매매 문제를 다룬 기사에서도, 낮은 임금과 가난이 그 원인이라고 지적하면서도 해결 방안으로 제출된 것은 여성참정권이었다. <여성의 전함> 창간호 발행일과 같은 날짜인 국제 여성의 날은 언급되지도 않았다.

에드워드 카슨 경이 프로테스탄트들에게 아일랜드 자치에 반대할 것을 선동하던 시기에, <여성의 전함>에 실린 "여성과 얼스터"라는 기사는 얼

___

를 지도했고, 영국 정부에게 총살당했다.

스터의용군을 한마디도 비판하지 않았다. 1916년 1월 22일자는 글래스고의 군수산업 노동조합 직장위원에 대한 박해를 다룬 기사 "클라이드에서 온 소식"에 3백50단어를 할애하기도 했지만, 사실상 그 호에서 5분의 4에 해당하는 1만 1천 단어는 선거권 문제를 다뤘다.

ELFS가 명칭을 노동자참정권연맹으로 바꿨을 때도, 그 단체의 강령은 "연맹의 목적은 인간의 참정권, 즉 모든 성인 남녀의 참정권을 보장하는 것이다. 회원 자격은 18세 이상의 모든 남녀에게 개방돼 있다"가 전부였다.[65]

제1차세계대전에 단호히 반대한 실비아 팽크허스트는 평화주의를 신봉했고, 서로 싸우는 제국주의 열강들이 협정을 맺음으로써 평화가 이뤄질 수 있을 것이라고 기대했다. 그래서 <여성의 전함> 1915년 4월 3일자와 5월 5일자에서 실비아는 곧 개최될 헤이그 평화회의에 열광했고, 1916년 12월 16일자에서 '평화 협상'과 '국제 재판소 설치'를 요구했다. 1917년 1월 27일자에는 미국의 윌슨 대통령이 제창한 평화 조건들을 열렬히 환영하는 기사가 실렸다.

실비아 팽크허스트는 여성참정권이라는 협소한 정치와 평화주의 외에도 전쟁 초기 2년 동안에는 공공서비스에 관심을 집중했고, 올드포드 가에 있는 ELFS 회관에서 "최상의 음식을 원가로 제공하는" 공동 식당을 운영했다.[66] 약 1백 명의 수유 중인 엄마들이 매일 저녁 ELFS한테서 우유 1쿼트[약 1리터]와 저녁 식사를 제공받았다.[67] 1915년 한 해 동안 1천 명에 가까운 어머니와 아기가 ELFS 진료소에서 진찰을 받았고, 우유 공급에 1천 파운드 이상이 들었다.[68] 또 ELFS는 아이 40명을 돌볼 수 있는 탁아소를 개설하고, 의복과 장난감을 생산하는 작업장 두 곳도 열었다. 장난감 공장은 59명을 고용했다.[69] 어린이를 위한 크리스마스와 새해 파티에도 많은 힘을 쏟았다.

실비아는 이런 시설들의 기금을 마련하기 위해 부유한 후원자를 찾아다녔다. 그래서 실비아는 대표적인 여성 보수당원 에스터와 전前 총리 아서 밸푸어와 함께 클리브덴에서 주말을 보내기도 했다. 실비아는 다음과 같이 그날을 묘사했다.

> 나는 그들에게 이스트엔드의 힘들고 암울한 삶, 즉 우리의 작은 공장에서 장난감을 만드는 여성들과 소녀들, 단조롭고 고된 일을 하는 사람들, 심부름꾼 소녀, 페인트칠을 배우는 날품팔이 잡역부, 소시지 채우는 기계를 돌리는 직공들에 대해 차분하게 얘기했다. 나는 그들에게 가난한 사람들이 그 어두운 감옥에서 벗어나려고 애쓰는 불멸의 정신을 보여 주려고 노력했다. …… 기부금이 모인 뒤 사람들은 진수성찬을 호화롭게 차려 놓은 식당으로 몰려갔다.[70]

이런 식으로 실비아는 전쟁이 한창일 때 보수당의 극우파이자 언론계 거물인 노스클리프 경에게 여성참정권 투쟁을 도와달라고 호소하려고 생각했다.[71]

실비아 팽크허스트의 사회사업에 대한 태도를 같은 기간 볼셰비키의 태도와 비교해 보면 시사하는 바가 크다. 혁명이 일어나기 훨씬 전인 1916년 9월, 페테르부르크 시의회는 매일 8천 명을 수용할 수 있는 9개의 식당을 열기로 결정했다. 이것은 실비아 팽크허스트가 관여한 그 어떤 사업보다 훨씬 더 큰 규모였다. 그러나 볼셰비키는 이것을 단순히 임시방편으로 여겼고, 공장 전체에 다음과 같은 결의문을 게시했다.

> 식량 위기에 맞서는 단편적인 투쟁 수단들(예컨대 협동조합, 임금 인상, 구내식당)은 그저 위기의 증상을 제한적으로 완화할 뿐 원인을 제거하지는 못한다. ……
> 위기에 맞서는 유일하게 효과적인 수단은 위기를 낳는 원인에 맞선

투쟁, 전쟁과 그것을 획책한 지배계급에 맞서는 투쟁이다. 이 모든 것을 고려해, 우리는 러시아 노동계급과 모든 민주주의자들에게 "전쟁을 끝장 내자!"는 구호 아래 차르 군주제와 지배계급에 반대하는 혁명 투쟁의 길에 나설 것을 호소한다.[72]

그리고 ELFS는 이스트엔드의 수많은 혹사 공장의 노동조건을 개선하려고 노력했지만, 별다른 성과를 거두지 못했다. 또 임대료 파업을 지지하고, 강제 퇴거를 막고, 임대료 인상 요구를 철회시키는 활동에도 적극적이었다.

1915~1916년에 실비아 팽크허스트는 웨일스 남부 광부들의 활동에 개입하기 시작했고, <여성의 전함>은 그곳 대중 투쟁의 정보에 밝은 신문이 됐다. 그러나 셰필드, 맨체스터, 벨파스트, 배로인퍼니스에서 일어난 대중 봉기는 별로 중요하게 다루지 않았다.

실비아 팽크허스트의 절충주의는 몇몇 뜻밖의 활동으로 이어졌다. 1913년 8월 실비아는 제임스 코널리의 아일랜드시민군을 본떠 '인민군'을 창설했다. 인민군은 "남성과 여성이 자유를 위해 투쟁하고, 정부 관리들의 만행에 대응하기 위한 조직"이었다.[73] 인민군은 보우 지역에서 매주 수요일 밤 ELFS의 모임이 끝난 뒤 훈련을 실시했는데, 수백 명의 남녀가 인민군을 지켜보고 성원을 보냈다. 훈련은 보통 80~1백 명이 봉을 들고 대형을 이뤄 행진하는 것이었다. 절정기에는 7백 명이 넘는 여성이 참여한 것으로 추산된다.[74]

실비아는 보통선거권이라는 단일 쟁점에 몰두해 그것을 목적 그 자체로 여겼기 때문에 효과적인 전략을 발전시킬 수 없었다. 실비아는 레닌과 룩셈부르크가 명확하게 이해한 사실, 즉 선거권 같은 특정 개혁을 둘러싼 투쟁은 그 자체로서가 아니라 노동자의 자신감과 의식을 높이는 수단으로서 가치가 있다는 사실을 이해하지 못했다. 그래서 실비아는 다른 투쟁, 특히 금속 공장의 직장위원 운동이 전쟁에 맞선 모든 투쟁이 성공하는 데서 필수적이라는 것을 이해하지 못했다.

실비아 팽크허스트.

실비아는 전쟁에 완전히 반대했지만, 레닌처럼 이 전쟁이 최강의 자본주의 열강들이 약한 나라들을 지배하기 위해 경쟁하는 것이라는 점을 제대로 이해하지 못했다. 따라서 기존 사회를 바탕으로 한 평화는 결국 전 세계에서 노동자 대중에 대한 착취와 억압을 강화할 따름이다. 레닌은 노동자들이 '자신의' 나라를 위해 싸우는 데 아무런 이해관계가 없고, 노동계급을 위한 투쟁에 모든 이해관계가 걸려 있다고 주장했다. 레닌은 노동자들이 자신의 정부에 반대해 내전을 선포함으로써 제국주의 전쟁을 끝장낼 것을 호소했다. 실비아 팽크허스트에게 그러한 견해는 생소했는데, 왜냐하면 실비아는 계급투쟁을 기본적으로 도덕적 측면에서 바라봤고, 그저 고통을 덜고 잘못을 바로잡고자 했기 때문이었다. 그래서 실비아는 레닌처럼 세계 전쟁이 체제 전체를 전복하고 따라서 노동자 혁명을 통해 평화를 이룰 수 있는 절호의 기회라는 것을 알지 못했다. 사회주의자로서 실비아 팽크허스트의 경력이 그토록 짧고 혼란스러웠던 것은 놀랄 일이 아니다.

러시아 혁명의 영향

러시아 혁명은 실비아 팽크허스트의 생애에서 중요한 전환점이었다. 노동자참정권연맹은 1917년 3월 24일과 25일에 이스트엔드에서 혁명을 열렬

히 축하하는 집회를 준비했다. 첫 번째 집회에 7천 명이 참가했다.[75] 실비아
는 "나는 내 자신을 볼셰비키라고 부르는 것이 자랑스럽다"[76]고 선언했다.
그러나 아직도 실비아의 견해는 근본적인 모순을 내포하고 있었다. 1917년
7월 2일자 <여성의 전함>은 노동자참정권연맹의 연례 협의회를 보도하면
서 이렇게 썼다.

협의회는 현대의 전쟁이 자본주의에서 유래하며 사적인 무역 경쟁이 계
속되는 한 전쟁의 위험이 완전히 사라지지 않으리라는 점을 인정한다.
전쟁을 불가능하게 만들 협력적인 사회 체제를 쟁취하기 위해 노력하는
한편, 협의회는 다음을 촉구한다.
a) 국제 문제를 해결하기 위한 국제재판소 설립.
b) 국제 자유무역 확립과 '세력권' 철폐, 무역로와 해협의 국제화와 공해
의 자유.

전쟁은 자본주의의 산물이다. 그러나 해결책은 국제재판소와 자유무역,
자본주의 내의 협정이다!

그렇지만 10월혁명으로 실비아 팽크허스트는 완전히 달라졌다. 실비아
는 1917년 7월 28일에 신문 제호를 <여성의 전함>에서 <노동자의 전함>
으로 바꿨는데, "투쟁에서 승리하려면 남성과 여성의 연대가 필수라는 사
실을 회원들이 깨달았기 때문이다."[77] 그 신문은 또 "사회주의, 국제주의,
보통선거권"이라는 새로운 부제를 달았고, 영국에서 볼셰비키 정책에 가장
정통한 신문이 됐다. 그것은 러시아 혁명의 의미를 가장 잘 이해한 영국
최초의 혁명적 신문이었다. 실비아 팽크허스트는 11월 17일에 "레닌의 혁
명"이라는 제목의 기사에서 이렇게 주장했다.

혁명이 케렌스키가 수상이 돼서 그의 정책을 펼치는 시점에서 금세 멈춰버렸다면, 그것은 인류에게 프랑스 혁명의 반복에 불과했을 것이다. 이제 이 혁명은 훨씬 더 중요한 것이 될 듯하다. …… 러시아 혁명은 사회주의 혁명이다.

이 기사의 결론은 이렇다. "우리는 러시아의 볼셰비키가 빨리 성공을 거두기를 열망한다. 볼셰비키는 만국의 민중을 위해 자유에 이르는 문을 열어젖힐 것이다." <노동자의 전함>은 소비에트에 대한 칭찬으로 가득했고 소비에트를 의회와 비교했다. "우리가 알듯이, 의회는 잊혀진 것들 속으로 사라질 운명이며, 그 자리를 차지할 것은 작업장에 바탕을 두고 건설된 대중 조직들이다." 그 조직들은 소비에트를 뜻한다.

실제로, 10월혁명과 함께 선거권 문제는 특정한 페미니스트 선동과 함께 <노동자의 전함>에서 모습을 감추었다. 러시아, 전쟁, 그리고 영국의 파업 기사가 신문을 완전히 뒤덮었다.

노동자참정권연맹은 웨일스 남부의 광부들과 이스트엔드 여성들과의 관계 외에도, 1918년 초부터 런던의 직장위원 운동과도 밀접한 관계를 맺었고, 전국 곳곳의 소식들을 폭넓게 보도했다. 1918년 3월부터 이 연맹은 주로 W F 왓슨의 "작업장 소식"을 통해 정기적으로 전국의 산업 현장에 관한 훌륭한 기사를 실었다.

1918년 연례 협의회에서 노동자참정권연맹은 7개 항의 강령을 채택했다.

1) 조직 명칭을 노동자사회주의연맹WSF으로 바꾼다.
2) 모든 전쟁 반대, 군대 폐지.
3) 소비에트 정부 승인, 합병을 조건으로 하지 않는 평화 협상 즉각 개시, 민족자결.

4) 평화 조건을 구체화하기 위한 국제 사회주의 대회 즉각 개최.

5) 인도와 아일랜드의 자결권.

6) 자본주의 체제 철폐, 즉 산업에 따라 노동자들을 조직하고 지역 노동
   자 위원회를 기초로 의회 건설.

7) 반전 수감자 석방.[78]

WSF의 새 지부들이 잉글랜드와 웨일스 남부의 많은 지역들과 스코틀랜
드의 몇몇 지역에 건설됐다. 1918년 말 즈음 WSF는 런던에 17개, 지방에
23개 지부가 있었다. 1918년 전체 회원 수는 약 3백 명이었다. ELSF와 WSF
에는 여성과 남성 회원이 같이 있었으나, 이제는 남성 회원이 다수를 차지
했다.[79] 1918년 7월 20일부터 〈노동자의 전함〉의 부제는 "국제 사회주의
를 위해"가 됐다.

실비아 팽크허스트는 〈노동자의 전함〉을 통해서만이 아니라, 1918년
7월 러시아민중정보국을 설립해 10월혁명의 메시지를 확산하는 데 중요한
구실을 했다. 1919년 3월 코민테른이 창립되자 실비아 팽크허스트는 코민
테른의 월간지 《공산주의 인터내셔널》의 영국 통신원으로 임명됐다.

그러나 실비아 팽크허스트는 기본적으로 볼셰비즘의 성격을 이해하지
못했고, 그래서 실비아가 1919년 7월 레닌과 만났을 때 분열은 불가피했다.

1919년 7월 16일, 실비아는 레닌에게 편지를 보내 영국에서 공산주의
지지를 선언한 모든 조직 가운데 자신의 단체 WSF와 웨일스남부사회주의
협회만이 진정한 공산주의자들이라고 주장했다. 자신들은 의회 선거에 참
여하는 데 완전히 반대하고 노동당을 멀리하고 있기 때문이라는 것이었다.
레닌은 8월 18일 의회주의에 반대하는 것과 의회 선거에 참여하기를 거부
하는 것은 완전히 다른 문제라고 비판적인 회답을 보내 왔다.

20세기에 두 차례의 위대한 혁명을 경험한 우리 러시아인들은 의회주의가 어떤 중요성을 가질 수 있고, 혁명적 시기 전반에 걸쳐, 그리고 특히 혁명이 진행되는 바로 그 순간에 실제로 어떤 중요성이 있는지 잘 알고 있다.

레닌은 의회 공간을 활용해야 한다고 말했다. "소비에트 선전은 부르주아 의회 안팎에서 수행할 수 있고 또 수행해야만 한다."[80]

실비아 팽크허스트는 설득되지 않았다. 실비아는 의회 선거 참여와 노동당과의 모든 공동 행동에 반대하고, 현존 노동조합을 거부하는 원칙을 고수했다. 영국 공산당 창립을 위한 연합대회가 1920년 7월에 개최됐을 때, 실비아 팽크허스트는 거기에 참가하지 않았고 WSF를 '공산당, 제3인터내셔널 영국 지부'로 개명하는 섣부른 행동을 했다. 레닌은 7월 대회 소집자들에게 보내는 글에서 실비아의 행동을 통렬하게 비난했다.[81] 그 후 두 사람의 결별은 돌이킬 수 없었다.

1920년 7월 3일자 <노동자의 전함>은 공산당(제3인터내셔널 영국 지부)의 "강령을 위한 임시 결의안"을 발표했다. "공산당은 자본주의의 조직과 통치 제도를 혁명적 목표를 위해 이용할 수 없다고 생각하기 때문에 의회와 부르주아 지방정부 기관에 참여하지 않는다." 레닌은 ≪'좌익' 공산주의 : 철부지 같은 혼란≫에서 영국 공산당의 초좌익 분파, 특히 실비아 팽크허스트와 윌리엄 갤러처를 날카롭게 비판했다.

실비아 팽크허스트와 레닌의 결별은 우연이 아니었다. 팽크허스트는 결코 마르크스주의 세계관을 가진 적이 없었다. 그래서 비록 형식으로는 실비아의 성인 선거권 요구 지지가 레닌의 견해와 같을지라도 접근법은 근본적으로 달랐다. 실비아 팽크허스트는 의회가 여성에게 선거권을 부여해야 한다는 요구가 그 자체로 중요하다고 20년 동안 주장했다. 반면 레닌은 모든 민주적 요구들을 노동자 권력과 사회주의를 위한 노동계급 투쟁에 종속시

컸다. 그러므로 레닌은 실비아 팽크허스트처럼 선거권 문제를 절대적 수준으로 끌어올리지 않았다. 10월혁명까지 선거권 문제는 팽크허스트에게 어떤 절대적 명령, 즉 숭배 대상이었고, 그 후에는 오히려 완전히 혐오스러운 것, 즉 금기 대상이 됐다. 숭배 대상으로서 선거권은 실비아 팽크허스트가 오랫동안 부르주아 페미니스트들과 협력한 것을 정당화했다. 금기 대상으로서 선거권은 레닌과 결별한 것을 정당화했다. 그러나 레닌은 처음부터 끝까지 선거권 투쟁을 원칙이 아니라 전술로 이해했다.

그 후 3년 동안 〈노동자의 전함〉은 거의 전적으로 레닌과 코민테른을 공격하는 데만 몰두했다. 이 신문은 1921년 7월부터 1922년 9월까지 지도적인 아나키스트들을 칭찬하는 아나키스트들의 기사를 싣고 레닌을 공격했다. 노동자의 산업 투쟁은 신문에서 완전히 사라졌다. 그 대신 1921년 11월 26일부터 민족주의에 대항하는 핵심 수단으로서 에스페란토어 강좌를 정규 연속물로 실었다.(실비아 팽크허스트는 심지어 ≪델프스, 미래의 국제어≫라는 소책자를 쓰기도 했다.)

실비아 팽크허스트가 코민테른과 관계를 단절한 뒤 완전히 방향을 잃었음을 가장 잘 보여 주는 것은 기관지 부제의 변화라고 할 수 있다. 1922년 12월 2일 "국제 공산주의"라는 부제가 삭제됐다. 대신 완전히 새로운 부제들이 붙었는데, "명확한 사고와 평이한 언어", "임금 체제 종식", "상호 봉사", "독립적 사고와 연대 행동", "세금 없는 공산주의", 심지어는 "행복한 사람들은 항상 선하다" 같은 것도 있었다.

이 얼마나 뒤죽박죽인가! 〈노동자의 전함〉은 1924년 6월 14일자로 발행을 중단했지만, 실비아 팽크허스트는 계속 방황했다. 실비아는 [에티오피아의] 반동적인 전제군주 하일레 셀라시에 황제의 옹호자로서 생애를 마쳤는데, "교육의 보호자, 진보의 선구자, 평화와 전쟁에서 국민의 지도자이자 옹호자"라는 열렬한 찬사와 함께 1955년에 자신이 쓴 ≪에티오피아 : 문화사≫라는 책을 셀라시에에게 헌정했다.

영국 여성의 선거권 획득

1918년에 모든 남성은 21세에, 여성은 30세에 투표를 할 수 있게 됐다. 그리고 여성은 의원 후보가 될 수 있는 권리도 얻었다. 1928년에 여성은 남성과 같은 조건인 21세에 투표를 할 수 있게 됐다. 1918년 법이 에멀린 팽크허스트와 딸 크리스타벨과 실비아 같은 여성들과 여성참정권론자들이 활동한 결과였을까?

전혀 그렇지 않다. 지배계급은 러시아 혁명에 뒤이은 혁명적 대격변을 보면서, 점점 커져만 가는 전투성을 의회로 분산시켜서 노동자 권력으로 나아가는 것을 차단하기로 결심했다. 영국군에서는 항명이 잇따랐다. 강력한 주 40시간 노동제 파업 운동을 분쇄하기 위해 글래스고에 탱크를 보내야만 했는데, 로이드 조지는 군대에 그 더러운 임무를 맡기는 것이 좋을지 고민했다. 레닌의 주장처럼 대체로 진정한 개혁들이 혁명적 투쟁의 산물이라면, 독일의 바이마르 공화국 설립과 독일·오스트리아·헝가리·폴란드·발트 국가들·영국의 보통선거권 승인은 노동자들의 혁명적 투쟁의 산물인 동시에 이 투쟁들을 저지하기 위한 조치였다. 여성에게 부여된 선거권은 영국 여성참정권론자들의 압력이나 독일 여성운동의 결과가 아니라, 레닌·트로츠키·룩셈부르크·리프크네히트가 이끈 수백만 노동자들의 투쟁에 대한 대응이었던 것이다.

맺는말

노동계급 여성을 산업적·정치적으로 조직하는 운동을 포함해 19세기 말과 20세기 초의 영국 여성운동사는 즐거운 이야기가 아니다. 노동운동을 지배한 보수성·직업별 노동조합주의·부문주의가 노동계급 전체, 특히 여성에게 막대한 피해를 입혔다. 그 결과는 끔찍한 혼란이었다. 노동계급 여성은 할 수 없이 자유당 숙녀들과 동맹을 맺는 한편, 동시에 노동조합과 노동당의 관료주의적 악습을 추수했다. 노동계급 여성의 투쟁력은 심하게 저해되고 왜곡됐다. 사회주의 여성 지도자들 가운데 가장 앞서 나가던 실비아 팽크허스트조차 영국 노동운동을 지배한 지적知的 혼란에서 벗어날 수 없었다. 실비아의 위대한 용기와 노력은 결국 헛된 것이 되고 말았다.

08

프랑스의 슬픈 이야기

노동계급 여성운동 역사의 역설 중 하나는, 1789년 대혁명과 1871년 파리코뮌에서 여성들이 탁월하고 영웅적인 구실을 했는데도, 프랑스 사회주의가 여성을 조직하는 데서 형편없는 기록을 남겼다는 사실이다.

19세기 말과 20세기 초에 프랑스의 산업 경제는 작은 기업들이 지배하고 있었다. 1896년 인구조사에 따르면, 전국 57만 5천 개의 '산업 시설'은 평균 5.5명의 노동자들을 고용하고 있었다. 그 중 1천 명 이상의 노동자를 고용한 곳은 1백51개에 불과했다. 반면 40만 개가 넘는 산업 시설이 1명이나 2명을, 또 다른 8만 개는 3명이나 4명을 고용하고 있었다. 산업 시설 57만 5천 개 가운데 53만 4천5백 개가 10명 이하의 노동자를 고용한 셈이었다.[1] 자본과 주요 제조업의 중심지인 파리에서조차, 19세기 말 노동자 대부분이 소규모 작업장에 고용돼 있거나 자영업자였다.[2]

이러한 후진성은 애처로울 정도로 허약한 노동조합에 반영됐는데, 다른 나라에서는 잘 조직된 광산과 철도 같은 부문에서조차 사정은 마찬가지였다. 1900년까지도 [노동조합 가입] 자격이 있는 노동자의 2.9퍼센트만이 노동조합에 가입해 있었고, 1911년에도 그 수치는 4.9퍼센트에 불과했다.[3] 이 수치에는 1914년에 모든 조직 노동자의 약 5분의 2를 차지한 가톨릭 노동조합, 즉 '황색[어용]' 노동조합의 노동자들도 포함돼 있다.[4] 조직 노동자들은 많은 작은 조합(생디카Syndicat)에 흩어져 있었다. 노동총동맹CGT에 가입한 생디카의 평균 조합원 수는 1902년에 1백 명에 불과했고, 1914년이 돼서야 2백 명으로 증가했다. 루아르에서는 1897년에 노동자 1만 7천6백63명 중 3천4백97명이 조직돼 있었는데, 이들은 10개의 서로 다른 노동조합으로 나뉘어 있었고, 그 중 가장 큰 노동조합의 조합원 수는 1천1백27명이었다.[5] 노동조합에 가입한 3만 명의 건설 노동자들은 3백57개가 넘는 서로 다른 노동조합들에 속해 있었다.[6]

프랑스의 노동조합은 규모가 작을 뿐 아니라 불안정하고 재정이 열악했다. 인쇄공들을 제외한 대부분의 노동조합들이 운영비를 가까스로 충당했다. 1908년까지도 공식 파업에 대한 지원은 1천73건의 파업 중 46건뿐이었다. 그나마 현금 지원은 36건에 불과했다.[7]

19세기 말까지 전국적 노동조합 연합체가 결성되는 경우가 매우 드물었고, 결성된 연합체 역시 돈도 힘도 별로 없었다. 식자공들만이 진정으로 실질적인 전국 조직을 갖고 있었다. CGT — 영국의 TUC에 해당한다 — 는 1895년에 설립됐다. 그것은 느슨하고 허약한 조직체였다. 각 노동조합은 규모에 관계없이 똑같은 투표권을 가졌다. 다 합쳐도 조합원이 27명에 불과한 가장 작은 노동조합 6개가 조합원이 약 9만 명인 가장 큰 노동조합 6개와 같은 투표권을 가진 것이다. CGT 집행위원회는 대표자를 대의원대회에 보낼 여유가 없는 작은 규모의 노동조합들을 대리해 투표권 가운데 3분의 1을 차지했다. 1910년에 CGT의 수입은 약 2만 프랑약 1백60만 원에 불과했다. CGT는 1906년 5월 1일 총파업을 지원하기 위해 모금을 호소했는데, 모금된 돈은 어이없게도 다 합쳐 겨우 5천 프랑약 50만 원이었다.[8]

노동조합에서 여성은 심각하게 과소 대표됐다. 1911년에 여성은 전체 임금노동자의 약 38퍼센트를 차지했는데, 이것은 다른 나라와 비교해서 꽤 높은 비율이었다.[9] 조합원 가운데 여성의 비율은 사실 독일(1913년 8.9퍼센트)과 프랑스(1914년에 8.7퍼센트)가 비슷했지만, 전체 노동조합 운동이 프랑스에서 훨씬 더 약했기 때문에 조직된 여성 노동자들은 소수였다(1914년 8만 9천3백64명).[10]

이들 가운데 상당수가 여성만으로 구성된 노동조합에 속해 있었는데, 조직 여성 노동자 가운데 여성만의 노동조합에 소속된 비율은 1900년에 15.3퍼센트, 1911년에 24.9퍼센트에 달했다.[11] 이것은 여성만의 조합이 사실상 없는 독일과 비교할 때 매우 불리하게 작용했다. 방직업처럼 노동조합에 남녀가 같이 있는 곳에서 여성은 남성 못지않게 전투적이었지만, 일반적으로 파업 노동자 가운데 여성의 비율은 해당 경제 부문의 여성 비율보다 훨씬 낮았다.[12] 그러나 대규모 파업 운동이 일어난 곳에서는 여성 파업 노동자 수가 증가했다.[13]

공화주의 전통이라는 걸림돌

이데올로기적·조직적 분열은 20세기까지 프랑스 사회주의의 특징이었다. 1905년에 제2사회주의인터내셔널은 프랑스의 모든 사회주의 정당과 단체를 통합하려고 노력했다. 그 결과 기존의 전국 규모의 사회주의 단체 6개와 많은 지역 조직들이 통합해 통합사회당, 즉 노동자인터내셔널프랑스지부SFIO를 결성했다. 이 조직은 장 조레스의 영향을 아주 많이 받았고 철저히 개량주의적이었다. 조레스는 자신의 관점을 이렇게 요약했다.

정의는 이러저러한 사회 정파의 폭력적이고 배타적인 선동이 아니라 일종의 국민운동을 통해서 이뤄져야 한다. …… 대중과 노동하는 부르주아지는 자본주의의 특권과 폐해를 없애기 위해 반드시 단결해야 한다.[14]

따라서 "아주 다양한 형태의 사회집단들이 당에 가입했다. 공장 노동자들은 물론이고 장인, 심지어 소상인(당원의 17퍼센트, 그 가운데 약 절반이 선술집 주인), 그리고 농민(당원의 7퍼센트, 그 가운데 3분의 1은 자영농)이 당에 가입했다."[15] 통합한 뒤에도 사회당은 대중적 기반을 마련하지 못했다. 1905~1914년에 전체 당원 수는 3만 4천6백88명에서 9만 3천2백10명으로 증가했다.[16] 이 수치는 1914년에 당원이 1백만 명 이상이었던 독일의 SPD에 비하면 보잘것없는 것이다.

프랑스 사회주의가 성장한 배경인 공화주의 전통은 기본적으로 반페미니스트적이었다. 그 바탕에는 여성이 가톨릭교회의 손아귀에 있다는 두려움이 있었다. 1789~1793년·1848년·1871년의 혁명적 노동 여성의 영웅적 행동은 1795년에 굶주린 여성들이 일으킨 반혁명·친가톨릭 폭동 때문에 기억에서 지워져 버린 듯했다. 이 사건 직후인 1796년에 이미, 그라쿠스 바뵈프는 <평등 선언>에서 그가 상상한 공산주의 공화국에서 나이와 함께 성을 정치적 권리를 부정하는 근거로 삼았다.

한 세기 뒤에 여성 코뮌 참가자인 폴 밍크는 여성이 교회의 영향을 받는 한 여성에게 참정권을 줘서는 안 된다고 주장했다.[17] 공화주의 전통이라는 걸림돌은 여성 조직화를 전반적으로 더디게 만들었다.

1905년 이전 사회주의 정당들의 분열은 끊임없이 남성보다 여성의 조직화를 훨씬 더 방해했다. 초기 여성 사회주의자들은 형성기의 프랑스 사회주의를 특징짓는 다양한 분파에 참여하면서 서로 분열했다. 작은 여성 단체는 매번 분열에 휩싸였는데, 당은 당원을 잃는 정도의 대가를 치렀을 뿐이지만 여성 단체는 그 여파로 아예 문을 닫아야 했다.

사회주의 정당들의 사회적 구성도 여성들의 가입을 가로막았다. 작은 작업장에서 일하는 노동자들의 편협한 시야가 여성에 대한 그들의 태도를 결정했다. 프루동주의[18]는 이러한 노동자들에게 꼭 들어맞는 이데올로기였고, 프루동 사후 수십 년 동안 프랑스 노동운동을 지배했다. 여성에 관한 프루동의 반동적 사상이 프랑스 노동운동을 지배한 것이다.

1876년 10월 파리에서 제1차 프랑스노동자대회가 열렸을 때, 여성 노동 문제가 첫째 안건으로 다뤄졌다. 대회에 참석한 남성들은 여성은 남편에게 의존해야 한다는 생각을 분명히 밝혔다. "더 강하고 훨씬 튼튼한 남성이 가족을 부양할 수 있을 만큼 벌어야 한다." 그러나 그들은 남성들이 충분히 벌 수 없다는 사실을 알고 있었기 때문에, 여성이 집에서 삯일을 하는 것만은 허용할 수 있다고 생각했다. 그래서 이 문제에 대해 위원회(두 명의 여성이 포함됐다)는 여성이 공장에서 일하는 것은 "노동자들의 진정한 종교인 도덕의 파괴"[19]를 뜻한다고 결정했다.

1878년 2월에 리옹에서 열린 제2차 대회에서도 결론은 같았다. 여성은 독립하기 위해 스스로 부양할 수 있어야 하지만, 단지 "새로운 역할을 받아들여 아내이자 어머니, 즉 난롯가의 여성[가정주뷔]이 될 때까지만 그래야 한다. 가정에서 여성은 적어도 남편의 일과 맞먹는 보살핌과 노동을 수행하고, 하루 종일 집안일을 할 것이다."[20]

10년 후인 1888년에 전국노동조합연맹은 여성의 산업 노동을 "끔찍한 일"이라고 지칭한 결의안을 통과시켰다. 또다시 10년이 흘러 CGT가 결성된 뒤에도 달라진 게 없었다. 1898년 대회에서 CGT는 "남성은 여성을 부양해야 한다"는 원칙에 찬성했다.[21] 1935년이 돼서야 CGT는 완전한 평등을 원칙으로 받아들였다.

부르주아 페미니즘의 무기력한 도전

독일의 SPD가 여성들을 조직한 것은 부르주아 페미니스트들의 도전에 자극받았기 때문이었는데, 페미니스트 조직들은 수십만 명의 지지자를 자랑했다. 영국에서도 여성참정권론자들이 수십만 명을 시위에 동원할 수 있었다. 그러나 프랑스에서는 전혀 그렇지 못했는데, 프랑스 부르주아 페미니스트 운동은 보잘것없는 규모였다.

최초의 페미니스트 조직인 여권요구협회가 1866년에 설립됐다. 4년 뒤에 그것은 여성운명개선협회로 바뀌었는데, 회원은 1백50~1백60명이었고 평균 모임 참가자는 고작 10~12명 정도였다. 당국은 1875년에 이 조직을 탄압했다. 1882년에 이 협회는 프랑스여권동맹이라는 이름으로 재건됐다. 1883년에 회원이 겨우 1백94명이었는데, 그 중 96명이 남성이었고 이들이 동맹 활동에서 주된 구실을 했다. 1885년에 파리 이외의 유일한 지부인 낭트 지부가 탈퇴했고, 많은 남성들이 동맹을 떠났다. 1892년에는 회원 수가 남성 33명을 포함해 95명이었다.[22]

1878년 위베르틴 오클레르가 여성참정권협회라는 더 급진적인 조직을 세웠으나, 1880년에 회비를 내는 회원은 18명뿐이었다.[23] 경찰 추산에 따르면, 1904년에 여성참정권협회 회원은 1백25명이었다. 1909년에는 새로운 부르주아 페미니스트 조직인 프랑스여성참정권연합이 설립됐다. 이 조직은 1913년에 회원이 1만 명이라고 주장했지만, 이 수치는 많은 협회를 망라한 것이었고 금주협회들과 여성 사무원·우편·전신 노동조합들 회원도 포함된 것이었다. 프랑스여성참정권연합의 지부는 주로 여학생들로 구성돼 있었고, 연합 스스로 인정했듯이 고립된 개인에 지나지 않는 회원들로 이뤄진 지부가 여러 도시에 있었다.[24]

미약한 결과

사회주의 정당들이 생기기 시작한 1870년대 말부터 제1차세계대전 종전까지의 50년 동안, 여성을 사회주의 운동에 끌어들이는 일이 거둔 성과는 무시해도 좋을 만큼 미약했다. 최대 사회주의 정당인 프랑스노동자당의 역사가 C 미야르는 이 당의 여성 당원이 1890~1893년에 20명, 1894~1899년에 53명이라고 계산했는데 이것은 각각 전체 당원의 3퍼센트와 2퍼센트에 해당했다. 이 중 절반이 남성 당원의 아내와 딸이었다.[25] 다른 사회주의 정당의 여성 비율은 더 높을 것이라고 생각할 근거는 없다. 반대로 프랑스노동자당은 다른 정당보다 훨씬 많은 여성의 관심을 모으고 있었다.

역사가 복세르는 20세기 초 파리에서 활동한 여성 사회주의자들의 전체 수는 "회원 명단이나 대회 대표자 명단에 있는 남성 당원들의 아내나

딸을 제외하면” 1백 명이 채 안 되고, 전국적으로도 5백 명을 넘지 않을 것이라고 썼다.[26] 1912년에 “한 젊은 여성 사회주의자”는 지방에는 젊은 여성 사회주의자가 없고, 파리에도 “그 수를 말하기 부끄러울” 정도로 매우 적은 여성들이 활동한다고 한탄했다.

1932년에 사회당이 여성 당원 수를 처음으로 공식 집계했을 때, 그 수는 겨우 2천8백 명으로 늘어나 있었고, 이것은 전체 당원의 2.1퍼센트로 유럽에서 가장 낮은 수치였다.[27] 프랑스 사회주의 여성들의 역사는 대체로 고립된 개인들의 역사였고, 그들은 대중운동은 고사하고 대규모의 안정된 조직도 결코 건설하지 못했다.

프랑스에서 승리를 방해한 요인들은 엄청나게 많았다. 노동조합 운동이 매우 취약한 점, 반페미니스트적 공화주의와 프루동주의가 끼친 해로운 영향이 그런 요인들이었다. 노동계급의 일부이자 그 계급의 약한 부분인 여성 노동자들은 자신들만의 힘으로는 전체 노동계급의 진보를 저해한 장애물들을 극복할 수 없었다. 이러한 장애물들 가운데 으뜸은 계급 자체가 성차별적으로 분열된 것이었다. 여성의 분리주의 ― 프루동주의자들의 반페미니즘에 대한 자연스러운 반응 ― 는 허약함의 표시였고, 여성을 사회주의 운동으로 조직하는 것을 가로막는 장애물을 극복하는 데 전혀 도움이 되지 못했다.

09

러시아 혁명과 반혁명

"혁명은 억압받고 착취당하는 사람들의 축제다. 다른 어떤 시기에도 민중이 새로운 사회질서의 창조자로서 그토록 적극적으로 나설 수 없다."(레닌)

전체 노동계급의 국제 운동뿐 아니라 노동 여성의 국제 운동도 1917년 러시아 혁명에서 전례 없는 절정에 도달했다. 러시아 혁명은 여성해방의 이정표였다. 그것은 여성의 완전한 경제·정치·성 평등을 역사의 의제에 올린 최초의 사건이었다. 노동자의 생산 통제와 함께 여성 노동자의 재생산 조건 통제 문제가 제기됐다.

새로운 정치관계법·민법·경제관계법·가족법의 목표는 수세기 동안의 낡은 불평등을 단번에 없애 버리고자 했다. 새로운 정부는 여성에게 완전한 선거권을 부여했고, 결혼을 자발적 관계로 만드는 이혼법과 민법을 통과시켰고, 적자와 서자의 차별을 없앴으며, 남성과 평등한 여성의 일할 권리를 법제화하고 여성에게 동일임금을 지급하는 한편, 전면적인 유급 출산휴가 제도를 도입했다. 간통, 근친상간, 동성애는 형법에서 삭제했다. 1919년 7월에 레닌은 정당한 자부심을 갖고 이렇게 쓸 수 있었다.

여성의 지위를 예로 들어 보자. 전 세계 어떤 민주주의 정당도, 심지어 가장 진보적인 부르주아 공화국의 어떤 민주주의 정당조차, 우리가 권력을 잡은 첫 해에 이 분야에서 이룩한 것의 1백분의 1만큼도 수십 년 동안 해내지 못했다. 우리는 여성을 불평등한 지위에 있게 만드는 악명 높은 법들, 예컨대 이혼을 제한하고 지긋지긋한 형식들에 얽매는 법률, 사생아를 인정하지 않고 아버지 찾기를 강제하는 법률 등을 완전히 없애 버렸다. 부르주아지와 자본주의가 부끄러울 정도로, 그러한 법률들의 수많은 잔재를 모든 문명국에서 발견할 수 있다.[1]

러시아 혁명 2주년에 부쳐, 레닌은 자랑스럽게 발표했다.

소비에트가 집권한 지 2년 만에 유럽에서 가장 후진적인 국가 중 하나가 여성해방을 위해, 여성을 '강한 성'과 동등하게 만들기 위해, 전 세계의 모든 발전되고 계몽된 '민주주의' 공화국들이 지난 1백30년 동안 한 일을 다 합친 것보다 더 많은 일들을 해냈다.[2]

그리고 트로츠키는 10월혁명이 일어난 지 19년 뒤에 과거를 회상하면서 이렇게 쓸 수 있었다.

혁명은 소위 단란한 가족, 즉 일하는 계급들의 여성이 어려서부터 죽을 때까지 고된 노동을 수행하는 곳인 이 오래되고 케케묵고 정체된 제도를 타파하는 데 영웅적인 노력을 기울였다. …… 모든 세대가 단결하고 서로 도와 사회주의 사회의 제도들이 가족의 가사 수행 기능을 완벽하게 흡수했고, 그리하여 여성뿐 아니라 사랑하는 부부들이 수천 년 동안 인간을 얽매온 족쇄에서 진정으로 해방될 수 있게 됐다.[3]

혁명 6주 뒤 교회법 대신 민사혼이 실시됐고, 1년도 안 돼 적자와 '서자'의 완전한 권리 평등뿐 아니라 남편과 아내의 완전한 권리 평등을 토대로 한 혼인법이 제정됐다. 1917년 12월 19일 법령으로 이혼이 아주 간단해졌다. 서로 합의한 경우 즉시 이혼할 수 있었다. 배우자 중 어느 한쪽이 요구를 할 경우에는 간단한 법정 신문을 거쳤다. 아무런 조건이나 논쟁도, 증거나 증인도, 그리고 성가신 공식 추천서도 필요하지 않았다. 이렇듯 소비에트 러시아는 세계에서 완전한 이혼의 자유가 보장된 유일한 국가가 됐다. 결혼한 부부의 이름에 관해서는 1918년 10월 17일 법에서 이렇게 규정했다. "결혼한 사람들은 공동의 성을 사용한다. …… 혼인신고할 때 남편(신랑) 성이나 부인(신부) 성, 또는 그 둘을 합친 성을 쓸지를 선택할 수 있다."[4]

트로츠키는 시민권을 얻기 위해 아내 나타샤 세도바의 성을 사용했고, 아들들도 나타샤의 성을 물려받았다. 새로운 법은 계속해서 다음과 같은 규정을 두었다.

법적·종교적 결혼으로 맺어진 관계든 결혼하지 않은 관계든 아무런 차이도 두지 않고 사실상의 가계家系를 가족의 기초로 간주한다. 혼인신고를 하지 않은 부모의 자녀도 혼인신고를 한 부모의 자녀와 똑같은 권리를 갖는다.[5]

볼셰비키는 처음부터 여성이 해방되기 위해서는 산아제한으로 가족의 규모를 어느 정도 제한하는 것이 필요하다고 생각했다. 레닌은 낙태 금지 법률이나 산아제한 방법에 관한 의학 서적 배포를 금지하는 법률을 지배계급의 위선이라고 비판했다. "이런 법률들은 자본주의 병폐를 치유하는 것이 아니라 오히려 더 악화시키는 것이며, 억압받는 대중을 더 어렵게 만들 뿐이다."[6] 1920년 11월에 '낙태 합법화 법령'이 공포됐다.[7] 이렇게 해서 소비에트 러시아는 낙태를 합법화한 세계 최초의 국가가 됐다. 이 법령은 여성의 건강을 보호하기 위해서 이렇게 규정했다. "…… 소비에트 병원에서는 무료로 아무런 제약 없이 낙태 수술을 할 수 있어야 하며, 수술의 상해를 최소화할 수 있는 조건이 보장돼야 한다."[8]

그러나 여성이 진정한 평등을 획득하려면 법률만으로는 충분하지 않았다. 전통적 가족의 경제적 토대를 공격해야 했다. 이것을 위해 상속권을 폐지하고, 고인의 재산을 국가에 양도하는 일련의 법령들을 제정했고 분만원, 보육시설, 유치원, 학교, 공동 식당, 공동 세탁장, 수리소 등 공공시설을 통해 '여성의 일'을 국가가 맡도록 했다. 레닌은 이렇게 설명했다.

여성을 해방시키는 온갖 법률이 있지만, 여성은 계속해서 가정의 노예다. 왜냐하면 자질구레한 집안일이 여성을 짓누르고 옥죄고, 무기력하고 가치 없게 만들고, 부엌과 아이들에 매여 있게 만들기 때문이다. 그래서 끔찍하게 비생산적이고, 보잘것없으며, 신경을 건드리고, 무기력하게 모진 고역에 여성들이 자신의 노동을 허비하기 때문이다. 이런 자질한 가사에 맞서 (국가 권력을 장악한 프롤레타리아가 이끄는) 투쟁이 전면적으로 일어나는 곳에서만, 그리고 그때에만, 또는 대규모 사회주의 경제로 대대적인 변화가 시작할 때만 참된 여성해방, 진정한 공산주의가 시작될 것이다.[9]

콜론타이는 1923년에 출판된 ≪경제 발전에서 여성 노동≫이라는 책에서 다음과 같이 썼다.

공동 급식은 도시 사람들의 생활에서 빠질 수 없는 요소로 자리 잡았다. 페트로그라드에서는 1919~1920년에 전체 인구의 거의 90퍼센트가 공동 급식을 이용했다. 모스크바 인구의 60퍼센트 이상이 급식소에 등록했다. 1920년에는 1천2백만 명의 도시민들이 이런저런 방식으로 공동 급식소에서 음식을 제공받았다.

　적어도 여성의 역사에서는 '부엌과 결혼의 분리'가 교회와 국가의 분리 못지않게 중요한 개혁이다. ……

　노동자 공화국이 창출한 새로운 주거 조건들도 여성의 생활조건 변화에 기여했다. 기숙사, 즉 가족이나 특히 독신자들을 위한 공동 주택이 늘고 있다. 노동자 공화국만큼 기숙사가 많은 나라는 없다. 그리고 누구나 공동 주택에 입주하고 싶어 한다는 사실에 주목해야 한다. …… 공동 주택은 언제나 개인 주택보다 내부 시설이 훌륭하다. 공동 주택에는 전기와 난방이 공급된다. 대개 더운 물이 나오고 중앙 취사장이 있다. 직업

청소부가 청소를 한다. 일부 공동 주택에는 중앙 세탁장이 설치돼 있고 보육시설이 갖춰져 있다. ……

다양한 취향에 맞는 다양한 형태의 공동 주택의 수가 늘어나면서 가족 단위 가구는 필연적으로 소멸할 것이다. …… 가족이 더는 소비 단위가 아니게 되면 현재의 형태로 존재할 수 없을 것이다. 가족은 뿔뿔이 흩어져 사멸할 것이다. ……

그러나 …… 자녀를 돌보고 양육하는 일은 틀림없이 여성을 집안에 묶어두고 가족의 노예로 만드는 부담이다. …… 모성을 새로운 각도에서 바라보는 소비에트 정부는 그것을 사회의 의무로 여긴다. 이런 원칙을 염두에 두고 소비에트 정부는 여성의 어깨에 지워진 모성이라는 부담을 덜어내는 데 이바지할 수많은 개혁들의 윤곽을 그리고 있다.[10]

제노텔(여성부)

여성의 경제적 · 정치적 평등과 가족생활의 평등을 선언한 새로운 법률과 민법에서 구체화된 새로운 가치들을 여성에게 전달하기 위해, 볼셰비키는 여성을 정치에 참여시키기 위한 중요한 운동을 시작했다. 1919년 9월 레닌은 "노동 여성의 해방은 노동 여성 스스로 이룩해야 하는 문제다"[11] 하고 선언했다. 비슷한 맥락에서 이네사 아르망은 이렇게 썼다. "공산주의 없이 여성해방을 생각할 수 없듯이, 완전한 여성해방 없는 공산주의는 생각할 수 없다."[12]

레닌은 클라라 체트킨과 나눈 대화에서 이 주제를 더 자세히 다뤘다.

수백만 여성들을 우리 편으로 획득하지 않고서는 프롤레타리아 독재를 실현할 수 없습니다. 여성들 없이는 공산주의 건설에 착수할 수도 없습니다. 우리는 여성들과 소통하는 법을 알아내야 합니다. 이 방법을 발견하기 위해 연구하고 탐색해야 합니다. ……

　우리는 우리의 이데올로기 개념들에서 우리의 조직 사상을 끌어냅니다. 우리는 공산주의자 여성들의 분리된 조직을 원하지 않습니다! 공산주의자 남성과 꼭 마찬가지로 공산주의자 여성도 당원으로서 당의 일부입니다. 그들은 똑같은 권리와 의무가 있습니다. 그 점에서 견해차가 있을 수 없습니다. 그러나 우리는 다음의 사실들을 직시해야 합니다. 당에는 광범한 여성 대중을 고무하고, 그들이 당과 연관 맺게 하고, 계속해서 당의 영향력 아래에 두려는 특수한 목적을 가진 기관들 — 실행 그룹, 위원회, 분과 등 그 이름이야 무엇이 됐든 — 이 있어야 합니다. 이것을 위해 우리는 당연히 여성들 사이에서 체계적인 작업을 수행해야 합니다.[13]

　10월혁명 뒤 볼셰비키가 소집한 제1차 여성 대회가 1917년 11월 19일에 열렸다. 공장, 작업장, 노동조합, 당 조직의 8만 여성들을 대표해 5백 명의 대표자들이 참석했다. 이 대회는 특히 제헌의회 선거에서 볼셰비키를 지지할 것을 호소해 조직하려는 목적에서 소집됐다.

　1년 뒤인 1918년 11월 16일에 볼셰비키당은 제1차 전러시아노동여성대회를 소집했다. 이네사 아르망, 알렉산드라 콜론타이, 클라브지야 니콜라에바, 야코프 스베르들로프(볼셰비키당 서기)가 포함된 위원회가 그 대회를 조직했는데, 그들은 지역 대표자 선거를 준비하기 위해 지방에 선동가들을 보냈다.

　먼 지방에서 온 노동자·농민 여성들을 포함해 1천1백47명의 여성들이 크렘린 대회장에 모였다. 대회에 제출된 계획은 인상적이었다. 계획은 다음과 같다. 소비에트 권력에 대한 여성의 지지 획득, 당·정부·노동조합에 여성 참여, 가정의 노예 상태와 이중적 도덕 잣대에 맞선 투쟁, 가사의 고역에서 여성을 해방시키기 위한 공동 생활 시설 마련, 여성의 노동과 모성 보호, 성매매 일소, 미래 공산주의 사회의 구성원으로서 여성을 새롭게 변화시키기. 니콜라예바가 의장을 맡았다. 스베르들로프가 대표자들을 환영했다. 콜론타이와 아르망이 주요 연설을 했다. 레닌은 넷째 날에 연설했다. 레닌은 소비에트 정부가 여성의 조건을 개선하기 위해 이미 취한 조처들을 개괄한 뒤, 여성이 더 적극적인 정치적 구실을 할 것을 호소했다. "모든 해방 운동의 경험은 얼마나 많은 여성들이 혁명에 참여하는지가 혁명의 성공을 좌우한다는 것을 보여 줬다."

이 대회는 노동여성선전선동위원회 창설로 이어졌다. 1919년 3월 8차 당대회에서 콜론타이는 이 위원회의 특별한 정치 활동 방법들을 상세히 설명했다. 콜론타이는 여성들이 정치적으로 후진적이기 때문에, 당이 일반적인 정치 호소를 토대로 여성들에게 접근하고 가입시키려는 노력이 큰 성공을 거두지 못했다고 설명했다. 나아가 콜론타이는 여성 억압이 여성들이 정치 생활에 참여하지 못하는 원인이라고 주장했다. 가족을 돌보고 걱정하느라 여성 노동자들은 시간과 정력을 빼앗겼고 더 넓은 정치적·사회적 활동에 참여할 수 없었다. 콜론타이는 여성을 볼셰비키 정치로 끌어당기는 방법은 탁아소, 공공식당, 분만원 ─ 일상생활에서 여성들이 자유로워지는 것을 도울 것이다 ─ 같은 사회적으로 유용한 사업들에 여성들을 참여시키는 것이라고 제안했다.

주부이자 어머니인 여성을 해방시키려면 우리는 여성을 억압하는 조건과 투쟁해야 합니다. 그리고 이것이 여성에게 다가가는 가장 좋은 방법입니다. 이것은 말뿐 아니라 실행을 통한 선동입니다.[14]

'실행을 통한 선동'으로 알려지게 된 이러한 정치조직 원리는 볼셰비키

제노텔의 지도자 이네사 아르망.

의 여성 조직 활동 초기에 나타난 두드러진 특징이었다.[15]

1919년 9월 볼셰비키 중앙위원회는 이네사 아르망의 지도 아래 노동여성선전선동위원회를 당 중앙위원회 사무국 소속의 당 여성부(제노텔Zhenski otdel 또는 Zhenotdel)로 바꿨다. 제노텔 지역 지부들은 각 지역의 당 위원회에 속했고, 여성 당원 중에서 모집한 자원자들이 공장과 마을의 미조직 여성들 사이에서 활동하면서 그들을 공공사업으로 끌어들이는 일을 맡았다.

이네사 아르망은 1920년 7월 모스크바에서 열린 제1차 국제여성공산주의자대회에 제출한 제노텔의 지도 원칙을 작성했다. 제노텔은 볼셰비키 당원이 아닌 여성들과 연관 맺는 것을 목표로 삼아 여성 당원이 적은 문제를 해결하려고 노력했다. 1920년 여성 당원 수는 4만 5천2백97명으로 전체 당원의 7.4퍼센트에 불과했다.[16]

기초 조직 단위는 여성노동자농민대표자회의였다. 이 회의는 소비에트를 본보기로 삼았다. 여성 노동자들과 농민들 사이에서 노동자 5명당 1명, 농민 25명당 1명씩 대표자를 뽑는 선거가 치러졌는데, 이 대표자들은 당의 지도를 받으며 회의와 교육 과정에 참여하고 난 뒤 국가·당·노동조합·협동조합 기구들에 배치됐다. 대표자들은 식당, 병원, 분만원, 보육원, 학교 같은 공공시설을 조직하는 일에 참여했다. 그들은 인민 법원에서도 일했는데, 판사직을 맡기도 했다. 대표자들은 보통 2개월이나 3개월 정도 짧은 기간 동안 봉사했다. 적극적으로 참여한 여성의 수는 꽤 많았다. 1923년 후반에 제노텔은 대표자 수가 약 5만 8천 명이라고 보고했다.[17]

그리고 제노텔은 내전 지원 활동에 여성들을 동원하는 운동을 벌였다.

여성들은 의료봉사를 하거나, 적군赤軍 정치국에서 일했고, 통신 업무를 맡기도 했고, 토요일과 일요일의 작업조로 일하고, 탈영 반대 운동과 전염병 퇴치 운동을 조직하고, 적군의 가족들과 고아들을 지원하기도 했다.[18]

여성 문맹 퇴치에 앞장선 크룹스카야.

제노텔의 가장 중요한 활동 가운데 하나는 읽고 쓰는 능력을 보급하는 것이었다. 레닌은 이렇게 단언했다. "문맹인은 정치에서 배제된다. 먼저 가나다부터 배워야 한다. 그러지 않고는 정치가 있을 수 없다. 배우지 않으면 소문이나 뒷공론, 꾸며낸 이야기와 편견은 있을 수 있지만, 정치는 존재하지 않는다."[19] 문맹 퇴치 학교는 읽고 쓰는 교육에만 한정하지 않고, 정치·문화 활동과 일반 교육 활동을 보급하는 중요한 수단이 됐다.

여성 문맹 퇴치 운동 지도자 가운데 한 명이 나데즈다 크룹스카야였다. 크룹스카야는 혁명 전에 야학에서 노동자들을 가르쳤는데, 이제는 문맹 퇴치 활동에 더 많이 집중했다.

당 서기에 상응하는 직책인 제노텔 책임자는 제노텔의 모든 내부 사무를 감독할 뿐 아니라, 여성과 관련된 삶의 구석구석까지 영향을 미쳤다. V P 레베제바(모성), 크룹스카야(교육), 마리아 울랴노바(언론)와 같이 특정한 책임과 관심을 갖고 있던 볼셰비키 여성 지도자들은 제노텔의 활동과 자신들의 활동을 결합시켰다. 이런 식으로 볼셰비키 여성운동은 제노텔이라는 전국 네트워크의 범위를 넘어서 확장됐다.[20]

제노텔은 월간지 ≪여성 공산주의자≫를 발행했는데, 1921년에 발행 부수가 3만 부였다. 편집부에는 부하린, 아르망, 콜론타이가 포함됐다.

이네사 아르망은 하루에 16시간 이상을 일하면서 매우 쇠약해졌다. 당은 아르망에게 카프카스로 휴양을 가라는 명령을 내렸다. 1920년 10월, 아르망은 그곳에서 콜레라에 걸려 죽었다. 콜론타이가 아르망의 후임자가 됐다. 1년 뒤 콜론타이가 노동자반대파에 가담하자, 그의 임무는 끝이 났다. 그 뒤 1922년에 콜론타이는 노르웨이 외교관으로 임명됐다.

냉혹한 현실

내전 중에 전통적인 여성 노동인 수유 · 육아 · 요리가 계속해서 여성의 몫이었음은 분명한 사실이다. 반면에 이 시기의 주요 과업인 군사 투쟁은 주로 남성들에게 국한됐다.

적군에서 여성들은 의료직에 봉사했고 선전, 정탐 활동, 치안 업무에도 참여했다. 극소수 여성들은 소총수, 장갑차 지휘관, 포병으로 복무했다. 그들은 도시에서 치안 활동을 벌였고, 적에게 포위당했을 때는 전투 임무를 수행했다. 몇몇은 유격대원이었는데, 라리사 라이스너가 가장 유명하고도 흥미로운 인물이었다. 여성들은 군의 선전 활동에서 중요한 구실을 했다. 그래서 콜론타이는 잠시 정부에서 일한 뒤, 군 선전 활동에 뛰어들어 대단히 정력적으로 활동했다. 콜론타이는 특별한 장비를 갖춘 선전 열차를 타고 전선을 순회했다. 적군은 각 단위의 정치 부서를 통해 정치 활동을 펼쳤다. 바랴 카스파로바가 중앙에서 활동을 조정했다.

그러나 내전에 참전한 여성의 수는 비교적 적었다. 1920년의 한 보고서에 따르면, 그 수는 7만 3천8백58명이었고 그 가운데 1천8백54명이 사상자였다.[21] 1920년 적군의 총 병사 수는 약 3백만 명이었는데, 그 중 2백만 명 정도가 사상자가 된다.

육체노동과 정신노동의 구분과 마찬가지로 성별 노동 분업도, 수세기에

1917년 여성 적군들.

걸친 후진성이 깊게 아로새겨져 있고 차르 치하의 야만적인 러시아에서 이제 막 벗어난 사회에서는 극복할 수 없는 것이었다. 내전이 야기한 냉혹한 조건들은 이런 유산을 극복하는 데 분명 걸림돌이었다. 마르크스가 말했듯이,

> 인간은 속된 미신이 믿는 것처럼 '현세의 재화'로 새로운 세계를 건설하는 것이 아니라, 바야흐로 몰락해 가는 옛 세계의 역사적 성과물들을 가지고 새로운 세계를 건설한다. 진화 과정에서 인간은 온전히 혼자 힘으로 새로운 사회를 위한 물질적 조건들을 생산하기 시작해야 하고, 따라서 인간 정신이나 의지의 어떠한 작용도 인간을 이런 운명에서 구해낼 수 없다.[22]

관념론을 청산하려 한 볼셰비키의 용기와 원대한 포부가 러시아의 지독한 후진성과 충돌했다. 잔혹한 역사 때문에 노동자들의 원대한 열망과 실제 물질적·문화적 빈곤 사이에 첨예한 모순이 생겨났다. 7년 동안의 전쟁과 내전으로 상황은 더 나빠졌다. 당시의 한 경제사가가 썼듯이, 러시아는 "인

내전 기간에 죽은
볼셰비키들.

류사에 유례가 없는" 경제 붕괴 상태에서 내전을 벗어났다. 산업 생산은
1914년의 5분의 1 수준이었고 도시 인구도 많이 줄었다. 1918년 말에서
1920년 말까지는 돌림병과 굶주림, 추위 때문에 9백만 명의 러시아인이 죽
었다. [제1차] 세계대전으로 전 세계에서 죽은 사람이 4백만 명이었다.[23]

산업 노동계급은 도덕 · 정치 의식에서 재앙적인 퇴보를 겪었다. 정부
법령과 제노텔 활동으로 표현된 여성해방의 꿈은 난관에 부딪혔다. 먼저
살아남아야 했던 것이다.

전시공산주의 시기(1918~1920년)에 사람들은 완전고용이 보편화될 것
이라고 당연하게 생각했다. 설령 실업이 발생하더라도 일시적이고 규모가
작을 것이다. 이런 가정 아래 여성 노동권 투쟁이 진행됐다. 처음에, 즉 10
월혁명 직후에는 노동조합들이 여성 노동권을 아주 공정하게 다뤘다. 1918
년 4월 페트로그라드 노동조합평의회는 모든 노동자들과 공장위원회들에
다음과 같은 호소문을 발표했다.

실업에 어떻게 맞설 것인가 하는 문제가 노동조합에게 시급히 제기된다.
많은 공장과 가게에서 이 문제를 아주 간단하게 …… 여성을 해고하고

250

그 자리에 남성을 고용함으로써 해결하고 있다. …… 그러나 유일하게 효율적인 실업 대처 방안은 나라의 생산력을 회복하고 사회주의적 토대 위에서 재조직하는 것이다. …… 우리는 각각의 사례를 개별적으로 해결해야 한다. 노동자가 남성인지 여성인지 하는 문제는 있을 수 없으며, 오직 필요의 정도에 따라 결정해야 한다.[24]

다른 노동조합들과 정부 조직들도 이러한 태도를 지지했다.

그러나 신경제정책NEP(1921~1928년)의 결과로 실업이 광범하게 발생해 실업 인구가 1922년 1월 17만 5천 명에서 1923년 1월 62만 5천 명으로, 1925년 1월에는 1백24만 명으로 늘어났다.[25] 미숙련 노동자들이 해고 1순위였고, 대부분이 미숙련 노동자인 여성들이 실업으로 가장 심각한 타격을 입었다.

1923년 3월 여성은 페트로그라드 실업 인구의 58.7퍼센트를, 방직 생산 중심지인 이바노보-보즈네센스크에서는 63.3퍼센트를 차지했다. 방직업만 보면 모스크바, 페트로그라드, 이바노보-보즈네센스크에서 실업자의 80~95퍼센트가 여성이었다. 제노텔의 촉구에 따라 인민노동위원회는 남성과 여성의 기술 수준이 똑같을 경우에 여성을 먼저 해고해서는 안 된다고 포고를 내렸지만, 제노텔은 여성 노동력의 고용 할당을 강제하는 것이 불가능하다는 점을 인정했다. 공산당원들조차 동일노동 동일임금의 원칙에 따라 여성을 고용하는 것은 이득이 되지 않는다고 주장했는데, 여성 노동을 보호하는 많은 법률들 때문에 여성을 고용하는 데 비용이 더 많이 들었기 때문이었다.(1924년 초에 제노텔은 고용주에게 여성 노동자를 해고할 핑계거리를 주지 않기 위해 여성의 야간 노동 금지 조항을 없애는 데 동의했다.)[26]

동일노동 동일임금 원칙과 여성 노동자를 보호하는 법률은 국영기업에서조차 지켜지지 않았다.

실업 때문에 여성해방을 위한 노력은 치명적인 타격을 입었고, 여성의 남성에 대한 경제적 의존이 늘어났다. 국가가 세출을 줄이려 하자 억압적이고 반동적인 경향이 강화됐고, 전시공산주의의 대규모 공동 시설인 공동취사장과 식당, 고아원, 보육시설 등은 줄어들었다. 1925년 11월에 추산한 바에 따르면, 모스크바에서 2만 명, 레닌그라드에서 5만 명, 지방에서 6만 7천 명 등 모두 13만 7천 명의 노동자만이 '공공 식사'를 제공받았다. 아이 1백 명 가운데 3명만 보육시설에 갈 수 있었다. 나머지 아이들은 모두 전적으로 개별 가정에서 키웠다.

여성은 다시 가정의 노예로 밀려났다. 아이들의 비참한 상태 때문에 여성의 부담이 커졌다. 전쟁과 내전이 빚어낸 혼란과 가난 때문에 '베스프리조르니키Besprizorniki'라고 하는 엄청난 수의 버려진 아이들이 생겼는데, 그 아이들 중 많은 수가 범죄에 빠져들었다. 1922년 집 없는 아이들의 수는 9백만 명에 이른 것으로 추산됐다.[27] 부모들이 자녀를 부양하지 못했기 때문에 그 수는 계속 증가했다. 아이들을 위한 안식처로서 가정생활을 유지하려는 압력은 특히 여성에게 엄청났다. 이 시기의 경제 상황 때문에, 자식이 있는 경우에 이혼의 자유란 "여성은 계속 가정의 폐허에 …… 속박된 채로 남아 있는데, 남성은 행복하게 휘파람을 불면서 가정을 떠날 수 있다"는 것을 뜻했다.[28]

따라서 여성에게 이혼은 자유로 향한 길일 뿐 아니라, 주되게는 궁핍으로 가는 길로도 여겨졌다. 남편은 아내보다 훨씬 더 기꺼이 이혼하려 했다. 비보르그 지구 협의회에서 5백 명을 대상으로 실시한 이혼 가정에 대한 설문조사를 보면, 남성이 일방적으로 주도한 이혼이 70퍼센트를 차지했고 합의 이혼은 7퍼센트에 불과했다.[29]

1918년의 가족법에는 언급조차 되지 않은 이혼한 사람의 위자료 청구권 문제가 1920년대에는 여성에게 중요한 문제가 됐다. 1925년 내내 오랜 대중 토론을 거쳐, 정부는 위자료 보장을 포함하는 새로운 가족법이 필요하다고 여기게 됐다. 만일 남성에게 가족 부양을 강제한다면, 남성은 그렇게 많은 여성을 버리지 않을지 모르고 그렇게 많은 원치 않는 아이들을 생기게 하지 않을지도 모를 것이었다. 제안된 법률은 등록하지 않은 사실혼 관계인 배우자에게도 위자료를 받을 권리를 줬다. 더 나아가 부부가 같이 사는 동안 취득한 재산을 아내가 나눠 가질 권리를 주장했다.

전체 인구 가운데 약 5분의 4를 차지한 농민들이 가장 강력하게 전통적 가족을 유지할 것을 주장했다. 농민들은 농장을 유지하기 위해 가정이 안정되기를 바랐다. 그래서 새롭게 제안된 가족법에 관한 토론에서 한 여성은 이렇게 말했다.

수많은 이혼 사례들이 있지만, 생각해 보세요. 그것이 어떻게 우리에게 이익이 되겠습니까? 우리는 모두, 남성이든 여성이든, 이혼이 득이 되지 않는다는 데 동의할 겁니다. 예컨대, 어떤 남성과 여성이 이혼을 한다고 칩시다. 그 사람들에게는 작은 집 한 채와 소 한 마리, 애가 셋 있습니다. 그런데 이제 쥐뿔만도 못한 재산을 둘로 쪼개야 하는 거죠. 물론 엄마는 애들을 아빠에게 맡기지 않을 겁니다. 엄마에게 애들은 늘 소중한 존재니까요. 이제 여성이 애들과 함께 무엇을 해야 할까요? 남편에게는 어떤 위험 부담도 없습니다. 남편은 함께 살 또 다른 여자를 찾을 거니까요. 그러나 아내가 그러한 조건에서 생활하는 건 지독하게 힘든 일이에요. 그 모든 것의 결과는 가난인데, 지금도 우리는 충분히 가난합니다.[30]

또 다른 여성이 불평했다.

위자료를 가족 전체가 부담하면 자칫 농사에 지장을 주기 십상이에요. 저는 그것이 부당하다고 생각합니다. 여성에 대한 반감을 낳을 뿐이에요. 예컨대, 삼형제가 같이 사는데 암소 한 마리가 있다고 합시다. 그런데 법원이 위자료를 가족 전체가 지불해야 한다고 판결한다면, 그 소를 조각조각 나눠야 할까요? 그러한 결정은 아무 쓸모도 없을 것이고, 농장을 파산시킬 것입니다.[31]

1920년대의 가혹한 경제 상황에서 더 많은 성과 결혼의 자유는 여성(그리고 아이들)에 대한 착취와 학대를 초래했다. 현실 상황을 고려해 트로츠키는 1926년 가족법을 필요악으로서 지지했는데, 그것은 비록 1918년 가족법보다 크게 후퇴했지만 여성을 보호하기 위한 것이었다.

1920년대에 여성의 지위가 엄청나게 낮아진 사실은 성매매가 부활한데서도 드러났다. 전시공산주의 기간에 성매매는 거의 완전히 사라졌다. 공식 통계에 따르면, 1921년 그 수는 페트로그라드에서 1만 7천 건, 모스크바에서 1만 건으로 증가했다. 이듬해 페트로그라드에서 그 수가 3만 2천 건에 달해 성매매 문제가 다시 혁명 이전의 심각한 상황으로 돌아가고 있음을 절망적으로 보여 줬다. 1924년 4월부터 1925년 4월까지 단 1년 사이에 2천2백28명의 포주와 성매매 업소 소유주가 성매매 관련 범죄로 체포됐다.

반혁명

1928~1929년에 시작된 대대적인 산업화와 농업의 강제 집산화는 러시아 역사의 전환점으로, 러시아를 국가자본주의 체제로 바꿔 놓았다.[32] 노동계급에 대한 엄격한 통제는 노동 여성의 조건에 수많은 극단적인 변화를 가져왔다. 수백만 명의 여성들이 급속히 노동력으로 동원됐다.

1922~1941년 여성 노동자와 피고용인[33]

연도	여성 노동자와 피고용인 수(명)	비율(퍼센트)
1922년	1,560,000	25
1928년	2,795,000	24
1932년	6,000,000	27
1940년	13,190,000	39

여성의 대량 고용은 여성해방의 **잠재력**을 보여 주는 것이기는 하지만 그 자체가 해방은 아니다. 그것은 정말로 이중의 부담이 될 수 있다. 1936년 한 진지한 소비에트 잡지에 실린 "사회주의와 가족"이라는 기사에 적힌 다음과 같은 사실은 축하가 아니라 비난을 받아 마땅하다.

자본주의 광업에서 여성은 하찮은 구실을 한다. 전체 광업 종사자 중 여성 비율은 프랑스(1931년)가 2.7퍼센트, 이탈리아(1931년)가 1.8퍼센트, 독일(1932년)이 1.0퍼센트, 미국(1930년)이 0.6퍼센트, 그리고 영국이 0.6퍼센트다. 반면, 소련에서는 여성이 전체 광업 종사자의 27.9퍼센트를 차지한다.[34]

투자가 중공업에 극도로 집중된 스탈린주의 산업화 방식 때문에 주택 공급, 소비재와 서비스 같은 노동 여성의 부담을 줄일 수 있는 경제 부문의 활동은 무시됐다.

또 스탈린주의 정권은 보수적 태도를 강화했다. 이제 당국은 가족이 쓸모 있다고 생각했다. 왜냐하면 가족은 국가가 하지 않는 가사와 육아 등을 맡아서 할 뿐 아니라, 전체 사회를 보수적으로 유지하려는 관료의 필요를 뒷받침하기 때문이다. 트로츠키가 1936년 ≪배반당한 혁명≫에서 적절하게

1917년 동성애를 인정하는 포스터. 그러나 스탈린의 반혁명으로 동성애는 다시 불법화된다.

지적했듯이, "현재 가족 예찬의 가장 강력한 동기가 안정된 위계 관계에 대한 관료의 필요라는 것은 의심이 여지가 없다."

1934년 동성애는 징역 8년까지 처할 수 있는 형사 범죄가 됐고, 성적 방종, 성급하고 쉽게 하는 결혼, 간통에 반대하는 운동이 전국적으로 강력하게 벌어졌다.

모성은 선전의 중심 주제가 됐다. "아이가 없는 여자를 가엽게 여겨야 한다. 왜냐하면 삶의 최고 기쁨을 모르기 때문이다. 세계에서 가장 자유로운 국가의 열성적인 시민들인 우리 소비에트 여성들은 모성이라는 지고의 행복을 누린다."[35]

1936년에는 생명이나 건강이 위태롭거나 심각한 질병이 유전될 수 있는 경우를 제외하고는 낙태가 불법이 됐다.

그리고 1935~1936년의 법률은 이혼을 어렵게 하는 몇 가지 제재 규정을 두었다. 첫 번째, 두 번째, 그리고 그 다음 이혼에 각각 벌금 50루블, 1백50루블, 3백 루블을 물게 했다. 더 중요한 것은 이 법이 당사자들의 개인 서류에 이혼 사실을 기재할 것을 규정한 점이다.[36] 성의 자유는 악의에 찬 공격을 받았고, 금욕주의가 칭송받았다. 러시아에 오랫동안 머무른 한 영국인 관찰자는 다음과 같이 썼다.

오늘날 소비에트의 성 도덕은 젊은이들에게 혼전 순결을 요구하고, 성을 자녀·가족과 연관시킨다. 혼외정사를 한 것이 밝혀진 젊은 공장 노동자나 대학생은 남성이든 여성이든 화를 면치 못했다. 사건이 공개되면 죄를 지은 사람에게 신랄한 비난이 가해지거나 콤소몰Komsomol(청년공산주의자동맹) 결의안을 통해 온갖 모욕이 퍼부어졌다.[37]

그 영국인은 젊은 기혼 남자와 '부도덕한' 일을 저질러 비난받은 갈리나의 슬픈 이야기를 들려준다. 갈리나가 소문을 잠재우기 위해 도움을 요청한 공장 콤소몰 조직자는 "진료소에 가서 처녀성 증명서를 발급받아 주위에 보여 줘야 한다"[38]고 제안했을 뿐이었다.

스탈린주의 정권은 가족의 신성함을 떠벌렸다. "결혼은 …… 평생의 결합이다. …… 나아가 결혼은 자손이 있을 때만 국가에게 온전한 가치를 인정받고, 부부는 부모가 됐을 때 최고의 행복을 경험한다."[39] 그들은 성적 방종과 불안정한 결혼의 속죄양을 찾아냈다.

인민의 적인 비열한 파시스트 하수인들 ― 트로츠키, 부하린, 크릴렌코와 그 동료들 ― 은 소비에트 국가의 평판을 떨어뜨리기 위해 가족의 소멸과 무질서한 동거 생활에 관한 반혁명 '이론'을 소련에 퍼뜨림으로써, 소련의 가족에 오명을 씌웠다.[40]

성 문제에 관한 반혁명의 다음 단계로 1943년에 남녀공학이 폐지됐다. 모스크바 시교육부 책임자인 A 오를로프는 1943년 8월 10일에 이 주제에 관해서 다음과 같이 썼다.

남학교와 여학교의 교육 프로그램과 교과 과정은 다를 수 있고, 달라야한다. 여학교에 교육학, 바느질, 가정학 과정, 개인 위생학, 육아 등과 같은 추가 과목을 도입하는 것이 필요하다. 남학교에는 공예 훈련이 교과과정의 일부가 돼야 한다.

또 다른 러시아 저술가는 남녀공학이 "사회적 가치를 지닌 남성과 여성의 특성을 감추기" 때문에 해롭다고 설명했다.

우리에게 지금 필요한 것은, 훌륭한 아버지이자 사회주의 조국을 위한 남자다운 투사가 될 소년들과 새로운 세대를 양육할 능력을 갖춘 지적인 어머니가 될 소녀들을 길러내는 교육 체계다.[41]

가족에 관련된 스탈린주의의 반동은 이혼을 막는 엄격한 제재 조치들을 도입한 1944년 7월 8일 법에서 절정에 이르렀다. 이혼 재판이 생겼고, 벌금이 5백~2천 루블 수준으로 올랐다. 이 정도의 금액은 가장 부유한 사람을 제외한 모든 사람에게 이혼을 금지하는 것이나 다름없었다. 재판 과정에서 하급 법원은 부부를 화해시키기 위해 모든 노력을 다해야 했다. 화해하는 것이 가능하지 않다고 판명되면 그 사건은 상급 법원으로 넘어가게 되는데, 상급 법원만이 실제로 이혼을 승인할 수 있었다. 한 가지 근본적인 변화는 법원이 이혼 소송을 거부할 수 있다는 것이었다. 법은 적자와 서자의 법적 차별을 다시 확립했다. 서자는 아버지 성을 따르거나 아버지의 부양과 상속을 요구할 수 없었다.[42]

어머니들이 자녀를 더 많이 낳도록 장려하기 위해서 돈을 주는 방식이 도입됐다. 자녀를 많이 낳은 어머니들은 특별 훈장을 받기도 했다. "자식이 대여섯인 어머니들에게 모성 훈장 1등급과 2등급, 일곱이나 여덟 또는 아홉 명의 자식을 둔 어머니들에게는 모성 금장 1등급 · 2등급 · 3등급, 열 명을 낳아 기른 어머니들에게는 영웅 칭호가 주어졌다." 독신 남자와 독신 시민, 가족이 몇 식구 안 되는 시민들은 새로 생긴 특별세를 내는 불이익을 당했다.[43] 모성이라는 이상은 새롭게 개가를 올린 대러시아 민족주의 그리고 '모국' 이념과 연결됐다.

러시아가 국가자본주의 체제로 바뀌면서 '여성 문제'는 정치·이데올로기적 관심사의 주제로 더는 언급되지 않았다. 1917~1967년 당 결의안과 법령 색인을 보면, '여성'이라는 주제에 관련된 항목이 1917~1930년에는 3백1개였지만 그 뒤 37년 동안에는 불과 3개밖에 없었다.[44]

스탈린주의 반혁명은 성의 관계에 국한된 것이 아니라 사회 전체를 휩쓸었다. 그 결과 착취를 일삼고 많은 특권을 지닌 국가 관료가 대거 생겨났다. 1940년대에 '소비에트 백만장자' 현상이 러시아 언론에 보도됐다. 공장에서 1인 독재 경영이 확립됐다. 두둑한 봉급을 받고 높은 연금을 받을 자격이 있는 장군들이 쥐꼬리만한 급료를 받는 군인들을 통솔했다. 수백만 농민들이 소유권을 빼앗기고 강제로 집단 농장에 끌려갔다. 수백만 명이 강제 노동수용소에 감금됐다. 대량 숙청은 1935~1938년의 날조된 모스크바 재판에서 절정에 달했는데, 이 재판으로 옛 볼셰비키 세대는 몰살됐다. 절도죄로 젊은이들에게 사형이 선고됐다.[45]

여성의 종속은 스탈린주의 반혁명의 한 측면에 불과했다.

급진 페미니즘의 해석

이 사건들에 대해 위의 분석과는 정반대인 급진 페미니즘의 해석도 있다. 일례로 슐라미스 파이어스톤은 이렇게 썼다.

러시아 혁명이 계급 없는 사회를 이룩하는 데 실패한 것은 가족과 성 억압을 제거하기 위해 노력하지 않은 데서 그 원인을 찾을 수 있다. 거꾸로, 이 실패는 오로지 경제적 계급에만 기초를 둔 남성 편향적 혁명 분석의 한계, 즉 경제 단위로서 가족의 기능조차 충분히 고려하지 못한 데서 기인한다.[46]

유명한 성과학자' 빌헬름 라이히는 또 다른 해석을 내놨다. 그는 만일

소련이 가족 조직을 바꾸고 성을 해방하려던 초기 계획을 번복하지만 않았더라면, 사회주의는 실패하지 않았을 것이라고 주장했다.

이런 해석들은 경제·사회·군사 현실보다 의식이 더 큰 힘이 있다고 생각한다. 이런 필자들에게 러시아의 후진성, 내전 기간의 산업 손실, 노동계급의 수적 열세, 유럽 혁명의 실패는 러시아 지배자들의 성 정책과 비교할 만한 것이 전혀 아니다. 그러나 러시아 지배자들의 성과 가족 정책의 근원은 무엇인가? 무엇이 그것들을 형성했는가? 무엇이 그것들을 바꿔 놓았는가?

황량한 사막으로

스탈린주의 관료 집단에 의한 러시아 노동계급의 패배는 국제 노동계급의 재앙적인 패배로 이어졌다. 전체 역사를 통틀어 노동계급 운동은 가장 큰 후퇴를 경험했고, 노동계급 여성은 그보다 훨씬 더 후퇴했다. 마르크스가 지적했듯이, 여성의 진보로 사회의 진보를 가늠할 수 있다면 후퇴도 마찬가지로 가늠할 수 있다. 여성해방 문제는 반세기 동안 의제에서 밀려났다.

동시에 부르주아 페미니즘 역시 사라졌다. 부르주아 여성들은 선거권을 획득하자, 남성의 특권에 맞선 선동을 멈췄다. 자본주의의 전반적 위기에 직면해 부르주아 여성들은 반동의 편에 섰다.

---

* Sexologist, 성에 관한 여러 가지 현상을 의학적·심리학적으로 연구하는 사람.

10

미국 현대 여성해방 운동 : 실패한 성공

여성해방은 1960년대에 다시 의제에 올랐다. 당시 헝가리·체코슬로바키아·폴란드에서는 스탈린주의에 도전하는 일이 많아졌고, 서방에서는 세계 자본주의의 위기가 서서히 심화하고 있었다. 한편으로는 고등교육 확대, 다른 한편으로는 더 효과적인 피임법에 힘입어 여성 유급 노동자 수가 이전보다 훨씬 많아졌다. 1978년 9월, 영국의 여성해방 잡지 ≪스페어 립≫은 이렇게 썼다. "미국 여성운동은 우리 모두의 어머니다." 이 말은 참으로 사실이다. 미국 여성운동은 맨 먼저 무대에 등장해 국제적으로 그 선구자의 위치를 지켜 왔다. 따라서 미국을 출발점으로 해서 현대 여성운동을 살펴보고자 한다.

공민권 운동

미국의 현대 여성해방운동은 공민권 운동에서 탄생했다. 일찍이 1830년대~1870년대 노예제 폐지 운동에서 소수의 남부 백인 중간계급 여성들은 흑인 노예의 정당한 권리를 위해 활동하면서 집단행동을 조직하는 경험을 쌓은 적이 있다. 그리고 그들은 인권에 대한 신념도 갖게 됐고, 이 신념을 그들 자신의 평등권 요구의 정당성을 주장하는 데 이용했다. 1960년대 내내 큰 영향을 미친 공민권 운동에서도 이와 비슷한 과정이 있었으며 현대 여성해방운동이 시작되는 계기가 됐다. 사라 에번스는 ≪개인적 정치 : 공민권 운동과 신좌파에서 여성해방의 기원≫에서 여성운동이 어떻게 성장했는지에 관해 흥미롭게 다루고 있다.[1] 나는 사라 에번스에게 큰 빚을 지고 있다. 그러나 사라 에번스는 마르크스주의자가 아니라 급진 페미니스트이며, 따라서 나는 사라의 사건 해석에는 동의하지 않는다.

학생들은 미국 남부 주들에서 공민권 운동을 조직하는 데 중요한 구실을 했다. 주요 학생 조직은 학생비폭력조정위원회SNCC였다. SNCC는 최남

come let us build a new world together
STUDENT NONVIOLENT COORDINATING COMMITTEE

SNCC의 포스터. "함께 새로운 세상을 건설하자"고 적혀 있다.

부 지방*에서 선거인 등록 활동에 개입했고, 식당·모텔·버스정류장과 같은 공공장소에서 벌어지는 인종 격리를 끝낼 것을 요구하는 대규모 연좌 농성에 동참했는데, 여기에는 학생이 아닌 수십만 명의 사람들도 참가했다. 사라 에번스는 이렇게 쓴다.

백인 사회에 맞선 투쟁이 전부인 듯했다. 그러한 맥락에서 …… 1961년 겨울 무렵부터 SNCC 간부들은 조지아와 미시시피 시골의 가난한 흑인 농부와 소작인처럼 걷고 말하고 옷을 입기 시작했다. …… 처음부터 일부 젊은 백인 여성들은 흑인 청년들의 저항에 삶을 바쳤다.[2]

초기 공민권 운동에 참여한 백인 여성 대부분은 남부 출신이었고, 공민권 운동에 동참한 남부의 백인 여성들은 사실상 예외 없이 교회를 통해 이 운동을 처음 접하게 됐다.[3]

1963~1965년에 중간계급과 상층계급 출신의 젊은 백인 여성 수백 명이

---

* Deep South, 미국 남부의 네 개 주 루이지애나, 미시시피, 앨라배마, 조지아를 말한다.

남부로 내려갔다. 그러나 계급·피부색·성이 너무나 달랐기 때문에 흑인들을 위해 활동한 백인 여성들은 그들과 융화하지 못했다. SNCC는 흑인을 대신해 활동했지만 대중운동을 건설하는 데는 실패했다. 집단적 생산으로 결속돼 있는 노동계급에 뿌리를 두지 않는 한, 분열은 피할 수 없었다. 가장 일반적인 분열은 흑인과 백인 사이의 분열이었다. 사라 에번스는 "중간계급이나 상층계급 출신인 젊은 백인 여성 수백 명이 주로 가난한 시골 흑인들로 구성된 운동에 결합하기 시작하면서, 잠재돼 있던 인종·성의 긴장이 악화해 한계점을 넘어섰다"고 썼다. 한 흑인 여성은 이렇게 말했다.

"백인 여성이 SNCC에서 겪는 문제는 단지 남성 대 여성의 문제가 아니었다. …… 그것은 흑인 여성과 백인 여성 사이의 문제이기도 했다." 그것은 여성 문제라기보다 인종 문제였다. 그래서 흑인 여성들이 적대감을 드러낸 적이 있냐는 질문을 받은 한 백인 여성은 "물론이죠! 셀 수 없이 많았어요. ……" 하고 대답했다. 백인 여성이 흑인 남성과 성 관계를 가진 일은 그 백인 여성과 흑인 여성들 사이에 벽을 쌓게 만들었다.[4]

백인 여성들은 자신이 겪은 일에서 큰 영향을 받았다. 몇 명은 바로 도망쳐 버렸다. 그러나 대부분은 해야 할 일을 마치고 인생의 전환점이 된 경험에 상처받은 채 북부로 돌아갔다.[5]

그러나 SNCC를 분열시킨 것은 흑인 남녀와 백인 여성 사이의 갈등만은 아니었다. 흑인 남성이 비폭력과 '흑인과 백인이 함께'라는 개념에서 점점 멀어지면서, 백인과 흑인 남성 사이에도 분열이 생겨났다. 1965년 무렵에는 '블랙파워'를 주장하는 경향이 등장했다. "백인들은 공민권 운동의 어느 부분에서도 점차 환영받지 못했다."[6]

북부의 학생들 사이에서도 같은 움직임이 있었다. 1960년 봄, 남부 흑인 학생들이 연좌 농성 물결을 일으키자 6~8만 명의 북부 학생들이 지지를 보냈다.[7] 이번에도 북부 학생들은 주로 "중간계급이나 중상층계급 집안 출신"이었다.[8] 이런 운동에 부응해 민주학생연합SDS이 결성됐다. SDS는 SNCC를 모범으로 삼아, 1963~1965년에 북부 도시들에서 조직화를 시작했다.

SDS에는 일상적 조직화의 현실에 대처할 준비가 된 학생이 거의 없었다. 그들은 "흑인 운동과 …… 조직되지 않은 빈민" 사이에서 조직하기로 결정했다. 빈민은 남부 흑인에 비해 자기 조직이나 집단의식의 흔적을 찾아보기 어려운 사회 부문, 즉 마르크스가 '룸펜프롤레타리아트'라고 부른 사회 부문이었다. 결과적으로 SDS의 조직 방식은 지리멸렬하고, 절망적이었으며, 걱정투성이었다. 그 방식은 낯선 방문자의 질문에 누구든 기꺼이 응해 주기를 기대하면서 지역을 가가호호 방문하고, 집단행동의 기회를 모색하며, 개인적으로 지원하고, 신뢰를 얻는 것이었다.[9]

그러나 학생들의 조직 대상이었던 사람들 ― "사회에서 그들이 하는 경제적 구실이 보잘것없거나 불안정한 사람들" ― 은 무기력하고, 안정적으로 조직하기가 불가능하다는 것이 입증됐다. 사회혁명은 단순히 가난에 좌우되는 것이 아니다. 사회혁명을 위해서는 공장과 작업장에서, 즉 생산과정에서 벌어지는 집단행동에 바탕을 둔 집단적 조직이 필요하다. 실업자이거나 주변적인 일을 하는 사회 극빈층에게는 바로 이 점이 결여돼 있다.

그러나 오직 감성적으로만 민중의 일부였던 백인 중간계급 학생들은 민중, 특히 흑인을 이상화했다. 이런 이상화는 이 운동이 자발성에 기댄 점에서 특히 잘 드러난다. 그들이 만든 배지 중 하나에 새겨진 "민중이 결정하게 하자"는 구호가 이 운동의 이론을 가장 적절하게 표현한다. 조직가들은 지도하는 것이 아니라 단지 사람들의 요구를 반영하려고만 했다. 분명한 계획은 기만이고 참여 민주주의 정신에 위배되는 것으로 간주됐다. 게다가 가난한 사람들은 회의에 익숙하지 않았고 회의를 꼭 좋아한 것도 아니었다.

계속해서 회의가 열렸지만 참가하는 사람들은 조직가들뿐이었다.[10]

　SDS의 여성 활동가들은 남성들보다 훨씬 더 나은 성과를 올렸다. "지금 당장 일자리와 소득을 보장하라"는 구호를 내걸고 실업자들을 조직하려는 남성들의 시도가 성공하지 못한 반면, 여성들은 여가, 보육시설, 학교, 가로 등, 주택과 복지 등 '여성 문제'에 집중했다. 여성들은 "생활 보조금을 받는 어머니들의 안정된 조직들을 설립하기 시작했다."[11] 그들은 자신감을 많이 얻었다. "처음으로 여성들은 SDS 내에서 자존심을 세우고 다른 사람들에게 존중을 요구할 수 있는 자신들의 근거를 갖게 됐다."[12]

　SDS 남녀 활동가들이 두 가지 활동 영역으로 분리되면서 성적 긴장이 첨예해졌다. SDS의 남성 회원들은 그들이 활동하는 환경의 영향을 많이 받았다. 사회 극빈층은 너무 가난해서 "폭력과 물리적 공격이 일반적인 생활 방식이 됐는데, 특히 젊은 남성들에게 그랬다." 이러한 폭력의 주요한 한 형태는 마치스모Machismo, 즉 성적 공격이다.[13] 이것은 흑인 운동 지도부에 엄청난 영향을 끼쳤다. 예를 들어, 훗날 흑표범당의 이론가가 된 엘드리지 클리버는 자서전 ≪갇힌 영혼≫에서 어떻게 자신이 젊은 시절에 자기 과시를 위해 처음에는 흑인 여성들을, 그 다음에는 백인 여성들을 강간하는 데 빠져 들었는지 얘기한다. 그는 그것을 '반란 행위'라고 불렀다.[14] 또 다른 흑인 지도자 스토클리 카마이클은 1964년 SNCC 대회에서 "SNCC에서 여성이 취해야 할 유일한 자세는 엎드리는 것이다"라는 악명 높은 발언을 한 장본인이었다.

　워싱턴 대학교에서 한 SDS 조직가는 대규모 집회에서 백인 대학생들이 함께 활동하는 가난한 백인들과 친분을 쌓는 방식에 대해 설명했다.

　그가 말하기를 때때로 남성들은 사회 병폐를 분석하고 나서 "계집 하나를 함께 갖고 놀면서" 여가 시간을 같이 즐겼다. 그는 그러한 행위가 가난한 백인 청년들의 정치의식을 고양하는 데 지대한 구실을 했다고 지적했다. 그러자 청중의 한 여성이 질문했다. "그렇다면 그 여성의 의식에는 그런 행위가 어떤 영향을 미쳤나요?"[15]

SDS의 많은 남성들이 이러한 여성 차별적 태도를 취했다. SDS에서 여성과 남성의 관계는 한계에 다다랐다.

공민권 운동과 학생운동의 와해 속에서 부상한 여성운동

공민권 운동에서 성장한 베트남전쟁 반대 운동이 학생들 사이에서 엄청나게 확산됐다. 존슨 대통령이 젊은이들을 전쟁터로 보내기 위한 대규모 징집을 시작하자 "대학마다 항의의 불길이 솟아올랐다." 1965년 4월 17일 2만 명이 넘는 시위대가 워싱턴에 모여 반전 시위를 벌였다. 학생들은 자신들이 '체제'에 반대하며, 학생으로서 억압당하고, 언제든 총알받이가 될 수 있다고 생각했다. SDS는 놀랄 만큼 성장했고, 신병 모집인들이 나타나거나 대학들이 의무병역 순서, 등록금 인상, 대학 노동자 임금, 교과과정 개정 등에 관한 요구에 응하지 않으면, 곧장 공민권 운동에서 배운 연좌 농성에 돌입했다.[16]

여성들도 대중적 학생운동에서 매우 적극적으로 활동했다. 그러나 여성들은 1966년 이후 자신들이 주변으로 밀려났다고 생각했다. 주요 쟁점은 이제 징병이었기 때문이다.

남성들은 징집되지만 여성들은 그렇지 않았다. 남성들은 징집에 저항할 수 있었다. 남성들은 징집장을 불살랐고, 투옥을 무릅썼다. 반면 여성들의 임무는 남성들을 지원하는 것이었다. "여학생들은 [징집을] 반대하는 남학생들을 찬성한다!Girls Say Yes to Guys Who Say No"는 운동 구호가 널리 퍼졌다.[17]

학생들은 '다른 사람을 위한' 투쟁에서 대학 내 자신들의 해방을 위한 투쟁으로 이동했고, 고도 기술 사회에서 전문직 훈련을 받는 학생들이 현대 노동계급의 핵심 요소라는 '이론'을 만들어 냈다. 학생들은 '프롤레타리아트의 대리자'가 됐고 대학은 '적색 기지'가 돼야 했다. 사라 에번스는 이렇게 썼다.

> 학생들은 전반적으로 점점 더 내향화하고 있었다. …… 이 '히피들'은 …… 온화함·애정·공동체·협동을 찬양하고 경쟁을 거부했으며, 노동의 전문성과 유물론을 갈고 닦았다. 나중에는 '비-인'*, '러브-인'** 같은 모임들과 '머리를 식혀라', '네가 원하는 일을 하라' 등과 같은 문구들이 그들의 상징이 됐다. 중간계급의 규범과 라이프스타일을 거부하고 개인 문제에 초점을 맞추는 이러한 대항문화가 여성해방의 미래를 위한 결정적 요소가 됐다. 그것은 결혼과 가족 같은 여성을 규정하는 기본 제도들에 의문을 제기했고, 사실상 공동체 생활의 우수성을 주장했다.[18]

이렇게 해서 미래 미국 현대 여성해방운동의 또 하나의 조류가 생겨났다. 이 경향은 개인의 내면세계, 즉 라이프스타일과 훗날 '의식 향상'이라고 불린 것에 집중했다.

1967년에 '운동'은 점점 더 많은 단체들로 분열했다. 이러한 분열을 극

---

* Be-in, 공원 등에서 열린 히피들의 모임을 말한다.
** Love-in, 히피들의 사랑 모임을 말한다.

복하려는 노력의 일환으로 신좌파는 1967년 8월에 신정치전국대회를 소집했다. 2백 개 단체에서 2천 명의 활동가들이 참석했는데, 대부분은 공민권 운동과 반전 활동의 경험이 있는 젊은 활동가들이었다. '블랙파워'는 절정에 달했고 단결의 가망성은 희박했다.

대회에 참석한 흑인 대표자들은 백인들에게 미국의 인종차별에 대한 분노를 터뜨렸다. 백인들 입장에서는 자신들이 펼친 활동의 정당성을 입증받는 데 흑인들의 승인이 절실한 듯했다. 흑인 대표자들은 "백인 놈들을 죽여라!" 하고 소리치고, 흑인들이 전체 대표자 중 약 6분의 1밖에 안 되는데도 투표권의 50퍼센트를 행사할 수 있어야 하고 위원석의 절반을 차지해야 한다고 주장했다. 흑인들의 요구가 받아들여질 때마다 백인들 대부분은 자신들에 대한 비난을 인정한다는 듯이 열렬한 박수를 보냈다.

신정치전국대회에서 여성 대표자들은 흑인 분리주의의 논리를 깨달았다. 확대 토론에서 여성 대표자들은 전체 인구의 51퍼센트를 대표하는 여성들이 대회 투표권과 위원회 대표자의 51퍼센트를 차지해야 한다는 결의안을 제출했다.[19] 그러나 흑인 민족주의자들에게 항복한 백인 남성들은 여성에게는 한 치도 양보하려 하지 않았다. 대신 그들은 여성들을 비웃고 무시하면서 결의안을 통과시킬 시간을 주지 않았다. 여성들은 의사 진행 방해로 대회를 지연시키겠다고 위협해서 자신들의 요구를 마지막 의제로 올리는 데 성공했다. 그러나 토론은 전혀 되지 않았다. 의장은 여성들이 마이크 앞에 서는 것도, 손을 드는 것도 인정하려 들지 않았다. 대신 의장이 누군가에게 '잊혀진 미국인, 아메리카 인디언'에 대해 발언할 것을 요청하자, 다섯 명의 여성이 해명을 요구하며 의장석으로 몰려갔다. 그러나 의장은 한 여성의 머리를 툭 치면서 이렇게 말했다. "아가씨, 진정하시오. 여성 문제보다 더 중요한 논의 사항들이 있단 말입니다."

이 '아가씨'는 훗날 《성의 변증법》을 쓴 슐라미스 파이어스톤이었는

데,[20] 파이어스톤은 분노를 가라앉히지 못했다.[21]

초기 여성운동은 비웃음을 샀다. 급진적 잡지를 표방하는 《성벽城壁》이라는 성공적인 잡지는 1968년 1월 한쪽 가슴 위에 저넷 랜킨 단[團]* 배지를 단, 몸에 착 달라붙는 소매 없는 원피스 차림의 머리 없는 여성 토르소를 실었다. 《성벽》은 이 그림에 "여성의 힘"이라는 제목을 붙였다. 그러나 일반적인 해석은 "머리는 없고 유방 두 개만 있다"는 것이었다. [여성운동을] 심하게 조롱하는 기사가 이어졌다. 《성벽》은 그 기사에 대한 반박 글을 잡지에 싣는 것을 거부했다.[22]

1969년 1월 워싱턴에서 열린 대규모 반전 시위에 참가한 여성들은 연설 기회를 요청했고 시위를 조직한 남성들한테 몇 번이나 거절당한 뒤에, 두 차례 짧은 연설 기회를 얻었다. 그러나 정작 연설을 시작하려 하자 "저 년들을 연단에서 끌어내서 족쳐 버려!" 하는 야유 소리에 여성들은 기가 죽어 버렸다. 남성들과의 분리는 피할 수 없었다.

미국 신좌파 남성들의 지독한 여성 차별은 '좌파'를 자처하는 남성들이 저지른 여성 차별 역사에서 최악의 사례 가운데 하나임이 분명하다. 그것은 여성들이 예를 들면 노동조합 모임 같은 곳에서 겪을 만한 일들보다 훨씬 더 심했다. 신좌파의 계급적 기원과 더불어 사회 변화의 수행자로서 조직 노동계급에 대한 불신은 온갖 종류의 엘리트주의를 낳았는데, 여성 차별도 그 한 형태였다. 그들은 노동계급을 불신했기 때문에 아무리 급진적으로 말할지라도 정치는 늘 개량주의로 귀결됐다. 신좌파의 공민권 운동 개입은 항상 가난한 흑인들을 대신하는 식이었고 징병 반대 운동은 도덕적 주장과 순전한 개인주의에 근거했다.

---

* Jeanette Rankin, 미국 최초의 여성 하원의원으로 선출됐다. 공화당원이면서 평생 동안 평화주의자였다. 미국의 제2차세계대전 참전에 반대한 유일한 연방의회 의원이었고 베트남전쟁에도 반대했다.

여성운동이 자라난 토대가 된 공민권 운동.

일부 여성들은 신좌파가 자신들을 대하는 태도에 반발해 페미니스트가 됐다. 소수는 사회주의 사상에 대해 입에 발린 소리를 하기도 했지만, 이러한 경험 때문에 남성과 분리해서 조직 활동을 펼치라고 강력히 주장했다. 물론 이 시기는 여성운동의 신화가 됐고 분리주의를 정당화하는 데 꾸준히 이용됐다.

초기 여성운동에 참여한 여성 대부분이 중간계급 출신이라는 점도 그들이 여성 문제를 남성의 여성 차별이라는 맥락에서 보기 쉽게 만들었다. 1960년대의 호황을 맞아 여성에게도 취업 기회가 열리면서, 특히 중간계급 직종과 전문직 직종에서 여성 차별적인 남성들과 경쟁한 여성들에게는 남성이 주된 장애물로 보였을 것이다.

이 두 요소 때문에 언제나 분리주의가 해결책으로 제시되는 상황이 됐다. 이 둘은 모두 특정한 역사적 상황의 결과물로서, 1960년대 경제 호황과 노동계급 조직과 전혀 연관 맺지 않은 '좌파' 운동의 발전이 낳은 독특한 결과라고 할 수 있다.

이렇게 여성운동은 공민권 운동이 분열하고 학생운동이 붕괴하는 과정에서 신좌파 남성들의 지독한 여성 차별에 대한 반작용으로 출현했다.

여성운동 자체를 검토하기에 앞서, 여성운동이 자라난 토대가 된 운동들에 어떤 일이 벌어졌는지 추적해 보는 것이 좋을 것 같다. 흑인 운동에는 수백만 명이 참가했다. 1964~1968년에 수백 건의 폭동이 미국 도시들을 뒤

흔들었다. 학생운동도 특히 베트남전쟁 반대 운동으로 발전하면서 수많은 사람들을 동원했다. 그러나 흑인 운동과 학생운동 모두 그들이 반대한 자본주의 체제를 약화시키지는 못했다. 흑인 혁명가들과 학생 급진주의자들 모두 노동자들이 자본주의의 부를 창출하는 장소인 공장과 작업장 같은, 자본주의가 직접적·집단적으로 도전받을 수 있는 곳에서 운동을 건설하지 못했기 때문이다. 두 세력은 모두 자신들의 운동을 분리주의 노선에 따라 지도했고 그 길은 쇠퇴로 이어졌다.

1970년대 초 베트남전쟁이 끝나 가면서 학생운동은 쇠퇴했고 학생들은 학교로 돌아갔다. 좌파 전반이 몰락하면서 혁명적 흑인 좌파 역시 몰락했다. 많은 흑인 활동가들, 특히 블랙파워 쟁취를 주장한 사람들이 정부의 손에 암살됐고, 훨씬 많은 사람들은 혁명이 실현 불가능한 꿈이라는 결론을 내리고 주류 정치로 들어갔다. 흑인 운동을 통해 흑인 게토와 기성 체제를 중재하는 중간계급 전문직 층이 형성됐다. 사회 복지사들, 지역 사회 조직가들, 퇴락한 도시 지역을 대표하는 민주당 정치가들, 무기력한 국회의원들이 등장했다.[23]

흑인·학생 운동사와 마찬가지로, 미국 여성운동사도 두 시기로 구분해야 한다. 한 시기는 투쟁 수준이 전반적으로 높았던 1968~1973년이고, 다른 한 시기는 투쟁이 쇠퇴하면서 정치 지형이 우경화한 1974년 이후다.

급진 페미니스트 이론

미국 현대 여성해방운동의 핵심 사상은 남성이 [여성의] 적이라는 것이다. 뉴욕급진페미니스트NYRF 선언은 이렇게 주장했다.

급진 페미니스트들로서 우리는 남성과 권력 투쟁을 벌이고 있으며, 남성이 남성의 역할이 내포하고 있는 우월한 특권을 행사하고 그것을 자신의 정체성으로 여기는 한, 우리가 겪는 억압의 주체는 바로 남성이라는 것을 알고 있다. …… 우리는 남성우월주의의 목적이 무엇보다 심리적으로 자기만족을 얻는 것이며, 경제 관계에서 나타나는 것은 단지 부차적일 뿐이라고 생각한다. …… 이러한 이유 때문에 우리는 자본주의나 다른 어떤 경제체제가 여성 억압의 원인이라고 생각하지 않으며 여성 억압이 순전한 경제 혁명의 결과로서 사라질 것이라고 생각하지도 않는다. 여성에 대한 정치적 억압에는 자체의 계급적 동력이 있다. 그리고 그 동력은 이전에는 '비정치적'이라고 불렀던 관점 — 이른바 자아의 정치학 — 으로 이해해야 한다. …… 남성 자아의 정체성은 여성 자아에 대한 남성의 지배 능력을 통해서 유지된다.

이 글을 호의적으로 인용한 줄리엣 미첼은 모든 계급이 단결해야 한다는 결론을 내린다.

계급 차이는 중요하지 않다. 여성들이 전체로서 그들이 어떻게 예속돼 있는지를 깨닫는 것이야말로 중요하다. 하나의 집단으로서 여성의 사회적 기능과 심리적 정체성은 가정에서도 발견된다. …… 여성은 여성으로서의 지위가 더 먼저다. 여성은 어떤 환경에서든 억압받는다. 그러므로 어떠한 혁명에서든 페미니스트 의식이 중요하다. …… 문제는 여성해방이다.[24]

《성의 변증법》에서 슐라미스 파이어스톤은 성 억압이 **토대**이고 경제는 상부구조라는 견해를 '이론적으로' 뒷받침했다. 우선, 파이어스톤은 억압자 남성과 피억압자 여성이라는 두 '계급'으로 이뤄진 가족 구조의 뿌리는 성적 재생산이라고 말한다. "경제에 따른 계급과 달리, 성에 따른 계급은 생물학적 사실에서 직접 생겨난 것이다. 남성과 여성은 서로 다르게, 동등하지 않게 창조됐다."

사회의 성적-재생산 조직이 언제나 진정한 기초를 제공한다. 여기에서 출발해서 우리는 일정한 역사적 시기의 종교·철학·기타 사상 그리고 경제·법·정치 제도와 같은 전체 상부구조에 관한 궁극적 설명을 끌어 낼 수 있다.

파이어스톤의 말에 따르면, 착취의 근본 원인은 성심리性心理다. "생물학적 가족에는 불평등한 권력 분배가 내재한다. 계급 발생을 낳은 권력에 대한 욕구는 이러한 근본적 불균형에 따라 형성된 각 개인의 성심리에서 비롯한다." 그리고 "인종차별은 여성 차별의 연장이다."[25]

순전히 생물학적인 파이어스톤의 분석은 성에 따른 불평등을 어쩔 수 없는 것으로 규정해 버린다. 많은 급진 페미니스트들이 파이어스톤의 분석에서 다음과 같은 결론을 이끌어 냈다. 즉, 모든 계급과 인종의 적대는 남녀 사이의 최초의 불평등에서 발생하므로, 부부 생활을 거부하는 것이 여성 차별뿐 아니라 그 부산물인 계급사회와 인종차별에도 타격이 될 것이다.

중간계급이 주도하는, 중간계급을 위한 여성운동

미국 여성운동과 그 지지자들의 사회적 구성은 압도적으로 중간계급이었고 현재도 그렇다. 여성운동의 창시자 중 한 사람인 조 프리먼은 초기 여성운동이 "대학 교육을 받은 백인 중간계급 전문직 여성들"로 구성돼 있었다고 말한다. 가장 큰 여성 단체인 전미여성기구NOW는 1974년에 회원의

부르주아 페미니스트들을 비판한 볼리비아 광부의
아내 도미틸라 바리오.

66퍼센트가 학위 취득자였고, 30
퍼센트가 석사 · 박사 학위 소지
자였다.[26] 마런 록우드 카든은
"인터뷰를 한 여권 단체 회원들
의 90퍼센트 정도는 적어도 학사
학위를 갖고 있었고, 3분의 1은
철학박사 · 의학박사 · 법학박사
학위 소지자"[27]라는 사실을 발견
했다.

이것은 여성 대부분의 삶과
는 동떨어진 것이다. 이 페미니

스트들과 노동계급 여성 사이의 간극은 유엔이 1975년 멕시코에서 조직한
'세계 여성의 해 대회'에서 두드러졌다. 이곳에서 두 세계가 만났다. 한 세
계는 NOW 창설자이며 처음으로 미국 여성운동을 고무한 사람 가운데 한
명인 베티 프리던이 이끈 중간계급 여성들이었다. 다른 한 세계는 노동계급
여성들이었는데, 그들 중에는 볼리비아 광부의 아내이자 일곱 남매의 어머
니인 도미틸라 바리오가 있었다. 15년 동안 도미틸라는 파업을 벌이는 남편
들을 지원하는 투쟁에 광부의 아내들을 조직했다. 당시 광부들의 상황을
보여 주는 한 예는 광부들의 평균 수명이 35년밖에 안 된다는 사실이었다.
도미틸라 바리오는 아내들의 단식투쟁을 조직했고, 수차례 투옥됐으며, 한
번은 수감 중에 유산을 하기도 했다. 도미틸라는 회의에 참석한 부유한 페
미니스트들을 신랄하게 비판했다. 그는 멕시코 대표단 단장에게 이렇게 말
했다.

부인, 저는 1주일 동안 당신과 알고 지냈습니다. 매일 아침 당신은 다른

옷을 입고 나타납니다. 반면에 저는 그렇지 못합니다. 당신은 우아한 미용실에서 보낼 시간이 있고 거기에 돈을 쓸 수 있는 사람답게 매일 화장을 하고 머리 손질을 한 채 나타나지만, 저는 아닙니다. 저는 매일 저녁에 운전수가 당신을 집에 모셔가기 위해 이곳 문 앞에서 차를 타고 기다리는 것을 봅니다. 그렇지만 제게는 그런 운전수가 없죠. 그리고 그런 차림새로 이곳에 나타날 정도라면 당신은 고상한 동네에 있는 우아한 집에서 살고 있는 게 틀림없겠죠, 아닌가요? 하지만 우리 광부 아내들은 고작 작은 임대주택에 살고, 남편이 죽거나 병이 들거나 회사에서 해고라도 당하면 90일 안에 그 집을 비워 줘야만 하고 거리에 나앉게 됩니다. 자, 부인, 말해 보시죠. 당신 처지가 제 처지와 조금이라도 비슷합니까? 제 처지가 당신과 조금이라도 같나요? 지금 우리 둘 사이의 평등에 대해 얘기하겠다는 겁니까? 당신과 내가 같지 않고, 당신과 내가 이렇게도 다른데도 말입니까?

도미틸라는 부유한 여성들은 자신과 같은 여성들의 상황을 전혀 모른다고 주장했다.

그들은 우리의 고통을 알 수가 없고 우리 남편들이 허파에서 조금씩 피를 토해 내는 것을 알 리가 없다. 그들은 우리 아이들이 제대로 먹지 못하는 것도 알지 못했다. 그리고 우리가 끔찍한 조건에서 살기 때문에, 새벽 4시에 일어나서 밤 11시나 12시에 잠자리에 들어야 모든 집안일을 겨우 마칠 수 있다는 것도 물론 알지 못했다.

도미틸라는 자신과 친구들이 "남성들에게 조종당하고 있다"는 베티 프리던의 주장을 이해할 수 없었다.

나는 좀 당황스러웠다. 다른 방들에서 몇몇 여성들이 일어나서 이렇게 말했다. 남성은 적이다. …… 남성은 전쟁을 일으키고, 핵무기를 만들고, 여성을 때린다. …… 그러므로 여성 평등권을 획득하기 위해 수행해야 할 첫 번째 전투는 무엇인가? 먼저 남성에게 선전포고를 해야 한다.[28]

도미틸라는 남성 우월주의와 페미니즘에 모두 반대했다.

나는 남성 우월주의가 제국주의의 무기라고 생각하고, 페미니즘도 마찬가지라고 생각한다. 따라서 두 성 사이의 투쟁이 근본적인 투쟁은 아니라고 생각한다. 근본적인 투쟁은 부부, 즉 남녀가 함께하는 투쟁이다. 그리고 내가 말하는 남녀에는 자녀들과 손자들도 포함된다. 즉, 어떤 계급적 지위에서 해방되기 위한 투쟁에 동참해야 하는 사람들을 뜻한다. 나는 오늘날 이것이 근본적인 투쟁이라고 생각한다.[29]

미국은 물론이고 그 밖의 다른 곳에서도 여성운동의 분리주의는 노동계급 여성이 참가할 수 있는 가능성을 좁혔다. 그래서 분리주의는 궁극적으로 여성운동을 젊고 교육받은 중간계급만의 고립된 공간으로 만든 악순환의 요인이 됐다.

여성운동에서 적극적으로 활동한 백인 중간계급 여성들이 처한 환경 때문에, 많은 여성들이 자연스럽게 인종차별주의자가 됐다. 미국의 흑인 저술가 벨 훅스는 저서 ≪나는 여성이 아닌가? 흑인 여성과 페미니즘≫에서 분노를 드러내며 이렇게 썼다. "미국의 모든 여성운동은 출발부터 지금까지 인종차별의 기초 위에서 건설됐다. …… 백인 중상층계급 여성들이 미국의 모든 여성운동을 지배해 왔다."[30]

흑인 지도자 앤젤라 데이비스는 1953년의 유명한 에미트 틸 사건에서 수전 브라운밀러를 맹렬히 비난했다. 수전 브라운밀러가 14살 난 흑인 소년이 백인 여성에게 휘파람을 분 것과 그 소년이 그 때문에 백인 인종차별주의자들한테 구타당한 것을 똑같은 문제로 취급했기 때문이다.[31]

현실 도피와 분열

흑인 운동과 학생운동의 패배 때문에 여성들은 러시아 나로드니키[민중주의자]들이 말한 것처럼, 진보는 정치나 정당이 아니라 인간 능력의 발전, 곧 '개인의 해방'에 달려 있다고 믿게 됐다.[32] 순식간에 미국 현대 여성해방운동은 개인의 경험을 서로 얘기하고 함께 분석하는, 8명 정도의 여성들로 이뤄진 작은 모임들의 집합체로 바뀌었다. 조 프리먼은 이렇게 썼다. 이모임들은 "그 자체로 사회 변화를 위한 장치가 됐다. 그것들은 참여자 자신과 사회 전체에 관한 참여자의 인식과 개념을 바꾸려는 특정한 목적에 따라만들어진 구조였다. 그것이 이뤄지는 방식은 '의식 향상'이라고 불렸다."[33]

'의식 향상' 단체 결성이 목적 자체가 되는 이런 추세가 초기 여성해방운동의 유일한 추세는 결코 아니었다. 많은 여성들, 특히 영국의 사회주의 페미니스트들은 의식 향상이 여성의 삶을 개선하기 때문이 아니라 여성에게 정치 활동에 참여할 자신감을 불어넣어 주기 때문에 중요하다고 주장했다. 그러나 애석하게도 그것은 사실이 아니었다. 자신을 둘러싸고 있는 세계에서 진행되는 투쟁과 자신을 단절시킴으로써 자신감을 얻을 수는 없다. 만약 그렇다고 하더라도 정반대의 현상이 나타날 뿐이다. 정치 활동에 필요한 기량과 주장을 발전시킬 기회는 전혀 얻지 못하는 것이다. 경험이 보여주듯이 여성들은 점점 더 소모임에 집착하다가, 그것들이 와해돼 버리자 완전히 떨어져 나갔다.

흥미롭게도 '의식 향상'은 가족 관계와 개인 관계가 전체 사회와 동떨어져 있고 그 나름의 법칙들에 좌우된다는 지배적인 생각에 도전하지 않는다. '의식 향상'이란 결국 ─ '올바른 사상'을 가지면 개인·성·가족 관계를 변화시킬 수 있다는 신념에서 ─ 개인들의 사상을 바꾸는 데 목표를 둔다. 의식 향상의 논리는 개인 관계를 형성하는 것은 우리가 사는 현실 세계가 아니라 오직 우리 머릿속의 관념일 뿐이라는 것이다. 이와는 반대로, 나는 개인 관계는 우리를 둘러싼 사회의 총체적 사회관계에서 생겨나고 형성된 것이며 궁극으로는 그 현실에서 고립된 상태에서 개인 관계를 바꿀 수 없음을 뒤에서 논증할 것이다. 그러나 먼저 '의식 향상'이 여성운동을 어디로 이끌었는지 살펴보자.

처음에 이런 여성 의식 향상 단체들은 빠르게 성장했다. 그러나 그 단체들은 오래가지 못했다. 그것들은 "순식간에 형성되고 해체돼 버려 흔적을 찾아볼 수 없을 정도였다"고 조 프리먼은 썼다.[34] 많은 단체가 몇 주나 몇 달 만에 해체됐다. 몇몇 단체는 2~3년 동안 살아남기도 했지만, 보통은 9개월 정도 유지됐다.

[단체에] 참가한 결과로서 크든 작든 참가자들의 사상이 변한 뒤에는, 일반적으로 의식 향상 단체가 기여할 것이 거의 없는 지점에 도달한다. 단체는 '목적을 달성했다.' 이 사실을 회원들이 자각하면서 단체는 둘째 발전 단계 ─ 그들이 자신들의 공동 목표를 다시 규정하려고 시도하는 단계 ─ 로 접어든다. …… 회원들이 자신들이 하고 싶은 일이 무엇인지 합의에 도달하는 경우는 거의 없다. 결과적으로 이 둘째 단계를 거쳐 계속 유지되는 단체는 거의 없었다. 대부분은 해체됐다. "여름 동안 사람들이 모두 어디론가 가 버렸고, 돌아왔을 때는 다시 시작하는 것이 불가능해 보였다."[35]

단체에 참가한 여성들 가운데 활동을 계속한 사람은 거의 없었다. 일찍이 1973년에 마런 카든은 "참가자들의 5~15퍼센트 정도만이 여성해방 활동을 계속한 것으로 추정된다"고 썼다.[36] 1970년대 초의 여성 단체 회원들 가운데 아직도 현대 여성해방운동에서 활동하는 사람은 아마도 1퍼센트 미만일 것이다.

사회주의 페미니스트 단체들의 운명은 훨씬 더 나빴다. 그들은 수가 많지도 않았고, 그다지 강력하지도, 급진 페미니스트들과 뚜렷하게 구별되지도 않았다. ≪여성의 육체, 여성의 권리≫의 저자 런다 고든은 이렇게 썼다. "1974년 무렵 사회주의 페미니스트로서 명확한 정체성을 가진 단체를 건설하기 위한 …… 시도들이 전국에서 많이 벌어졌다. 이 단체들은 모두 실패해서 하나도 남아 있지 않다."[37]

단체들끼리 서로 협력하지도 않았고 단체들을 결집하고 이끌어 갈 구조도 없었다. 조 프리먼이 말했듯이, "의도적으로 [조직] 체계를 갖추지 않았고" 그 결과 "운동을 지도하거나 통제할 수 없고, 심지어는 가늠할 수도 없다." 이런 방만함 때문에 엘리트들이 자연스럽게 부상했다.

어떤 이유로든 대중적 악평을 얻은 여성들은 '엘리트주의자들'이라고 비난받았다. …… '무구조無構造' 이데올로기는 '스타 시스템'*을 낳았는데, 이에 대한 반작용으로 오히려 그 이데올로기가 가장 비난한 개인주의적 무책임이 조장됐다. …… 이 단체들은 그것들을 지배하는 엘리트들에게 책임을 강제할 아무런 수단도 없다. 단체들은 심지어 엘리트들이 존재한다는 사실조차 인정할 수 없다.[38]

이러한 상황은 당연하게도 언쟁, 분열, 축출, 그리고 전반적인 긴장 상

---

* 인기 스타를 써서 관객을 동원하는 방식.

태로 이어진다. 미국 현대 여성해방운동 창시자 가운데 한 사람인 마를린 딕슨은 1970년 초에 이미 이렇게 썼다. "적대감과 오해는 시간이 지나면서 그 정도가 더욱 첨예해졌고, 그런 적대감과 오해 때문에 여성들은 운동을 조직하는 일보다는 서로 다투거나 단지 남성우월주의에 맞서 싸우는 데 더 많은 정력을 소모했다."[39] 그래서 또 다른 여성운동 창시자인 타이-그레이스 앳킨슨은 이렇게 말했다. "자매애는 강력하다. 그래서 자매들을 죽일 지경이다."[40]

이런 파편화의 최종 결과는 '억압'의 남발이었다. 예를 들면, 흑인 여성들은 백인 페미니스트들이 피부색을 이유로 자신들을 억압한다고 주장했고, 동성애자 여성들은 이성애자 여성들이 자신들을 억압한다고 주장했다. 이것은 첫째로 억압의 근원이 한 개인들의 집단, 즉 남성이라고 믿은 결과였다. 이제 남성들과 분리된 여성운동 내 여성들은 자신들이 여전히 억압받는다고 느낄 때 비난의 대상이 될 만한 또 다른 개인들의 집단을 찾아내는 방식으로 대응했다. 이런 식이면 결국 사람들은 동조자들에게 책임을 돌리면서 억압의 진정한 근원인 사회 체제는 건드리지 않게 된다.

미국 현대 여성해방운동에서 가장 심각한 갈등은 정치적 레즈비언들과 이성애자 여성들 사이에서 벌어졌다. 개인적 지향으로서 레즈비언주의는 정치적 레즈비언주의와 구별해야 한다. (남성 동성애자가 받는 억압처럼) 레즈비언이 받는 억압에 도전해야 하는 것은 여성해방에서 매우 중요하기는 하지만, 이것이 레즈비언 관계가 이성애 관계보다 우월하다거나 레즈비언주의가 여성해방을 향한 필수 수단임을 뜻하지는 않는다. 미국 현대 여성해방운동의 많은 여성들이 정치적 레즈비언이 됐다. 레즈비언주의는,

여성들은 오직 여성들하고만 일체감을 가져야 하고, 여성들하고만 살고 교제해야 한다고 주장하는 세계관으로 발전했다. 이런 전제를 깔고 보면

레즈비언주의가 페미니즘의 전위이며, 실제로 남성과 동침한 여성은 명백히 적과 교제한 것이고 따라서 신뢰할 수 없다고 주장하기 쉽다. …… "여성과 관계 맺는 것, 상대방에 대한 새로운 의식을 함께 창조하는 것이야말로 여성이 최우선으로 해야 할 일이며, 여성해방의 핵심이고, 문화혁명을 위한 기초다."[41]

질 존슨은 저서 ≪레즈비언 국가 : 페미니즘의 해결책≫에서 이렇게 표명했다. "여성이 남성과 무관하게 성적 만족을 얻는 것은 페미니스트 혁명의 필수조건이다. …… 모든 여성이 레즈비언이 되기 전까지는 진정한 정치혁명은 있을 수 없다."[42] 레즈비언 페미니즘은 강한 호소력이 있었는데, 왜냐하면 남성이 여성을 억압할 때 그 즉시 효과가 있는 개인적 대처 방식을 제시하는 듯했기 때문이다. 미국 현대 여성해방운동 전반에서도 "딱딱한 정치 문제들을 다루기보다 동성애자와 이성애자 사이의 갈등과 같이 본질적으로 개인적인 문제에 힘을 쏟는 것이 더 수월했다."[43]

그러나 누군가는 레즈비언 페미니즘의 대가를 치러야 했는데, 조 프리먼은 그들이 누구였는지 알려 준다.

계속 이성애자로 남아 있으면서 다른 어떤 정치적 연관을 맺지 않은 여성들은 신경쇠약증을 포함한 숱한 정신적 충격을 경험했고 페미니스트 운동에서 완전히 멀어졌다. 그들은 급진 페미니스트로서의 정체성이 파괴됐기 때문에 또 다른 단체를 결성하거나 단체에 가입할 수 없었다.[44]

여성운동의 쇠퇴

미국 좌파는 최전성기 때조차 대체로 정치적으로 취약했고, 1970년대에 경기 후퇴가 날로 심각해지면서(아무도 부정할 수 없는 현실이었다), 파편화된 소규모 집단들로 이뤄졌고 잦은 언쟁으로 분열해 온 미국 현대 여성해방운동은 무력함을 드러냈다. 단순히 자신의 의식을 성찰하는 데 만족하지 않고 행동하기를 원한 여성들은 명망 있는 보수적 여권 단체들로 이동해 갔다. 그 단체들 중 가장 두드러진 것은 NOW였다. 1975년 조 프리먼은 "NOW는 비록 그 이미지가 다소 보수적이긴 했지만, 많은 경우에 유일하게 쓸모 있는 페미니스트 행동 조직이었다"[45]고 썼다. 조 프리먼이 이 글을 쓴 뒤로 미국 현대 여성해방운동은 더욱 붕괴했고 사실상 NOW가 유일한 여성 단체가 됐다. NOW의 회원은 1967년 1천 명에서 1974년 4만 명, 1979년 6만 명, 그리고 1980년 말에는 13만 5천 명으로 증가했다.[46] 여성운동이 NOW로 옮겨 간 것은 경제 불황으로 촉진된 전반적인 우경화의 일부였다.

NOW의 운영 방식은 매우 전통적이다. NOW는 민주당에 기대고, 여성들에게 개혁을 위해 법원과 의회에 의존할 것을 촉구하고, 로비를 주요 활동으로 삼는다.[47] 대표적 예로, NOW 회원들은 교회의 여성 사제 서품을 위한 운동에 적극 개입했다. 3년 사이에 "40명 이상의 여성들이 주임 목사가 됐다."[48] '영부인' 3명을 포함한 약 1만 5천 명의 여성들이 1977년 11월에 열린 NOW 협의회에 참석했다!

NOW는 여성의 조건을 향상시키지 못했을 뿐 아니라, 특히 레이건이 대통령이 된 뒤 여성의 권리에 대한 공격을 막아내지 못하면서 무능하다는 것이 입증됐다. NOW가 다른 모든 여성 문제를 희생해서라도 쟁취해야 할 '최우선 투쟁 과제'라고 선언한 평등권 개정안은 비준에 필요한 만큼의 주州들을 설득하지 못하면서 1982년에 실패로 끝났다.

낙태권도 반격에 부딪혔다. 1973년에 낙태가 합법화됐지만, 1976년에 여성의 생명이 위태롭지 않는 한 연방 정부가 가난한 여성에게 낙태 기금을 지원할 수 없게 하는 법률이 제정됐다. 이것은 여성운동을 분열시켰다.

"······ 중간계급 여성들은 가난한 자매들을 도우려 하지 않았다. ······ 수술 비만 낼 수 있다면 누구나 낙태할 수 있다는 것이 중간계급 여성들이 알고 있는 전부였고, 그들 대부분은 돈이 있었다." 여성운동 내에는 인종차별에 반대하는 도덕적 입장에서 흑인 여성에 대한 강제 출산 통제에 반대하는 운동이 있었는데, 이 때문에 또 다른 혼란이 야기됐다. 이런 관점에서 보면, 낙태는 여성의 권리라기보다 인구 통제 수단이므로, 요구해야 하는 문제가 아니라 오히려 반대해야 하는 것이 된다. 그래서 낙태권 요구는 '백인'(다시 말해 특권층) 여성의 문제로 여겨지게 됐다.

물론 이런 혼란에서 벗어나는 길은 낙태를 할지 말지를 여성이 **선택할** 수 있는 권리를 요구하는 것이었다. 그러나 이 시기에 미국 현대 여성해방 운동은 너무나 분열해 있었고 도덕주의적이었기 때문에 '여성의 선택권'은 공허한 구호가 됐다. 그리고 낙태권 방어 운동을 건설하려는 시도들은 난관 에 봉착했다. 1981년 여름 미국 의회의 한 소위원회는 낙태를 (심지어 일 부 피임 방식도) 살인과 동일하게 간주하는 법률을 승인했다.[49]

1981년 NOW는 샌드라 데이 오코너가 낙태를 반대하고 사형을 찬성하는 사람인데도 오코너의 대법관 지명을 지지하는 운동을 적극적으로 벌였다.[50]

NOW가 더욱 우경화한 사실을 가장 잘 보여 주는 것은 이 조직의 창립 자인 베티 프리던의 저서 ≪제2의 단계≫다. 이 책에서 프리던은 무엇보다 도 "걸스카우트, 여성청년연맹, YWCA, 여성클럽, 그리고 가톨릭 · 개신 교 · 유대교 등의 여성 종교 단체"[51]와 협력할 것을 주장한다. 프리던은 육 군사관학교를 방문했을 때 여성들이 미군 장교가 되려고 훈련받고 있는 것 을 보고 감정이 고조됐다. 그 경험으로 프리던은 "세계를 파괴할 수 있는 강력한 핵무기가 ······ 고통 속에서도 새로운 힘을 향해 돌진하는 여성과 남성의 수중에 있게 될 것이기 때문에 앞으로는 좀 더 안전해질 것"이라고 생각하게 됐다.[52]

법적 평등을 요구하는 NOW 의 시위. 맨 앞에 있는 여성 이 베티 프리던.

임금 부분에서도 여성들은 후퇴했다. 1955년 전일제 여성 노동자의 평균 소득은 남성 노동자의 64퍼센트였다. 1970년 그 수치는 59퍼센트였고, 1976년에는 57퍼센트로 떨어졌다.

몇몇 급진 페미니스트 단체들은 성폭행 피해자나 산부인과 의료, 심리 상담, 육아 지원 여성 센터 같은 특정 서비스 사업에 주력함으로써 살아남았다.

페미니즘은 출판 분야에서도 자리 잡았다. 가장 인정받고 유행한 출판물은 《미즈Ms》였는데, 이 잡지는 1972년 7월에 월간지로 출발해 1년 뒤에는 35만 부나 발행했다. 지금은 전국에 몇몇 페미니스트 출판사와 많은 여성 서점이 있다. 페미니스트 출판인들은 주로 소설에 역점을 뒀는데, 이것은 개인적 경험과 관계에 관심을 집중하게 만드는 데 일조했다.[53]

여성학은 사회에서 자리 잡았다. 독카드Dockard는 1974년 초에 78개 기관에서 여성학 프로그램을 운영했고 5백여 개 대학교에서 약 2천 개 강좌를 개설했다고 보고한다. "현재 거의 모든 대학들이 여성학 강좌를 갖추고 있다."[54] 그리하여 여성 저술가와 강사를 위한 훌륭한 등용문이 마련됐다. 미국 현대 여성해방운동의 초창기 지도자 중 한 명인 캐시 새러차일드는 이렇게 불평했다. "어떤 여성이 어느 정도 성공을 거두면 그와 동시에 그 여성은 여성운동 진영과 계속 교류하는 대신, 혼자서 일하면서 페미니스트 저술가가 되는 것 같은 매우 우회적인 방식으로 활동하려 했다."[55]

이렇듯 우리는 자수성가한 운동 내 일부 여성들의 '성공'과, 노동 여성 대중의 삶을 개선하려는 운동 자체의 실패가 뚜렷이 대조되는 것을 볼 수 있다. 미국 현대 여성해방운동의 옛 활동가들의 운명은 대다수 러시아 나로드니키의 운명과 비슷하다. 유복한 가문 출신인 나로드니키들은 '민중 속으로 들어간' 시기를 거친 뒤, "연구나 문학, 그리고 대개는 사업과 무역 일에 정착했다."[56]

그러나 러시아 나로드니키들과 미국 현대 여성해방운동 성원들 사이의 유사점을 지나치게 강조해서는 안 된다. 전자는 교수형, 감옥, 시베리아 유형에 맞서야 했지만 후자는 주로 '의식 향상'에 시간을 보냈다.

11

영국 현대 여성운동

영국과 미국의 여성운동이 자라난 전반적인 사회·정치 조건들을 비교해 보는 것은 가치 있는 일이다. 왜냐하면 이 조건들이 두 나라 여성운동의 차이점과 유사점에 영향을 미쳤기 때문이다. 이 점은 특히 노동계급 여성의 경우에 더욱더 사실이다.

1978년에 노동인구의 절반 이상(55퍼센트)[1]이 노동조합에 가입한 영국에서 노동조합은 노동자 5명 가운데 1명(19퍼센트)만이 조합원인 미국보다 훨씬 강력하다. 이런 차이는 여성 노동자들에게서 두드러지는데, 미국(1978년)은 여성 노동자의 11.6퍼센트만이 조합원인 반면, 영국(1974년)은 36.7퍼센트가 조합원이다.

정치 영역에서 미국과 영국의 차이는 훨씬 더 크다. 영국에는 노동계급 속에 대중적 기반을 둔 노동당이 있는 반면, 미국에는 공공연한 부르주아 민주주의 정당들만 있을 뿐이다. 혁명적 사회주의 조직들 역시 영국에서 더 강력하며 노동계급에게 더 큰 영향력을 미치고 있다.

영국에서 여성운동과 노동조합 운동이 통합된 적은 없었지만, 주목할 만한 공동 행동은 몇 차례 있었다.

동일임금 투쟁

동일임금은 1960년대의 중요한 쟁점이었다. TUC의 한 조사에 따르면, 1962년까지 20만 명의 여성을 대표하는 19개 노동조합들이 고용주들과 동일임금 협약을 맺었다. 30개 노동조합들은 협약을 맺지 못했다. 많은 노동조합들이 동일임금뿐 아니라 출산휴가, 동등한 취업 기회, 동일 노동조건을 요구했다. 1963년 TUC는 이듬해 집권하는 노동당 정부에게 동일임금법 제정을 요구하는 결의안을 통과시켰다. 이 결의안에 뒤이어 TUC의 여성자문위원회는 '여성 산업 헌장'을 통해 동일임금, 동등한 직업 훈련 기회, 재취

여성운동의 한 축이었던 동일임금 요구 투쟁.

업 여성을 위한 재교육 시설, 취업 여성의 건강과 복지를 위한 특별 기금을 요구했다. 이러한 요구들이 즉각적인 성과를 거두지는 못했다.

그러나 1960년대 말이 되자 노동조합 운동 전반에서 거대한 임금 인상 투쟁이 벌어졌다. 동일임금 요구는 이 투쟁의 한 축이 됐다. 1968년 포드사社 다게넘 공장의 재봉공들이 결정적인 파업을 일으켰고, 머시사이드에 있는 해일우드 공장 재봉공들이 그 뒤를 따랐다. 여성들은 자신들의 파업위원회를 조직했고 포드사를 완전히 마비시켰다. 여성들은 임금을 남성의 92퍼센트까지 인상하는 승리를 거뒀지만 직급을 '미숙련공'에서 숙련공으로 올리는 데는 실패했다.

포드사 여성 노동자들의 파업은 다른 많은 여성 노동자들을 고무했다. 이 파업을 계기로 전국여성평등권공동행동위원회NJACWER가 창설됐다. 위원회는 5개 조항의 헌장을 채택하고 TUC가 동일임금과 동일기회 운동을 이끌라고 요구했다.[2] 1969년 5월 위원회는 동일임금 시위를 조직해 전국의 여성 조합원들한테서 지지를 받았다.

이제 노동조합들은 신규 조합원 모집 운동의 일환으로 동일임금 쟁취를 위해 투쟁하겠다고 약속했고, 그 결과 여성들의 노동조합 가입이 줄을 이었다. 1968~1978년의 10년 동안 공공 부문 노동조합 NUPE는 여성 조합원이 3배 이상 늘어났고 지방정부 공무원들의 노동조합 NALGO는 2배 이상, 보건 서비스 노동조합 COHSE는 4배, 화이트칼라 노동조합 ASTMS는 7배 증가했다.[3]

1970~1974년은 대중적인 노동계급 투쟁의 시기였다. 두 번의 광부 총파업, 피케팅을 했다는 이유로 5명의 항만 노동자들 ― '펜톤빌의 5인'* ― 이 투옥되면서 벌어진 항만 노동자 총파업과 2백 건이 넘는 공장점거가 있었다. 이 시기에는 인상적인 여성 노동자 파업도 잇달아 벌어졌다. 1970년 런던 야간 청소부들이 노동조합 인정을 요구하며 투쟁했다. 같은 해 2만 명의 리즈 의류 노동자들(85퍼센트가 여성)도 파업에 들어갔다. 원정 투쟁으로 멀리 떨어진 요크셔 의류 공장들까지 문을 닫아야 했다. 4분의 3이 여성인 수만 명의 교사들도 반세기만에 처음으로 임금 파업을 단행했다. 1971년에는 런던 전화교환수들이 임금 인상 투쟁을 벌였고, 컴벌랜드에 있는 소규모 온도계 회사인 브래넌에서는 여성 노동자들이 노동조합 조직을 방어하기 위해 파업을 하기도 했다. 1972년에는 여성들이 머시사이드의 피셔-벤딕스와 런던의 브라이언트 칼라인쇄소 점거에 가담했다. 같은 해 손Thorn 전자산업의 계열사인 굿맨에서 여성 노동자들이 동일임금 파업을 성공적으로 이끌었다. 1973년에는 수십만 병원 노동자들(대부분이 여성)이 처음으로 총파업을 벌였다. 그해 코벤트리에 있는 제너럴일렉트릭GE의 여성 노동자 2백 명이 성과급 지불을 요구하며 8주 동안 파업했다. 맨스필드 양

---

* Pentonville Five, 1972년 7월 5명의 항만 노동자들이 투옥돼 펜톤빌 교도소로 가게 된다. TUC는 이 노동자들 석방을 위한 전국적 파업을 호소했고, 그 결과 수천 명의 파업 노동자들이 런던 북부에서 펜톤빌 교도소까지 행진했다.

말 회사의 아시아계 여성들은 인종차별에 항의하는 파업을 벌였고, 주로 여성들로 이뤄진 NALGO가 파업에 들어갔다. 대중 투쟁이 고양되던 이 시기에는 이 밖에도 여성 파업이 많이 벌어졌다.

같은 시기에 여성운동도 발전했다. 1969년부터 여성 단체들이 우후죽순처럼 생겨나기 시작했다. 최초로 설립된 단체는 런던여성해방연구회였는데, 정보 제공 기능을 맡고 있는 소그룹들의 네트워크로서 미국 조직을 본뜬 것이었다. 이 단체는 다음과 같이 선언했다.

> 남성은 지도하고 지배하며, 여성은 추종하고 복종한다. 우리는 이러한 양상을 타파하고, 지도자 없는 우리 자신의 조직들을 설립하며, 여성이라는 공통된 경험을 바탕으로 만나기 위해 남성에게는 우리의 모임을 개방하지 않는다. …… 이러한 이유 때문에 모든 사람이 토론과 결정에 참여할 수 있는 작은 규모의 조직이 우리 운동의 기본 단위고 …… 그것을 토대로 사회 변화와 사회 전체의 변혁을 위한 투쟁에서 우리 몫을 다할 것이다.[4]

또 다른 단체는 여성해방 월간지 ≪스루Shrew≫를 발간했다.

몇 달 뒤인 1970년 2월, 제1회 전국여성해방대회가 옥스퍼드의 러스킨 대학에서 열렸다. 약 6백 명의 여성이 참가했는데, 대부분 새로운 여성해방 단체의 회원이었다. 일부는 NJACWER에서 왔고, 마오주의 단체들과 트로츠키주의 단체들에서 온 사람들도 있었다.[5] 대회는 각 단체가 2명의 대표를 파견하는 전국 회의를 통해 느슨하게 통합되는, 지역에 기반을 둔 소규모 여성 단체들로 이뤄진 조직 구조를 채택했다. 또 이 대회에서 전국여성조정위원회WNCC를 구성했다.

1970년 11월에 페미니스트 약 1백 명이 미스월드 선발대회를 방해했다.

1971년 3월 6일, 런던과 리버풀에서 처음으로 국제 여성의 날 기념집회가 열렸다. 시위대는 WNCC가 작성한 4대 기본 요구 사항 — 동일임금, 동등한 교육과 취업 기회, 여성의 요구에 따른 무료 낙태·피임 시술, 24시간 무료 보육시설 — 을 내세웠다.[6] 이 4대 요구 사항을 보면 여성운동의 목표가 현실 세계를 변화시키려는 것임을 분명히 알 수 있었다. 이러한 요구 사항은 국가에 대한 요구였다는 점에서 정치적이었고 노동계급 여성들의 필요에 부합했다.

노동운동에서 멀어지다

안타깝게도 성장하던 여성운동은 여러 요인들 때문에 노동계급과 멀어졌다. 첫째 이유는 여성운동이 중간계급으로 구성된 사실이다. 1971년에 쉴라 로보섬은 여성운동의 사회적 구성을 다음과 같이 규정했다. "여성해방운동은 주부뿐 아니라 교사, 사회사업가, 사서, 저널리스트, 사무직 노동자 등 주로 특정 사회 계급 출신 여성들을 동원했다."[7]

그러나 짚고 넘어가야 할 것은 모든 사무직 노동자가 아니라 상층 사무직 노동자에, 모든 주부가 아니라 라이프스타일을 바꾸는 데 몰두할 만한 여유가 있는 주부들에 한정된 점이다. 쉴라 로보섬은 이러한 현상에 대해 다음과 같이 지적했다. "페미니스트 정치는 여성해방운동이 되기보다 해방된 삶을 누리는 데 열중하게 될 수 있다."[8] 공장에서 다른 여성들과 함께 일한 경험이 있는 한 페미니스트는 이렇게 말했다.

좀 더 '개방된' 관계를 실험하거나 공동체 생활을 시도하려면 공장 여성 노동자들은 엄두도 낼 수 없는 많은 시간과 정력, 토론이 필요하다. …… 여성 노동자들에게 다른 사람들의 색다른 삶은 꿈도 꿀 수 없는 것이다.

여성 노동자들에게는 가정과 결혼이 가장 중요한 문제였다. …… 일
단 그들은 일 때문에 녹초가 돼서 안정된 일상과 의지가 될 만한 가정을
꾸리는 데 시간을 낼 수 없다. ……[9]

물론 이런 노동계급 여성들이 받아들이는 가치들 — 가정과 가족에 대
한 전통적인 설명 — 이 잘못된 것이라고 주장할 수 있고, 사회주의자들은
틀림없이 그렇게 주장할 것이다. 그렇지만 노동계급 여성이 페미니즘을 받
아들일 수 없다는 것은 여전히 분명하다. 노동계급 여성에게는 '의식 향상'
을 위한 시간이 없다.

여성 노동자 대부분의 유일한 휴식은 텔레비전을 보거나 토요일 밤에 외
출하는 것이었다. 어린 아이가 있는 여성들은 5시나 6시에 일어나 9시
30분에 잠자리에 들었다. 10시가 넘으면 밤늦은 시간이라고 생각했으며,
오후 7시에서 8시 사이가 이른 밤을 뜻했다.[10]

마거릿 킹이라는 노동계급 여성이 《스페어 립》에 보낸 "지적 속물근
성"이라는 제목의 편지를 보면 노동계급 여성들이 여성해방운동과 얼마나
괴리돼 있었는지 잘 드러난다.

운동 안에 있는 많은 여성들이 보여 주는 지적 속물근성에 대한 독자 투
고에 저는 매우 동감합니다. …… 저는 더는 여성해방 단체에 참여하지
않을 것입니다. 왜냐하면 …… 의식 향상 단체에 마지막으로 갔을 때, 그
단체에서 상급학교에 진학하지 않고 학교를 졸업하자마자 곧바로 일을
시작한 여성은 저밖에 없었습니다. 그 때문에 저는 열등감을 느꼈고 여
성이라면 이해할 만한 수세적인 태도를 취하게 됐습니다. 이런 제 반응
을 보고 한 회원은 저에게 여성치료단체에 연락해 보라고 제안하기까지

했습니다! 저는 정말로 기가 죽어서 그 모임을 떠났고 소위 '자매들'한테서 받은 그러한 경험을 다시는 겪지 않겠다고 결심했습니다.[11]

요구 사항의 변화는 여성운동이 노동계급과 얼마나 멀어졌는지를 알려주는 척도다. 앞서 살펴봤듯이, 1971년의 원래 요구 사항들(즉각적인 동일임금, 동일한 교육과 취업 기회, 여성의 요구에 따른 무료 낙태·피임 시술, 24시간 무료 보육시설)은 노동계급 여성의 요구에 부합했다. 1975년 '재정적·법적 독립'과 '레즈비언 차별 철폐와 자신의 섹슈얼리티를 규정할 여성의 권리'가 새롭게 추가됐다. 1978년 마지막 전국여성대회에서는 다음과 같은 요구 사항이 추가됐다. 그것은 "결혼 여부에 상관없이 위협·폭력 사용과 성적 강제의 위협에서 자유로워지는 것, 그리고 여성에 대한 남성의 지배와 공격을 영속화하는 모든 법률·편견·제도를 일소하는 것"이었다. 최초의 4대 요구 사항은 명확하고 현실 세계의 변화를 목표로 했으며 국가를 겨냥한 것이었다. 그러나 추가된 사항들은 대부분 '태도'와 '편견', 그리고 '개인적 정치'에 관한 것이었다.

1974년은 영국의 계급투쟁이 절정에 달한 해였다. 그해 보수당 정부는 광부 총파업 때문에 총선을 실시할 수밖에 없었고 선거에서 패배했다. 노동조합 지도자들의 지지를 받은 새 노동당 정부는 동일임금과 동등한 취업 기회 보장을 요구하는 여성 노동자들의 투쟁을 포함해 노동계급 운동을 재빨리 냉각시켰다. 그러나 노동당 정부의 취임이 커져만 가는 경제 위기에 영향을 미치지는 못했다. 인플레이션 때문에 최저임금 노동자들(대개 여성들)이 가장 큰 타격을 입었고, 실업이 늘어나면서 수천 명의 시간제 노동자들(역시 대부분 여성들)이 일자리를 잃었다.

여성운동의 약점을 전면에 드러낸 것은 무엇보다 이러한 전반적인 경기 침체였다. 1970년대 중반까지 여성운동에는 세 가지 조류가 있었다고 할 수 있다. 한쪽 극단은 급진 페미니스트들로서 그들에게 남성은 '적'이었다. 그들은 주변적이었고 그들의 유일한 실천적 선택은 현실을 외면하고 웨일스에 공동체를 건설하는 것이었다. 또 다른 극단에는 더 넓은 여성들의 공간을 확보하기 위해 현 사회구조 개선에만 전념한 개량주의자들과 전문직 여성들이 있었다.

그 중간에 베트남전쟁 반대 시위를 하고 낙태권을 옹호한 여성들이 있었는데, 그들은 보수당에 맞선 광부 파업을 지지하고 작업장과 대중 매체에서 벌어지는 여성 차별에 반대했다. 그들을 대충 '사회주의 페미니스트들'이라고 부를 수 있다. '평등'이란 사회주의 페미니스트 대부분에게는 혁명적인 요구였는데 — 늘 그런 식으로 보지 않았다고 하더라도 — 왜냐하면 철저하고 근본적인 변화 없이는 체제가 평등을 제공할 수 없음이 명백했기 때문이다.

여성운동의 '사회주의' 조류는 경기 침체가 심각해지면서 사라져 버렸다. 이제는 두 극단만이 남아 있다. 여성운동이 침체하면서 작업장에서 여성의 투쟁이 외면당했고 '개인적 정치'와 '폭력에 반대하는 여성'에 관심이 집중됐다. 현실 세계의 상황이 나빠지면서 생겨난 운동 내부의 분열 때문에 이런 쇠퇴는 더 빨라졌다. 이 시기에 이르러 비로소 급진 페미니스트들의 '가부장제 이론'이 계급 사상을 밀어냈다. 노동당 내 '페미니스트 투쟁'도 이 시기의 현상이었다.

파편화

미국에서처럼 영국 여성운동의 무구조는 운동의 분열을 가속화했다. 2년 뒤 런던여성해방연구회의 창립 회원 3명은 바그완 라즈니쉬의 가르침을 받기 위해 인도로 갔고 또 다른 4명은 미국으로 돌아갔다. ≪스페어 립≫은 사기저하를 이렇게 묘사했다.

우리는 활력을 잃었고, 몇 주에 한 번 하던 모임은 몇 개월에 한 번으로 바뀌는 등 불규칙해졌으며, 사람들은 늦게 오거나 아예 오지 않았다. 주변에 아무도 없었고 모두 자포자기해 도망친 듯이 보였기 때문에, 강력한 정치 활동을 조직함으로써 우리가 단체에 대한 잃어버린 확신을 되찾는 일은 그 어느 때보다도 가능성이 없었다. …… 1973년 또는 1974년이 되자 우리는 한 달에 두 번 정도 서로의 집에서 저녁식사를 하는 모임을 시작했다. 우리는 더는 하나의 단체로서 정치 활동을 하지 않았다. …… 우리가 서로에게 제공할 수 있었던 것은 결정적으로 애정과 지지의 네트워크였다.[12]

≪파편을 넘어서≫*의 저자 가운데 한 사람인 린 시걸도 비슷한 얘기를 하는데, 1972년 8월에 문을 연 런던 북부 이즐링턴의 에섹스로드여성센터에 관한 것이었다. 이 센터는 여성 노동자를 염두에 두지 않았다. 실제로 린 시걸은 다음과 같이 말했다. "우리는 조직이 없었기 때문에 우리와 친구 관계에 있지 않은 노동계급 여성들은 참가하는 방법을 알기 어려웠다."[13] 센터는 가장 주변에 있고 억압받고 불안정한 사람들, 즉 "죄수, 노숙자, 실업수당 청구자 등에게 관심을 기울였다. …… 그러나 비참함이 곧 전투성은 아니고 가장 억압받는 사람들은 너무 억눌려 있어서 투쟁하기가 어려울 때가 많았다."[14] 따라서 이러한 온갖 노력에도 얻은 것은 거의 없었다. 센터는 1주일에 이틀 밤만 문을 열었고, 지지자들은 보통 1년 쯤 뒤면 떠나갔다.[15]

---

* *Beyond the Fragments*, 1978년에 쉴라 로보섬, 린 시걸, 힐러리 웨인라이트가 쓴 책이다. 이 책의 핵심 주장은 좌파 정치가 여성과 여성운동의 경험을 통해 변해야 한다는 것이었다.

작은 규모 단체들의 느슨한 네트워크는 경험을 교류하거나 연속성을 유지하는 데 도움이 되지 못했다. 그래서 새로운 센터가 옛 센터의 잿더미에서 생겨났을 때 린 시걸은 다음과 같이 말했다. "상황은 마치 아예 처음부터 다시 시작하는 것 같고 어떤 교훈을 배웠는지 모르겠다."[16]

몇 년 동안 린 시걸은 위계 체제로 여겨진 레닌주의의 대안으로서 '참여 민주주의'에 과장된 찬사를 보낸 뒤에, 여성운동의 무구조에서 좀 더 진전된 결론을 이끌어 냈다. "나는 때때로 소규모 단체 안에서 '지도자 중심주의'와 싸우는 것이 훨씬 더 어려울 수도 있고, 상호 작용이 정치적 표명이라기보다는 순전히 개별적이고 개인적인 표현으로 보이기 쉽다는 것을 깨달았다."[17] 비슷한 맥락에서 쉴라 로보섬은 다음과 같이 썼다.

직접민주주의의 문제점은 명백하다. 참석하지 못하는 사람은 참여할 수 없다. 다음 모임에 나와서 이전에 내린 결정을 뒤집을 수 있다. 매우 적은 수의 사람만 참가하더라도 그들이 책임을 떠맡아야 한다. 이것은 아주 공공연한 상황이고, 감정적인 속임수에 재능이 있거나 개입할 필요성을 확신하는 사람이면 누구나 그 어떤 승인된 절차의 방해를 받지 않고서도 그렇게 할 수 있다.[18]

여성해방운동은 독단적인 엘리트들에게 개방된 비조직적 단체들에 소속된 중간계급 여성들로 구성돼 있었기 때문에, 여러 종파주의적 단체들이 활동하기에 적합할 소지가 많았다. 1868년에 마르크스는 종파를 다음과 같이 규정했다. "종파는 계급 운동과의 **공통점**이 아니라 계급 운동과 자신을 **구별**하는 특수한 표지에서 그 존재의 정당성과 '명예'를 찾는다."[19] 1871년에 마르크스는 "사회주의 종파의 발전과 현실 노동자 운동의 발전은 늘 서로 반비례 관계에 있다"[20]고 덧붙였다.

1971년이 되자 WNCC는 "회합이 종파주의자의 전쟁터가 됐기" 때문에 해체되고 말았다.[21] 남성의 입회 문제가 싸움의 발단이었다. 미국 현대 여성해방운동의 1차 · 2차 전국 대회에는 남성의 참가가 허용됐지만, 마이크를 차지하려고 두 여성이 싸움을 벌였을 때 한 회원의 남편이 자기 부인을 돕기 위해 달려든 일이 있은 뒤에 남성은 배제됐다. 런던여성해방연구회에서도 남성은 배제됐다.

미국과 마찬가지로 영국의 운동도 레즈비언 페미니스트들과 이성애자 페미니스트들의 갈등 때문에 분열했다. 1974년 4월 3백 명이 참가한 첫 번째 레즈비언 페미니스트 대회는 레즈비언 정치가 페미니즘의 중심이라고 선언했다.[22] 1979년 9월 리즈혁명적페미니스트그룹은 "정치적 레즈비언주의, 이성애에 반대하는 견해"라는 제목의 성명서를 발표했다. 이 성명서는 다음과 같이 선언했다.

우리는 모든 페미니스트가 정치적 레즈비언이 될 수 있다고, 또 돼야 한다고 생각하지 않는다. …… 삽입은 억압자가 피억압자의 몸으로 들어가는 커다란 상징적 의미를 지닌 행위다. 그러나 그것은 상징에 그치는 것이 아니다. 삽입의 기능과 효과는 여성에 대한 처벌과 지배다. …… 페미니스트에게 성교를 그만두는 것은 정치를 진지하게 받아들인다는 것이다. …… 사회주의자 여성들은 …… 케이프 사과Cape apple 구매가 남아프리카공화국에 이익이 되기 때문에 반대할 것이다. 어떤 페미니스트들에게는 삽입을 포기하는 것은 분명 더 어려운 일이다. ……[23]

이 단체는 또 다른 성명서에서 이렇게 주장했다. "이성애는 …… 남성들이 만들고 유지하고 여성에게 강요한, 남성의 목적을 위한 것으로서 그 목적 중 하나는 어디에서든 어떤 부류든 간에 모든 여성을 억압하는 것이다."[24]

레즈비언 페미니스트들은 많은 이성애자들을 여성운동에서 멀어지게 만들었다. 안나 쿠트와 비어트릭스 캠벨은 이렇게 묘사했다. 얼마나 많은 여성들이,

이성애를 찬성하는지 반대하는지 여부가 가장 중요한 질문이었던 여성 해방운동의 정치에 참여할 수 없다고 느꼈던가! …… 의례적으로 전국 대회가 계속됐으나, 1978년 버밍엄에서 열린 마지막 대회에서 분열이 극심해지고 고통스러워져서 아무도 그런 회의를 또다시 조직할 엄두를 내지 못했다.[25]

레즈비언 페미니스트들이 자행한 공격의 피해자 가운데 하나는 운동 잡지로서는 유일하게 오래 버틴 ≪스페어 립≫이었다.[26] 초창기에 이 잡지는 노동계급 여성의 노동 경험에 관련된 소식과 특집기사에 많은 지면을 할애했다. 예를 들면, 1975년 겨울에는 헤이우드의 SEI사社에서 동일임금을 위해 11주 동안 파업한 여성 파업 노동자들이 보낸 기사를 5면에 걸친 특집으로 실었다. 그러나 1976년 이후에는 산업 쟁점이 사실상 사라졌다. 그 대신 ≪스페어 립≫은 여성해방운동 내부의 온갖 문제를 반영했다. 그것은 '남성 지배적인' 노동운동과의 애증 관계, '페미니스트 라이프스타일'의 추구, 기성 사회·정치 체제 안에서 여성해방의 영역 찾기 같은 문제들이었다.

레즈비언과 이성애자의 분열은 ≪스페어 립≫의 편집진을 갈라놓았다. 1980년 9월 한 편집위원이 그 사실을 인정했다. "자매애적 분위기에서 잡지를 내거나 잘 지내기가 어려워졌다. 그 심각성 때문에 우리는 구조의 문제들과 개인의 문제들을 해결하는 데 도움을 줄 그룹 상담자가 참석하는 일련의 특별 모임을 갖기로 결정했다." 편집부를 사직한 여섯 명 가운데 한 사람인 어맨더 세바스틴은 사직서에 다음과 같이 썼다. "우리가 상담자

를 불러야 한다고 얘기한 풋내기가
바로 나섰다. 내가 시간 낭비를 하고
있다고 깨닫는 데는 지루하고 비참하
고 분노로 가득 찬 6개월의 시간이 걸
렸다."[27] ≪스페어 립≫, 특히 독자 편
지란은 레즈비언 페미니스트들과 이
성애자 페미니스트들 사이의 싸움터
가 됐다.[28] 그 때문에 편집진의 분열
은 더 심해졌다. 흑인 여성은 백인 여
성을 공격했다. 아랍 여성은 유대인
여성을 공격했다. 잡지는 백인 여성의

1972년 ≪스페어 립≫ 표지.

인종차별을 둘러싸고 몇 달 동안 논쟁을 벌인 뒤 '흑인판' 특별 호를 만들었
고, 이어서 4개월 동안 이것이 명목주의*인지에 대한 논쟁이 벌어졌다.

또 다른 분파는 '가사 노동에 임금을' 운동이었다. 1972년 3월 맨체스터
에서 열린 전국여성대회에서 셀마 제임스는 "여성, 노동조합, 그리고 노동"
이라는 제목의 글을 낭독했다. 제임스는 "가족과 마찬가지로 노동조합이
여성의 희생을 대가로 '계급'을 보호하기 [때문에 ― 토니 클리프] 노동계급
여성의 노동조합에 맞선 투쟁"[29]이 중심 과제가 돼야 한다고 선언했다.

셀마 제임스는 여성해방운동의 4대 요구 사항 ― 동일임금, 동일한 교
육과 취업 기회, 24시간 무료 보육시설, 여성의 요구에 따른 무료 낙태·피
임 시술 ― 이 다른 6대 요구 사항으로 대체돼야 한다고 주장했는데, 처음
의 두 가지 요구 사항은 다음과 같다.

---

* Tokenism, '토크니즘'이라고도 하며, 명목상의 차별 폐지를 말한다. 예를 들면, 조직
  에서 상징적으로 여성을 한 명 정도 임명해서, 여성을 차별하지 않는다는 '상징(토큰)'
  으로 사용하는 것을 말한다.

1. 우리는 적게 노동할 권리를 요구한다.
2. 노동을 하든 안 하든, 기혼이든 미혼이든 여성과 남성에게 최저생계비를 보장해 줄 것을 요구한다. …… 우리는 가사 노동에 대한 임금을 요구한다. 모든 주부는 임금을 받을 권리가 있다.(남성도 마찬가지다.)

마리아로사 코스타와 셀마 제임스는 1972년에 쓴 소책자에서 이렇게 주장했다. 가정에 있는 여성들도 생산하고 있으며 따라서 잠재적 "사회세력이다. 어떤 사람의 생산이 자본주의에 절대로 필요하다면 생산을 거부하는 것, 즉 노동을 거부하는 것은 사회세력의 기본 수단이다."[30]

그러므로 우리는 여성의 노동인 가사 노동을 거부해야 한다. …… 우리는 집을 나와서 …… 그곳이 탁아소이든 학교이든 병원이든 양로원이든 빈민가든 관계없이 게토에 갇혀 있는 모든 사람들의 투쟁과 연관 맺어야 한다.[31]

셀마 제임스는 주부의 최저임금은 사회의 평균 임금과 같아야 한다고 주장한다.

따라서 가정이라는 사방의 벽에 의해 서로 고립돼 있고, 어린 아이들과 돌봐야 할 노부모가 있으며, 게다가 국가의 사회·의료 서비스 삭감으로 어린이·노인·환자를 돌봐야 하는 더 큰 부담을 짊어진 가정주부들, 그들이 별안간 조직화돼 가사 노동에 대한 임금을 쟁취할 것이다! 그러나 현재 노동조합으로 조직된 여성들은 아직도 동일임금을 쟁취하지 못했고, 그들이 누리고 있는 사회적 혜택들을 지키는 것이 그 어느 때보다 어렵다는 것을 깨닫고 있다.

여성해방운동에 참가한 많은 여성들은 남성의 지지를 얻을 가능성이 더 큰 투쟁 영역 ─ 병원과 학교에서 임금 삭감 반대, 낙태권, 동일임금이나 노동조합 가입을 위한 작업장 투쟁 ─ 을 무시하거나 과소평가한 반면, 남성과 여성이 대립하는 영역 ─ 강간, 매 맞는 여성, 가사 노동에 대한 임금 지불 ─ 에 시종일관 초점을 맞췄다. 그러한 여성들은 자신과 다른 여성들을 투쟁하는 노동계급의 일원이 아니라 남성 지배의 피해자로 본다. 여성해방운동은 여성이 가장 강력한 곳 ─ 여성들이 조직돼 있는 노동조합이나 작업장 ─ 이 아니라, 여성이 가장 취약한 곳에 집중해 왔다.

1972년 에린 피지가 치즈윅에 매 맞는 여성을 위한 쉼터를 처음으로 설립했다. 1980년 무렵에는 페미니스트들이나 여성해방과 무관한 사회사업가들이 만든 쉼터가 2백 개나 있었다. 1974년과 1975년에 전국 대회가 열렸는데, 1975년에는 기존의 28개 쉼터와 설립 예정인 83개 쉼터의 대표자들이 참석했다.[32]

최초의 성폭행 센터는 1976년 3월 런던 북부에서 문을 열었다. 5년 뒤에는 영국 전역의 도시에 16개의 비슷한 센터가 생겼다. 1977년 11월 12일에 시작된 '밤을 되찾자' 시위가 런던, 리즈, 맨체스터, 요크에서 벌어졌다. 수백 명이 참가해 노래를 부르고 포르노 가게와 스트립쇼 클럽의 창문에 스티커를 붙였다.[33]

그리고 여성 상호 부조 센터, 여성 연구 센터, 저작·출판·건강·정신의학·법률조언·육아·목공예를 위한 여성 단체 같은 그 밖에 다른 센터들의 네트워크도 있다. 참가자들에게 이런 센터들은 '완전한 대안 페미니스트 문화'를 형성했다.

사회주의자들에게는 매 맞는 여성과 그 아이들을 위한 쉼터가 병원이나 학교처럼 방어해야 하는 중요한 사회보장 서비스 중 하나다. 그러나 그것은 자본주의가 야기한 인간성 파괴에 미미한 영향을 미칠 뿐이며, 결코 임시방편 이상으로 여겨서는 안 된다.

서로 다른 방향으로

여성운동이 점점 수세적이고 무력해지고 내부 싸움과 분열에 빠져 들었지만, 노동조합 여성들은 활동을 멈추지 않았다. 우리는 NJACWER이 1969년에 설립돼 4개 항의 선언문을 채택했고, 1968~1974년에는 여성들의 대규모 노동조합 가입과 괄목할 만한 여성들의 투쟁이 있었음을 이미 언급했다.

1974년 이후 여성들이 참가한 파업들은 대개 치열했다. 장기 파업이 많았는데, 그 중 몇 개만 언급하면 트리코, 그런웍스, 칙스, 리 진스, 리버풀 타자수 파업이 있었다. 1979년 1월 22일 대부분이 여성인 8천 명의 노동자들이 저임금 노동자들의 '전국 행동의 날' 시위에 참가했고, 곧이어 공공부문 노동조합들도 저임금과 정부의 예산 삭감에 항의하는 산업 행동 계획에 착수했다. 그러나 1974년 이후 여성해방운동은 여성들의 파업을 사실상 완전히 무시했다. 예를 들면, ≪스페어 립≫의 표지 변화를 보라.

낙태권 운동 : 쉽지 않은 동맹

여성의 낙태권을 방어하는 운동에서 노동조합과 여성운동은 어느 정도 협력했다.

1967년 낙태법에 대한 공격이 되풀이됐다. 낙태법 개정안 도입에 반발해 1975년에 전국낙태권캠페인NAC이 출범했다. 1975년 6월 4만 명의 여성과 남성이 NAC가 호소한 시위에 참가했다. 사무직 노동조합의 펼침막이 많이 있었고 광부 노동조합과 건축 노동자들의 펼침막도 간간이 보였다. 사회주의 단체들과 여성 조직들의 펼침막도 많았다.

많은 노동조합들이 연례 협의회에서 여성의 낙태권을 지지하는 결의안을 통과시켰다. 1975년 TUC 여성협의회는 '여성의 요구에 따른' 낙태 지지 결의안을 압도 다수의 찬성으로 통과시켰다. 그해 말 TUC 대의원대회가

"합법적인 낙태는 여성의 생명을 구한다."

비슷한 결의안을 통과시켰다. 낙태법 개정안은 법으로 제정되지는 못했다. 법안 처리 시한을 넘겨서 폐기되고 말았다.

그러나 1976년 4월에 NAC는 또다시 낙태 제한 시도에 반대하는 시위를 호소해야 했다. 1977년 의회에 제출된 2차 법안은 낙태를 허용하는 시한을 줄이고, 법을 위반한 의사들에게 더 많은 벌금을 부과하고, 낙태할 때 의사 1인이 아닌 2인의 동의 서명을 요구하려 했다. 1만 5천 명이 시위에 참가했고, 훨씬 많은 사람들이 뒤이어 벌어진 운동을 지지했다. 그 법안 역시 처리 시한을 넘기면서 좌절됐다.

1979년 새로 보수당 정부가 들어선 뒤 국회의원 존 코리가 또 다른 낙태 제한법을 입안하자 TUC는 TUC 여성협의회의 결정을 반영한 대의원대회 결의안을 실천에 옮겨 대중 시위를 호소했다. 이 시위는 1979년 10월 31일에 열렸는데, 약 8만 명의 남녀가 런던의 마블아치에서 트라팔가 광장까지 행진했다. 그것은 "전통적인 단체교섭 범위를 넘어선 목표를 위해 벌어진 노동조합 시위 가운데 가장 큰 규모였고, 동시에 역사상 가장 큰 낙태권 찬성 행진이었다."[34] 2백 명가량의 젊은 급진 페미니스트들이 불쑥 나타나 여성들이 그 행진을 주도해야 한다고 주장하면서 격렬하게 항의했다. NAC 집행위원회는 그들을 신랄하게 비난했다. 집행위원회는 이렇게 말했다.

TUC의 개입을 완전히 반대하는 여성들이 있다. TUC가 시위를 조직한
것은 우연이 아니었고 몇몇 사람들이 암시하는 것처럼 기회주의도 아니
었다. …… 우리는 TUC의 시위가 코리 법안에 반대하는 사람들을 가장
많이 동원하는 최선의 방법이라고 생각했기 때문에 그 시위를 위해 적극
적으로 싸웠다. 노동조합 없이 여성운동의 제한된 범위 밖에 있는 여
성들(그리고 <가디언> 독자들)과 접촉할 수 있는 아무런 희망도 없다.
  우리는 1975년 TUC 여성 노동자 시위에서 조직하기 시작했고 "TUC는
여성의 요구에 따른 무료 낙태 시술이라는 입장을 취하라"고 외쳤다. 우
리는 TUC가 그렇게 행동하도록 만드는 데 그 다음 4년을 소비했다. ……
  노동조합 지부들에 정책을 관철시키기 위해서 분투한 여성들은 바로
일선의 노동조합 대의원 여성들이었다. 그것을 넘겨받으려는 행위는 그
들을 모욕하고, 낙태권 운동에 직접 개입한 적이 전혀 없는 다른 여성들
보다 그들이 거기에 참석할 권리가 더 적다고 억지를 부리는 것이었다.[35]

급진 페미니스트들이 분리주의로 나아가는 잘못을 저지른 반면, NAC는
노동조합 관료들의 통제를 너무 순순히 받아들였다. 그러나 낙태권 운동에
서 중요한 사실은 남녀를 불문하고 노동조합 활동가들과 사회주의자들이
결정적 구실을 했다는 점이다.

보수당의 공격에 직면한 여성해방운동

마거릿 대처가 이끄는 보수당 정부의 건강·교육·사회보장에 대한 공
격으로 모든 노동자들이 고통받았는데, 특히 여성들이 그러했다. 실업과 육

아·출산 수당 삭감으로 더 큰 부담을 지게 된 것도 여성들이었다. 영국의 출산 수당 25파운드는 유럽 국가 대부분에 비해 몇 배나 낮다. 프랑스에서는 출산 수당이 첫 아이는 5백25파운드, 둘째 아이는 7백52파운드, 그리고 셋째는 터무니없이 많은 1천48파운드다.[36] 동일임금법과 성차별금지법은 사실상 사문화됐다. 전일제 직업을 가진 여성의 평균 소득은 1977년에 남성의 75.7퍼센트였던 것이 1982년에는 73.9퍼센트로 떨어졌다. 1981년에 동일임금을 요구하며 제기된 소송 건수는 54건으로 감소했는데, 그 가운데 6건만 승소했다.[37]

보수당과 고용주들의 공격 앞에서 부문별 대응은 소용이 없다. 1979년 가을에 내가 썼듯이,

보수당은 우리의 노동계급 조직을 시험해 보려 한다. 따라서 전반적 공세라는 맥락에서 각각의 공격을 봐야 한다. 이것은 투쟁하고 있는 모든 노동자 조직에 최대한 지원을 집중하고 그들의 투쟁을 정부에 대한 공격과 연결하는 것이 중요하다는 뜻이다. 모든 전투에는 분명하고 정치적인, 즉 전全 계급적·사회주의적·반정부적 날카로움이 있어야 한다.[38]

1968~1974년의 상승기에는 상황이 좋았고 부문 행동도 효과를 낼 수 있었다. 그리고 여성운동도 성장했다. 그러나 상황이 어려워지자 여성운동은 자신감을 잃었고 내향화했다. 1980년에 페미니스트 저술가 리즈 헤론은 "급진적 낙관주의의 퇴조는 …… 개인으로 후퇴하는 것을 촉진했다"[39]고 썼다. 또 다른 저술가 로잘린드 코워드는 "'여성운동' 시절에 대한 거창한 향수를 자아낸자아낸 온 ─ 토니 클리프 분열의 위기"[40]가 존재한다고 말했다. ≪스페어 립≫에 실린 "다음은 어디로?"라는 제목의 슬픈 기사에서 미셸린 원도는 1980년대의 황폐한 장면을 조망하고 있다. 원도는 이제 더는 여성

해방운동에 대해 얘기하는 것이 불가능하며 다만 페미니즘에 대해서만 얘기할 수 있을 뿐이라고 말한다. 그러나 원도는 지난 10여 년이 완전히 실패로 돌아간 것만은 아니며 "페미니즘은 몇몇 중요한 전문 분야를 구축했다"고 주장한다.

미셸린 원도의 주장은 옳다. 수많은 중간계급 여성들이 여성해방운동에서 출발해 교육·언론·방송에서 성공했다. 전문직 여성들에게 최상의 기회 가운데 하나는 여성학이 자리 잡은 것이었다. 현재 적어도 30개 대학교에 여성학 강좌가 개설돼 있고, 그 외에도 성인 교육 과정과 WEA[노동자교육협회] 과정에 여성학 강좌가 있다.[41]

미셸린 원도는 페미니즘이 몇몇 중요한 전문직 분야를 구축했다는 사실이 여성 대중에게는 조금도 이득이 되지 않는다는 사실을 마지못해 인정한다. 원도는 대처주의* 때문에 노동계급 여성과 지위가 하락한 일부 중간계급 여성들이 노동조합주의와 이런저런 사회주의 정당으로 향하게 될 것이라는 점을 인정한다.

이번 단락은 <노동자 신문>(뉴캐슬노동조합협의회 회보) 1981년 1월호에 게재된 '부고訃告'로 결론을 얘기하는 것이 적절할 듯하다.

뉴캐슬노동조합협의회의 노동여성헌장 소위원회의 폐쇄를 알려야 하다니 너무나 아쉬운 일이 아닐 수 없다. 약 5년 동안 활동한 소위원회는 적극적인 관심의 부족과 지지 획득의 실패를 견디지 못하고 12월 초에 활동을 중단했다. ……

소위원회 활동의 주된 초점은 교육과 선전 사업이었다. 이 분야에서

---

* Thatcherism, 영국 총리 대처가 추구한 정책으로서 국가 개입 축소, 사유화, 직접세를 줄이고 간접세를 늘리는 정책, 노동조합 반대, 복지 삭감을 뜻한다.

이룩한 많은 성과들 가운데 거론할 만한 것으로는 노동여성헌장의 10가지 조항에 관한 비디오 영화, 이와 비슷한 텔레비전 프로그램, 지역 라디오의 10대 프로그램 시리즈, "여성의 투쟁"이라는 지역 소식지 제작, <노동자 신문>과 지방 신문 ― 특히 <이브닝 크로니클> ― 에 기사 게재, 일일학교 조직과 참여, 중·고등학교와 대학에서 토론 지도 등이 …… 있다.

여성들이 가장 많은 공격을 당하고 있는 지금 소위원회가 문을 닫았다는 것은 역설적이다.

동성애자 해방 운동의 뼈아픈 교훈

게이와 레즈비언은 자본주의 사회가 강요하는 남녀의 정형화된 구실을 깨뜨리기 때문에, 게이와 레즈비언 억압은 여성 억압의 부산물이라고 할 수 있다. 따라서 여성운동이 이러한 정형화에 도전한 것은 동성애자 해방 운동의 촉진제가 됐다. 그러나 동성애자 운동은 훨씬 더 불안정했고 내부 모순으로 더 큰 고통을 겪었다. 동성애자 해방 운동의 발전 과정을 개괄해 보면 여성운동의 본질이 더 분명히 드러날 것이다.

1970년 가을 런던에서 동성애자해방전선GLF이 창립했다. 영국의 동성애 정치사가인 제프리 윅스는 GLF가 새로운 동성애자 운동의 "가장 대표적이고 역동적인 전형이었다"고 썼다. 1971년 8월 28일 GLF는 런던에서 2천 명의 남녀가 참가한 인상적인 '동성애자 자긍심Gay Pride' 행진을 조직했다. GLF는 창립 첫 해에 8천여 개의 배지를 판매하기도 했는데, 당시에는 동성애자 배지를 다는 것 자체가 용감한 의사 표현 방식이었다.[42]

그러나 오래지 않아 동성애자 운동은 약화하기 시작했고 빠르게 분열했다. 동성애자 억압의 근원이 자본주의 자체에 있기 때문에, 동성애자 억압에 반대하는 운동이 성공하려면 자본주의에 반대하는 전체 운동의 일부가 돼야 한다. 그렇게 하지 않고는 숱한 한계와 무력감을 지닌 동성애자 게토 자체의 고립 때문에 어려움을 겪게 된다. 실제로 이런 일이 벌어졌다. 오브리 월터는 이렇게 썼다. 겨우 몇 주 사이에 "파괴적이고 쓰라린 일련의 분열 가운데 첫 번째 분열이 일어나자, 1971년 전체를 특징지은 거대한 도취감이 사그라졌고 GLF의 붕괴가 시작됐다."[43] 제프리 윅스는 6년 뒤 그 상황을 이렇게 요약했다. 즉, GLF는 "1960년대 후반기의 도취감이 낳은 마지막 주요 산물이었다. 그 도취감이 사라지자 GLF는 붕괴했다."[44]

처음부터 동성애자 운동은 심각한 내분을 겪었다. 처음에는 남성과 여성이 충돌했다. 오브리 월터는 이렇게 썼다.

남성은 수가 많은데다가 많은 남성들의 여성에 대한 태도는 여전히 매우 남성 우월적이고 생색내는 식이었다. …… 페미니스트 의식이 발전하면서 당연하게도 많은 동성애자 남성들의 남성우월주의를 대하는 여성들의 인내심은 점점 줄어들었다.

그래서 1972년 2월 여성들이 GLF를 탈퇴했다. 그러자 다른 한편에서, "많은 게이들이 남성의 특권에 맞서 싸우기 위해서 그들 스스로 특권을 포기할 각오가 돼 있음을 증명할 수 있는 가능한 모든 일을 해야 한다고 생각했다." 이들은 "자신들이 GLF 내에서 남성과 여성에게 이중으로 억압받는다고 주장한"[45] 트랜스베스타이트[이성 복장 착용자]와 성전환자였다.

또 다른 분열이 사회주의자들과 새로운 동성애자 공동체 생활 방식을 주창한 사람들 사이에서 발생했다. 제프리 윅스는 다음과 같이 썼다.

동성애자 공동체는 …… 초기에는 핵가족에 대한 대안을 제시하는 듯했다. 그러나 그것은 역시 공상이었다. …… 동성애자 공동체는 재산에 대한 철칙과 적대적인 경제·사회 환경에서 경쟁하지 않고 조화롭게 함께 생활하고 노동하는 법에 대한 철칙에 직면했다. 그리고 그들은 회원들 대부분의 감정 구조와 …… 남녀 결합의 필요성 …… 등과 심하게 충돌했다. …… 그런데도 공동체 실험들은 '개인적' 해방과 정치적 행위의 이분법을 정말 강조했다. 양자가 모두 충족되는 경우는 거의 없었다.[46]

동성애자 해방 운동은 동성애자들이 혁명적 변화를 추구할 잠재력이 있는 집단 세력이라고 믿었다. 그러나 동성애자 가운데 극소수 ― (동성애자가 인구 20명당 1명꼴이라는 킨제이의 신중한 측정에서 나온 수치인) 영국의 동성애자 2, 3백만 명 가운데 기껏해야 2, 3천 명 ― 만이 운동에 참가하면서 그런 생각은 환상임이 입증됐다. 무엇보다 동성애자들은 여성이나 흑인과 달리 눈에 보이지 않는다. 그들은 이성애자로 '통할' 수 있다. 실제로 남성 동성애자의 압도 다수가 불행하게도 남편이나 아버지로서 살아간다. 둘째, 동성애자들은 흑인, 유대인, 그리고 다른 인종 집단들처럼 소수 집단의 충성심으로 묶여 있지 않다. "…… 동성애자는 보통 그의 가족 중 유일한 동성애자다. 그 사람은 거의 모든 사람, 특히 가장 친한 사람들에게 자신의 일탈을 떳떳하지 못한 비밀로 간직하면서 성장한다. …… 다른 동성애자들로 말미암아 이 비밀이 탄로 나지나 않을까 하는 두려움 속에서 살아간다."[47] 동성애자 대부분이 지금 사회에서 자신들이 비난받고 있다는 내재된 죄의식을 결코 극복하지 못하는 것은 비극이지만 사실이다. 셋째, 동성애자들 사이에는 경제-사회적 결속력이 전혀 없다. 그들은 모든 계급에 속해 있다.

따라서 동성애자 운동은 노동계급이면서 겉으로는 이성애자로 살고 있는 대다수 동성애자를 참가시킬 수 없음을 스스로 드러냈다. 동성애자 운동의 분리주의가 이러한 문제를 더 어렵게 만들었다. 분리주의는 이성애자뿐 아니라 커밍아웃하지 않은 동성애자까지도 배제하는 결과를 낳았다. 사회주의노동자당SWP의 당원인 라이오넬 스탈링이 말했듯이,

> 동성애자가 아닌 사람들은 체계적·간접적으로 동성애자 투쟁에서 배제됐다. 동시에, 동성애자들의 참여는 극대화되기는커녕 사실은 두 방면에서 저지당했다. 즉, 분리주의자가 아닌 사람들이 명백히 배제됐고, 동성애자임을 아직 사회에 드러내지 않은 동성애자들은 먼저 자신들이 동성애자임을 밝히지 않고서는 동성애자 투쟁에 참여해서 자신감을 얻을 기회를 얻지 못했다. 그래서 동성애자 운동의 정치는 자기 제한적이었고 내부만을 바라보는 배타적인 파벌로 몰락하는 악순환을 겪을 수밖에 없었다.[48]

혹인들이 자신들의 게토를 만든 것이 아니듯이, 동성애자들 역시 그들이 자신들의 게토를 세운 것이 아니었다. 그리고 두 경우 모두 게토 안에 있는 사람들은 외부에서 그 벽에 대항하는 다수의 대중 행동 없이 그들 자신의 행동만으로 벽을 허물 수는 없다.

여러 조직들이 동성애자 운동의 덕을 봤다. 동성애자평등권운동CHE은 개량주의적 의회 로비 활동을 펼쳤는데, 이 조직은 동성애자들의 법적 평등을 획득하는 데 목표를 뒀다. CHE는 회원이 1970년에 15개 단체의 5백 명에서 1976년에 약 5천 명으로 늘어나, 영국 최대 규모의 동성애자 조직이 됐다. CHE는 사회 활동에 주력한다. 게이스위치보드*와 같은 동성애자 자조自助 단체들의 수도 늘어났다.[49]

---

* Gay Switchboard, 게이에 관련된 정보를 제공하거나 상담·지원을 해 주는 전화서비스 센터.

각각의 단체들은 고민이 있는 개인이 개인적 해결책(소그룹을 모은 주선자들에 따라 약간의 차이가 있다)을 찾을 수 있도록 도움과 정보를 제공하는 데 집중한다. …… 대학의 동성애자 단체들도 똑같은 기능을 수행했고 그 효과는 마찬가지로 제한되고 개별적이었다.[50]

그러나 동성애자 운동의 최대 수혜자는 단연 '핑크 경제'였다. 자신감 있고 부유한 동성애자 남성은 동성애 서적, 영화, 화장품, 비디오, 서비스 광고로 가득 차 있는 ≪게이 뉴스≫, ≪그 남자Him≫, ≪지퍼Zipper≫ 같은 잡지들에 파묻혀 생활한다. 광고업자들이 '동성애자 시장'을 들먹이는 일이 점점 많아지고 있다.

결론적으로, 이러한 제한되고 즉각적인 목적을 가진 조직들은 안정적으로 유지됐다고 할 수 있다. 더 총체적인 급진 동성애자 단체들은 사라졌고, 대학의 게이 단체들도 회원이 줄고 전투성도 약해졌다. 지난 10년 동안 동성애에 대한 태도가 약간 달라지고 지지를 받을 가능성이 커진 한편, 동성애자 자신의 조직에서 나오는 압력은 사라져 버렸다.

여성운동에서 태어난 동성애자 해방운동은 여성운동 그 자체보다 구조가 훨씬 취약했다. 그러나 여성운동 활동가들은 동성애자 해방 운동의 실패에서 교훈을 이끌어 내지 못했다.

여성과 평화운동

여성운동은 크루즈 핵미사일이 배치된 버크셔의 그리넘 커먼* 공군기

---

* Greenham Common, 영국 런던에서 서쪽으로 약 72킬로미터 떨어져 있는 곳으로, 버크셔 주에 속한다. 이곳에 1981년부터 2000년까지 크루즈 미사일과 핵시설에 반대하는 그리넘 커먼 여성평화캠프가 세워졌다.

1982년 그리넘 커먼에서 평화 시위를 벌이고 있는 여성들.

지를 둘러싸고 벌어진 평화운동으로 새로운 활력을 얻었다. 평화운동의 철학은 경험이 풍부한 평화주의자 도라 러셀의 다음과 같은 말로 요약할 수 있다. "남성은 싸워야만 하고 여성은 울어야만 하는 것이 어쩔 수 없는 그들의 운명이다. …… 오직 인류의 절반[남성들]만이 이러한 거만한 주장을 펴고 있다는 사실을 우리가 깨닫는 데 수세기나 걸렸다." 또 다른 여성 평화주의자는 "핵무기는 남성 지배 사회의 왜곡된 가치들의 표현이다. …… 우리는 핵무기와 원자력을 남성 지배가 낳은 특히 끔찍한 결과물이라고 본다"고 썼다.

'그리넘 커먼 여성들'이 제창하는 평화주의가 인정하지 않는 사실이지만, 핵무기는 경제력·정치력·군사력이 대규모로 집중된 자본주의 계급사회의 산물이다. 그러므로 무기를 제거할 수 있는 유일한 방법은 자본주의를 전복하는 것, [지배] 계급을 무장해제하고 노동계급이 무장하는 것이다. 이것은 펜타곤을 둘러싼 시위 대열에 대한 다음의 묘사에서 알 수 있듯이, 상징성을 중요시하는 여성 평화운동과는 전혀 다른 주장이다. "장군들은 여성들을 비집고 지나갔다. …… 마침내 펜타곤 주위에 비단 끈이 처지고,

출입구마다 아름다운 천들이 걸렸다. 체포되지 않은 여성들은 펜타곤을 둘러싼 채 폐막 행사를 열었다."

그리고 여성들의 평화운동은 참가자들의 내면의 삶, 즉 그들이 발전할 수 있는 '여지'에 엄청 주의를 기울인다. 한 참가자는 다음과 같이 쓴다.

다양성에도 불구하고, 이 모든 단체들에 공통점이 많다는 것은 놀라운 일이다. 이 단체들은 모두 회원들의 개인적 필요를 고려하거나 정서적 지지를 제공하는 것이 중요하다고 강조한다. …… '지구의 생명을 보호하는 여성들', '웃음이 필요한 아이들' 같은 단체들은 끊임없이 긍정적인 면을 강조한다. 페미니스트 세계에는 몸에 좋은 음식과 출산 선택권 등이 있을 것이다. 그 단체들은 상상력의 중요성을 강조하고 주관적 감정의 …… 상징을 행동 지침으로 사용한다.

한 회원에 따르면, 참가한 여성들은 '대체로 중간계급'이다. 그들 대부분이 공동 가족을 꾸려 살고 '평범한' 직업을 갖지 않는 '대안 라이프스타일'을 지니고 있었다.[51]

여론만이 핵전쟁이 일어나는 것을 막을 수 있다고 믿기 때문에, 그리넘 커먼 여성들과 핵무장반대운동CND의 논리는 여론에 순응해야 한다는 논리다. 그리넘 커먼 여성들과 CND는 크루즈 미사일과 트라이던트 미사일 반대 투쟁을 노동계급의 일상 투쟁인 일자리, 임금 인상, 건강보험 개선, 교육과 주택을 위한 투쟁과 결합시키지 않는다. 그러므로 그들은 대중의 삶 속에 뿌리내리지 못한다. 먹고사는 문제를 해결할 수 없으면서 어떻게 생명을 지킬 수 있겠는가? 만약 우리가 살고 있는 도시에서 벌어진 공장폐쇄 사태를 막을 수 없다면, 수백 수천 마일이나 멀리 떨어져 있는 대처 수상이나 레이건 미국 대통령의 행동에 어떻게 영향을 미칠 수 있겠는가?

그리넘 커먼 여성들은 "여성들이 분노한다"라는 초기 여성해방운동의 구호에서 많이 후퇴해, 초기 여성운동이 올바르게 도전했던 '수동성'과 '가정적인 성격' 같은 '여성 고유의 특성들'을 받아들이는 데로 나아갔다.

노동당으로 흡수되다

기성 체제로 편입되는 추세 때문에 미국 여성운동은 NOW로 들어갔지만, 노동운동이 강력한 영국에서는 같은 추세가 여성운동을 노동당으로 이끌었다. 토니 벤이 발판을 마련했다. 1980년 3월 17일 웨스트민스터 대강당에서 개최된, "10년 동안의 논쟁"이라는 그릇된 제목이 붙여진 회의에 토니 벤, 폴 풋, 타리크 알리, 힐러리 웨인라이트, 스튜어트 홀랜드, 오드리 와이즈 등이 참석했는데, 벤은 애써 힐러리 웨인라이트를 두둔했다. "제 생각으로는 힐러리 웨인라이트가 무엇보다도 가장 중요한 문제를 제기하고 있다고 봅니다. …… 저는 힐러리 웨인라이트가 말한 내용과 제가 말하고 있는 내용 사이에 아주 중요한 관계가 있다고 생각합니다. …… 힐러리가 여성운동에 관해 말한 내용은 매우 중요합니다." 회의의 의장을 맡은 노동조정위원회 위원장 피터 헤인은 힐러리 웨인라이트를 " …… 우리 대부분이 좌파에 관한 독창적인 저작이라고 생각하는 《파편을 넘어서》의 공동 저자"[52]라고 소개했다.

1980년 11월, 벤은 여성운동의 구조에 찬사를 보냈다.

구조는 정말로 중요하다. …… 남성들의 운동보다 여성들의 운동에서 집단성이 더 흔히 나타난다는 사실은 매우 의미심장하다. 의장을 번갈아 맡아야 한다는 생각, 즉 우리가 운동을 대변하는 사람들의 활동 발판에 그쳐서는 안 된다는 생각도 매우 중요하다.[53]

여성운동의 많은 지도적 대표들이 이에 보답했다. 안나 쿠트와 비어트릭스 캠벨이 쓴 책 ≪달콤한 자유 : 여성해방을 위한 투쟁≫을 예로 들어보자. 이 책은 현존하는 자본주의 사회구조에 도전하기보다는, 단지 국회·지방의회·정당·노동조합 같은 구조에 여성들이 더 많이 참여할 것을 호소한다. 이 책은 노동자들에게 돌아가는 임금과 자본가계급에게 돌아가는 이윤의 비율을 변화시킬 것을 요구하는 것이 아니라, 단지 여성 임금과 남성 임금의 비율을 바꿀 것만 요구한다. 이 책은 노동당의 '대안 경제정책'을 지지하면서 페미니스트 소득정책의 필요성을 덧붙였는데, 이 정책은 나라의 부에서 임금이 차지하는 몫 — 따라서 대다수 여성들의 몫 — 을 늘리려는 것이 아니라 기존 임금에서 여성이 더 큰 비율을 가져가는 것만을 추구했다.

그러나 조직력이 강한 노동자들, 예컨대 광부들의 임금이 높을수록 여성이든 남성이든 간에 조직력이 약한 노동자들의 임금이 올라갈 가능성이 더 커진다는 사실이 경험을 통해 입증됐다. 영국에서는 1960년대 말과 1970년대 초에 이런 사실이 분명히 드러났는데, 그 당시 더 강력한 산업, 특히 광업과 금속 부문에 종사하는 노동자들이 앞서 나가자 그 밖의 노동계급 — 여성과 남성 — 이 그 여파로 자신들의 임금수준을 개선할 수 있었다.

안나 쿠트와 비어트릭스 캠벨은 평등을 위한 자신들의 전략을 이렇게 요약했다. "우리가 보기에 가장 큰 어려움은 필요한 자원을 찾는 것이 아니라, 남성이 자신들의 특권을 포기하도록 설득하는 것이다."[54] 노동계급에 비해 엄청난 계급적 특권을 누리고 있는 자본가계급이 그것을 포기하도록 설득하는 것이 아니라 '남성'을 설득하다니!(승리하면 남성뿐 아니라 수천 명의 여성들의 임금도 올라갈 수 있는 병원 파업이 한창이던 1982년 8월 9일에, 실제로 비어트릭스 캠벨은 <가디언>에 쓴 기사에서 노동조합은 남성이 여성을 억압하는 '가부장제'의 일부이고 파업은 19세기 남성 지배적 노동운동의 유산인

구태의연한 '분쟁의 관행'이라고 공격했다.)

쿠트와 캠벨은 "가족 내 노동과 부의 재분배"를 주장하고, 따라서 양육과 가사의 공간으로서 개별 가족 단위가 지속할 수 있다.

그들은 노동조합 관료주의에 이의를 제기하기보다는 여성이 노동조합의 상근 간부나 집행부가 될 수 있는 긍정적 차별*을 주장한다. 그리고 긍정적 차별은 더 많은 여성 국회의원 ― 노동계급 여성의 필요와 완전히 무관한 ― 을 뜻한 반면, 수많은 여성들이 권리 획득을 위해 투쟁하는 수단인 여성 파업은 거의 언급조차 하지 않는다.

마지막으로, 쿠트와 캠벨은 노동당에서 여성 대표를 더 많이 확보하려는 시도들을 긍정적으로 언급한다. "…… 점점 더 많은 20, 30대 여성들이 사회주의자뿐 아니라 페미니스트로서 노동당을 정치 활동의 구심점으로 삼고 있었다."[55]

여성운동에 남아 있는 사람들이 왜 노동당 좌파에 끌리는 것일까? 실제로 여성운동과 노동당 좌파 내의 자칭 사회주의자들 사이에는 비슷한 점이 있다. 첫째, 그 사회적 구성이 비슷하다. 여성운동의 구성원은 사무직과 전문직 여성들이고, 노동당 좌파에는 소수의 육체노동자가 포함돼 있고 수천 명의 육체노동자들의 지지를 받기는 하지만 그 구성은 비슷하다. 둘째, 여성해방운동과 노동당 좌파의 사회주의자 당원들은 사상이 노동자들의 집단적 계급투쟁을 통해 형성되는 것이 아니라, 단순히 개인들 사이의 논쟁을 통해 형성된다고 생각한다. 셋째, 혁명적 사회주의 단체들이 여성해방운동에 참가하고 있는 사람들에게 그 운동의 분석과 활동 방식과 단절하라고 요구하는 것과 달리, '광교회파'**인 노동당은 아무런 요구도 하지 않는다.

---

* Positive Discrimination, 소수민족과 여성 등 사회적 약자인 집단의 교육과 고용 기회를 늘리기 위한 정책을 말한다. 여성할당제를 그 예로 들 수 있다.

** Broad Church, 영국 국교회 가운데 자유주의적 신학 경향의 교파.

넷째, 구조에서도 이 둘과 혁명적 사회주의 정당의 민주적 중앙집중주의 사이보다, 여성운동의 무구조와 느슨한 연방주의와 노동당 정책의 관료주의 사이에 공통점이 훨씬 많다. 관료주의적 권리가 필요할 때를 제외하면, 당의 규율은 전혀 존재하지 않는다.

맺는말

영국의 여성운동은 노동운동 — 노동자 투쟁, 노동조합 — 과 결합할지 아니면 독자 노선을 걸을지 하는 양자택일의 갈림길에서 동요했다. 여성운동은 점점 더 집단행동과 계급 정치에서 멀어져 라이프스타일 정치, '의식 향상', 분리주의로 관심을 돌렸고, 여성의 집단적 요구 — 동일임금, 보육시설, 낙태권, 여성 파업 — 를 위한 투쟁에서 벗어나 강간·폭력·포르노처럼 여성이 남성 억압의 개별적 피해자가 되는 문제들로 옮겨 갔다.

여성운동의 구성원들이 여성 노동자들의 특정 요구와 관계를 맺으려고 노력하는 경우에도, 그들은 페미니스트 소득 정책을 제안하는 식으로 개량주의라는 덫에 걸리고 말았다. 그들은 사회가 노동계급 전체의 몫을 갉아먹고 있는데도 현재의 재원에서 여성 몫을 늘리는 데 목표를 둔다. 그들 전략의 또 다른 항목, 즉 노동당과 노동조합 내 여성들의 이익을 위한 긍정적 차별은 노동계급 여성들의 진정한 요구와 열망과는 전혀 무관한 것이다. 노동계급 여성들의 삶은 특권을 누리면서 보호받는 노동조합 관료나 국회의원들의 삶과는 거리가 멀다.

12

여성운동의 계급적 뿌리

10장과 11장에서 살펴봤듯이, 미국과 영국의 현대 여성해방운동은 대체로 대학교나 전문대학의 재학생과 졸업생에 한정돼 있었다. 대학교나 전문대학 졸업생 대부분은 화이트칼라 노동자가 된다. 대부분은 평교사가 되고, 매우 소수만이 교장이나 주임 교사가 될 것이다. 교장이나 주임 교사는 신新중간계급의 구성원들이다. 마르크스주의 용어로 말하면, 그들은 자본주의 사회의 기본 계급들, 즉 지배계급인 부르주아지와 노동계급인 프롤레타리아트의 중간에 있는 쁘띠부르주아지에 속한다.

마르크스는 쁘띠부르주아지는 시대에 맞지 않으며 사라질 운명에 처해 있다고 봤다. 마르크스는 다음과 같이 썼다.

> 우리 시대, 즉 부르주아지의 시대는 …… 계급 적대를 단순하게 만든다. 사회 전체가 점점 거대한 적대하는 두 진영으로, 즉 직접 서로 맞서는 양대 계급인 부르주아지와 프롤레타리아트로 분열하고 있다.[1]

그러나 세기가 바뀐 이래로 교육받은 봉급생활자들로 구성된 중간층이 새로 생겨나 빠르게 늘어난 것은 분명하다. 흔히 신중간계급이라고 불리기도 하는 이들은 중소기업인과 경영자 집단, 그리고 관리자, 의사, 연구원, 언론인, 기술자, 대학 강사, 고급 공무원과 지방정부 공무원 같은 온갖 전문직 종사자 집단으로 구성된다. 이들은 자신의 노동과정을 어느 정도 통제할 수 있을 뿐 아니라 대체로 다른 노동자들도 통제했다.[2]

모든 화이트칼라 노동자가 신중간계급은 아니다.[3] 브레이버먼이 ≪노동과 독점 자본≫에서 보여 주듯이, 화이트칼라 노동자 대부분 ─ 대부분은 여성 사무직 노동자다 ─ 의 노동조건과 임금은 육체노동자들과 비슷하다. 그들이 생산수단과 맺는 관계도 육체노동자들과 같고, 화이트칼라 노동자들의 사용자들은 노동자들의 임금을 낮춰 생산성을 높인다는 점에서 육체

노동자들의 사용자들과 이해관계가 같다.[4] 화이트칼라 직종에 종사하는 사람들 대부분은 부모가 육체노동자인 젊은이들이다.

한 추산에 따르면, 미국의 신중간계급 규모는 전체 인구의 20~25퍼센트이고, 노동계급은 65~70퍼센트, 옛 중간계급(작은 가게 주인, 장인, 농민 등)은 8~10퍼센트, 지배계급은 1~2퍼센트를 차지한다.[5]

옛 중간계급과 마찬가지로 신중간계급은 자본에 종속돼 있기는 하지만 노동계급과 비교하면 큰 격차가 나는 더 나은 위치에 있다. 예컨대, 노동자 자녀들 가운데 매우 적은 수만이 전문직이 된다. 미국에서는 노동자 자녀의 1.8퍼센트, 노동계급 출신 남성 가운데 겨우 0.8퍼센트만이 전문직 자영업자다.[6]

신중간계급은 문화에서도 노동계급과 구별된다. 신중간계급 구성원들은 교육 배경, 소비와 라이프스타일 형태를 공유한다. 노동계급이나 지배계급과 결혼하는 '하향'이나 '상향' 결혼은 비교적 드물다.[7]

신중간계급은 동질성이 결여돼 있다. 신중간계급의 다양한 부문들은 그들이 받은 압력에 따라 자본가계급이나 노동계급과 가까워지거나 멀어지는 등 서로 다른 방향으로 이끌린다. 예컨대, 그들이 받는 이중 압력 때문에 신중간계급의 여러 집단들은 직업별 단체나 노동조합을 조직하기도 한다. 대학교나 전문대학의 강사들이 늘어난 노동량 때문에 압력을 받는 경우처럼, 압력은 위[지배계급]에서 올 수도 있다. 아니면, 저임금 노동자가 관리자의 희생을 통해 상대적으로 임금을 인상시키려고 하는 경우와 같이, 압력이 아래[노동계급]에서 올 수도 있다.[8]

만날 일이 거의 없는 지배계급보다는 흔히 신중간계급 구성원들에게 시달리고 굴욕적인 대우를 받는 노동자들은 신중간계급을 싫어한다.

동시에 노동계급과 거리가 멀다하더라도 신중간계급 구성원들은 자본주의에서 점차 소외감을 느끼게 된다. 알 스치만스키는 이렇게 말했다.

법인이 연구 자금을 대고 연구 방향을 결정하기 때문에 과학자들은 어떤 종류의 연구를 할 것인지, 연구 성과를 어떻게 이용할 것인지 실질적으로 결정할 수 없다. 대학교수는 사물의 존재 방식에 대한 기본적인 비판 능력을 길러 주지도 못한 채 학생들을 대량으로 배출해야 하는 엄청난 압력에 시달린다. 사회사업가는 경찰처럼 행동할 수밖에 없다. 건축가는 산산이 무너질 괴이한 건물과 공해를 일으킬 공장을 설계하도록 강요당한다. ……[9]

신중간계급 남녀 모두 이러한 소외감 때문에 고통받지만, 특히 여성은 승진에서 받는 끊임없는 차별 때문에 이중으로 소외감을 느끼게 된다. 이러한 차별은 남성에 비해 여성의 사회적 지위 향상을 가로막는 걸림돌이 된다. 그래서 전체 대졸 여성의 19퍼센트, 그리고 석사과정 이상의 교육을 받은 여성의 7퍼센트가 사무원, 판매원, 공장 노동자나 서비스 부문 노동자로 고용돼 있다.[10] 전문직이나 사업 부문에서 평판 있고 보수가 좋은 지위는 거의 다 남성들이 차지하고 있다.

대학은 여성에게 남성과 동등한 직업을 가질 수 있을 것이라는 기대를 심어줄 뿐 아니라, 가족의 통제에서 벗어나 새로운 인간관계를 맺을 수 있는 기회도 제공한다. 이러한 기회를 통해 많은 여성들은 나중에 전통적인 가족구조 안에서 여성들이 하는 구실에 의문을 품게 된다. 그런 여성들은 더는 아버지의 집에서 남편의 집으로 옮겨 가기를 원하지 않는다. 먼저 그들은 더 평등한 관계들이 풍부하게 존재하는 대학으로 간다.

여대생들은 보통 다른 여성들보다 더 큰 기대를 갖지만 그것을 실현할 기회는 그다지 많지 않다. 특히 남성이 장악하고 있는 전문직 교육을 받은 여성의 경우에, 그들의 '상대적 박탈감'은 상대적으로 낮은 봉급만큼이나 명백하다. 미국 부통령 아들라이 스티븐슨은 1955년에 대학 교육을 받은 주부들에 대해서 "전에 그들은 시를 썼다. 그런데 지금은 세탁물 목록을 쓰고 있다"고 말했다. 그리고 그는 중간계급 여성들은 잃어버린 여성 "아인슈타인, 슈바이처, 루스벨트, 에디슨, 포드, 페르미, 프로스트 들"에 대해 비통해 할지도 모른다고 말했다.

노동계급의 경험은 전혀 다르다. 남녀 모두 숨 막힐 정도로 빠르게 진행되는 지식의 진보, 판에 박힌 일상과 권태 때문에 고통받는다. 노동계급 여성에게 남녀평등이라는 개념은 전혀 다른 의미를 지닌다. 승진의 전망이 거의 없는 속기 타이피스트, 점원, 파출부, 그리고 이와 비슷한 틀에 박힌 업무에 종사하는 그 밖의 여성들은 직업 만족도 — '노동의 본질적 가치'가 전제된다 — 에서 남성과 평등하기를 바라는 전문직 여성의 욕구를 이해할 수 없다. 노동계급 여성은 대체로 한 가지 이유 때문에 일한다. 바로 돈을 벌기 위해서다. 노동계급 여성들이 하는 일은 그들에게 [돈 이외의] 다른 것은 거의 주지 않는다. 전문직 여성에게 애써 습득한 기술을 사용할 일이 없는 일상의 가사는 짜증나는 일이다. 노동계급 여성은 집안일이나 집 밖의 일이나 판에 박힌 노동이라는 점에서 그다지 큰 차이를 느끼지 못한다. 그리고 노동계급 여성은 집 밖의 남성 지위를 부러워할 것도 없다. 그들은 자동차 공장의 컨베이어벨트에서 하는 작업의 단조로움과 스트레스를 선택하지 않을 것이다. 가사 노동에서 얻게 되는 여성의 질병은 공장 노동으로 생긴 남성의 질병과 다를 바 없다.

페미니스트들이 남성과 동등해지기를 원한다고 말할 때, 그들은 흔히 자본주의 사회에서 남성이 불평등하다는 사실에 대해서는 입을 다문다. 그들이 생각하는 평등이란 대부분 기존 계급구조 안의 평등, 즉 더 운 좋은 사람들의 평등이기 십상이다.

신중간계급과 마찬가지로 여성운동은 동질적이지 않다. 대체로 여성운동은 두 집단, 즉 여권 운동과 여성해방운동으로 나눌 수 있다. 미국의 여성운동을 연구한 조운 카셀에 따르면, 여권 운동 참가자들 대부분은 전문직이거나 남편과 가족이 상층 중간계급이며, 따라서 '체제'에 이해관계가 있을 가능성이 더 많다. 한편 여성해방운동 참가자들은 학생, 최근에 졸업한 학생, 정치적 레즈비언, 보수가 높은 평판 있는 전문직을 꿈꾸지만 현재는 보수가 낮은 직업을 가진 여성, 아니면 새로운 정체성과 새로운 삶의 방식을 추구하는 이혼한 여성 같은 과도기의 여성들인 경향이 있다.[11]

여권 운동 참가자들은 "현 상태와 계급 서열을 없애려는 어떠한 시도도 하지 않는다." 그들은 자신과 세계를 바꾸려 하지 않는다. 평등한 수준이라고 상정한 남성의 처지에 더 비슷하게 자신들의 처지를 향상시키고자 할 뿐이다. 그들은 권력과 통제의 구조를 남성들만 전유하는 것이 아니라 "그 구조 안에서 여성이 더 높은 지위"를 차지해야 한다고 주장한다. 그들은 여성이 출세하기를 원한다.[12] 많은 엘리트 여성들은 남편들과 마찬가지로 높은 보수를 받기 때문에 집안일을 하고 아이들을 돌봐 줄 사람들 ─ 주로 여성들이다 ─ 의 서비스를 구매할 수 있다. 신시아 엡스타인은 저서 《여성의 지위》에서, 인터뷰에 응한 전일제 전문직 여성들과 여성 사업가들의 약 절반이 집을 돌보고 아이들을 보살피는 전일제 하인을 두 명 이상 고용하고 있다는 것을 밝힌 한 연구를 인용한다.[13]

현대 여성해방운동은 다른 목적을 추구한다.

외부 세계에서 대안을 거의 찾을 수 없는 여성들은 자신이 속한 페미니스트 단체를 삶의 방식으로 변화시켰다. 사회에 들어가고 거기에 개입하는 것을 뜻하는, 더 넓은 사회 안에서 제도를 바꾸려는 노력보다는 그러한 단체가 하나의 '대안'이 돼야 했다. …… 그 단체는 하나의 가정, 하나의 안식처, 하나의 생활 방식, 생활비를 벌기 위한 하나의 기구여야 한다. 간단히 말해서, 페미니스트 단체는 남편과 핵가족의 전통적 구실을

대신해야 한다. 참여자의 외부 삶을 바꾸는 것을 돕기보다 단체가 바로 그러한 생활이 돼야 한다.[14]

20세기에 들어설 무렵, 독일의 한 저명한 페미니스트는 다음과 같이 말했다. "여성운동은 개인주의적·자유주의적 역사 조류의 산물이다. …… 그것은 개인의 자유가 베푸는 축복을 …… 믿는 것으로, 여성들이 지적·경제적·법적 구속에서 자신을 해방시키는 일에 전심전력하게 만들었다."[15] 이렇듯 페미니스트들은 개인을 강조한다. 반면, 마르크스는 '인간 본성'을 '사회관계의 총체'로 규정했다.[16]

역사를 더 철저히 살펴볼수록 개인은 의존적이고 더 큰 전체에 속한다는 점이 더욱 분명해지고, 따라서 생산하는 개인 또한 마찬가지다. …… 인간은 가장 본질적 의미에서 **정치적 동물**이며 단지 군생 동물이 아니라 사회 속에서만 자신을 개별화할 수 있는 동물이다. 사회 밖의 고립된 개인에 의한 생산이란 …… 함께 생활하고 서로 대화하는 개인들이 없는 언어의 발달만큼이나 불합리한 것이다.[17]

마르크스는 말년에 다음과 같이 썼다. "내 분석 방법은 인간에서 출발하는 것이 아니라 사회의 특정한 경제적 단계에서 출발한다."

옛 쁘띠부르주아지의 개인주의는 계속해서 인간이 자기 자신의 주인이기를 바라는 열망에 뿌리를 두었다. 새로운 쁘띠부르주아지의 개인주의는 출세주의에 뿌리를 둔다. 위로 올라갈 가능성이 있을 때, 특권이 적은 사람들의 희망은 집단행동보다는 개인의 출세에 초점이 맞춰져 있다. 이 때문에 신중간계급에서 지배적인 사상은 개인의 성공이 교육·의지·노력에 달려 있다는 사상이다.

노동계급의 태도는 그와는 정반대의 것을 강조한다. 노동계급은 불변성, 즉 개인의 지위는 전통과 태어났을 때의 계급에 따라 미리 정해져 있다는 점을 강조한다. 노동자는 여성이든 남성이든 자신의 지위를 집단행동을 통해 향상시키기 위해 조직 — 노동조합 — 에 가입한다. 신중간계급 남성과 여성은 개인의 지위를 향상시키고 직업상 필요한 더 나은 인맥을 쌓기 위한 수단으로서 단체 — 전문직 협회와 엘리트 클럽 — 에 가입한다. 신중간계급이 사회적으로 인정받는 노동조합 — 영국에서는 전국교사노조NUT나 지방정부 공무원들의 노동조합인 NALGO — 에 가입했을 때조차, 신중간계급 구성원 중 더 높은 지위에 있는 많은 사람들은 모든 구성원들의 조건을 개선하려는 집단적 열망과 출세하고 싶은 개인적 열망 사이에서 오락가락한다.

심지어 자신을 사회주의자로 생각하는 여성해방운동의 가장 급진적인 구성원들조차 개인적 자유의 전제조건으로서 집단적 향상보다는 개인주의를 강조한다. 이것이 바로 마르크스가 말한 '쁘띠부르주아 사회주의'다. ≪공산당 선언≫에서 마르크스는 '쁘띠부르주아 사회주의'의 자본주의 비판 능력을 칭찬하면서도, 그것이 그다지 긍정적인 기여를 하지 못했다는 점을 보여줬다. 왜냐하면 개인주의 때문에 쁘띠부르주아 사회주의는 "소심한 우울증의 발작"으로 끝나고 말았기 때문이다.[18]

오늘날 급진 페미니스트들은 부르주아 사회의 자유롭지 못한 현실에서 개인의 자유라는 부르주아적 이상을 분리해 내고자 한다. 즉, 그들은 사회적인 것에서 개인적인 것을 빼내려고 노력한다. 이것은 "개인적인 것이 정치적인 것이다"라는 여성해방운동의 구호에 요약돼 있다. 이것은 정치를 개인의 문제로 환원하고, 그것을 재규정하며, 정치적 변화를 목적으로 한 집단행동을 부정한다.

여성운동에서 지배적인 주장, 예를 들면 저메인 그리어의 '침실의 혁명'

같은 것은 여성이 스스로 억압적인 가부장적 태도에서 해방돼야 한다는 주장이다. 마르크스주의자들은 우리 삶을 지배하는 것은 태도가 아니라 사회 조건, 자본주의라는 실재하는 힘, 그리고 자본주의 국가라고 주장하다. 그리고 남성들과 아이들은 물론이고 여성들 역시 이러한 것들에서 해방돼야 한다고 주장한다.

'개인적 정치'의 또 다른 구성요소는 '의식 향상'이다. 신중간계급 구성원이라는 사실이 "어떠한 공동체나 민족적 결속, 정치조직으로도 이어지지 않는다는 점에서", (개인주의적인 농민 계급에 관한 마르크스주의 용어를 쓰면)[19] '의식 향상'이란 특성이 없거나 여러 계급이 혼합된 단체들에게 유용한 접착제다. 조운 카셀은 다음과 같이 설명한다.

> '의식'이라는 말은 개인적이고 주관적인 경험과 관련된 모호한 용어다. 이러한 모호함은 여성운동에서 힘의 원천이 될 수 있는데, 여성운동에서는 개개인의 서로 다를 수 있는 의식의 내용을 반드시 검토하지 않고도 의식이 향상되고 있다고 참가자들끼리 동의할 수 있다. 참가자들의 견해가 아주 다양한 운동에서는 향상된 의식에 대해 토론하는 것이 그 의식의 내용을 검토하는 것보다 더 참가자들을 단합시키는 길이다.[20]

'의식 향상'은 노동계급 남성과 여성에게는 어색한 일이다. 노동계급은 애써 자각하거나 의식을 향상시키려고 정치에 개입하지는 않는다. 그들이 조직에 가입하는 이유는 자신들의 조건과 세상을 바꾸기 위해서 집단적 힘이 필요하다고 생각하기 때문이다.

'개인적 정치'의 더 심화된 표현은 라이프스타일의 변화 ─ 결혼을 거부하거나 '자유로운 공동체'를 세우거나 자유연애를 실험하는 것 ─ 를 강조하는 것이다. 이 때문에 이런 여성들은 노동계급 여성 대부분과 분리된다.

노동계급 여성 대부분에게 '라이프스타일의 해방'은 임금, 생필품 가격, 주거 상태에 따라 결정된다.

'개인적 정치'가 이렇게 여성 개개인을 사회와 분리시킨다는 점에서, 레즈비언 페미니스트들은 그 절정에 다다른 사람들이다. 즉, 그들은 남성이 존재하지 않는 고립된 공간을 창조한다.

조직된 노동계급 속에 닻을 내리지 못하고 노동자들의 대중투쟁을 결여한 여성해방운동은 쇠퇴의 길로 빠져 들거나, 개인적 관계로 도피하며, 운 좋은 소수 여성들의 경우에는 문예 창작이나 학문 연구에서 위안을 얻으면서 위기에 처한 세계를 바꾸려는 모든 노력을 그만둔다. 페미니즘의 두 가지 길 ― 분리주의와 개량주의 ― 은 결국 한 곳에서 만난다. 분리주의자들은 체제 내부에 해방된 오아시스를 창조함으로써 기존 사회구조에서 벗어나고자 하고, 개량주의자들은 자본주의 체제를 개조해 그 꼭대기에 소수를 위한 자리를 마련함으로써 체제에 순응한다.

사회주의를 받아들이는 노동자는 여성이든 남성이든 자신의 계급과 연관 맺는다. 중간계급 구성원이 사회주의를 받아들이려면, 그 여성이나 남성은 중간계급의 사회적 환경과 관계를 끊고 몸과 마음이 모두 프롤레타리아트와 하나가 돼야 한다. 이것은 매우 어려운 일이므로 소수의 사람만이 이 일을 해낸다.

노동계급에 대해 얘기하는 일부 여성운동 부문들도 대체로 노동계급의 구실을 자신들 운동의 장식품 정도로 격하시킨다. 계급투쟁은 여성운동, 흑인 운동 같은 운동들의 폭넓은 활동 밖에 있는 하나의 지엽적 문제로 강등된다. 그들에게 노동계급은 결코 역사의 주체가 아니다. 노동계급은 기껏해야 잡다한 좌파 단체들의 한 요소일 뿐이다. ≪공산당 선언≫의 '쁘띠부르주아 사회주의' 분석의 결론 ― 쁘띠부르주아 사회주의는 프롤레타리아트 사회주의의 적이다 ― 은 오늘날 전체 페미니스트 운동에, 심지어 가장 급진적인 페미니스트들에게도 그대로 적용된다. 도덕적 태도로 회귀하는 것은 점점 더 권위적으로 돼 가는 자본주의 국가 앞에서 전반적인 무력감과 절망감만 가중시킬 따름이다.

13

가족의 존속

프리드리히 엥겔스와 칼 마르크스는 자본주의에서 노동계급 가족이 사라질 것이라고 거듭 주장했다. [그러나] 그런 일은 일어나지 않았다. 가족제도는 유지됐는데, 가족 제도 유지는 여성을 포함한 노동 대중의 바람을 거스른 것이 아니었다.

엥겔스와 마르크스는 두 가지 이유를 들어 가족이 사라질 것이라고 전망했다. 첫째, 사적 소유와 그것과 관련된 상속권은 무산자인 도시 노동자 계급과는 무관하다. 둘째, 여성과 아동이 대규모로 공장에 고용됨으로써 여성이 남성에게 경제적으로 의존하지 않게 될 것이다. ≪독일 이데올로기≫(1845년)에서 마르크스는 이렇게 썼다. "프롤레타리아에게 …… 가족은 사실상 폐지된다. …… 그들에게 가족이라는 개념은 전혀 존재하지 않는다."[1] 1848년 출판된 ≪공산당 선언≫에서 엥겔스는 산업 자본주의가 가족제도에 끼친 영향에 대해 다음과 같이 썼다.

> 지금의 가족, 부르주아 가족의 토대는 무엇인가? 그것은 자본이며 사적 이익이다. …… 그러나 이러한 상황에 프롤레타리아에게는 사실상 가족이 없다는 사실이 덧붙여진다. …… 현대 산업의 작동이 프롤레타리아의 가족 간 유대감을 모두 갈기갈기 찢어 놓을수록, 그리고 그 자식들을 점점 더 단순한 상품과 노동 도구로 바꿔 버릴수록 가족과 교육, 부모와 자식 사이의 거룩한 상호 관계에 대한 부르주아의 허풍은 더욱더 메스꺼운 일이 된다.[2]

약 40년 뒤인 1884년에 ≪가족, 사유재산, 국가의 기원≫에서 엥겔스는 같은 주장을 되풀이했다.

대규모 산업이 여성을 가정에서 노동시장과 공장으로 옮겨 놓고 여성이 가족의 부양자가 되는 일이 아주 흔해지면서, 프롤레타리아 가정에서 남성 지배의 잔재는 모든 근거를 잃고 말았다.[3]

산업이 대규모로 성장하던 초기에는 이 주장이 맞는 듯했다. 엄청난 규모의 여성 ─ 그리고 아동 ─ 들이 방직 공장에 고용됐다. 실제로 고용주들은 여성을 고용하는 데 열을 올렸다.

남성들은 더 '관리하기 어렵고' 집단적으로 말썽을 일으킬 소지가 더 많았다. 남성들이 더 많이 생산한다고 해서 이러한 불이익을 보상받을 수 있는 것도 아니었다. 왜냐하면 증기 직기로는 모든 노동자가 같은 수준으로 일할 수밖에 없었기 때문이다. 이 때문에 …… 여성 노동이 더 가치 있게 여겨졌다. 왜냐하면 공장주들이 아동이나 여성이 자기에게 더 유순한 노예이면서도 기계에 대해서는 [남성과] 똑같이 유능한 노예라는 것을 알게 됐고, 따라서 성인 남성 노동을 배제하고 싶은 마음이 생겼기 때문이다.[4]

산업 발전 모델이 최초로 정착한 영국에서는 1856년 전체 방직 노동자의 57퍼센트가 여성이었고, 17.2퍼센트 남짓은 아동이었으며, 남성은 25.8퍼센트뿐이었다.[5]

그러나 19세기 중반 이후 이러한 경향은 역전됐다. 방직업의 상대적 중요성이 급격히 줄어든 반면, 철강 생산과 중기계 공업, 철도의 발전이 영국 경제에서 지배적 요소가 됐다. 이 산업들에는 사실상 남성들만 고용됐다. 1907년까지 여성은 주요 산업인 금속 부문에서 노동력의 3퍼센트만을 차지했다.[6] 1911년에는 기혼 여성의 9.6퍼센트만이 가정 밖에서 사회적 노동을 수행했다.[7]

왜 이런 일이 일어났는가? 사실상 모든 급진 페미니스트들[8]은 남성 노동자들이 여성의 고용에 반대했기 때문에 이러한 결과가 생겼다고 주장한다. 숙련 노동자들에 관한 한 이 주장이 일리 있기는 하다. 많은 미숙련·이주 남성 노동자들을 배제했듯이, 숙련 노동자들은 자신들의 노동조합을 이용해 일부 노동조합에서 여성들을 배제했기 때문이다. 그러나 이것은 충분한 설명이 못 된다. 당시에는 소수 노동자만이 노동조합에 가입해 있었다. 예컨대 1892년에는 노동자의 11.2퍼센트만이 조합원이었다.

산업혁명의 공포에 대한 반작용

주된 이유는 산업혁명이 불러온 공포와 비참함에 대한 노동자들 ― 남성과 여성 모두 ― 의 반작용에 있었다.[9] 다음은 탄광의 여성 노동을 묘사한 것이다.

여성들이 무거운 것을 들고 중노동을 하는 일이 아주 흔했다. 그들은 남성도 견디기 힘든 조건을 견뎌 냈다. 어느 광산 십장什長의 말에 따르면, "여성들은 남성들이나 젊은이들조차 들어가 일하지 않으려 한 곳에서 일하는 것도 감내한다." "여성들은 혼자서 두 사람 몫을 하겠다는 마음으로 무릎까지 물이 차는 갱도에서 일한다." 이런 복종의 자연스러운 결과로, 조건이 가장 나쁜 탄광에서 여성들이 일하는 모습을 아주 흔하게 볼수 있었다. 거기서 여성들은 탁한 공기 속에서 가장 고된 노역을 참아 내며 물이 고인 갱도의 낮고 진흙투성이인 길을 따라 짐을 끌었다.

수많은 여성과 어린 남녀를 고용한 어느 감독관은 작업을 '재촉하는 일'을 묘사하면서 이렇게 말했다. "그들은 수레를 끄는 개처럼 사슬에 묶이고 벨트에 묶이고 끈에 묶였으며, 반 이상 벌거벗은 채 손발로 기면서 무거운 짐을 끌었다. 시커멓고 흠뻑 젖은 그들의 모습은 형용할 수 없을 정도로 역겹고 부자연스러웠다."[10]

올덤 방직 공장의 노동조건이 낳은 결과에 대한 묘사는 이렇다.

1850년대 초 올덤에서는 결핵(이 병의 특징은 과로로 생기는 병이라는 것이다) 사망자가 전국 평균의 두 배가 넘었다. 가장 큰 피해를 본 집단인 25~34세의 여성들의 감염률은 전국 감염률의 3배나 됐다. 이들은 방직 노동자 중 가장 큰 부분을 차지했다. 올덤 여성 8명 중 1명이 이 나이에 죽었는데, 그들 가운데 3분의 1 이상이 방직 공장에서 일했다.[11]

1850년대에 의사 윌리엄 액튼은 이렇게 말했다.

35세의 성매매 여성을, 결혼해 한 가정의 어머니가 된 그 여성의 자매나 과열된 최신식 공장에서 수년 동안 노예처럼 일해 온 자매와 비교해 보자. 가족을 보살피는 일과 고결한 노동이라는 진을 빼는 고역 때문에 생긴 신체적 파괴보다, 사람들이 흔히 성매매의 필연적 결과로 생각하는 건강 악화가 더 심한 경우를 발견하는 일은 거의 없을 것이다.[12]

무엇보다 노동자들의 머릿속에는 구빈원이라는 끔찍한 위협이 떠나지 않았다. 1834년 새로운 구빈법이 통과돼 '구걸'을 할 수 없게 됐다. 가난한 사람들은 구빈원에 들어갈 수밖에 없었고, 그나마 일자리를 구할 수 있는 경우에도 무척 낮은 임금을 받는 일자리밖에 구할 수 없었다. 구빈원은 남편과 아내, 어머니와 자식을 떼어 놓았다. 마이클 앤더슨이 기록하기를, 랭커셔에서는 많은 사람들이 "거의 언제나 구빈원을 '바스티유 감옥'이라고 부른다. 그리고 '구빈원에 갈 놈'이라고 조롱받는 것을 가장 모욕적인 욕으로 여긴다."[13] 당시의 한 증인은 1857년에 다음과 같이 썼다.

이 지역 대부분에서 비참함이 만연해 있다. …… 가난한 사람들은 구빈원에 들어가느니 차라리 죽는 것을 택한다. 많은 사람들이 구빈원에 들어가기보다는 굶어죽기를 원한다는 것은 틀림없는 사실이다. 사람들은 정말로 몸이 더 약한 아이들이 죽거나 다시는 건강이 회복되지 못할 정도로 쇠약해질 때까지 배고픔을 참았다.[14]

비참함 때문에 가족의 결속력이 강해졌다. 국가가 지원하는 사회보장제도가 없었기 때문에 가족 구성원들은 서로 의지해야 했다. 바버라 테일러는 훌륭한 연구서인 ≪이브와 새 예루살렘≫에서 19세기 초 공상적 사회주의자들의 여성해방에 대한 꿈과는 대조되게, 여성들이 어떻게 비정한 세계의 안식처로서 가정으로 돌아갔고 어떻게 남편을 부양자로서 바라보게 됐는지를 보여 준다. 19세기 초 노동계급 사이에는 동거가 널리 퍼져 있었는데, 19세기 중엽부터 노동계급 여성들은 합법적인 결혼을 통한 안정을 추구하기 시작했다.

위로부터의 압력과 아래로부터의 사회 환경 변화가 함께 작용해, 여성들의 선택 폭은 좁아졌고 [여성의] 성적 취약성이 증가했다. 이러한 환경에서 여성들은 대체로 결혼제도를 폐지하기보다는 결혼의 의무를 강화하는 데 더 큰 관심을 가졌다. 더 자유로운 관계보다는 더 안전한 관계가 공통의 목표였다. 적어도 부분적으로는 이런 이유 때문에 많은 여성들이 교회에 의지했다. 여성들은 교회가 남성들에게 혼인 규범을 부과하기를 기대했던 것이다. ……

결혼하지 않은 여성들의 전망이 더 나빠지고 결혼한 많은 여성들은 참기 힘들 만큼 무거운 가족 부양의 짐을 지고 있던 시기에, 믿음직한 남성 가장이 가족을 부양하고 여성 자신은 그런 가정을 중심에 두는 존재가 되는 것을 바람직한 목표로 추구하는 경향이 있었다는 사실은 놀라운 일이 아니다. 더 정확하게는, 경제적 불안정과 과도한 노동이라는 현실에서 여성이 다른 어떤 현실적 대안을 꿈꾸는 것은 거의 불가능했다.[15]

노동자 가족을 방어하는 것이 그 구성원들인 남성·여성·아이에게 이익이 됐다는 것을 가장 뚜렷하게 보여 주는 사례는 미국 흑인 노예 가족의 운명이다. 노예들에게는 합법적 결혼이 허용되지 않았으므로 관계가 지속되지 못했다. 여성 노예가 멀리 팔려가 남편과 아이들과 헤어지는 일이 흔했고 그 반대의 경우도 많았다. 많은 노예 문학은 부부나 부모와 자식 사이의 어쩔 수 없는 이별을 다룬 극적인 이야기들을 들려준다.

노예제는 흑인 남녀를 모두 인간 이하의 존재로 만들었다. 남녀 모두 똑같이 잔악무도한 일을 겪었다. 앤젤라 데이비스는 다음과 같이 요약한다.

상황이 너무 끔찍해서 여성은 남성과 동등해졌다. …… 지배계급이 남성이었고 광적으로 남성 우월적이었지만, 노예제는 흑인 남성이 흑인 여성에 비해 특권적 지위를 누린다는 인상을 줄 수 없었다. 남성 노예는 '가족'이나 공동체에서 의문의 여지없는 우월한 존재일 수 없었다. 노예들 사이에는 '가족 부양자' 같은 것은 존재하지 않았기 때문이다. 노예제 본래의 목표는 모든 남녀와 아동의 생산 능력을 가장 철저하고 비인간적으로 이용하는 데 있다. 그들은 모두 주인을 '부양'해야 했다. 흑인 여성은 전적으로 생산력 그 자체였다.[16]

또 노예제는 흑인 남성이 남성 지배권을 행사하지 못하게 만들었다. 남편과 아내, 아버지와 딸이 똑같이 노예 소유주의 절대적 권위에 종속돼 있었기 때문에, 노예들 사이에서 남성 지배권의 신장은 지휘 체계에 위험한 단절을 초래할 수 있었다.[17]

노예 소유주들은 "노예들의 인간성과 애정, 동정심의 모든 상징을 파괴하기" 위해 노예 '가족'을 박살냈다.[18]

이에 맞서 노예들은 '가족'을 방어하기 위해 분투했다. 조이스 래드너는 "노예 가족에게 끼치는 비인간적 영향 때문에 노예제에 맹렬히 저항했던 흑인 남성들에 대한 수많은 역사적 기록"에 대해 얘기한다. "남편과 아내와 아이들을 무차별적으로 판매함으로써" "수없이 많은 노예 가족이 강제로 파괴"됐지만, "사랑과 애정의 끈, 가족관계를 좌우하는 문화적 규범, 그리고 함께 남아 있고자 하는 강렬한 욕구가 노예제의 파괴적인 공격을 이겨냈다"고 래드너는 말한다.[19] 앤젤라 데이비스는 "가족의 생명력이 노예제의 비인간적인 가혹함보다 더 강하다는 것이 입증됐다"고 주장한다. "노예제 시기에도 가족이 꾸준히 성장하고 발전했다는 부정할 수 없는 증거"가 있다.[20]

이와 같이 노예들의 경우에도 '가족'을 지키는 것은 그들의 계급투쟁에서 결정적 구실을 했다.

노동자 가족의 재건

마르크스는 노동자 가족의 고용 구조가 산업 노동자의 노동력 가치를 결정하는 데 중요하다는 점을 분명히 인식했다. 남성과 여성, 아동의 고용 때문에 노동력 가치는 노동계급 가족 전체로 분산됐고, 따라서 각각의 노동력 가치는 감소했다. 아울러 일자리를 둘러싼 경쟁은 더욱 치열해졌다. 그리하여 존 포스터의 책 ≪계급투쟁과 산업혁명≫에서 알 수 있듯이, 노팅엄 신발 공장에서는 여성과 아동을 공장 노동에 끌어들인 결과, 1820년대 이후로 급격히 임금이 떨어져 일가족 전체의 임금 총액이 여성과 아동이 고용되기 전에 남성 혼자서 벌던 임금보다 낮았다.[21]

여성과 아동의 고용 때문에 생활수준이 낮아지고 착취가 더 심해졌고, 따라서 이런 경향에 맞서 '가족임금' ─ 남편이 아내와 자식들을 그들의 노동 없이 부양하기에 충분한 임금 ─ 쟁취 운동을 벌여 투쟁해야 한다는 것을 노동계급이 인식했음이 1825년 10월 16일자 <노동조합 신문> 기사에 드러난다.

임금은 자본가들이 원하는 수의 노동자들을 양육하는 데 필요한 금액 이하로 내려가서는 결코 안 된다. 직조공과 그 아내와 자식들은 그들 모두가 노동해야 그만큼의 몫을 번다. 그러나 대장장이와 목수는 자신만의 노동으로 그만큼의 몫을 번다. ……

우리나라 모든 계급의 노동 남성들은 자신의 임금으로 아내와 자식들을 부양하던 훌륭한 옛 방식으로 되돌아가야 하고 이런 목적에 부합하는 충분한 임금을 요구해야 한다. …… 그리하여 자본가들은 지금 남편과 아내와 자식들에게 주고 있는 것과 동일한 임금을 남편 한 사람에게 줘야 한다. …… 나는 동료 노동자들에게 임금노동자의 수를 제한하려는 다른 모든 방법을 취하기에 앞서, 노동시장에서 아내와 자식들이 자신과 경쟁함으로써 노동 가격이 떨어지는 것을 막기를 권고한다.[22]

제인 험프리스도 여성들의 가사 노동이 가정에서 가치 있는 것을 생산함으로써, 여성들이 모두 직장에서 일할 때보다도 높은 수준으로 가족의 소득을 올릴 수 있었다고 주장하는데, 이것은 맞는 말이다.

틸리와 스코트는 저서 ≪여성, 노동, 가족≫에서 '가족임금' 쟁취로 여성이 얻은 이득에 관해 많은 증거를 제시한다.

기혼 여성의 취업률에 영향을 준 한 가지 요인은 실질임금의 향상과 관계가 있었다. 생활수준이 높아져 성인 노동자들의 식생활과 건강이 향상되고 수명이 늘어났다. 남편이 병들고 죽는 일이 줄어들었으므로 결혼한 여성들이 노동력을 파는 일이 적어졌다. 일생 동안, 아내가 가족의 부양자가 돼야 하는 비상사태가 줄어든 것이다.[23]

'가족임금'과 여성 고용의 후퇴는 물론 여성의 성 평등에 타격을 입혔고 여성 억압의 중요한 요소가 됐다. 금전 관계와 여성의 남성에 대한 경제적 의존 때문에, 어쩔 수 없이 가사 노동은 평가절하됐고 여성은 사회에서 열등한 존재로 여겨졌다. 마거릿 벤스턴이 지적하듯이, "화폐가 가치를 결정하는 사회에서 여성은 화폐 경제 밖에서 노동하는 집단이다. 여성들의 노동은 화폐 가치가 없고, 그리하여 무가치하며, 따라서 진정한 노동이 아니라는 것이다."

여성의 역할은 결혼해 아내와 어머니가 되는 것으로 한정됐다. 이러한 역할과 함께 여성성에 대한 온갖 통념적인 특성들 ― 복종, 수동성, 감정적임, 돌봄 ― 이 강조됐다. 또 여성은 남자다운 남성들이 쟁취하거나 가질 수 있는 수동적인 대상이 됐다.

이러한 변화는 여성이 유급 고용에서 대규모로 물러남으로써 생긴 어쩔 수 없는 결과였다. 그러나 19세기 상황에서는 산업 노동계급의 여성·아동·남성의 기본적인 육체적·도덕적 필요를 방어할 다른 방도가 없었다.

물론 추상적으로 말하자면, 적절한 보육시설과 출산휴가, 동일임금을 쟁취하기 위한 투쟁이 있을 수도 있었다. 하이디 하트만은 이렇게 주장한다.

남녀 동일임금을 위해 투쟁하는 대신에 남성 노동자들은 '가족임금'을 얻어내려 했고, 가정에서 아내가 계속해서 봉사하기를 원했다. 가부장제가 없었다면 하나의 통일된 계급이 자본주의에 맞섰을지도 모른다. 그러나 가부장적 사회관계 때문에 노동계급은 분열했고 한 부분(여성)을 희생해 다른 부분(남성)을 구했다.[24]

이것은 터무니없는 주장이다. 당시 노동운동에는 그러한 이상적 계획을 조금이라도 성취할 수 있는 무기가 전혀 없었다. 제인 험프리스는 가부장제 이론 지지자들을 아주 적절하게 반박한다.

노동 여성을 자본의 필요와 남성의 태도의 수동적 희생물에 불과하다고 보는 모든 분석은, 여성을 자신의 가장 기본적인 이익조차 인식하거나 방어하지 못하고 그것을 위해 행동할 능력이 없는 연약하고 의존적인 피조물로 간주하는 것이다.

이러한 견해는 노동계급 여성의 "허울뿐인 자결권과 존엄성"조차 인정하지 않는다.[25]

19세기 후반에 남성과 여성은 늘 우호적이지는 않았지만 함께 노동계급 가족을 만들고 재창조했으며, 여성은 억압에 저항하기도 하고 적응하기도 했다. 가족제도는 남성에게 특권을 주는 한편, 여성을 생산적 노동에서 배제하는 동시에, 여성에게는 특히 어머니 역할에서 존엄성과 안정감을 부여했다. 린다 고든은 이것을 훌륭하게 묘사하고 있다.

19세기에는 남성보다 여성이 훨씬 더 결혼을 원했다. 여성은 경제적으로 독립하지 못하고 있었기 때문에 부양해 줄 남편이 필요했다. 아니면 적어도, 일반적으로 더 굴욕적인 아버지에 대한 경제적 의존에서 벗어나게 해 줄 남편이 필요했다. 특히 도시에서는 대체로 여성이 사회에서 고립 돼 있었고, 친척·친구·이웃의 경제적·심리적 지원을 받지 못했기 때문에, 핵가족의 유대마저 깨진다는 것은 두려운 일이었다. 많은 경우에 자식들과 그들에 대한 기대가 그런 유대를 제공했고, 여성들은 자신들에게 의미 있는 일을 제공하는 자식들에게도 의존했다. 어머니가 되는 것이 여성의 자아실현이라는 믿음에는 물질적 근거가 있었다. 부모가 되는 것은 종종 여성의 생애에서 유일하게 창조적이고 도전적인 행위였고 자존심의 핵심이었다.[26]

아내는 집 밖에서 일하지 않는 가족 관념은 원래 자본가계급이 만들어 낸 것이 사실이다. 노동자들이 산업혁명이 일어난 새로운 도시로 몰려들면서 옛 농민 가족은 사실상 붕괴했다.

노동의 소외와 착취뿐 아니라 도시에서 옛 농촌의 집단적 생활 형태가 위협받게 되자, 프롤레타리아는 가족의 해체와 소외를 감내해야 했다. …… 흔히 하는 말로 프롤레타리아 아이들은 가정이 아니라 거리에서 자랐다.[27]

19세기 박애주의자들은 버려진 아이들을 기르는 데 국가 예산을 더 많이 쓰는 일에 관심을 기울였고, 맨체스터 같은 도시들에 노동계급 남성과 여성이 엄청나게 모여들면서 생긴 질병·'악'·'무질서' 같은 문제에 관심을 가졌다.

해결책은 노동계급 여성이 가정으로 돌아가 남편과 자식들을 돌보는 가사 노동을 수행하도록 하는 것이었다. 자크 동즐로는 이렇게 설명한다.

이 해결책에는 세 가지 이점이 있었다. 먼저 무보수 노동이 증가하면서 사회적 비용이 감소할 것이다. 그리고 이 덕분에 노동계급의 자녀 양육과 영양 섭취가 위생적으로 되고, 행동의 교화가 가능해질 것이다. 이런 행동의 교화가 없기 때문에 요절·질병·반항이 그토록 자주 발생했던 것이다. …… 끝으로, 이것은 여성이 남성을 통제할 수 있게 만들 것이다. 여성은 남성이 가사 노동의 혜택을 누릴 만한 사람일 경우에만 가사 노동을 제공하려 할 것이기 때문이다. …… [박애주의자들이 보기에는 － 토니 클리프] 주부이자 사려 깊은 어머니인 여성은 남성의 구원자이자, 노동계급을 교화할 수 있는 특별한 도구였다.[28]

자본가계급은 학교 교육, 종교, 여흥, 그리고 기타 많은 방법을 통해 노동자들이 이러한 해결책을 선택하도록 갖은 애를 썼다. 예컨대 국가가 제공하는 주택이 건설되기 시작했는데, 그 주택은 부부와 자녀들로 구성된 핵가족이 살기에 적당한 작은 규모였고 부부와 남녀 아이들의 침실이 따로 갖추어져 있었다. 복지국가가 발전하면서 많은 방법 － 세금 징수, 사회보장 혜택, 사회사업가들의 가정 문제 개입 － 들이 새롭게 고안됐는데, 이 모든 조치는 노동계급이 핵가족 형태를 받아들이도록 하기 위한 것이었다.

이렇게 위와 아래 양쪽에서 가하는 다양한 압력 때문에 노동계급 가족이 창출됐다. 그러나 노동자들은 외부에서 강요된 가치와 기준을 자신들의 필요에 맞게 변형시켰다. 노동계급 여성에게는 모성이 아무리 힘겨워도 억압된 삶에서 사실상 가장 중요하고 의미 있는 부분이었기 때문에, 유일하게 가능한 대안보다 모성을 선호했다.

오늘날 많은 페미니스트들은 과거에 노동계급 여성들은 가정 밖에서 일하기를 열망했지만 남편들의 반대 때문에 그렇게 하지 못했다고 가정한다. 이 가정은 제2차세계대전 이래 기혼 여성을 포함한 여성들이 대규모 － 농업 노동이 초창기 공장으로 흡수되던 것에 필적하는 규모 — 로 고용시장에 편입되면서 완전히 파탄이 났다.

19세기 중엽부터 20세기 중엽까지 한 세기 동안, 노동자들의 계급투쟁에서 사실상 모든 기혼 여성을 가정에 매어 두는 가족을 방어하려는 남녀 노동자들의 투쟁이 중대한 요소였다. 반면, 이제는 여성 노동자들이 가정 밖 노동에 참여함으로써 약화된 '가족임금'이 여성들의 투쟁에서 중요한 요소가 됐다.

페미니스트들은 19세기 '가족임금'의 등장을 잘못 설명하고, 오늘날 모든 여성을 임금노동자가 아니라 주로 가정주부로 보는 오류를 범하고 있다. 노동계급 여성들은 다른 무엇보다 임금노동자다. 유급 고용은 노동계급 여성이 힘과 자신감을 획득해 여성해방을 쟁취하는 열쇠다.

14

가족은 무정한 세상의 안식처인가?

자본주의에서 여성 억압은 가족에 뿌리를 두고 있다는 점에서 독특한데, 가족은 사회적 생산과 분리된 사적 영역에서 자녀 양육, 음식 준비, 재생산이 벌어지는 곳이다. 가족은 사회의 상부구조의 일부로서 남성과 여성, 아이와 어른의 생각과 정서를 형성하는 데 관련이 있기 때문에, 현대 가족이 인간 생활의 정서적 측면에 끼치는 영향을 살펴봐야 한다.

앞 장에서 우리는 19세기 후반에 남녀 노동자들이 어떻게 가족을 방어했는지를 살펴봤다. 가족은 구빈원으로 상징되는, 남녀와 아이들을 위협하던 산업사회의 공포에서 벗어날 수 있는 피난처이자 위안이었다. 노동계급 속에 스며들던 부르주아 사상이 노동계급 가족이 다시 등장하는 것을 뒷받침했다. "영국인의 가정은 그의 성城이다"라는 상투어가 생겨났다. "달콤한 집"이라는 노래는 1870년대에 처음 불렸으며 '제2의 국가國家'가 되다시피 했다. 하층 노동계급의 집마다 '가훈'이 없는 집이 없었는데, 폭 9인치[22.36cm], 길이 18인치[44.72cm]가량의 색종이에 가정의 즐거움을 말하는 문구들을 써 놓았다. "어디를 가나 집이 최고", "우리 가정을 축복 하소서", "하나님이 이 집의 주인이십니다", "가정은 최고의 둥지" 같은 문구들이 있었다.[1] 존 러스킨은 "가정은 평화의 터전이다. 온갖 부정과 공포와 의심과 분열을 막아주는 안식처다. …… 바깥 생활의 걱정들이 가정에 스며들게 되면 …… 그것은 더는 가정이 아니다" 하고 썼다.

마르크스는 ≪경제학·철학 수고≫(1844년)에서 가정과 가정 밖의 노동에서 남성 노동자들이 느끼는 감정의 분열 상태를 언급했다.

노동자는 …… 노동하지 않을 때 자신을 느끼고, 노동할 때는 자신을 느끼지 못한다. 노동하지 않을 때는 집에 있는 것처럼 편안하고, 노동할 때는 편안하지 않다. …… 인간(노동자)은 동물적인 기능들, 먹고, 마시고, 생식하는 것에서만, 그리고 기껏해야 집에 있을 때나 옷을 차려 입을 때

만 마음대로 행동한다고 느낀다.[2]

가정주부에게는 심지어 후자의 가능성조차 없다. '가정' 그 자체가 여성의 소외된 처지의 중심이기 때문이다. 여성은 자신을 위한 아무런 공간과 기회도 갖지 못한 채, 다른 사람들을 먹이고 입혀야 한다.

이 장※에서는 노동계급 가족에 초점을 맞춰 가족이 보호하는 동시에 억압한다는 것, 인간을 소외시키는 세계에서 피난처인 동시에 감옥이기도 하다는 것을 보여 주고자 한다. 첫째 가족이 얼마나 억압적인지, 둘째 남녀를 모두 억압한다는 것, 셋째 다른 어떤 계급보다도 노동계급에게 더 억압적이라는 사실, 넷째 그럼에도 가족이 받아들여지는 이유는 가족이 여전히 자본주의 세계에서 일종의 안식처를 제공해 주기 때문이라는 것을 보여 줄 것이다. 마지막으로 가족제도는 그것에 적합하지 않은 게이나 레즈비언을 가장 가혹하게 억압한다는 것을 보여 줄 것이다.

가족이 영원불변의 제도라는 지배적인 견해 때문에 저술가들 대부분은 가족을 사회의 계급구조와 분리시킨다. 물론 노동계급 가족과 중간계급 가족은 그 형태가 매우 비슷하다. 즉, 아버지·어머니·자식으로 구성된 핵가족이 노동, 자녀 양육, 개인 관계, 여가 등의 문제를 다룬다. 그러나 그러한 형태 이면에는 뚜렷한 내용의 차이가 존재하는데, 이러한 차이는 각 가족의 계급적 위치에서 기원한다. 외부 세계는 중간계급 가족과 철저히 다른 방식으로 노동계급 가족에 영향을 미친다.

오늘날 가족에 대한 연구는 중간계급 백인 가족에 대한 것이 대부분이다. 두 개의 연구만이 예외로서 주목할 만하다. 1959년에 미국 백인 노동계급 가족에 대한 상세한 조사를 수행한 미라 코마로프스키의 ≪육체노동자의 결혼≫과 릴리언 루빈의 수작 ≪고통의 세계 : 노동계급 가족의 삶≫이 그것이다.[3] 영국에서는 이러한 연구가 전혀 수행되지 않았다. 그러나 이들의 통찰은 영국을 포함한 선진 자본주의 사회의 노동자 가족을 이해하는 데서 일반적으로 중요하다. 그리고 영국의 연구들은 시간과 공간이 다른 데도 미국 저술가들의 주요 견해와 대체로 일치한다. 나는 그들의 저서를 광범하게 이용했다.

두 권의 책에서, 인터뷰에 응한 노동계급 여성들은 자신을 아내와 어머니라고 — 임금노동자가 아니라 주부라고 — 얘기한다. 자기 자신에 대한 여성들의 인식과 부양자이면서 주부이기도 한 실제 상황이 모순되는 것은 두 가지 중요한 원인에서 비롯한다. 첫째, 관념은 현실보다 뒤처진다. 둘째, 사적 가족이 존재하는 한, 남성은 자신을 아버지가 아니라 부양자라고 생각하고 여성은 돈을 벌고 있어도 대체로 자신을 어머니로 생각한다. 노동계급 여성 대부분은 흥미 있는 직업과 전망을 가진 여성들과 달리, 일할 때도 집 생각을 하고 걱정한다. 물론 대부분의 노동계급 아내들의 생애에는 돌봐야 할 아이들이 있어서 경제적으로 순전히 남편에게 의존해 자신을 '단순히 주부'로 바라보는 시기가 있다. 심지어 현재 영국에서는 돈을 버는 직업을 가진 여성 가운데 5분의 2가 시간제로 일하기 때문에, 주부를 자신의 주된 역할로 생각한다. 한편 교육제도 또한 소녀들이 자신의 미래 역할을 노동자가 아니라 주부 — 아내와 어머니 — 라고 생각하게 만든다.

깨져 버린 꿈

노동계급 소녀들은 전통적인 여성의 역할을 그대로 받아들인다. 수 샤프는 대부분이 노동계급 가족 출신인, 런던 서부의 일링 지역 여학생들에 대한 연구서 ≪소녀들은 어떻게 여성이 되는 것을 배우는가≫에서 이렇게 쓴다.

런던에 있는 직업전문학교의 한 교사는 이렇게 지적했다. 미용, 부기, 타자를 배우는 소녀들은 …… "≪걸Girl≫, ≪페티코트Petticoat≫ 같은 잡지와 '브룩 스트리트 뷰로'* 광고를 따라서 옷을 입는다. 그들은 손톱 손질, 속눈썹 붙이기, 굽 높은 구두, 장신구로 자신을 꾸미는 데 빠져 있다." 그러나 결국 교육대학이나 사범대학에 가게 될지도 모르는 …… 대학 진학 과정을 밟고 있는 소녀들은 …… 흔히 전혀 다른 태도를 보인다. …… 이 점은 훨씬 편한 옷차림에서 드러난다. 그 소녀들은 청바지와 티셔츠를 입고 화장도 그리 짙게 하지 않는다.[4]

수 샤프가 말하기를, 중간계급 소녀들은 "…… 나름의 포부를 키워 왔는데, 그 과정에서 결혼과 자녀는 바람직하면서도 꿈을 방해하는 것이며, 마지못해 자신의 삶 전체를 바쳐야 하는 대상이다."[5] 반면에 노동계급 소녀들은 '해방으로서의 결혼'을 기대한다. 미라 코마로프스키는 '해방으로서의 결혼'이라는 제목이 붙은 장에서 이렇게 썼다. "가족이 아들에 비해 사춘기의 딸을 더 많이 통제할수록, 여성이 결혼의 이점 가운데 하나로서 가정에서의 탈출을 꿈는 일이 더 많아진다는 것은 대체로 틀림없는 사실이다."[6] 결혼은 지루하고 따분한 직업에서 벗어나는 길이라는 점도 젊은 여성들이 결혼에 끌리는 이유다. 수 샤프는 다음과 같이 썼다.

그들은 많은 친구들과 친척들이 별로 즐겁지 않아 보이는 일을 하는 것을 지켜본다. 그래서 약간 차이는 있지만 사랑, 결혼, 남편, 자식, 직업, 경력 등의 순으로 우선순위를 매기게 된다. …… 노동이 매력적인 것이 아니라 불행한 삶에서 피할 수 없는 것으로 여겨지기 때문에, 노동을 피

---

* Brook Street Bureau, 인력 파견 업체.

할 수 있는 분명한 기회가 여성의 이점처럼 보인다.

아울러 다른 유혹들이 있다. 예컨대 자식들은 여러 지루하고 소외된 직업보다 시간과 정력을 쏟아 부을 만한 가치가 더 컸다. 자식들은 실제로 반응을 보이고 성장하기 때문이다. 결혼한 후에, 또 자식을 낳은 뒤에, 노동을 할지 말지 분명히 선택할 수 있다는 것, 감독받지 않고 가정생활을 꾸릴 수 있다는 사실은 자유롭고 선택 폭이 더 넓다는 환상을 준다.[7]

불행하게도 그 꿈은 결혼식이 끝나고서 머지않아 산산이 깨진다. 릴리언 루빈은 이렇게 쓰고 있다.

이 연구에 등장하는 젊은 노동계급 부부들은 매우 빨리 경제적 현실에 직면하게 됐다. 경제적 현실은 경험의 모든 면을 좌우하고 신혼 초기의 모든 계획을 망가뜨리는 등 결혼 생활 구석구석에 영향을 미쳤다. 여성들은 꿈이 깨진 것을 알고, 결혼하면서 암묵적으로 합의했던 약속을 남편이 어겼다고 생각했다. 그리하여 부부는 둘 다 분노와 두려움을 느꼈다.

루빈은 젊은 노동계급 어머니의 말을 인용한다.

"우리에게 닥친 중요한 문제는 전부 돈 문제였어요. 우리는 지긋지긋하게 가난했답니다. 전 온갖 꿈을 안고 결혼했지만, 곧 시간당 1달러 50센트로 생활을 꾸려 나가느라 숨이 막힐 지경이었어요. 남편이 일을 많이 못한 지 꽤 오래 됐죠. 돈을 아끼고 허리띠를 졸라매는 것밖에는 살아갈 방법이 아무것도 없는 것 같았어요. 아니, 아낄 돈마저 없고, 그저 허리띠만 졸라매야 했어요."

결혼한 지 7년이 됐고 두 아이의 어머니인 26세의 여성은 남편이 해고 됐을 때 남편 때문에 느낀 걱정과 분노를 이렇게 표현했다. "직장을 잃은 남편을 도저히 용서할 수 없었어요. 우리는 그 문제로 계속 말다툼을 했어요. 전 너무나 두려웠습니다. 그 상황을 견딜 수 없을 지경이었어요. 우리가 더 깊은 고통 속으로 빠져 들고 있을 뿐이라는 사실에 질겁했어요."

남편들은 불안한 미래를 바라보면서 자신에게 실망하고 아내만큼이나 두려워하면서도, 아내들의 분노를 이해하지 못하는 듯 자신을 방어하는 태도로 반응했다. 결혼한 지 9년이 됐고 세 아이의 아버지인 30세의 우체국 직원은 대담자에게 이렇게 말했다.

애들 엄마가 도대체 나한테 뭘 원하는 건지 알 수가 없었어요. 나도 노력했고 아내만큼이나 그런 상황이 된 것이 싫었어요.

아내에게 그런 얘길 하셨나요?

애들 엄마한테 말한다고요? 아내에게 누가 무슨 얘길 할 수 있겠어요? 애들 엄마는 잔소리를 늘어놓느라고 아무 말도 안 들어요. 아시죠, 절 들들 볶는다고요. 전 미쳐 버릴 것 같아서 박차고 일어납니다. 그리고는 나가서 친구들하고 맥주나 술을 한잔 하죠. 돌아오면 상황은 더 나빠져 있어요. 때때로 쥐어 패서 아내가 입을 닥치게 하고 싶은 마음이 듭니다. 도대체 애들 엄마가 왜 그러는지 알 수가 없어요. 가족을 먹여 살릴 만큼 충분한 돈을 벌지 못하는 것에 대해서 내가 아무 걱정도 안 한다고 생각하는 걸까요?

결혼이 자유를 향한 탈출구가 되기는커녕 가정은 감옥이 됐다. 젊은 부부는 더는 마음 내키는 대로 친구들과 돌아다니거나 좋아하는 곳에 가지 못하고, 기분이 날 때 가던 극장이나 파티에도 가지 못한다. 결혼marriage을 통해 바랐던 자유가 신기루mirage였다는 것, 하나의 속박을 어쩌면 더 강력한 또 다른 속박과 맞바꿨다는 것이 금세 분명해지면서 아내와 남편은 모두 동요했다. 결혼한 지 11년이 됐고 세 아이의 어머니인 28세의 세탁부는 그 심정을 다음과 같이 요약했다. "어느 날 잠에서 깨어났을 때 나는 애 딸린 유부녀가 돼 있었어요. '견딜 수 없어! 이렇게 젊은데 내 인생이 끝나 버리다니, 견딜 수 없어' 하고 생각했어요." 31세인 그 여성의 남편은 이렇게 회상했다.

이제 막 스무 살이 됐을 뿐인데, 어느 순간 처자를 거느리게 됐습니다. 그런 생각이 들면 누구나 견디기 어려울 거예요. …… 아내와 내 삶을 생각하면 미칠 것 같았고, 자주 일을 그만뒀습니다. 그러면 우리는 더 심각한 재정 문제에 부딪혔기 때문에 상황은 더 나빠졌죠. 꾸준히 일을 했을 때도 제 월급으로는 충분하지 못했는데, 하물며 허송세월을 보낼 때야 말할 것도 없이 생활이 어려웠어요.

그러나 알다시피 남자에게는 어느 정도 자유가 있어야 합니다. 남자라면 평생 동안 매일 노예처럼 그 끔찍한 곳에 가는 일은 하지 않아도 된다고 생각할 수 있어야 합니다.

생활비를 충당하는 데 턱없이 부족한 월급봉투를 집에 가져올 때마다, 더 나쁘게는 아무것도 가져오지 못할 때마다 남성의 자존심은 위태로워졌다. 아이를 키우면서 집에만 있는 여성의 경우에 여성의 자존심과 지위는 남편의 성공과 직결됐기 때문에, 월급봉투 문제는 '남편 존중'의 문제가 됐다. 결혼한 지 18년이 됐고 네 아이의 어머니인 35세의 여성은 이렇게 말했다. "가족을 책임질 수 없는 남자는 집에 들어와 주위 사람에게 명령할 권리도 없어요. 남자가 남이 자기 말에 귀 기울이게 하려면 그럴 만한 자격이 있어야 해요. 남편이 우리를 제대로 부양할 수 없으면 그 사람은 자격이 없는 거예요." 릴리언 루빈은 이에 대해 이렇게 평가했다.

이러한 감정은 직접적으로든 간접적으로든 남편에게 전달됐으며, 당연히 부부 갈등은 더 심해졌다. 남편은 분노와 좌절을 드러내기 시작했다. 어떤 때는 술을 마시고 늦도록 집에 들어가지 않았고, 어떤 때는 폭력을 사용했으며, 거의 언제나 가족들에게 권위적인 태도를 취했다. 남성들이 달리 무슨 수로 남자다움을 주장할 수 있겠는가? 무슨 수로 가장의 지위를 확립할 수 있겠는가? 아내들은 저항했다.[8]

자본주의 사회에서 사람들은 사회적 지위를 개인의 가치를 판단하는 기준으로 삼는다. 돈을 쓰고 재산(집, 가구 등)을 모으는 일은 노동자의 존엄을 지키기 위한 무기다. 사회적 불평등에 바탕을 둔 세상에서 직장에서 느끼는 무력함은 개인적 죄책감으로 이어지고, 남성 노동자의 자존심을 좀먹는다. 돈 걱정은 결혼 생활의 가장 내밀한 부분까지 영향을 미친다. 그것은 잠자리마저 침입한다. 미라 코마로프스키는 이렇게 쓴다.

몇몇 가난한 부양자들은 '녹초가 됐다'고 느꼈다. …… 남편 자신이나 아내는 남편의 정력이 감퇴한 원인을 경제적 실패에서 찾았다. 다른 경우를 보면, 부양자로서 남편에게 느낀 실망감이 잠자리에서 아내의 반응에 영향을 미친다. 어떤 아내들은 이러한 연관성을 아주 노골적으로 표현한다.[9]

가족 내 불평등

노동계급 가족 안에는 전문직 중간계급 가족에게 존재하는 평등주의가 형식적으로도 거의 존재하지 않는다. 릴리언 루빈은 이렇게 쓴다.

전문직에 종사하는 중간계급 남성은 노동계급 남성보다 더 안정적이고 더 많은 위신과 특권을 갖고 있다. 이것이 전문직 중간계급 남성이 가정에서 덜 노골적으로 권위주의적 역할을 맡을 수 있는 이유다. 무엇보다, 그에게는 권위와 권력을 시험하고 정당성을 부여받는 다른 장소와 다른 상황이 있다. 동시에 그가 하는 일은 아내를 대동해야 하기 때문에, 더 평등한 가족 이데올로기가 낳을 결과들을 감수할 수밖에 없다. 반면에 노동계급 남성에게는 가정 이외에는 이 세상 어디에도 그러한 보상을 받을 수 있는 곳이 없다. 대개 가정은 노동계급 남성이 권력을 행사하고 권위에 대한 복종을 요구할 수 있는 유일한 공간이다. 남편이 하는 일에 아내의 도움이 전혀 필요하지 않기 때문에, 노동계급 남성은 평등주의 이데올로기를 받아들여야 한다는 외부 압력을 더 적게 그리고 덜 직접적으로 받는다.

노동자의 아내는 보통 남편에게 연민을 느껴, 남편에게 심리적 위안이 필요하다는 것을 이해하고 그것을 충족시켜 주고자 노력한다. 릴리언 루빈은 이렇게 쓴다.

겉으로는 노동계급 여성이 보통 남편의 권위를 받아들이고 그것에 정당성을 부여하는 것처럼 보인다. 대개 여성들은 남편에게 권위가 필요하다는 것을 이해하기 때문이다. 조립 라인이나 상점, 제련소에서 일하는 남성이 자신의 말에 무게가 실리고, 자신의 말이 귀담아 들을 '가치가 있다'는 것을 집이 아니면 어디서 경험할 수 있겠는가? 그러나 그러한 겉모습 바로 뒤에는 상반되는 감정이 공존한다. 순응의 대가가 크기 때문이다. 남편의 필요에 맞추기 위해 자신의 필요를 억누르면서, 여성은 만족감을 느끼지 못하게 된다. 불만족 때문에 여성은 매우 답답하다고 느끼지만, 흔히 자기 자신에게조차 그런 감정을 분명하게 표현하는 것을 어려워한다.

슬프게도, 그 사람이 자신의 지위를 존중해 주기를 강요하는 것은 이미 그것을 잃어버렸기 때문이라는 것을 이 여성들은 누구보다 잘 알고 있을 것이다.

아내가 남편의 처지를 이해하고 동정한다고 해서 남편이 아내의 처지를 이해하게 되는 경우는 거의 없다!

흔히 노동자가 바깥 세계에서 받는 압력이 너무 크기 때문에, 노동자는 가족을 자신을 사냥터에 강제로 내보내서 잡아먹히게 만드는 함정처럼 생각한다.

사실, 다섯 살짜리 아이라도 직장에서 '아빠가 힘들었던 날'이 언제인지 안다. ······ 일하는 매일 매일이 '힘든 날'이라면 가족이 때로 원수같이 느껴질 수도 있다. 남성이 그 지긋지긋한 일자리를 버리고, 자신이 로봇 같다고 느끼는 것이 아니라 다시금 인간답다고 느낄 수 있는 곳에서 어떤 것을 할 수 있었으면 하고 생각하는 것은 당연하다.[10]

전문직 중간계급 가족은 노동계급 가족보다 훨씬 더 적극적으로 사교 생활을 한다. 미라 코마로프스키는 이렇게 썼다.

글랜튼[11]에서는 사회-경제적 상층계급과 달리 친구들과 함께하는 사교 생활이 중요한 여가 활동이 전혀 아니다. 이런 사실은 서로 상대방의 집을 방문하거나 공공 오락 장소에 함께 가는 경우에도 적용된다. 부부 가운데 약 5분의 1은 친척 이외에 다른 부부 집을 방문하지 않는다. 그 밖에 16퍼센트의 부부는 아주 드물게 1년에 몇 번 정도만 다른 부부 집에 간다. 이런 친목 모임에는 개인적인 일이 아닌 주일학교 소풍이나 회사의 크리스마스 파티 같은 것도 포함될 수 있다.

다른 부부들과 사교 관계를 유지하는 사람들도 교제 범위는 아주 좁다. 그들 가운데 절반은 그 범위가 고작 한두 부부에 국한된다. 1년에 넷 이상의 부부를 만나는 부부는 17퍼센트밖에 안 된다.(적어도 1년에 서너 번 정도 만난 부부들이 이 통계에 포함된다.)[12]

왜 이토록 사교 생활이 미약할까? 첫째, 돈이 없기 때문이다. 둘째, 남녀 사이에 공통의 관심사가 없기 때문이다. 어떤 남편들은 친목 모임을 불편하다고 느끼기도 한다. 그래서 부부가 여가 시간을 어떻게 보낼지 결정해야 할 때 남편과 아내는 싸우기 일쑤다. 남성은 공장의 단조롭고 지루한 노동이 끝나면 집에서 쉬기를 원한다. 집에만 있어야 하는 여성은 다른 일을 하고 싶어 한다.

여성들은 자주 지루하다고 느끼면서도 쉴 틈이 없고, 집이라는 울타리 안에 갇혀 있다고 느낀다. 그들은 집 밖이기만 하면 어디로든지 나가고 싶어 한다. …… 남성은 일이 끝나 …… 평화와 고요가 깃든 집으로 돌아오면 행복하지만, 여성은 집을 떠나고 싶어 죽을 지경이다. 남성에게는 집이 낙원이지만, 여성에게는 감옥이다.[13]

릴리언 루빈은 다음과 같이 썼다.

전문직 중간계급 가족들은 …… 모든 면에서 더 활동적인 여가 생활을 누린다. 그들은 더 많은 것을 하고, 더 많은 곳에 가고, 더 많은 책을 읽고, 더 많은 친구가 있고, 더 많은 사람을 만난다.

이것은 부분적으로 경제적 격차 때문이다. 중간계급 가족은 애 봐 주는 사람, 영화, 외식, 가족 여행, 아이 없이 주말을 보내는 일을 큰 투자로 느끼지 않는다.[14]

노동자들에게 노동과 가정은 별개의 세계다. 그래서 대화를 나눌 수 있는 부부가 별로 없다. 미라 코마로프스키가 썼듯이, "일반적으로 배우자의 화제에 같이 낄 능력도 관심도 없기 때문에, 서로 상대방이 쓸데없이 자세하게 '지루한 일에 대해 자꾸 얘기한다'고 투덜댄다.……"[15] 첨탑 수리공인 36세의 한 남성은 자기 직업에 대해 이렇게 말했다. "제 직업에 대해서 자세히 말할 만한 건 없어요. 전 그저 매일 페인트를 섞고 칠할 뿐입니다. 단조롭기 짝이 없는 일이지요." 미라 코마로프스키는 이렇게 덧붙인다. "남편은 직업에 대해 얘기하는 것이 '징징댄다'는 인상을 준다고 느꼈고, 그것은 남자답지 못한 행동으로 보였다."[16]

[노동자의] 삶에는 당면한 하루하루의 과제 이외의 것은 거의 없다. 협소한 공통의 관심 영역을 넓히고 정신적 빈곤을 깨뜨릴 수 있는 문화 활동을 같이 할 만한 여지가 거의 없다.

그리하여 남성이나 여성은 모두 고통스런 질곡에 매여 있으면서, 문화적 환상을 충족하지 못하는 데 대해 상대방을 탓한다. 그 환상들은 그들의 욕구나 경험, 또는 그들이 살고 있는 세계의 사회적·경제적 현실과 거의 관련이 없는 것이다. …… 너무나 경쟁이 심한 경제체제에서는 모든 사람이 자기 부양과 자기 존중을 위해 당연히 누려야 할, 일할 권리마저 허용되지 않기 때문에 [이러한 ─ 토니 클리프] 부담은 …… 특히 견디기 힘들다.[17]

아울러 아내 친구들과 남편 친구들이 서로 만나 친분을 쌓는 경우가 거의 없다. "80퍼센트에 해당하는 대부분의 아내들은 남편의 친구들과 만나서 친분을 쌓지 못한다. 남편이 직장에서 맺는 친구 관계는 아내와 무관하다." 중간계급 부부들에게는 사정이 근본부터 다르다. 릴리언 루빈은 이렇게 쓴다.

전문직 종사자에게는 …… 노동계급의 경험을 특징짓는 노동과 생활의 분리가 없다. 노동과 생활은 — 여가를 뜻하기도 한다 — 서로 긴밀히 연관돼 있다. 전문직 종사자의 친구들은 직장 동료이거나 비슷한 업종에 있는 전문직들이다. 그 친구들과 함께 저녁 시간을 보냄으로써 여가 시간에도 직장의 관심사가 이어지게 된다. 사람들을 만나 친분을 쌓는 일은 거의 언제나 부부 동반으로 이뤄지고, 남편과 아내는 경험을 공유한다.[18]

가사 노동

가사 노동 때문에 여성의 삶은 지극히 편협하고 억압적이다. 노동계급 여성이 전문직 중간계급 여성처럼 가사 노동을 혐오해서 그런 것이 아니다. 미라 코마로프스키가 썼듯이,

대학 교육을 받은 몇몇 주부들이 가사 노동을 싫어하는 것과 달리, 응답자 가운데 자신은 가사 노동을 할 만한 사람이 아니며 가사 노동이란 마지못해 하는 육체노동이라고 말한 사람은 전혀 없다. …… 그들은 가사 노동을 받아들인다. "난 그저 주부일 뿐이에요" 하고 교육받은 주부들이 흔히 하는 말에 담긴, 자기 역할을 보잘것없는 일로 치부하는 흔적을 인터뷰를 하는 동안 [노동계급 주부들에게서는] 좀처럼 찾아볼 수 없었다.[19]

노동계급 여성들뿐 아니라 남성들도 남자가 할 일과 여자가 할 일의 전통적인 분리를 받아들이기 때문에, "아내들은 보통 남편의 도움을 기대하지 않는다."

주부들에게 좋은 남편의 자질을 순위별로 써 보라고 했을 때, "아내의 가사를 기꺼이 돕는다"는 항목은 순위가 낮았다. 그것은 제시된 21개 항목 가운데 18위였다. 4퍼센트의 여성만이 "가사를 돕는 일"이 "매우 중요하다"고 여겼다. "애 보는 일을 돕는 것"도 겨우 12퍼센트의 여성만이 "매우 중요하다"고 평가했다.

이에 반해,

고등교육을 받은 남성들은 장보기, 아이 보기 등에서 고등교육을 받지 못한 남성들보다 아내를 더 많이 돕는다. …… 고등교육을 받지 못한 남성들의 40퍼센트가 "전혀 또는 거의 애 보는 일을 돕지 않았다." 반면 고등학교를 졸업한 남성들은 10퍼센트만이 이에 해당했다.

미라 코마로프스키의 주장에 따르면, 중간계급 전문직 남편들이 아내를 더 잘 돕는 이유 가운데 하나는 이렇다.

고등교육을 받은 사람들의 결혼 생활은 더 행복한 경우가 많고, 관계가 좋을수록 남편이 아이 돌보는 일을 더 많이 돕는다. 행복한 결혼 생활을 하는 남성은 누가 돈을 벌어오는지 따지는 경향이 덜하다.

대체로 노동계급 여성이 가사라는 성별 분업화된 기능을 수용한다고 해서, 이 짐을 지는 데 만족하는 것은 아니다. 사실, 노동계급 주부는 보통 좌절감과 우울함을 느낀다. 미라 코마로프스키에 따르면,

주부 자신은 자신의 가장 큰 문제가 생필품과 더 쾌적한 생활환경, 보모에게 아이를 맡기고 여가를 즐길 수 있는 돈이 없는 데서 생긴다고 생각한다. 엄격한 성 역할 구분은, 여성이 그것을 받아들인다 해도, 여성에게 억압과 소외감을 가중시킨다. …… 어린 자녀들에 대한 헤어날 수 없는 책임감과 자식들에게 매여 있다는 느낌이 불만을 낳는다.[20]

부모와 자식

가난과 불안정 때문에 부모, 특히 아버지가 완전히 위축되는 일이 아주 흔하다. 31세인 어느 제철 노동자는 릴리언 루빈에게 이렇게 말했다.

우리 아버지는 아주 조용한 분이셨습니다. 거의 말씀을 하지 않으셨죠. 누가 아버지께 뭘 물어 볼 때도 그랬어요. 마치 말소리가 들리지 않는 것처럼 앉아 계셨어요. 가끔 한 시간이나 지나서 (마치 마법에서 풀려나기라도 한 듯이) 상대방을 바라보시고는 "뭐 할 얘기라도 있냐?" 하고 말씀하십니다. 거의 대부분 아버지는 누가 옆에 있는지도 모르세요.

남편보다 연상이고 아이는 없는 25세의 한 여인은 이렇게 회상한다. 우리 아버지는 결코 말하지 않으실 것 같은 분이었고, 가족의 일원도 아닌 것 같았어요. 제가 기억하기로는, 아버지가 즐기신 것은 정원을 가꾸는 일뿐이었죠. 아버지는 집에 오면 식사를 하시고는 마당으로 나가셨어요. 1년 내내 거의 매일 밤, 심지어 비 오는 날까지도 그러셨어요. 그렇

지 않으면 몇 시간이고 말없이 앉아 계셨죠. 마치 아버지가 거기에 없고 아무것도 존재하지 않는 것처럼 말이에요.

이런 말들에 대해 릴리언 루빈은 이렇게 논평했다.

사실, 전문직 중간계급 가정에서도 아버지가 말이 없고 '가족 구성원'이 아닌 것 같았다는 회상이 있을 수 있다. 그러나 그런 가정에서 자라나 어른이 된 사람 그 누구도 노동계급 가정의 경험에서 그토록 자주 볼 수 있는 수심과 위축을 떠올리지는 않는다. 전문직 아버지를 둔 아이도 아버지가 "집에 있을 때도 늘 일을 하셨다"든가, "대단히 몰두하고 계셨다"든가, 아니면 "언제나 뭔가 생각하고 계신 것 같았다"는 회상을 할 수 있을 것이다. 그러나 동시에 그 아이는 아버지가 가족생활에서 함께했던 여러 가지를 노동계급 아이보다 훨씬 더 많이 기억할 수 있을 것이다. 가족들이 대화를 나누는 시간인 저녁 식사 시간만 떠올려 봐도 그럴 것이다. 전문직 가족은 아버지에 대해 가장 기억에 남는 것으로 몰두하고 있는 모습을 주로 떠올릴 것이다. 그러나 노동계급 가족에게 가장 생생한 기억은 위축된 아버지의 모습이다.

많은 노동계급 아버지들은 자신이 별 볼일 없다고 느낀다. 자신이 '성공하지' 못했음을 안다. 돈이 자신감과 권력의 원천인 사회에서 노동자에게는 돈도 자신감도 없다. 존경받지도 못한다. 그들은 자신에 대해서도, 자신의 노동에 대해서도 자신이 없다. 자식들은 그것을 분명히 인식한다.

아이들은 학교 선생님이 자신의 가족 배경과 집에서 배운 가치들을 경멸한다는 것을 안다. 아이들은 자기가 보는 텔레비전 드라마에 나오는 영웅들 중에는 공장 노동자도, 트럭 운전수도, 건설 노동자도 없음을 안다. 아이들은 자기 부모가 '중요한' 사람이 아니라는 것을 안다. …… 그리고 아마 무엇보다도 참을 수 없는 것은 부모들도 자기들과 마찬가지로 이런 상황을 알고 있다는 사실을 아이들이 안다는 것이다. 그렇지 않다면 부모들이 왜 자식들에게 자기들보다 '더 잘' 하고 '더 크게' 되라고 다그치겠는가? 그렇지 않다면 왜 부모들이 언제나 그토록 화가 나 있고, 마구 화를 내겠는가? 그 분노를 밖에서 표출하는 것은 위험하니까 집 안으로 가져와서 짜증나게 쏟아 버리는 것이다.[21]

실패하고 별 볼일 없는 노동계급 부모들은 자식들에게 권위주의적 규율을 강요하는 경향이 있다. 코마로프스키는 이렇게 쓴다.

노동계급 부모들은 복종이니 청결이니 어른 공경이니 하는 이른바 '전통적' 가치들을 강조했다. 반면 …… 중간계급 부모들은 자기 아이들이 행복하고, 자신들을 신뢰하며, 열심히 공부하기를 원했다. …… 노동계급 부모들은 정서적 안정이나 다른 사람과 관계를 맺는 능력에 대해서 말하지 않는다. 그들이 받아들이는 가치관에는 그런 개념이 없다.[22]

아버지가 가하는 억압과 더불어 경제적·문화적 박탈감은 아이들의 인격 실현과 발달을 짓누른다.

전문직 중간계급 가정에서 태어난 아이들 — 특히 남자 아이들 — 에게는 제약이 없었다. 꿈이 억지로 가로막히는 일이 적다. 소년은 의식을 갖는 순간부터 자신의 미래와 미래를 위해 실행할 계획들을 인식한다. 그 계획들은 단지 꿈만 꾸는 환상이 아니라 실현될 수 있도록 물질적으로 뒷받침되는 계획이다. 소년은 성장하면서 이름난 직업에서 중요한 일을 하는 사람들을 만난다. 집이나 학교나 동네에서 자기 능력의 한계를 시험해 보라는 격려를 받는다. 하늘의 별에 닿아 보라고 말이다.

노동계급 소년들 대부분이 겪는 경험은 정반대다. 하루하루 살아가기 바쁜 가족에서 태어나, 오늘의 필요를 채우고 내일의 방세를 내기 위해 아등바등하는 것만을 본다. 부모들은 그 이상의 생각을 거의 하지 못한다. 그런 상황에서 아이들이 무엇을 꿈꿀 수 있겠는가?

소녀들은 어떤가?

어린 시절에 모델이나 배우가 되기를 꿈꾼 여성들도 소수 있지만, 대부분은 시집가서 평생 행복하게 살기만을 바랐다. …… 중간계급 가정에서 태어난 소녀들도 크게 다른 꿈을 꾼 것은 아니다. 그러나 그들에게는 결혼이라는 환상과 더불어 자아 발전을 추구하려는 의식이 있었다. …… 중간계급 여성들은 대학 졸업 뒤로 결혼을 미루기 때문에 훨씬 늦게 결혼했다. 게다가 대학에 가서 집을 떠나게 되면, 이런 소녀들은 젊은이들이 그토록 갈망하는 자유와 자율성을 어느 정도 누릴 수 있었다. 동시에 그들은 가족과 친구들에게 존중과 존경을 받는 활동에 참여했다.

노동계급 사람들에게는 어린 시절에 대한 장밋빛 추억이 없다. 릴리언 루빈은 이렇게 썼다.

노동계급 가족 출신인 성인들 가운데 중간계급 성인들이 종종 얘기하는 "아, 어린 시절로 돌아갔으면" 하는 환상을 가지고 어린 시절을 회상하는 사람은 거의 없다. 노동계급 젊은이들이 매우 빨리 성장하는 반면, 전문직 중간계급 대부분에게는 사춘기의 확장 — 흔히 20대 중반이나 그 이후까지 — 이 '성장 전형'이 된다는 것 역시 별로 이상한 일이 아니다. 어른으로서 책임감을 갖는 데 그런 유예기간을 갖는다는 것은 사회의 부유한 층들만 누릴 수 있는 사치다.

행복한 어린 시절에 대한 이야기는 없었을까? 대답은 '거의 없었다'이다. 언제나 약간의 좋은 추억은 있다. 어떤 가정은 남보다 덜 고생했고 더 화목하게 살았다. 그러나 행복한 어린 시절은 아니다. …… 나는 내 가난했던 어린 시절을 떠올렸다. 그렇다. 행복한 순간들도 있었다. 아이스크림 콘, 조그만 장난감, 드물었지만 뜻밖의 가족 외출, 지긋지긋하게 괴롭힘을 당하셨고 자주 놀라셨으며 과로에 지쳐 있던 어머니가 드물게 칭찬하신 말들, 우연히 내 마음대로 써도 됐던 돈 몇 푼, 뭘 고를까 심각하게 고민했던 일 등. 그러나 그건 단편적인 순간들일 뿐, 꼬이고 뒤틀린 내 삶을 묘사하지 못한다. 내가 만난 다른 사람들과 마찬가지로, 내 어린 시절에 대한 지배적인 기억은 고통과 궁핍이다. 물질적으로나 정서적으로나 그랬다. 왜냐하면 낮이 가면 밤이 오기 마련이듯, 그 둘은 언제나 따라다녔기 때문이다.[23]

가정 폭력

사랑과 이해와 무한한 지원의 원천이라는 이상적인 가족상이 현실과 거리가 멀다는 것은 가족의 겉모습 이면에 있는, 가족 안에 아주 흔한 물리적 폭력을 보면 분명해진다.

가정 폭력의 성격상, 신뢰할 만한 통계는 없다. 그러나 가족 안에서 벌어지는 폭력이 생각보다 훨씬 흔하다는 것은 이제 통설이다. 수전 스타인메

츠와 머레이 스트라우스는 공저 ≪가정 폭력≫에서 이렇게 썼다. "…… 미국 사회에서 가족보다 일상적으로 더 많은 폭력이 일어나는 집단이나 기구는 찾아보기 힘들 것이다."[24] 극단적인 경우에 신체적 폭력은 살인으로 이어진다. 1977년의 공식 보고서는 "잉글랜드와 웨일스에서만 해마다 3백 명이 넘는 아이들이 살해되고, 3천 명이 중상을 입는다. 또 4백 명이 심각한 뇌손상을 입고, 가벼운 상처를 입는 아이들은 4만 명이 넘는다는 결론"에 도달했다.[25]

착취와 수탈을 더 많이 당한 사람일수록 폭력을 더 심하게 휘두른다. 리처드 겔스는 저서 ≪폭력적 가정≫에서 이렇게 쓴다.

사회적·경제적 수준과 무관하게 모든 가족에서 폭력이 발생하지만, 사회구조의 밑바닥에 있는 가족들에서 폭력이 가장 흔히 벌어진다. …… 부부 사이의 폭력과 자식에 대한 폭력의 태반은 소득이 낮고, 교육 수준이 낮으며, 남편 직업의 지위가 낮은 가족에서 일어난다.[26]

미라 코마로프스키도 낮은 교육 수준과 빈번한 가정 폭력 사이에 연관이 있다는 사실을 발견했다. 12년 미만의 교육을 받은 기혼 여성의 33퍼센트가 물리적 폭력을 수반한 부부 싸움을 경험했다고 말했다. 반면 12년 이상 교육받은 주부들의 경우에 이 수치는 고작 4퍼센트에 불과했다.[27] 또 다른 연구자가 밝힌 바에 따르면, 자식을 구타한 아버지의 절반가량이 결정적 행위를 하기 전 1년 동안 실직 상태였고, 12퍼센트는 구타가 벌어진 당시에 실직 상태였다.[28]

1965~1971년의 7년 동안 월트셔 북부와 동부에서 심하게 학대당한 아이들에 대한 연구에 따르면, 그 아버지(또는 아버지 구실을 한 남자)의 48퍼센트가 실직 상태였고, 71퍼센트가 미숙련 노동자였으며, 98퍼센트가 자기

소유의 집이 없는 사람들이었다.[29] 1980년에는 스트래스클라이드 지역 아동들에게 고의적으로 가해진 상해에 대한 연구가 수행됐다. 이것을 보면, 연구 대상 아동들의 어머니 가운데 10퍼센트만이 완전·부분 고용 상태였고, 아버지 중 3분의 2가 실직 상태였다.

여성들은 대체로 가정에서 남성 폭력의 피해자들이지만, 흔히 자녀 폭행의 주된 가해자다. 리처드 겔스가 썼듯이, "육체적으로 더 공격적인 부모는 어머니다. …… 화를 참지 못할 때 폭력을 쓰는 사람은 대개 어머니다."[30] 미국인 연구자 두 명은 그들이 다룬 57건의 아동 학대 사례 가운데 어머니에게 학대당한 사례가 50건이었다고 보고했다.[31]

위력과 성적 억압이 뒤얽혀 있는 아동 학대의 한 형태는 근친상간이다. 근친상간은 드물지만 그렇게 드문 것은 아니다. 3년 동안 포괄적으로 연구한 바에 따르면, 뉴욕에서는 해마다 3천 건 정도의 근친상간이 일어나는 것으로 추정된다. 다른 연구자들은 이 수치도 보수적이라고 생각했다. "가장 많이 거론된 가해자는 아버지, 남자 친척, 엄마의 남자친구인데, 이들은 모두 집에 쉽게 드나드는 사람들이다. 피해자의 나이는 한두 달부터 17~18세까지 광범하다." 근친상간은 신체적 폭력과 마찬가지로 "가난 때문에 여러 어려움을 겪으면서 사생활마저 없어진 경우에 더 많이 일어난다."[32]

가족이 억압과 좌절과 증오가 뒤섞인 곳이 되는 이유는 바로 가족이야말로 '무정한 세상의 안식처'이기 때문이고, 소외된 환경에서 사는 사람들이 가족이 줄 수 있는 것 이상을 요구하기 때문이며, 그 속에서 부부는 정서적 욕구를 충족하기 위해 점점 더 서로 의존하기 때문이다. 리처드 겔스가 썼듯이,

가정생활의 상호 작용과 친밀함, 정서적 밀접함이 그때그때 확인되지 않고 미뤄지면 부부 모두 공격받기 쉬운 측면이 드러나게 되고, 남편과

아내의 인격적 약점을 덮어 주던 가리개가 벗겨지게 된다. 결국 부부는 상대방의 약점을 공격하는 데 명수가 돼, 공격하고 맞받아치면서 상대방에게 진짜로 상처를 입힌다. …… [부부는 — 토니 클리프] 상대방의 약점에 대해 전문가가 된다. 어떻게 하면 상대방 속이 뒤집히는지 금방 알게 된다. 가족 사이에 불화 · 논쟁 · 갈등이 벌어지면 부부 가운데 한 사람 또는 둘 다 약점을 자꾸 공격함으로써 '아픈 곳을 건드리게' 된다.[33]

1979년에 영국에서 '전형적인 노동자' — 일하지 않는 아내와 자식을 둔 기혼 남성 — 가 남성 노동력의 8퍼센트, 즉 전체 노동력의 5퍼센트에 지나지 않았지만, 부양자로서 남편과 의존적인 양육자로서 아내라는 고정관념은 사라지지 않았다.[34]

가족과 정신 질환의 악몽

정신 질환은 신체 질환 못지않게 해롭다. 조지 브라운과 티릴 해리스의 여성 우울증에 관한 중요한 연구는 여성이 속한 계급과 정신 질환 발생 빈도 사이의 상관관계를 보여 준다.

인터뷰를 한 여성들은 런던 남부의 캠버웰에 살았다. 가까운 사람이 위독하다든지, 직업을 잃었다든지, 원하지 않는 임신을 했다든지, 집을 구하지 못했다든지 하는 살면서 겪는 힘겨운 일들 때문에, 노동계급 여성들은 중간계급 여성들보다 훨씬 더 큰 정신적 고통을 받는다는 사실이 드러났다. 특히 아이가 있는 여성에게 이 점이 두드러졌다. 아이가 있는 노동계급 여성의 경우 힘든 일을 겪은 뒤 정신 질환이 생긴 사람이 39퍼센트나 되는 데 반해, 중간계급 어머니들의 경우는 6퍼센트에 불과했다.

6세 미만의 아이가 있는 노동계급 여성이 불안을 느끼는 경우가 특히 많았다. 그 비율은 약 42퍼센트에 달했다.(반면, 6세 미만의 아이가 있는 중간 계급 여성의 경우는 5퍼센트였다). 그리고,

> 친밀한 관계를 갖고 신뢰하고 속내를 터놓을 수 있는 사람, 특히 남편이 나 남자친구가 없을 경우, 힘겨운 일이나 큰 어려움에 직면해서 훨씬 더 쉽게 좌절한다는 것을 알게 됐다.

루빈과 코마로프스키와 마찬가지로, 브라운과 해리스는 이러한 친밀한 지지에 계급이 큰 영향을 미친다는 것을 발견했다. 노동계급 가족에서는 전문직 중간계급 가족보다 남편이 아내를 심리적으로 지지해 주는 일이 적다. 6세 미만의 아이 한 명이 있는 노동계급 여성 중에서 37퍼센트만이 남편이나 남자친구에게 깊은 친밀감을 느꼈으며, 이것은 같은 중간계급 집단의 절반밖에 안 되는 비율이다.

중간계급 여성은 삶의 어려운 일들을 감당할 수 있는 물질적·심리적 여유가 노동계급 여성보다 더 많다. 그들은 새로운 활동 영역으로 옮겨 갈 수 있고, 새로운 인간관계를 맺을 수도 있다. 브라운과 해리스는 이렇게 쓴다.

> 중간계급 여성은 여행도 더 자주 하고, 멀리 사는 친구들을 보러 가고, 새 옷을 살 수도 있다. 중간계급 여성은 아마도 즐거운 경험을 추구할 수 있다는 더 큰 자신감과 능력을 갖고 있을 것이다. 또, 결국 어떤 중요한 목표를 성취할 것이라는 더 강한 믿음이 있다. 역경을 극복하는 것은 대체로 더 나은 내일에 대한 희망을 어떻게 유지하느냐 하는 문제일 수 있다.

노동계급 여성의 정신 건강에 나쁜 영향을 주는 가장 중요한 요소는 '갇혀 있다'는 느낌 — 일하러 나가지 않기 때문에 받아들여야 하는 제약 — 이다. 여성의 정신 건강에서 직업의 중요성은 다음 수치를 보면 명백해진다. 한 아이의 어머니로서 직업 없이 집에 있고 남편과 친밀한 관계도 없는 여성은 심각한 문제가 닥쳤을 때 79퍼센트가 정신적 문제를 겪었으나, 비슷한 상황에서 직업이 있는 여성의 경우 그 수치는 14퍼센트에 불과했다. 브라운과 해리스는 자신들의 책에서 이렇게 결론짓는다.

요컨대, 사회 계급들 간에 우울증이 생길 수 있는 여부가 다른 이유 중 일부는 노동계급 여성이 특히 아이들이 있는 경우에 힘겨운 삶의 문제들을 더 많이 경험하고 더 큰 어려움을 겪는 것에서 비롯한다. 주택, 재정, 남편, 자식 (건강 문제는 제외하고) 등에 관한 문제들이 특히 중요하다. 이런 종류의 사건들은 노동계급 여성들에게 더 흔하게 일어나며, 현대 사회를 설명할 때 흔히 초점이 되는 '빈민가' 스트레스를 겪기 가장 쉬운 문제들이다.

브라운과 해리스의 연구가 한 가장 중요한 기여 가운데 하나는 계급과 가족의 교차점에서 생기는 문제가 여성의 정신 건강에 영향을 미치는 측면을 해명한 것이다. 어떤 여성이 독신일 경우에는 노동계급에 속한다고 해서 꼭 정신 질환에 걸릴 가능성이 높은 것은 아니다. 반대로 결혼한 여자라고 반드시 정신 질환이 발생하기 쉬운 것도 아니다. 그 여성이 중간계급에 속할 경우에는 그렇지 않다. 위험한 결합은 노동계급이면서 기혼인 경우다.

독신녀는 정신 질환 비율이 특히 낮고(20명 중 1명 정도), 사별한 여성, 이혼한 여성, 또는 별거 중인 여성은 특히 정신 질환 비율이 높다(3명 중

1명). 그러나 앞의 경우들 모두 계급과 관련 있는 것은 아니다. 계급적 차이는 기혼 여성들에게 한정된다.[35]

결론적으로 결혼해서 어린 자식들을 돌보는, 직업이 없는 노동계급 여성들에게 정신 질환이 많이 생기는 것은 자본주의의 착취와 성적 억압이 정신 질환 문제와 밀접하게 얽혀 있음을 반영한다.

정신 질환 문제에서 남성과 여성은 어떻게 다른가? 많은 연구자들이 이 문제를 다뤘다. 그 연구를 요약한 중요한 논문이 W R 고브의 "성 역할, 결혼 여부, 그리고 정신 질환 사이의 관계"다. 고브는 이렇게 말한다. 모든 나라의 연구에서,

> 결혼한 여성이 결혼한 남성보다 정신 질환 비율이 현저하게 높다는 것이 드러났다. 반면에 독신 여성과 남성, 이혼한 여성과 남성, 사별한 여성과 남성을 비교하면, 여성이 남성보다 정신 질환 발생 비율이 더 높지 않다는 것을 알 수 있다. 사실, 이러한 결혼 범주들에 다른 점이 있다면 여성의 정신 질환 비율이 더 낮다는 것이다.

고브는 통계를 통해 결혼으로 여성이 남성보다 갑절로 손해를 본다고 평가한다. 그 이유는 "남자는 직장인이자 가장이라는 두 가지 주요한 역할을 하지만, 여성은 주부라는 하나의 역할만 하는 경우가 많기" 때문이라고 주장한다.(대규모 여성 고용은 이 주장과 모순이 되지만 ─ 그리고 이것이 중요한 점인데 ─ 남성이나 여성이나 아직도 이런 식으로 자기 역할을 인식한다.) 남녀의 정신 질환 비율이 차이가 나는 것은 대체로 남녀의 직업 역할이 다르기 때문이라는 주장을 뒷받침하기 위해, 고브는 남성이 연금을 받을 나이가 돼 퇴직할 때 일어나는 일을 조사했다. 고브는 "적어도 가설로서 이야기

할 만한 증거가 있는데, 결혼한 남녀의 정신 질환 비율이 퇴직 연령 이후에 더 비슷해진다"는 것을 발견했다.[36]

가족은 난공불락의 성역이 아니다

가족은 노동의 세계에서 격리된 안전한 낙원이 아니다. 노동은 노동자 삶의 모든 측면에 침입해 들어온다. 래쉬는 이렇게 썼다.

역사가 발전하면서, 정치와 노동이라는 잔혹한 세계에서 벗어난 피난처 이자 정서적 성역으로서 사생활 — 특히 가족 — 이 필요해졌다. 그런데 바로 그 역사적 발전이 이 성역에 침입해 들어와 외부 통제를 받게 만들 었다. '사생활 중심주의'로 후퇴하는 것은 다른 곳들에서 사라질 위험에 처한 가치들을 더는 지탱해 주지 못한다.[37]

포드사의 한 노동자는 자신의 처지를 이렇게 묘사했다.

정말 살고 싶지 않다는 생각이 들었어요. 일을 마치고 집에 돌아오면 곧장 쓰러져 잠들었죠. 팔다리가 쑤셨습니다. 그렇게 힘든 노동이 뭔지 알게 됐 어요. 저는 건물 위에서 일했는데, 당시에 거기는 너무나 끔찍한 곳이었죠. 전 몇 달 동안이나 아내와 성 관계를 전혀 갖지 않았습니다. 그건 옳지 않 아요. 그렇지 않은가요? 어떤 일도 그렇게 힘들어서는 안 됩니다.[38]

'유럽식' 교대제[3교대제]의 영향에 관한 한 연구를 보면, 노동자들은 수 면 장애, 식욕 부진, 만성 피로에 시달리고 변비, 궤양, 류머티즘 관절염, 직장直腸 질환에 걸린다. 게다가,

부부 관계에서 가장 자주 언급되는 어려움은 남편이 저녁에 집을 비우는 일, 성 관계, 아내가 집안일을 하면서 맞닥뜨리는 어려움과 관계있다. …… 가족생활의 또 다른 영역인 부자 관계도 그런 종류의 교대 근무가 나쁜 영향을 미치는 듯하다. ……[39]

자본주의는 또 성 자체를 중요한 상품으로 변모시켜, 여성의 성적 매력과 남성의 정력을 증대시킨다고 선전하는 유행 상품과 포르노 시장을 거대하게 형성했다. 섹슈얼리티는 인간에게서 소외된 한 묶음의 육체적 감각이 됐다. 조지 프랭클이 ≪성 혁명의 실패≫에서 썼듯이, "…… 대량으로 몽상을 만들어 내는 자들은 …… 순전히 성행위와 성적 상황에만 몰두할 뿐 그들이 대상으로 하는 사람들의 인격이 주제넘게 나서는 것을 허용하지 않는다."[40] 오래 전 1921년에 알렉산드라 콜론타이는 이러한 성 개념을 비난했다.

성 관계를 단순히 섹스의 문제로 보는 부르주아적 태도는 비판받아야 하고, 그것은 삶을 풍요롭게 하고 더 큰 행복에 이바지하기 위한 즐거운 사랑의 경험이라는 총체적 인식으로 대체돼야 한다. 개인의 지적·정서적 발달이 진전하면 할수록, 남녀의 인간관계에서 사랑의 노골적인 생리적 측면이 설 자리는 줄어들 것이고, 사랑의 경험은 더욱 밝아질 것이다.[41]

성에 대해 기계적으로 접근하면 남녀 모두 걱정이 많아진다. 여성은 스스로 '잡지나 영화나 TV에 나오는 여자들처럼 내가 매력이 있을까? 또 잠자리에서 그렇게 잘할 수 있을까?' 하고 묻게 된다. 남자들도 '나는 정력이 셀까?' 하고 묻는다.

성 개방은 여성이 있어야 할 곳은 가정이라는 개념에 도전하지 않았다.

단지 여성이 '잠자리에도 있어야 한다'는 것을 덧붙였을 뿐이다.

자본주의는 사회의 모든 인간을 왜곡하고, 삶의 모든 영역에서 잠재력을 발전시킬 수 있는 능력을 남성과 여성, 아이에게서 빼앗아간다. 사람들은 가족 속에서 사랑과 안식을 추구하고, 가족은 사회의 한 부분으로서 외부의 관계를 재현하는데, 이 때문에 가족은 분노, 질투, 공포, 죄책감 같은 개인적 갈등의 소굴로 변해 버린다. 남녀 모두 사회가 그들에게 각기 부여한, 불가능하고도 이상적인 틀에 맞춰 살지 못하기 때문이다.

만약 가족이 사람들의 정서적·인격적 욕구를 보장해 주는 데 점점 더 효과적이지 않다면, 사람들은 왜 아직도 가족에 집착하는가? 왜 모든 제도 가운데서도 가족제도가 생존 능력이 가장 큰가?

세상이 냉혹해질수록 가족이 구성원들의 정서적·물질적 필요를 효과적으로 보호할 수 없게 되지만, 동시에 그러한 성역 자체에 대한 욕구는 더욱 커진다. 인격적 욕구의 대부분은 다른 어디에서도 충족될 수 없다. 고아, 친척이 없는 홀아비나 홀어미, 중년의 독신 남녀처럼 핵가족에 속하지 않는 사람들은 더 외롭고 힘든 상황에 처해 있다. 남성과 여성에게 서로 돕는 것은 필수적이다. 고독을 벗어날 수 있기 때문에 핵가족이 힘을 얻는 것이다. 가족제도는 여성을 억압한다. 여성으로서는, 자기를 묶는 사슬을 만드는 데 참여하고 그 사슬을 사랑이라는 꽃으로 장식하는 셈이다.

가족은 사람들이 냉혹하고 경쟁이 심한 바깥 세계에서 눈을 돌리게 해 주고, 바깥 세계에 대해 회의를 품지 않도록 해 주는 불투명한 벽이다. 가족 덕분에 다른 사람에 대한 사람들의 잔인함이 좀 더 견딜 만해진다. 바깥 세상에 대한 두려움 때문에 가족 안에 심한 긴장이 생기기도 하지만, 그것을 참아낼 힘 역시 생긴다. 현대 가족은 자본주의의 산물이자 자본주의를 지탱해 주는 주요한 버팀목 가운데 하나다.

'비정상적인' 동성애자들

우리 사회는 모든 사람에게 성 역할을 강요한다. 가족의 역할이 매우 중요하기 때문에, 결혼해서 가족을 꾸리지 않는 성인은 누구나 비정상으로 낙인찍힌다. 동성애자들은 오늘날 가족의 물질적 토대 ─ 개별화된 재생산 ─ 와 이데올로기적 상부구조 ─ 남녀의 성 역할을 규정하는 고정관념과 사상 ─ 에 모두 도전한다. 그런데도 동성애가 보통 생각하는 것보다 훨씬 흔한 것이 사실이다. 킨제이의 조사에 따르면, 남성 응답자의 37퍼센트와 여성 응답자의 13퍼센트가 45세까지 동성 관계로 오르가즘에 도달한 경험이 있었다.[42]

일부일처제 가족이 역사적 전형이 아니었는데도 동성애자들을 비정상으로 여기는 고정관념이 존재한다. 조지 머독이 작성한 목록에 있는 5백54개 사회 가운데 1백35개 사회에서만 일부일처제가 전형이었다.[43] 동성애가 언제나 비정상으로 간주된 것도 아니었다. C S 포드와 F 비치는 1백90개 사회를 연구했는데, 그 가운데 동성애에 관한 자료를 입수할 수 있는 76개 사회 중 49개에서는 동성애를 정상으로 인식했음을 알아냈다.[44]

우리 사회에서 동성애자들은 벽장 안에 갇혀 있을 수밖에 없다. 동성애자들이 다른 동성애자들을 만나 고립감에서 벗어나려면, 직장과 가족과 주류 사회생활에서 동떨어진 사회적 게토로 들어가야만 한다. 동성애자 게토는 개별 동성애자들의 고립감을 없애주지만, 동성애자들이 주류 사회에서 고립돼 있다는 사실은 달라지지 않는다.

심지어 동성애자 자신들 사이의 관계조차 전통적 남녀 역할의 **강제 규범**에서 자유롭지 않다. 아무리 애써도 동성애자들이 자본주의 사회의 압력과 제약에서 벗어날 수는 없다. 그래서 남성이 여성을 억압하는 이성애 세계는 동성애자들에게도 그 세계의 성적 구분을 강요한다. 한 저술가는 동성애자들이 수행하는 남성 역할을 이렇게 설명한다.

젠더 규정, 성 역할 수행, 여성성에 대비되는 남성성을 요구하는 사회에서 역할을 수행할 때 우리가 무엇을 할 수 있을까? 사회가 배제하고 불완전한 인간이라고 비난하는 우리가 말이다. 우리가 술집에서 보게 되는 우스꽝스런 이성애 흉내, 남자보다 더 남자 같은 부치*와 여자 같은 게 이들은 어색하고 불쾌하다. 밤이 지나면 찾아올 외로움의 공포를 줄이기 위해 발버둥 칠 때 그들의 눈에는 두려움과 혐오가 드러난다.[45]

'부치'와 '펨'** 사이의 구분은 보통 여성 동성애자들과 관련해서 사용한다. 시드니 애보트와 바버라 러브는 진지하게 숙고한 공저인 《사포는 진보적 여성이었다》에서 이렇게 썼다.

몇몇 레즈비언들은 '결혼'이니 '남편'이니 '아내'니 하는 용어를 쓰는데, 여기에는 그럴 만한 이유가 있다. 우리 문화에서는 이런 단어들만이 인간관계의 사랑, 신뢰, 영원함, 책임을 표현한다. …… 아마도 레즈비언들 사이에서 역할 구분이 있는 이유는 레즈비언들이 역할을 구분하는 사회에서 자랐기 때문일 것이다. …… 레즈비언들은 지배와 복종, 자립과 의존, 공격성과 수동성이라는 남성과 여성의 특성에 바탕을 둔 생활 방식을 강매하는 문화 속에서 평생을 보냈다.[46]

사실 동성애 관계에서 '남성' 또는 '여성' 파트너라는 개념은 부정확하다. 아르노 칼렌은 방대한 저서 《섹슈얼리티와 동성애》에서 다음과 같은 어느 심리학자의 말을 인용했다. "소수만이 언제나 여성의 역할을 선택한

---

* Butch, 남성 역할을 하는 레즈비언을 뜻한다.
** Femme, 여성 역할을 하는 레즈비언을 말한다.

다. 또 다른 소수인 근육질 남성과 미남 동성애자들은 언제나 적극적인 역할을 맡는다. 그러나 대체로 동성애자들은 흔히 역할을 바꾼다."[47] 그러나 오늘날 동성애자 운동과 여성운동 내 레즈비언 단체들이 젠더와 관련된 역할을 아무리 강력히 거부할지라도 그들은 성공할 수 없다. ≪동성애자해방전선 선언≫이 결혼을 비난하고 가족의 종말을 말한다 해도, 동성애자들은 냉혹한 세상에서 정서적 안정을 추구하면서 자신의 섹슈얼리티가 부정하는 그 제도를 모방한다. 그러나 킨제이가 보여 주듯이, 많은 레즈비언 커플이 5년, 10년 또는 15년 동안 함께 살기도 하지만, 동성애자 가운데 오래 지속되는 커플은 드물다. 아르노 칼렌이 썼듯이, "많은 동성애자들이 영원한 사랑을 찾는다고 말하고 금방 동거를 하지만, 실제로는 깨지기 쉽고 격정적이고 짧게 끝나 버리는 관계의 연속이다."[48]

겉보기에는 동성애자들이 '혼외' 성 관계에 대해 더 자유주의적인 태도를 취하는 것 같지만, 동성애자라고 해서 이성애자보다 배우자의 정서적 헌신을 덜 요구하는 것은 아니다. 적대적인 세상에서 엄청난 압력을 받으면서 살기 때문에, 동성애자들은 대부분 이성애자들보다 훨씬 더 강하게 자신의 섹슈얼리티를 의식한다. 그리하여 소유욕이 두드러진다. 왜냐하면 물건을 소유하는 것과 마찬가지로 사람을 소유하는 것도 일말의 안정감을 주기 때문이다. 애보트와 러브가 지적하듯이, "초기의 낭만적 사랑의 시기를 넘어서 관계를 지속하는 데 도움이 되는 결혼이나 사회적·법적 제재도 없는 레즈비언 사회에는 불안정과 질투가 활개 친다."[49]

자본주의의 관념을 훼손하는 것처럼 보이는 동성애자들의 세계 역시 자본주의에 의해 완전히 침해당한다.

동성애자들의 하위문화는 불화와 환상으로 심하게 쪼개져 있다. 여성과 남성, 부치와 펨, 레더 퀸*과 드랙 퀸** 등으로 …… 분열돼 있다. 이런 역할들 대부분은 이성애 가치들을 반영하는 것이고, 그렇지 않은 경우에도 만연한 금전 관계가 반영된다. 이러한 동성애자 세계에서는 인간이 개성을 상실하고 섹스가 삶의 목표가 된다. 사람은 사물이 된다.[50]

결론을 말하자면, 자본주의는 동성애를 '문제'로 만들었다. 전통적 가족이 자녀를 양육하고 어른들의 소비 욕구를 충족하는 경제 단위인 이상, 동성애자들은 비정상으로 여겨질 수밖에 없다. 사람들은 남성 동성애자는 아내와 자녀의 부양자라는 남성의 역할에 적합하지 않다고 생각하고, 여성 동성애자는 어머니와 아내의 역할을 수행하지 않는다고 생각한다. 현대 가족은 그 구성원들에게 감옥일 뿐 아니라 가족과 연관된 성 역할의 고정관념에 맞지 않는 사람들도 옥죄고 있다.

---

* Leather Queen, 가죽옷을 좋아하는 남성 동성애자.
** Drag Queen, 유명한 여성들처럼 치장하는 남성 동성애자.

15

사회주의와 여성해방을 위한 투쟁

여성 억압의 계급적 뿌리

이 책 전체에 걸쳐서 우리는 사회의 계급 착취 관계를 여성의 지위를 분석하는 출발점으로 삼았다. 우리는 이 작업을 하면서 프리드리히 엥겔스의 ≪가족, 사유재산, 국가의 기원≫(1884년, 제1판)을 따랐다. 이 저작은 성 억압과 가족을 사회의 경제 구조와 연결시킴으로써 여성의 지위를 유물론적으로 분석하기 위한 기초를 놓았다. 엥겔스는 생산양식 — 삶에 필요한 것들을 생산하기 위해 사회가 체계화한 방법 — 의 변화가 남녀 관계의 형태를 포함한 인간의 생활 방식 전체에 영향을 끼쳤다고 주장했다.

엥겔스는 ≪가족, 사유재산, 국가의 기원≫에 이렇게 썼다.

결국, 역사에서 결정적인 요소는 기본적인 생활의 생산과 재생산이다. 그런데 이것은 그 자체로서 이중적 성격을 갖는다. 한편으로는 생존 수단의 생산, 즉 의식주와 그것에 필요한 도구의 생산이고, 다른 한편으로는 종種의 번식이다.[1]

생산과 재생산은 서로 독립된 것이 아니다. 생산은 재생산을 형성하는데 결정적이며, 사회가 발달할수록 더욱 그렇게 된다. 결과적으로 나타나는 것은 "소유 제도가 가족제도를 완전히 좌우하는 사회"다.

엥겔스는 미국인 인류학자 루이스 모건의 견해에 따라, 계급이 출현하기 이전 원시공산주의 사회에서는 여성이 남성과 동등한 지위를 누렸다고 주장했다. 분업은 남성과 여성의 타고난 체력 차이를 반영했다. 그러나 성의 관계는 상대를 자유롭게 선택하는 것에 기반을 두었고, '모권' 통치 아래에서 아버지가 아니라 어머니를 통해 혈통이 계승됐다. 그러나 노동 생산성이 발전하면서 사회관계가 변했다. 가축이 곧 부가 됐고, 가축을 기른 사람들은 바로 남성이었다. 가정의 우두머리였던 여성은 점차 지위가 낮아졌다.

새로운 가축 재산이 늘어나면서 남성은 자기 아들에게 재산을 물려줄 수 있기를 원했다. 모권은 남성들에게 장애물이었고, 따라서 모권을 전복했다. 그 대신 한 여성이 생활을 위해 한 남성과 결합하고 그의 뜻에 복종하는 일부일처제 가족이 탄생했다.

모권의 전복은 여성의 세계사적 패배였다. 남성은 집안의 통제권을 장악했고, 여성은 지위가 낮아지고 노예 상태로 전락했으며, 남성 욕망의 노예이자 단지 아이를 낳기 위한 도구가 됐다.[2]

엥겔스는 이러한 패배가 착취자들이 국가를 통제함으로써 폭력 수단을 독점해 사회가 착취 계급과 피착취 계급으로 나뉘는 마찬가지 과정의 일부라고 주장했다.

역사에 나타난 최초의 계급 적대는 일부일처제 결혼에서 남녀의 적대가 발전한 것과 동시에 일어났고, 최초의 계급 억압은 남성의 여성 억압과 동시에 일어났다.[3]

따라서 여성해방을 위한 투쟁은 계급사회 자체에 맞선 투쟁과 분리될 수 없다.

19세기 말 모건과 엥겔스의 저작들이 나온 이래로, 현대 사회인류학은 모권제 원시공산주의가 존재했다는 주장을 비웃어 왔다. 이 이론에는 수많은 비난이 쏟아졌고, 마르크스와 다윈의 혁명적 사상들은 살아남은 반면 모건의 사상은 산더미 같은 비평 속에 묻혀 버렸다.

모건과 엥겔스가 증거를 해석하는 데서 실수를 범한 것은 분명하다. 모건이 주장한 것처럼, 원시시대에 형제자매들이 함께 살면서 무질서하게 성

관계를 맺었다는 실제 증거는 없다. 반대로, 부족이 더 '원시적'일수록 '형제'와 '자매' 사이의 성 관계는 더 엄격하게 금지했다. 엥겔스가 주장했듯이, 결혼이 남성 집단의 성적 요구에서 벗어나려는 여성의 욕구에서 발전했다는 것도 사실이 아니다. 엥겔스가 모건에게서 취한 이 견해에 반하는 증거를 고려해 볼 때, 엥겔스의 주장은 빅토리아 시대의 도덕에 대한 불합리한 용인이었다.

부권제와 유사한 모권제에 대한 모건과 엥겔스의 견해는 틀렸다고 할 수 있다. 자료가 충분하지 않기 때문에, 서로 다른 시대와 장소에서 모권제의 물질적 토대로서 채취(여성의 일)가 수렵(남성의 일)에 비해 상대적으로 얼마만큼의 비중을 차지했는지를 확인하기는 어렵다. 명백한 이유들 때문에 인류학은 정확한 과학은 말할 것도 없고 역사학보다도 훨씬 더 추측에 의존할 수밖에 없다.

그러나 모건과 엥겔스에 대한 비판은 그러한 사실 관계 오류들이 아니라 그들의 역사적이고 유물론적인 해석 방법에 집중됐다. 인간 사회의 초기부터 존속한 원시 부족들은 존재하지 않기 때문에 역사적 방법을 사용할 수는 없다고 인류학자들은 주장한다. 따라서 모건과 엥겔스의 결론은 단순한 '억측'일 뿐이라는 것이다. 그래서 현대 인류학은 원시사회의 삶과 관련된 사실적인 세부 사항들을 혼란스럽게 제시하면서도, 이런 사실들을 가족과 같은 원시시대의 사회제도와 연관짓지는 않는다. 그런데 정작 그들이 원시시대의 결혼 제도의 기원을 설명하려고 시도할 때는, 본인들은 '보편적'이라고 주장하지만 사실상 자신들의 계급적 편견을 드러내는 것일 뿐인 심리학적·경제적 원칙들을 바탕으로 억측하는 것을 주저하지 않는다.

모건과 엥겔스가 사용한 방법을 거부하는 인류학자들 대부분은 남녀가 평등했던 시기가 존재했다는 것도 부정한다. 그리고 사적 소유가 모든 사회의 특징이었다고 주장한다. 심지어 가장 원시적인 사회에서도 말이다.

소수 학자들은 엥겔스와 모건이 제시한 명제를 다시 주장하기 위해서 더 최근의 증거를 사용했다. 1927년 로베르 브리포[4]는 원시 '핵가족'이 존재했다는 주장에 반대하기 위해서 동물의 사회생활에 관한 연구를 이용했다. 브리포는 고등 유인원들 사이에서 장기간의 어미의 돌봄이 암컷들이 사회생활을 발전시키도록 자극했고 그럼으로써 인간성을 향한 첫걸음을 내딛게 됐다고 주장했다. 더 최근에 에블린 리드[5]는 모권 집단 내에서 식인 풍습과 성 관계를 금기함으로써 남성과 여성의 협동 노동이 형성됐다고 주장했다. 또 리드는 수렵·채취 경제에서 남녀 사이의 자유와 평등은 여성이 동물성에서 인간성으로 전환하는 것을 주도하는 데 필요한 본질적인 전제 조건이었다고 주장한다. 에블린 리드의 연구는 많은 부분 정설定設 인류학의 증거에 바탕을 두고 있는데, 정설 인류학은 추측에 많이 의존하는 방법이라고 할 수 있다.

브리포와 리드가 제기한 주장들은 자세한 평가가 필요하다. 그러나 마르크스주의자들이 인류 초기에 대한 연구에서 실수를 저질렀을지라도, 남성과 여성 사이에 기본적인 평등이 존재하는 원시공산주의라는 개념이나 진화론·유물론 방법은 실수가 아니라는 것은 분명하다. 마르크스주의자들에게 여성의 사회적 지위와 가족 구조는 지배적인 생산양식이라는 맥락 속에서만 이해할 수 있는 것이다.

여성은 결코 불변하는 '가부장제'의 피해자가 아니다. 여성의 사회적 지위와 가족 구조는 지난 2백 년 동안에도 엄청난 변화를 겪었다. 산업혁명 이전에 대부분의 사람들은 농민 가구* 안에서 살았는데, 그것은 현대의 핵가족과 전혀 달랐다. 농민 가구는 소비 단위면서 생산 단위였다. 여성과

---

* Household, '가구'는 '현실적으로 주거와 생계를 같이하는 사람의 집단'을 의미하는 것으로서 '혼인이나 혈연으로 맺어지는 집단'을 뜻하는 '가족Family'과는 의미가 다르다.

아이들은 가부장의 감독 아래 함께 일하면서, 자신들이 소비하기 위한 재화뿐 아니라 외부 세계와 교환하기 위한 재화도 생산했다. 농민 가족은 '개별화되지' 않았으며, 외부 사회와 단절되지 않았다. 마크 포스터는 다음과 같이 지적한다.

> 근대 초 농민 생활의 기본 단위는 결혼으로 이뤄진 가족이 아니라 촌락이었다. 촌락이 바로 농민의 '가족'이었다. …… 여성의 노동은 가족과 지역사회의 생존에 반드시 필요한 것이었으며, 여성은 열심히 장시간 노동했다. 여성 농민은 요리를 하고 자녀를 돌보고 가축과 정원을 돌보고, 추수기 같은 중요한 때는 논밭에서 촌락민들과 함께 일했다. 여성은 출산을 돕고 저녁에 있는 모임에서 중매를 서기도 했다.[6]

산업 자본주의가 발달한 뒤에야 비로소 여성의 역할이 가정 안에 국한되기 시작했다. 가족이 더는 생산 단위가 아니게 됐다. 반면에 양육·요리·세탁은 '가사 노동', 즉 가정이라는 틀 속에서 주부가 하는 일이 됐다. 이리하여 '개별화된' 가족이 등장했는데, 마거릿 대처의 연설문 작성자인 페르디난드 마운트 같은 보수당 이데올로그들은 개별화된 가족이 모든 사회의 '태생적' 특징이라고 생각한다.[7]

그러나 여성이 가정 안에서 하는 노동은 비록 사회적 생산에서 제외됐지만 자본주의가 사회적 생산을 조직하는 방식, 즉 자본주의 생산양식에 필수적이다. 왜냐하면 가정 안에서 수행된 노동이 자본주의에 노동력을 제공하기 때문이다. 대대로, 육체적으로는 출산을 통해 그리고 문화적으로는 양육을 통해 노동력 자체를 재생산하는 것이 바로 여성의 노동이다. 그리고 매일매일 여성의 노동은 가족 안에서 노동자들을 '재생산'해 다음 날 그들이 노동할 수 있게 만든다. 마르크스는 다음과 같이 지적했다.

이런 끊임없는 재생산과 노동자의 유지는 자본주의 생산의 필수조건이다. …… 노동계급의 유지와 재생산은 자본의 재생산에 필수조건이며 영원히 필수조건이 돼야 한다.[8]

그러나 생산과 재생산의 변증법적 통일은 재생산에 관련된 가사 노동이 '개별화돼' 있다는 사실 때문에 은폐된다. 즉, 그것은 사회 밖에서 수행되는 개인적인 일이다. 그러나 만일 여성이 노동계급 가족 안에서 이런 무급 노동을 수행하지 않는다면, 자본주의는 노동력 재생산을 보장하기 위해서 더 높은 임금을 지급하거나 아니면 현재 가정주부들이 제공하는 서비스를 대체하기 위해 상당한 복지 서비스를 제공해야 할 것이다.

가족제도 자체는 사회의 경제적 토대의 일부일 뿐 아니라 상부구조의 일부이기도 하다. 우리는 가족 안에 자리 잡은 여성 억압이 생활의 모든 측면에 어떻게 스며들어 있으며, 다음 세대에서 정형화될 성의 왜곡을 어떻게 재창출하는지를 이미 살펴봤다. 엥겔스가 주장한 것처럼, 여성 억압이 자본주의 생산양식에 기여한다는 것은 그것이 다양한 계급의 여성들에게 서로 다른 영향을 미친다는 것을 뜻한다. 자본주의 계급사회에서 부르주아 여성의 역할은 합법적인 상속인, 즉 지배계급의 축적된 부를 다음 세대로 전달하는 사람을 생산하는 일이다. 노동계급 여성의 역할은 현 세대와 다음 세대의 노동자들을 재생산하는 것이다. 그리고 지배계급 여성은 노동계급 여성에 대한 억압에서 이익을 얻는다. 왜냐하면 그들은 값싼 여성 노동력을 고용함으로써 이익을 얻기 때문이다.

부르주아 여성들이 같은 계급의 남성들에 비해 차별당하는 것은 사실이다. 그러나 그 둘 사이의 분열은 부르주아 여성과 노동계급 여성을 갈라놓는 심연과는 비교할 수 없는 것이다. 자본주의 사회의 두 가지 핵심 영역인 재산과 교육 문제에서 이에 대한 명백한 증거를 찾을 수 있다. 1970년 영국에서 인구의 반을 차지한 여성이 사유재산의 약 40퍼센트를 소유했다.[9] 그러나 수백만의 노동계급 여성들은 재산이 전혀 없거나 보잘것없는 재산만을 소유했다. 교육에서는 영국 대학생 가운데 겨우 3분의 1만이 여성인 데서 드러나듯이 성에 따른 차별이 존재했지만, 계급에 따른 차별이 훨씬 더 첨예했다. 1975년과 1976년에 종합 중등학교*에서는 여학생의 겨우 2.9퍼센트만이 대학에 진학한 반면, 인문계 중등학교**에서는 16.9퍼센트, 사립학교***에서는 30.1퍼센트가 대학에 진학했다.[10] 여학생의 대학 진학 가능성에 결정적인 영향을 미치는 요소는 계급이다.

이런 두 가지 핵심 영역에서 부르주아 여성들은 노동계급 여성들보다는 자신이 속한 계급의 남성들과 공통점이 더 많다. 소위 '자매들'은 서로 너무나 동떨어진 세상에 산다.[11]

누가 여성 억압의 수혜자인가? 자신들을 사회주의 페미니스트라고 말하는 많은 사람들과 급진 페미니스트들, 심지어 마르크스주의 페미니스트들조차 그 수혜자가 바로 남성들이라고 답한다. 이에 대한 우리의 답변은 단연코 아니오이다.

재정적으로 남편에 의존하고 가사 노동과 따분한 저임금 직업이라는 이중의 부담을 짊어진 노동계급 여성이 된다는 것은 정말 숨 막히는 일이다. 그러나 노동하는 남성이 된다는 것, 거칠고 위협적인 세상에서 머리 위에 매달린 다모클레스의 검****과 같은 실직의 위협을 늘 안고서 부양자 노릇을

---

* Comprehensive school, 인문·기능 교육을 비롯한 모든 과정을 가르치는 중등학교.
** Grammar school, 학력이 상위인 학생에게 대학 진학 준비 교육을 시키는 중등학교.
*** Direct grant school, 수업료를 받는 학교. 그리고 지역 당국이 추천한 일부 학생들에게는 돈을 받지 않고 그 대신 정부의 보조금을 받는다.
**** Sword of Damocles, 다모클레스는 시칠리아 시라쿠사의 참주僭主 디오니시우스 1세의 신하. 다모클레스가 디오니시우스 1세의 행복을 찬양하는 아첨을 하자, 디오니시우스 1세는 화려한 잔치에 그를 초대해 머리 위에 한 올의 말총으로 매달아 놓은

한다는 것은 전혀 특권이 아니다. 노동계급 남성은 노동계급 여성만큼이나 인간성을 박탈당한다. 린지 저먼은 뛰어난 논문 "가부장제 이론"에서 다음과 같이 지적했다.

가족임금은 실질적으로 남성에게 이득이 되지 않았다. 가족임금은 최소한의 재생산 비용, 전체 가족을 유지하는 데 필요한 양 이상은 아니었다.

가족임금 제도 아래서, 기혼 여성은 직접적인 자본주의의 생산에서 제외되고, 그리하여 실업자와 마찬가지로 독립적인 소비자로도 여겨지지 않는다. 이것이 우리가 노동자들은 착취당한다고 말하는 반면 가정주부들은 억압당한다고 말하는 중요한 이유다. 그러나 이것이 남성 노동자들이 여성 억압에서 이익을 얻는다는 것을 뜻하지는 않는다. ……

가사 노동은 당연히 공장이나 사무실에서 이뤄지는 것과 같이 자본주의적 착취가 부과하는 속도에 종속된 노동이 아니다. 가사 노동은 특정 시간 동안 집중적인 노력을 기울이고 나서 다음 번 근무 시간에 집중적인 노력을 기울이기 위해 휴식 시간을 갖는 노동이 아니다. 따라서 공장 노동에 투입되는 노동량과 달리 가사 노동에 투입되는 노동량은 측정할 수 있는 방법이 없다. 확실히 말할 수 있는 것은 공장 노동과 가사 노동 모두 몸을 쇠약하게 만든다는 것이다. 공장 노동은 직업병(만성 기관지염과 같은 증상들이 가정주부들보다는 남성 노동자들 사이에서 더 많이 발견되는 이유다), 끔찍한 사고들, 극심한 피로, 그리고 특히 조기 사망으로 이어진다. 가사 노동은 사기 저하, 원자화, 불안, 그리고 일반적으로 의사들이 무시하는 다양한 질병의 원인이다.[12]

그러나 많은 페미니스트들이 여성 억압을 실제로 수행하는 것은 남성들

칼 밑에 앉히고 권력자의 운명이 그만큼 위험하다는 것을 보여 줬다.

이라고 주장한다. 강간범, 포르노 작가, 아내를 구타하는 사람은 남성이라고 말한다. 그러나 페미니스트들이 개별 남성들을 이런 형태의 억압의 수행자라고 지적하는 것은 맞지만, 여성이 주로 억압당하는 방식이 이런 것들이라고 보는 것은 잘못된 것이다. 모든 ― 또는 대부분의 ― 남성들이 강간범, 포르노 작가, 아내를 구타하는 사람들인 것은 아니다. 더욱이 이것들은 개인의 행동이기 때문에, 자본주의 체제가 자본주의의 여러 제도들을 통해 여성 억압을 체계화하고 지속하는 방식과는 비교가 되지 않는다. 저임금, 사실상 여성이 진입할 수 없는 경제 부문들, 보육시설 부족, 그리고 가족제도 자체는 재생산을 개별화된 것으로 유지하고 여성에게 이중 부담을 지우는 수단들이다. 이러한 구조들이 여성 억압의 근원이다. 이러한 구조들은 우리가 살아가는 계급사회 속에 뿌리박혀 있으며, 계급사회가 통제되는 방식대로 통제를 받는 것으로서, 개별 남성들이 통제하는 것이 아니고 노동계급 남성 개인들이 통제하는 것은 더더욱 아니다.

그렇다고 해서 남성들이 여성들을 억압적인 방식으로 대하는 사실을 부인하는 것은 아니다. 그렇지 않다고 하는 것은, 사회관계가 언제나 실제 인간들 사이의 관계라는 점을 부인하는 이상주의의 오류에 빠지는 것이다. 그러나 비난받아야 할 것은 계급사회의 개별 행위자들이 아니라 바로 계급사회 자체다. 여성 억압은 남녀 노동자 모두의 이익을 해친다. 그런 상황에서는 지배계급만이 이익을 얻는다.

유급 고용 여성

만일 노동계급 여성들이 단지 가정주부일 뿐이라면 그들은 억압 때문에 무기력해질 것이다. 가정주부로서 여성은 고립돼 있고 약하다. 마저리 스프링 라이스가 1930년대 노동계급 여성의 가사 노동에 대한 독보적인 기록에

서 서술한 것처럼,

> [노동계급] 여성은 노동 현장[가정]에서 먹고 자고 '휴식을 취한다.' 그리고
> 여성의 노동은 전적으로 혼자 하는 노동이다. …… 감정적인 보상이 무
> 엇이든지 간에, 여성의 헌신이 무엇이든 간에, 여성은 가족 때문에 노동
> 하는 것이고, 가족은 여성을 '가정'이라는 고독하고 좁은 영역에 묶어 두
> 는 굴레를 옭죄는 존재다.[13]

주부가 느끼는 고립감은 무력감으로 이어진다. 에밀 뒤르켕이 "미래가
꽉 막혀 있고, 억압적인 규율과 불가피하고도 완고한 성격의 역할로 말미암
아 열정이 폭력적으로 짓눌린 사람한테서 발견되는 과도한 규제"라고 예리
하게 규정한 극단적인 숙명론으로 기울기 쉽다.

집안일을 하지 않을 방도가 없는 노동계급 어머니들은 자신들의 전형적
인 역할을 통해 자긍심을 느낀다. 수 샤프는 다음과 같이 썼다. "달리 대안
이 없어 보이는 경우에 가사에 강한 관심을 갖는 것은 당연하다. 많은 여성
들이 자신이 가족에게 없어서는 안 되는 존재라는 데서 자긍심을 얻는다.
이것을 부정하는 것은 그들 존재의 모든 목적을 없애는 것이나 마찬가지
다."[14] 린다 고든은 탁월한 저서 《여성의 육체, 여성의 권리》에서 자기
보호의 측면을 다음과 같이 강조한다.

> 여성이 자신을 위해 사용하는 비법이 있다. …… 그 비법은 합리화 이데
> 올로기인데, 그것은 여성의 생존을 위한 것이자 여성 삶의 창조적이고 즐
> 거운 측면들을 극대화하기 위한 것이다. 대부분의 여성은 가능할 경우 어
> 머니 역할만 하는 것을 다른 직업을 갖는 대안보다 선호한다.[15]

이것과 비슷한 맥락에서, 미국의 한 흑인 어머니는 임신의 가치를 이렇게 설명했다. "뱃속에 아기를 갖고 있을 때가 정말로 내가 살아 있다고 느끼는 유일한 시간입니다. 내 피부 색깔이 어떻든 간에, 사람들이 나를 뭐라고 부르든 간에, 내가 뭔가 중요한 일을 할 수 있다는 것을 느낍니다." 린다 고든은 다음과 같이 덧붙였다. "온갖 어려움에도 불구하고, 육아는 본질적으로 다른 일보다 덜 소외되고 더 창조적인 일이다. 즉, 육아는 적어도 어머니에게 자신의 노동조건과 목표에 대한 통제력 비슷한 것을 제공한다."[16]

고층 아파트에 갇혀서 미친 듯이 돈 걱정을 하고 끝없이 단조롭고 고된 일을 하는 것과 같은 결말이 머릿속에서 떠오르지만, 그런 생각을 억누르면서 '단지' 아내이자 어머니로 살아가는 것이 '행복'하다고 여성들이 주장하는 것도 당연하다. 그 여성은 빠져나오는 법을 알지 못하는 덫에 걸려 있기 때문에, 그리고 행복하기를 바라기 때문에, 그렇게 주장하는 것이다. 만약 자신이 **불행하다**는 것을 스스로 인정한다면, 인간으로서 실패했다는 의미고, 그것은 더 큰 불행을 초래할 것이다.

수많은 사람들이 여전히 아내와 어머니라는 전통적인 여성상을 강력히 고수한다. 이러한 편견을 노골적으로 표현한 것으로, 대처 정부의 초대 사회복지부 장관이었던 패트릭 젠킨의 말을 인용할 만하다. "만일 하나님이 여성을 일하러 밖에 내보낼 생각이었다면, 두 성을 창조하지 않았을 것이다." 실제로 모든 부르주아 사회학자들과 페미니스트들이 노동력에서 여성의 역할을 무시하거나 매우 경시하면서 여성을 가족 구조 안에 확고히 위치 지운다. 심지어 이른바 '마르크스주의 페미니스트들'조차 대부분 가사 노동에 관심을 집중한다. 임금노동자로서 여성을 다룬 연구들도 대개 가정에서 여성의 지위가 여성이 노동시장에 참여하는 데 영향을 미치는 방식과 관련된 것이다.

여성 노동의 두 영역 사이의 종합 — 일치와 모순 모두 — 을 제시하기 위해 마르크스주의 방법을 사용하지 않는다면, 이러한 접근 방식은 피할 수 없다. 단지 겉보기에는 임금노동보다 가사 노동이 더 큰 비중을 차지한다. 결국 여성은 가사 노동에 훨씬 더 많은 시간을 소비하는 것이다. 앤 오클리는 수많은 주부와 나눈 인터뷰에서 가사 노동 시간이 주당 평균 77시간이라는 사실을 발견했다.[17]

여성 자신의 감정 면에서도 여성은 임금노동보다 가사 노동을 우선시한다. 그럴 수밖에 없다. 누가 만일 진을 빼는 두 가지 부담 가운데 어느 것이 더 낫냐고 묻는다면, 여성들은 당연히 가사 노동을 더 좋아한다고 대답할 것이다. 여성들이 다른 어떤 대안을 떠올리겠는가? 자식들을 내팽개치고, 하인을 고용하고, 호텔에서 살겠는가? 그래서 대부분의 노동계급 여성들은 가능할 경우 어머니 역할만 하는 것을 다른 직업을 갖는 대안보다 선호한다는 것이다.

그러나 현실을 살펴보면, 대부분의 여성들이 삶의 대부분 기간 동안 유급 노동에 종사한다. 1971년도 인구조사를 보면, 전체 영국 여성의 87퍼센트가 살면서 적지 않은 기간 동안 노동했다. 현재 영국에서 여성은 노동력의 41퍼센트를 차지한다. 앞서 언급했듯이 소위 '전형적인 노동자' — 노동하지 않는 아내와 아이가 있는 기혼 남성 — 는 남성 노동력의 8퍼센트, 전체 노동력의 약 5퍼센트에 불과했다.[18]

1979년 미국에서는 여성 혼자 부양하는 가족이 전체 가족의 14.6퍼센트였다.[19] 또, 열 가족 중에서 한 가족만이 핵가족의 전형적인 유형에 들어맞는다.

제2차세계대전 이후로 여성은 대거 유급 고용에 진입했다. 무엇보다도, 피임이 보편화되고 수명이 늘어났기 때문에 기혼 여성들이 일을 구할 가능성이 커졌다. 다음으로, 기혼 여성들이 할 수 있는 직업들이 더 많아졌다. 아래의 표는 이런 변화를 보여 준다.

영국의 취업 현황(단위 : 백만 명)[20]

	1951년	1961년	1971년	1976년
남성	15.6	16.1	15.9	15.9
기혼 여성	2.7	3.9	5.8	6.7
기타 여성	4.3	3.9	3.4	3.2
전체(여성)	7.0	7.7	9.2	10.0
전체(여성과 남성)	22.6	23.8	25.1	25.9

1951~1971년에 영국의 노동인구는 3백30만 명이 증가했다. 이 가운데 3백만 명이 여성이었다. 1951년에 여성은 노동력의 31퍼센트를 차지했다. 오늘날에는 그 수치가 40퍼센트를 넘는데, 많은 통계들이 납세 계층에 속하지 않는 노동자들 ― 시간제 노동자나 저소득 노동자 ― 을 포함시키지 않기 때문에 아마도 이것은 상당히 과소평가된 수치일 것이다.

서유럽의 다른 나라들과 미국에서도 여성들이 이와 비슷한 유급 직업으로 이동했다. 미국에서는 노동력 가운데 여성의 수가 1940년 1천3백84만 명에서 1980년 4천3백69만 3천 명으로 215퍼센트 증가했다. 더 인상적인 것은 유급 고용에서 기혼 여성의 증가였다. 기혼 여성은 5백4만 명에서 2천6백34만 7천 명으로 422.8퍼센트가 증가했다.[21]

이러한 변화는 노동계급 여성이 짊어진 이중 부담에 대해 1세기 전과 비교해 볼 때 근본적으로 다른 반응을 불러일으켰다. 노동을 함으로써 여성들의 기대와 열망이 달라졌고 높아졌다. 그리고 여성들은 그런 기대와 열망을 적어도 부분적으로는 충족시킬 수 있는 재정적 능력을 획득했다. 여성들이 가정에서 지는 부담도 오늘날에는 더 효과적인 피임법을 통해서 제한할 수 있다. 따라서 오늘날 여성들은 아내와 남편의 전통적인 성 역할을 거부한다.

이 점은 사회학자 해리엇 홀터가 노르웨이에서 실시한 광범한 조사에서 잘 드러났다.[22] 이 조사를 보면 전통적인 성 역할에 대한 여성들의 태도는 유급 고용 여부에 크게 좌우된다.

(단위 : 퍼센트)

	가장 덜 전통적임	중간	가장 전통적임
유급 고용되지 않은 가정주부	8	36	52
유급 불완전고용 가정주부	20	64	14
유급 완전고용 가정주부	45	43	9

홀터는 다음과 같이 논평한다. "가정 밖에서 일하는 아내들은 다른 여성들보다 더 평등주의적인 태도를 취한다." 다른 표에서 홀터는 "직장 생활에 적극적인 아내를 둔 남성은 아내가 집에만 있는 남성보다 더 평등주의적이다"라는 사실을 보여 준다.

(단위 : 퍼센트)

	가장 덜 전통적임	중간	가장 전통적임
유급 고용되지 않은 아내를 둔 남편	4	31	63
유급 고용 아내를 둔 남편	30	60	10

따라서 부르주아 사회학자들과 부르주아 페미니스트들이 받아들이는 전형은 여성의 태도가 외부에서 형성돼 작업장으로 들어오는 것으로 파악하고 작업장에서 그러한 여성의 태도가 가치 저하된 여성 노동의 불합리성을 강화한다고 보는 것인 반면, 우리는 작업장에서 형성된 습관과 사고가 실제로 가정으로 들어오는 방식을 살펴볼 것이다. 생산과 재생산이라는 두

영역은 변증법적으로 결합되지만, 둘 가운데 생산이 우선한다. 여성의 임금 노동은 가사 노동과 그것에 대한 태도에 영향을 준다는 점에서 그 반대의 경우보다 더 결정적이다.

마르크스는 여성(과 아이들)을 사회적 생산으로 끌어들이는 것이 가족 관계와 남녀 관계에 미치는 영향에 대해 다음과 같이 썼는데, 그 주장은 옳았다.

> 자본주의 체제에서 오래된 가족의 유대가 소멸하는 것이 끔찍하고 혐오 스럽게 보일지라도, 현대 산업은 가정 밖의 생산 과정에서 중요한 부분 을 여성들, 젊은이들, 남녀 아이들에게 할당한다. 그럼으로써, 더 고차원 적인 가족 형태와 남녀 관계의 형태를 형성하기 위한 새로운 경제적 토 대를 창출한다. …… 나아가, 노동자 집단이 남녀노소를 모두 포함한 개 인들로 구성돼 있다는 사실이 — 알맞은 조건에서 — 반드시 인류 발전 의 근원이 된다는 점은 분명하다.[23]

착취와 억압에서 노동계급 여성들이 해방되는 길은 고립된 가정에 있지 않다. 임금노동자로서 동료 남녀 노동자들과 단결할 수 있는 집단적인 관계 속에 그 길이 있다.

가정에서 여성의 태도 변화가 특히 큰 경우는 파급력이 큰 산업 투쟁에 참가할 때다. 예를 들어 1982년에 7개월 동안 스코틀랜드의 리 진스 공장을 점거한 여성들은 투쟁 속에서 생각이 완전히 달라졌고, 남녀 관계에 대한 남성들 — 남편들과 남자 친구들을 포함한 — 의 생각에 도전했다. "저는 바빠요. 당신이 가서 차를 끓이고 아이들을 돌보세요" 하는 식의 태도를 그 여성들 사이에서 흔히 볼 수 있었다.

사람들은 오직 사회관계를 변화시키려는 투쟁 속에서만 변한다. 여성에게 조직화를 위해 투쟁하고, 그럼으로써 자신들을 변화시킬 수 있는 가장 큰 기회를 제공하는 곳은 바로 작업장이다. 사회적 생산에 참여함으로써 여성은 남성과 마찬가지로 계급사회의 핵심인 생산관계 속에 노동자로서 자리 잡는다. 마르크스주의는 계급 세력에 관한 것이고, 이것은 작업장에 가장 첨예하게 집중돼 있다.

자본가계급은 노동계급을 분열시키기 위해 많은 노력을 기울인다. 각국의 불균등한 발전, 한 국가 내에서 각 지역의 불균등한 발전, 경제 분야의 불균등한 발전, 각 기업들의 불균등한 발전 때문에 노동계급은 분열한다. 이러한 불일치에 인종·민족·성 불화가 더해진다. 흔히 직업별 노동조합주의 때문에 심각해지는 직업들 사이의 불균형은 이런 분열을 더욱 악화시킨다. 왜냐하면 사용자들이 남성들의 교섭력을 약화시키기 위해 여성을 값싼 노동력으로 사용하고, 여성 노동자의 지위를 약화시키기 위해 남성의 직업별 노동조합주의와 성적 편견을 이용하는 분열 지배 전략을 쓰기 때문이다.

사회에서 지배계급의 사상이 보편화돼 있고, 가족은 그 사상을 보장하는 가장 효과적인 제도들 가운데 하나다. 사람들이 가장 작은 집단으로 고립돼 있는 곳인 가정은 사회의 지배적 사상을 퍼뜨리는 대중매체를 위한 비옥한 토대다. 특히 텔레비전은 여성을 포함한 고립된 대중의 관념을 형성하는 데 강력한 힘을 발휘한다.

가정에서 노동 분업은 남편에 대한 여성의 재정적 의존을 증대시키고, 이것은 노동시장에서 여성의 교섭력을 약화시킨다. 이것은 또다시 여성을 남편에게 더 의존하도록 만드는 악순환을 낳는다. 다른 한편, 가족 내에서 여성의 역할이 유급 고용에서 여성의 역할에 영향을 미치기도 한다. 가사노동은 상대적으로 불변하는 기술 범주이기 때문에 여성을 단지 미숙련 노동에 국한해 훈련시킨다. 여성은 육아 때문에 일을 그만두면서 공백기를 갖기 때문에 기술이 향상되지 않고, 직장에 복귀할 때는 신참으로 대우받는다. 결혼과 어머니 역할 때문에 사실상 여성은 '단순 작업을 하게 된다.'

여성이 시간제 일자리를 얻는 경향이 있는 것도 여성이 가정에서 맡는 책임과 직접 관련돼 있다. 제2차세계대전 이래, 주로 시간제 노동 분야에서 여성 취업이 증가했다. 1951년 영국 여성의 12퍼센트가 시간제로 일한 반면, 1976년에는 그 수치가 40퍼센트에 달했다. 1975년에는 둘 이상의 자녀가 있는 기혼 여성 노동자 3명 가운데 2명이 시간제로 일했다.[24] 시간제 노동은 훈련이 거의 필요하지 않고, 장래성이 없으며, 지루하고, 저임금을 받는 직업과 관계있다. 시간제 직업을 택하는 여성들은 전일제 노동자들이 받아들일 수 없는 임금과 조건을 받아들일 수밖에 없다. 많은 여성들이 유급 휴가나 연금, 실업수당 제도의 보호를 받지 못한다.

작업장에서 성별 분업도 여전한데, 이 성별 분업은 가정 내의 여성 지위에 큰 영향을 받는다.

그러나 이러한 어려움이 있었는데도, 역사의 전반적 흐름은 산업 노동 계급의 남성 부문과 여성 부문 사이의 격차가 줄어들고 계급적 동질성도 커지는 것이었다. 일시적인 정체나 퇴보가 있긴 했지만 말이다. 사무실·병원·백화점 같은 대규모 작업장에 많은 여성들이 집중되면서 여성 고용이 크게 확대됐고, 그리하여 남성 노동자와 여성 노동자 사이에 노동조건의 격차가 좁아졌다. 육체노동자와 사무직 노동자 사이의 격차도 좁혀지고 있다.

노동조합에 가입한 남성과 여성의 비율이 빠르게 비슷해지고 있는 것을 보면 이것을 명백히 알 수 있다. 제2차세계대전 뒤 여성의 노동조합 가입이 엄청나게 늘었다.

영국 노동조합 조합원 총수[25]

연도	여성	총계	전체에서 여성이 차지하는 비율
1886년	37,000	636,000	5.8
1896년	118,000	1,608,000	7.3
1906년	167,000	2,210,000	7.6
1939년	553,000	4,669,000	11.4
1958년	1,387,000	8,337,000	16.6
1968년	1,767,000	8,726,000	20.2
1978년	3,411,000	11,865,000	28.7

여성은 여전히 남성보다 노동조합 가입률이 낮다. 1974년 남성 노동자의 56.9퍼센트가 조합원이었던 반면, 여성 노동자는 36.7퍼센트만이 조합원이었다. 육체노동자들 사이에서 그 차이는 조금 더 크고 ― 여성 42.1퍼센트, 남성 64.7퍼센트 ― 사무직 노동자 가운데서는 여성 32.6퍼센트, 남성 44.5퍼센트로 다소 작다.[26]

가족 내의 정형화된 구실에 대한 여성들의 태도가 여성들이 직장에 다니는지 여부에 영향을 받는다는 점을 우리는 이미 살펴봤다. 작업장 자체와 자신들의 조건을 개선하기 위해 여성들이 일터에서 벌이는 투쟁이야말로 생각을 바꾸고 '의식을 향상시키는' 비결이다. 왜냐하면 집단행동을 통해 사람들은 자신과 동료 노동자들, 그리고 계급에 대한 자신감을 키우기 때문이다. 사실, 그것은 여성에게 내면화된 억압 이데올로기를 깰 수 있는 유일한 방법이다. 주요 관심사가 생존 문제인 노동계급 여성들은 순전히 지적인 '의식 향상'이라는 사치를 감당할 수 없다.

이것은 여성 노동자들이 작업장에서만 또는 작업장 문제에 대해서만 조직해야 한다는 뜻이 아니라, 다른 모든 차원의 투쟁이 그곳에 뿌리는 둔다는 뜻이다. 마르크스주의는 문제가 일어난 곳에서만 해결책을 찾을 수 있다는 생각을 거부한다. 단지 여성들이 억압에 맞서 투쟁하는 것만으로 여성 억압을 극복할 수는 없다. 고령의 연금 수령자들이 단지 자신들의 노력만으로 가난에서 벗어날 수 없는 것과 마찬가지다. 억압에 맞선 투쟁에서 결정적인 요소는 투쟁하는 사람들의 비참함이 아니라 그들의 힘이다. 그러므로 여성 억압에 맞선 투쟁의 출발점은 억압 그 자체에 있는 것이 아니라 노동계급 여성이 강력한 지점, 같은 계급의 남성들과 함께 사회 변화를 위해 투쟁할 수 있는 곳에 있다.

[혁명적] 노동자 정당의 필요성

마르크스와 엥겔스는 이렇게 말했다. "산업이 발전하면 노동계급이 단지 수적으로만 증가하는 것이 아니다. 노동계급은 한 곳에 대규모로 집중되고, 힘이 성장하면서 자신들의 힘을 더 잘 자각하게 된다." 자영 장인, 상인, 농민은 모두 자본주의의 발전 때문에 사라지지만, 노동계급은 강력해진다.

> 부르주아지, 즉 자본의 발전에 비례해 현대 노동계급인 프롤레타리아 역시 발전한다. …… 오늘날 부르주아지와 정면으로 맞서고 있는 모든 계급들 가운데 오직 프롤레타리아만이 진정으로 혁명적인 계급이다. 다른 계급들은 근대 산업의 질주 속에서 붕괴하고 결국에는 사라진다. 프롤레타리아는 근대 산업의 특별하고도 필수적인 산물이다.[27]

노동계급이 사회를 변혁할 수 있는 힘은 노동계급의 집단적 성격에 있다. 노동자들은 사회의 산업적 부에 대해 소유권이 없고 개인적으로 그 부를 획득할 수도 없다. 산업이란 잘게 나눌 수 없는 것이기 때문이다. 자본주의의 산업은 노동자들을 집단적으로 조직하고, 따라서 노동자들은 자신들과 자신들의 노동조건을 지키기 위해 집단적으로 행동해야 한다. 이러한 집단적 힘이 노동계급에게 인간사회 전체를 궁극적으로 해방시킬 수 있는 힘을 부여한다.

그러나 우리가 이미 살펴봤듯이, 노동계급이 단결된 행동을 할 수 있는 잠재력을 지니고 있기는 하지만 실제로는 대개 분열돼 있다. 마르크스는 이 점을 분명히 했다. 사회의 지배적인 사상은 곧 지배계급의 사상이고, 따라서 노동자들 대부분이 자신들의 집단적인 힘과 잠재력을 인식하지 못하기 때문이다. 사상을 선전하는 수단, 즉 대중매체, 교육, 그리고 ― 많은 사회들에서 ― 교회를 통제하는 자들은 바로 지배계급이다.

따라서 절대 다수 사람들의 머릿속에는 서로 충돌하는 많은 사상들이 공존한다. 어떤 사상은 우리를 둘러싼 자본주의 사회가 우리에게 그렇게 믿도록 가르침으로써 생긴 것이고, 어떤 사상은 그와 달리 노동자들, 아마도 우리 자신이 적극적 구실을 한 투쟁의 결과로 생긴 것이다. 이탈리아의 마르크스주의자 안토니오 그람시가 지적했듯이,

행동하는 대중 속의 인간은 실천 활동을 하지만 자신의 실천 활동에 대한 명확한 이론적 의식을 결여하고 있다. 그러나 이 실천 활동이 세상을 변화시키는 한 그 실천 활동은 세계관을 포함한다. 그 사람의 이론적 의식은 실제로 그 자신의 활동과 역사적으로 대립할 수 있다. 아마 사람들은 그 사람이 두 가지 이론적 의식(또는 하나의 모순된 의식)을 지니고 있다고 말할 수도 있을 것이다. 하나는 자신의 활동 속에 내재한 것으로서, 실제 세계를 실천적으로 변화시키는 데서 그 사람을 동료 노동자들과 현실에서 단결하게 만드는 의식이다. 다른 하나는 피상적으로 표현되

거나 말로 표현되는 것으로서, 과거로부터 물려받아 무비판적으로 받아들인 의식이다.

인간성이란 이상하게도 복잡한 것이어서 그것은 석기시대의 요소들, 좀 더 발전된 과학 원리들, 편협한 눈으로 과거 역사를 보는 데서 온 편견, 단결한 전 세계 인류의 철학이 될 미래 철학에 대한 직관을 포함하고 있다.[28]

고립된 개인들은 지배계급의 사상에 취약하다. 그러나 노동자들이 조직될 수 있고 집단적으로 행동할 수 있는 작업장에서 노동자들은 그 사상에 저항할 수 있다.

노동계급이 동질적이지 않고 노동자들의 사상이 모순돼 있기 때문에, 혁명적 사회주의 정당이 반드시 필요하다. 당은 노동자들이 투쟁 속에서 자신의 사상을 변화시키고 부르주아 사상의 영향력에서 그들 자신이 해방되는 것을 돕는다. 당의 결정적 구실은 언젠가 노동자들이 스스로 권력을 쟁취할 날을 위해 노동자들을 지도하고 노동자들 자신의 활동과 의식을 고양시킬 수 있는 초점과 조직을 제공하는 것이다.

그리고 혁명적 노동자 당은 해방을 위한 투쟁에서 억압받는 **모든** 사람을 단결시키는 데서도 결정적 구실을 한다. 자본주의는 노동자들을 분열시키는 것과 똑같은 방식으로 억압받는 사람들을 서로 분열시킨다. 흑인들과 여성들은 모두 억압받지만 흑인들이 **자동적으로** 여성들을 지지하지는 않고, 그 반대도 마찬가지다.(실제로 여성운동의 역사는 이 점을 잘 보여 준다.)

사실 정반대의 일이 빈번하게 벌어진다. 만일 사람들이 억압에서 벗어날 수 있는 탈출구가 없다고 생각한다면, 자신의 무력감을 극복하기 위해 다른 사람을 억압하게 될 수 있다. 예컨대 나치는 수천 명의 동성애자들을 강제 수용소로 보냈다. 그러나 그렇다고 해서 동성애자들이 자동적으로 나치를 반대하게 되지는 않았다. 수많은 동성애자들이 히틀러의 집권을 지지했다. 억압받는 동성애자들은 나치의 가죽 재킷과 부츠를 착용하는 것을 통해 힘을 느꼈다. 그러고 나면 그는 유대인과 여성, 그리고 다른 누구라도 억압할 수 있었다.

억압받는 사람들이 저항하기 위해서는 희망이 필요하다. 그러나 희망은 억압과 고립 속 — 가정에 갇혀 있는 주부, 커밍아웃을 하지 않은 동성애자, 게토에 고립된 유대인 — 에서가 아니라 노동계급의 집단적 힘 속에서 발견할 수 있다. 마르크스주의자들에게는 노동계급이 스스로 자기 자신을 해방시킴으로써 전체 인류를 해방시킬 것이라는 사상이 중심에 있다. 그것이 바로 혁명적 사회주의 정당이 노동계급뿐 아니라 사회의 모든 짓밟힌 부분들이 벌이는 온갖 형태의 억압에 맞선 투쟁을 지지해야 하고, 그것을 노동계급 투쟁과 결합시켜야 하는 이유다. 레닌은 이렇게 썼다.

> 노동자들이 어떤 계급이 당하는 것이든 모든 종류의 전제정치·억압·폭력·학대에 대응하도록 훈련되지 않는다면, 그리고 무엇보다 [혁명적 사회주의의 — 토니 클리프] 관점에서 대응하도록 훈련되지 않는다면, 노동계급의 의식은 진정한 정치의식이 될 수 없다. ……

레닌은 이어서 말한다. 이러한 폭정이 드러난다면,

> 가장 후진적인 노동자라 할지라도 자기 삶의 매 순간마다 자신을 억압하고 짓밟고 있는 바로 그 어둠의 세력이 학생·종교인·농민·작가를 공격하고 학대한다는 사실을 이해하거나 느낄 것이다. 이러한 사실을 느끼게 되면 그 노동자는 스스로 무언가 대응하고 싶은 억누를 수 없는 욕구를 강하게 느낄 것이고, 언젠가는 검열관을 몰아내는 방법을 알게 될 것

이다. 또 그 다음 날에는 농민 봉기를 잔인하게 진압한 관리의 저택 밖에서 시위하는 법을 알게 될 것이고, 계속해서 또 그 다음 날에는 종교재판소 일을 하는 성직자 옷을 입은 경찰들[성직자들]을 훈계하는 법을 터득하게 될 것이다.[29]

노동계급이 여성 차별과 인종차별 같은 편견들로 말미암아 분열해 있지만, 이러한 분열을 뛰어넘어 노동계급의 자기해방 가능성을 볼 수 있는 혁명적 사회주의 정당은 노동자들을 둘러싸고 있는 사회의 부르주아적 편견에 영향을 받은 후진적 노동자들이 가하는 어떠한 압력도 용인해서는 안 된다. 당은 지배계급이 체계적으로 조성한 노동자들 사이의 온갖 분열 — 인종의 분열, 민족의 분열, 남성과 여성의 분열, 숙련 노동자와 비숙련 노동자의 분열, 취업자와 실업자의 분열 — 에 맞서 가차 없이 투쟁해야 한다. 따라서 레닌에게 반유대주의에 맞선 투쟁은 단지 유대인 당원들만의 과제가 아니라 혁명적 사회주의 정당 전체의 과제였다. 마찬가지로 오늘날 우리에게도 여성 억압에 맞선 투쟁은 단지 여성만의 과제가 아니라 당 전체의 과제다.

노동 여성들이 처한 특수한 상황 때문에, 동일임금, 여성의 요구에 따른 무료 낙태 시술, 피임 정보와 시설의 자유로운 이용, 여성 교육의 개선과 여성 직업의 지위 향상, 경력 손실 없고 더 높은 임금을 받는 유급 출산휴가, 시간제 노동자와 전일제 노동자의 동등한 권리, 무료 보육시설 운영 등과 같은 많은 특수한 요구들을 쟁취하기 위해 투쟁해야 한다. 이런 것들은 **계급 문제**이고 전체 노동계급, 즉 여성·남성·아이에게 모두 이로울 것이다.

개혁을 위한 투쟁 일반이 그렇듯이, 여성 노동자들의 필요에 특별히 맞는 개혁을 쟁취하려는 투쟁의 중요성이 주로 개혁 그 자체의 본질적 가치에 있는 것은 아니다. 자본주의에서는 성취할 수 있는 어떠한 개혁도 변변찮고 쉽게 공격받을 수밖에 없는데, 특히 체제가 경제 위기를 겪을 때 그렇다. 개혁이 지닌 주된 가치는 그것에 참여한 노동자들의 자신감·의식·조직을 고양시킨다는 점이다. 개혁은 다음과 같은 점에서도 계급 문제다. 개혁을 위한 투쟁과 그 개혁을 성공적으로 성취하는 길은 전체적인 계급 세력균형에 달려 있다. 그러한 개혁을 위해 투쟁하면서, 여성 노동자들과 남성 노동자들을 혁명적 사회주의라는 총체적인 정치로 획득해야 한다. 왜냐하면 여성 억압은 전체 노동계급의 자기해방과, 여성 억압에서 이익을 얻는 계급사회의 궁극적 폐지가 이뤄질 때만 완전히 종식될 것이기 때문이다.

공산주의와 여성해방

마르크스와 엥겔스에게 여성해방이란 단지 여성의 사회적 생산 참여뿐 아니라 어린이, 노인, 병자 등에 대한 돌봄의 사회화가 요구되는 것이었다. 현재의 성별 분업은 위계 서열에서 남성을 우월한 지위에, 여성을 종속적인 지위에 놓는다. 위계적 원칙은 성별 분업과 함께 근절돼야 한다. 이것은 여성이 사회적 평등을 쟁취하는 데서 필수적이다.

공산주의에서 성별 분업을 폐지하는 일은 모든 분업을 종식시키는 과업의 필수적 일부일 것이다. ≪독일 이데올로기≫에서 마르크스와 엥겔스는 다음과 같이 썼다.

공산주의 사회에서는 그 누구도 하나의 배타적인 활동 영역을 갖지 않고 모든 사람이 자신이 원하는 분야에서 재능을 발휘할 수 있다. 사회가 전반적인 생산을 통제하면 각 개인은 자신이 하고 싶은 대로 오늘은 이 일을, 내일은 저 일을 할 수 있다. 사냥꾼, 어부, 목동, 비평가가 되지 않고도 마음 내키는 대로 아침에는 사냥을 하고, 오후에는 낚시를 하고, 저녁

에는 가축을 돌보며, 저녁 식사 후에는 비평을 하는 일이 가능해진다.[30]

오직 분업이 폐지된 후에야 남성과 여성은 자신의 인간성을 완전히 발전시키게 될 것이다. 그렇게 해서 공산주의는 개인에게 참된 자유를 가져다줄 것이다. 공산주의 사회는 "각자의 자유로운 발전이 모든 사람들의 자유로운 발전을 위한 조건이 되는 연합체"가 될 것이라고 ≪공산당 선언≫은 선언한다.[31]

공산주의는 개인적 관계들에 어떤 영향을 끼칠까?

마르크스와 엥겔스는, 공산주의 사회 건설을 위한 물질적 조건들이 실현되기 전에 미래의 공산주의 사회에서 가족의 성격이 어떨지 추측하려고 애쓰지 않았다. 앞으로 이뤄질 발전에 대해서 개략적으로만 다뤘을 뿐이다. 경제적 필요라는 오래된 압력과 모든 사회관계의 소외가 사라질 것이기 때문에, 개인의 성적 사랑은 공산주의 사회에서 더 풍부하게 표현될 것이라고 그들은 생각했다. 엥겔스는 ≪공산당 선언≫ 초고에서 이렇게 썼다. 공산주의 사회에서는,

> 성의 관계가 당사자들만 관심을 갖는 순전히 사적인 관계가 되고, 사회가 거기에 전혀 간섭할 필요가 없게 될 것이다. 공산주의 사회는 사적 소유제를 폐지하고, 자녀들을 공동으로 교육하며, 그래서 지금까지 존재해 온 결혼의 두 기초 — 사적 소유를 통한 아내의 남편에 대한 의존과 자녀의 부모에 대한 의존 — 를 무너뜨리기 때문에 그렇게 할 수 있다.[32]

엥겔스와 마르크스는 공산주의 사회에서 남녀평등이란 잘못된 결혼은 파기하고 새로운 결혼을 할 완전한 자유가 있다는 것을 뜻한다고 봤다. 즉, '연속적인 일부일처제'가 존재하게 될 것이다. 엥겔스는 ≪가족, 사유재산,

국가의 기원≫에서 공산주의는 **참된** 일부일처제를 창출하게 될 것이라고 썼다.

> 성적 사랑은 본래 배타적이기 때문에 — 비록 오늘날 이 배타성이 여성에게만 전적으로 실현되고 있지만 — 성적 사랑에 바탕을 둔 결혼도 본래 일부일처제다. …… 일부일처제는 쇠퇴하는 것이 아니라 결국 남성에게도 현실이 될 것이다.[33]

트로츠키는 공산주의 사회의 성적 관계들에 대해 비슷한 결론에 도달했다. 1933년에 트로츠키는 이렇게 썼다.

> 상호 간의 사랑과 협력에 바탕을 둔, 장기적이고 영원한 결혼이란 이상적인 표준이다. …… 경찰과 목사의 구속에서 해방되고 나중에는 경제적 필요의 구속에서도 해방되면, 남녀의 결속은 나름의 방법을 발견할 것이며 생리학과 심리학, 그리고 인류의 복지에 대한 고려에 따라 결정될 것이다.[34]

레닌과 로자 룩셈부르크도 비슷한 견해를 표명했다.

프랑스 마르크스주의자 쥘 게드(1845~1922년)는 모든 형태의 일부일처제가 **쇠퇴할** 것이라는 전혀 다른 견해를 제시했다. 쥘 게드는 가족에 대해 이렇게 썼다.

> 더는 가족이 존재할 이유가 없는 날이 올 것이다. …… 사회의 모든 구성원이 똑같이 행복해짐으로써 모든 구성원의 가슴 속에 따뜻한 선의와 애정의 분위기가 발달하게 되면, 가족이라는 제2의 특수한 굴레는 필요하

지 않게 될 수도 있다. 그리고 가족이 공간적으로는 어머니와 아이로, 시간적으로는 수유기로 축소되는 것이 가능할 수도 있다. 한편, 사랑과 상대방에 대한 배려에 바탕을 둔 남녀 사이의 성적 관계들은 동성이나 이성의 개인들 사이의 지적·도덕적 관계들처럼 변하기 쉽고, 여러 사람과 관계 맺는 것이 가능해지고, 자유로워질 것이다.[35]

마르크스와 엥겔스의 견해가 옳은 것으로 증명될지, 아니면 게드의 견해가 옳은 것으로 증명될지를 추측하는 것은 어리석은 일일 것이다. 우리는 알 수 없다. 공산주의 사회의 개인적 관계 속에서 사람들이 어떻게 느끼고 행동할 것인지를 우리에게 알려 주는 요술 구슬은 없다.

그러나 우리는 개인적 관계에 대한 몇 가지 점을 확신할 수 있다. 오늘날 사회에서는 결혼한 남녀 관계를 가장 친밀한 인간관계로 친다. 그러나 자본주의가 그 친밀함을 송두리 채 파괴하고 있다. 진정한 친밀함은 평등한 사람들 사이에서만 가능한데, 여성과 남성은 불평등하다. 진정한 친밀함, 감정의 충족, 성적 만족은 공산주의 사회에서 최초로 가능할 것이다.

오늘날 가족은 냉혹한 세상의 피난처로 여겨지고, 그래서 가족에게 바라는 기대는 너무나 크다. 공산주의에서는 배려와 사랑이 더욱 확산될 것이다. 가족은 가족만을 위해 편협하게 배려와 사랑을 요구할 수 없을 것이다. 아이들은 훨씬 더 자유로워질 것이다. 오늘날 수많은 부모들은 자녀들에게 감정적으로 크게 의존한다. 자신의 삶에 크게 실망하고 좌절한 부모들은 자식들에게 더 큰 성공을 요구한다. 아이들은 이용당한다. 대개 부모의 이러한 기대는 무참히 깨지고, 부모와 자녀 모두 비싼 대가를 치른다. 부모와 자녀 사이의 소유관계 ― 자본주의 사회가 낳은 경쟁적 개인주의 사조의 일부 ― 는 공산주의 사회에서는 사회적 연대로 대체될 것이다.

그때 인류는 완전히 새로운 환경에서 살게 될 것이고, 그런 새로운 환경은 남성과 여성, 남성과 남성, 여성과 여성 사이의 관계를 포함한 인류의 삶에 영향을 미칠 것이다. 중요한 것은 공산주의 사회에서는 정형화된 성 역할의 대립이 사라질 것이라는 점이다. 남성과 여성은 양육·요리·세탁 같은 필요한 모든 일들을 공동으로 하게 될 것이고, 이러한 일들은 어느 한쪽이 아닌 남성과 여성이 모두 동등하게 해야 하는 과제가 될 것이다. 모든 성적 관계는 똑같은 정당성을 지니게 될 것이다. 오늘날 왼손잡이나 빨강 머리가 비정상적인 사람으로 두드러지지 않는 것처럼, 이성애나 동성애 모두 정당하고 정상적인 것으로 인정받게 될 것이다. 오직 공산주의 사회에서만 남성과 여성, 남성과 남성, 여성과 여성 사이의 참된 성적 사랑이 왜곡되지 않은 채 실현될 수 있다. 오직 공산주의 사회에서만 개인의 정체성에 대한 존중을 실현할 수 있으며, 남성이나 여성을 타인의 쾌락을 위한 도구로 이용하는 일을 없앨 수 있다. 성적 편견을 끝장낼 때 모든 개인의 본질적 인간성이 인정받을 것이다.

무엇보다, 공산주의는 자유에 관한 것이다. 틀림없이 수많은 생활 방식이 공존할 것이고, 선택은 언제나 개인의 몫이 될 것이다.

머리말

1 이 책에서 나는 형용사를 덧붙이지 않고 '페미니즘'이나 '페미니스트'라는 단어를 사용하는 일은 피하려 한다. 이 단어들은 여러 의미를 갖고 있다. 위대한 공상적 사회주의자 샤를 푸리에에게 페미니즘은 사회주의에 없어서는 안 될 측면이었다. 알렉산드라 콜론타이에게(클라라 체트킨, 이네사 아르망, 로자 룩셈부르크, 그리고 동시대의 다른 사람들에게도 마찬가지로) 페미니즘은 부르주아 여성운동을 지칭하는 모욕적인 말이었다. '급진' 같은 다른 단어들도 비슷한 의미 변화가 있었다. '급진'은 프랑스 혁명과 차티스트 운동 사이 시기에 영국에서 민중운동을 설명하는 말로 쓰였지만, 나중에는 급진 휘그당, 급진 토리당, 자유당 급진파와 관련돼 사용됐고, 동시에 사회주의자들을 비난하는 말이 됐다. 그 뒤 독립적인 노동당 사상이 확립되면서 급진주의는 모호해지고 퇴색된 듯했다.

2 Kate Millett, *Sexual Politics* (London 1977).[국역 : ≪성의 정치학≫, 현대사상사]

3 Frederick Engels, *The Origin of the Family, Private Property and the State* (New York 1979).[국역 : ≪가족, 사유재산, 국가의 기원≫, 아침]

4 예컨대, 1915~1920년에 유럽을 휩쓴 혁명의 물결 속에서 노동 여성은 노동계급 가운데 가장 조직되지 않은 부문이었는데도 흔히 선도적인 구실을 했다. 여성들은 최저임금을 받는 사람들이기도 했다. 제1차세계대전 당시 여성들은 군수 공장에서 장시간 노동해야 했을 뿐 아니라 식량 비축량이 줄어드는 상황에서 가족을 부양해야만 했다. 여성들이 대중의 전투성을 촉발시키는 불씨를 제공한 경우가 많았다. 글래스고에서 임대료 파업을 일으킨 여성들은 조선소 파업 위협의 지원을 받아 임대료 인상 제한을 성취했다. 1917년 라이프치히에서 노동 여성들이 주도한 식량 폭동들은 최초의 독일 노동자평의회를 탄생시켰으며, 같은 해에 여성들이 투린 봉

기를 일으켜 항의와 파업을 벌였다. 여성들의 활동 가운데 가장 극적인 사례는 아마도 러시아의 1917년 2월혁명일 것이다.

5 Frederick Engels, *The Condition of the Working Class in England* (London 1973).[국역 : ≪영국 노동자계급의 상태≫, 두리]

1장 영국 혁명 : 싹트는 꿈

1 K. Thomas, 'Another Digger Broadcast', in *Past and Present*, no. 42, February 1969.

2 크리스토퍼 힐(Christopher Hill)이 편집한 윈스턴리 저작집 *Winstanley : The Law of Freedom and Other Writings* (London 1973)를 통해 읽을 수 있다.

3 A. L. Morton, *The World of the Ranters* (London 1970), p. 78.

4 Morton, p. 71.

5 Winstanley, p. 388.

6 Christopher Hill, *The World Turned Upside Down* (London 1975), p. 319 에서 재인용.

7 Hill, p. 257.

8 엘리너 마르크스(Eleanor Marx)와 에드워드 아벨링(Edward Aveling)도 소책자 ≪여성 문제≫에서 비슷한 주장을 했다. "많은 진보적 사상가들이 오늘날 이혼이 더 쉬워져야 하고 …… 무엇보다 중요하게는, 이혼 조건이 남녀에게 똑같아야 한다고 주장한다. 이것은 모두 훌륭한 주장이다. 만약 — 이 가정에 주목하라 — 남녀의 경제적 지위가 같다면, 그것들은 실행 가능할 뿐 아니라 당연한 것이다. 그러나 남녀 지위는 같지 않다. 그러므로 이론적으로는 이 생각에 동의하면서도, 실제로 그것을 현 체제에서 적용할 때는 동등하지 않은 지위 때문에 대부분의 경우 여성에게 훨씬 불공평한 결과를 안겨 줄 것이라고 우리는 확신한다. 남성은 그 지위를 이용할 수 있지만, 여성은 자신이 사유재산이나 생계수단을 갖고 있는 드문 경우를 제외하고는 그렇지 못할 것이다. 결합의 무효화[이혼]는 남성에게는 해방이 되지만 여성에게는 자신과 자녀들의 궁핍이 될 것이다."(E. Marx and E. Aveling, *The Woman Question* (London 1886), p. 10.)

9 Hill, pp. 314~315에서 재인용.

10 Hill, p. 318에서 재인용.

11 Hill, pp. 319~320.

12 Hill, p. 340.

13 Engels, 'The Book of Revelation', in *Progress*, vol. 2, 1883.

2장 프랑스 혁명

1 Simone de Beauvoir, *Le Deuxieme Sexe*, vol. 1, pp. 107, 182~183.[국역 :
 ≪제2의 성≫, 하서출판사]

2 E. Racz, 'The Women's Rights Movement in the French Revolution', in
 Science and Society, Spring 1952.

3 Racz.

4 W. Stephens, *Women in the French Revolution* (London 1922), pp. 165~
 167, 177, 247~248.

5 J. Abray, 'Feminism in the French Revolution', in *American Historical Review*,
 February 1975.

6 Racz.

7 G. Rudé, 'Prices, wages and popular movements in Paris in the French
 Revolution', in *Economic History Review*, no. 3, 1954.

8 G. Rudé, *The Crowd in the French Revolution* (London 1959), pp. 19~20.

9 이 파업들에 관한 기록들은 G. Rudé, 'The Motives of popular insurrection
 in Paris during the French Revolution', in *Bulletin of the Institute of
 Historical Research*, 1953, p.71~73을 참조.

10 O. Hufton, 'Women in Revolution 1789~1796', in *Past and Present*, no. 53,
 1971. 제르미날(Germinal)과 프레리알(Prairial)은 혁명기에 도입한 새 달력의 월
 명칭인데, 이 달력은 1789년 바스티유 함락부터 날짜를 계산했다. 그래서 제3년은
 1792년을 가리킨다.

11 Rudé, *The Crowd in the French Revolution*, p. 73~75. 포부르(Faubourgs)는
 파리의 지구(특히, 옛날에 파리 같은 대도시에서 성 밖에 있던 지구를 말한다. 근교
 또는 변두리 구역이라고 말할 수 있다)들로, 그 중 포부르 생앙투안(Faubourg
 Saint-Antoine)은 강력한 노동계급 지구였다.

12 Rudé, p. 78.

13 Rudé, pp. 86~87.

14 Hufton.

15 D. Guerin, *Class struggle in the First French Revolution : Bourgeois and Bras Nus 1793~1795* (London 1977).

16 Guerin, p. 59에서 재인용.

17 Hufton.

18 M. Cerati, *Le Club Des Citoyennes Republicaines Revolutionnaires* (Paris 1966), pp. 23~24.

19 Abray.

20 S. H. Lytle, 'The Second Sex (September 1793)', in *The Journal of Modern History*, March 1955.

21 Lytle.

22 Guerin, p. 131.

23 Guerin, pp. 142~143, 145, 174.

24 G. Lefebvre, *The Thermidoreans* (London 1965), p. 104.

25 Hufton.

26 Hufton.

3장 파리코뮌의 여성

1 Hal Draper (ed.), Karl Marx and Friedrich Engels, *Writings on the Paris Commune* (New York 1971), p. 76.

2 *Writings on the Paris Commune*, pp. 27~28.

3 S. Edwards, *The Communards of Paris 1871* (London 1973), p. 15.

4 E. Hyams, *Pierre-Joseph Proudhon* (London 1979), p. 274에서 재인용.

5 M. J. Boxer, *Socialism faces Feminism in France 1879~1913* (Ph. D. thesis, University of California), p. 33.

6 Hyams, p. 246.

7 *Minutes of the General Council of the First International* (Moscow, no date given[날짜 미상]), vol. 1, pp. 92~241.

8 Boxer, pp. 33~34.

9 P. Lissagray, History of the Paris Commune (London 1976), p. 419에서
 재인용.

10 Edith Thomas, The Women Incendiaries (London 1966), pp. 45~46.

11 Thomas, pp. 62~64.

12 Thomas, pp. 55~56.

13 E. Shulkind, *The Paris Commune of 1871* (London 1971), pp. 33~34.

14 Thomas, ch. 6 참조.

15 Thomas, pp. 66~67.

16 Thomas, p. 70.

17 Edwards, pp. 117~120.

18 Thomas, p. 89.

19 Thomas, p. 90.

20 Thomas, p. 202.

21 Edwards, *The Paris Commune of 1871* (London 1971), p. 290.

22 Thomas, p. 53. 마르크스가 코뮌이 '보통선거권'을 부여했다고 쓰면서('The Civil
 War in France', *Writings on the Paris Commune*, p.74), 성인 인구의 절반, 즉
 여성이 거기에서 제외된 사실을 인식하지 못한 것은 놀라운 일이다. 레닌도 ≪국가
 와 혁명≫(*State and Revolution*)에서 코뮌에 대해 쓰면서 같은 실수를 범했다.

23 Edwards, *The Paris Commune 1871*, pp. 317~318.

24 Lissagray, p. 307.

25 Lissagray, pp. 277~278.

26 Thomas, pp. 201~203.

27 Edwards, *The Paris Commune 1871*, p. 330.

28 Thomas, pp. 167~170.

29 Lissagray, p. 305.

30 Lissagray, p. 316.

31 Edwards, The Paris Commune 1871, p. 201.

4장 남북전쟁 이후의 미국 여성운동

1 E. Flexner, *Century of Struggle : The Women's Rights Movement in the*

United States (Cambridge Massachusetts 1976), p. 41.

2 Flexner, p. 75에서 재인용.

3 Flexner, p. 77.

4 Flexner, p. 147.

5 A. Kraditor, *The Ideas of the Woman Suffrage Movement 1890~1920* (New York and London 1965), pp. 84~85.

6 Kraditor, p. 165.

7 Kraditor, p. 137.

8 Kraditor, p. 7.

9 P. S. Foner, *History of the Labor Movement in the United States* (New York 1955), vol. 1, pp. 207~209.

10 Foner, vol. 1, p. 431.

11 한 사건을 통해 노동조합 운동에 대한 페미니스트 지도자들의 태도를 알 수 있다. 1869년 1월 전국인쇄노동조합(전국적 노동조합 중에서 두 번째로 여성에게 조합원 자격을 부여했다)이 제책과 인쇄 산업 부문에서 임금을 전국인쇄노동조합 수준으로 끌어올리기 위해 파업을 선언했다. 여성 식자공들과 남성 조합원들이 협력했고, 그 과정에서 많은 여성들이 노동조합에 가입했다. 수전 B 앤서니는 파업 중에 여성들이 파업 파괴에 자원하는 것을 통해 취업 기회를 활용하는 경우를 봤다. 앤서니는 고용주 연합 회의에 참석해 여성들에게 조판을 가르치는 특별 훈련 학교를 설립할 것을 제안했다. 고용주들은 열광적으로 이 제안을 받아들였다. 전국노동자회의는 이에 대한 보복으로 앤서니를 중앙에서 축출했다.(E. C. Du Bois, *Feminism and Suffrage : The Emergence of an Independent Women's Movement in America. 1848~1869* (Ithaca 1980), pp. 153~160.)

12 Foner, vol. 1, p. 440.

13 Foner, vol. 1, p. 507.

14 Foner, vol. 2, p. 56.

15 Foner, vol. 2, p. 58.

16 Foner, vol. 2, p. 509.

17 Foner, vol. 2, p. 66.

18 Foner, vol. 2, pp. 67, 71.

19 Foner, vol. 2, p. 70.

20 Foner, vol. 2, pp. 62~63.

21 Foner, vol. 2, p. 61.

22 Foner, vol. 2, p. 66.

23 Foner, vol. 2, p. 83.

24 Foner, vol. 2, pp. 157, 166, 168.

25 Foner, vol. 2, p. 277.

26 Foner, vol. 2, pp. 359~360.

27 Foner, vol. 2, pp. 364~365.

28 Foner, vol. 2 p. 190.

29 Foner, vol. 3, p. 202.

30 Foner, vol. 3, pp. 139~146.

31 Foner, vol. 4, p. 36.

32 I. Kipnis, *The American Socialist Movement : 1897~1912* (New York 1972), pp. 320~321.

33 Kipnis, p. 415.

34 Foner, vol. 4, pp. 115~117.

35 Foner, vol. 4, p. 149.

36 Foner, vol. 4, pp. 126~127.

37 M. Tax, *The Rising of the Women* (New York 1980), p. 127.

38 P. S. Foner, *Women and the American Labor Movement* (New York 1979), p. 421.

39 Tax, pp. 180~182에서 재인용.

40 Foner, *Women*, p. 405.

41 Tax, pp. 255~256에서 재인용.

42 Tax, p. 155에서 재인용.

43 Tax, p. 141에서 재인용.

44 E. Gurley Flynn, *The Rebel Girl : An Autobiography* (New York 1976), pp. 88~89.

45 P. Renshaw, *The Wobblies* (London 1967), p. 65에서 재인용.

46 Foner, *Women*, p. 281.

47 M. F. Parton (ed.), *The Autobiography of Mother Jones* (Chicago 1976).

48 Foner, *Women*, p. 382.

49 *Autobiography of Mother Jones*, pp. 202~203.

50 Foner, *History*, vol. 4, p. 320.

51 Foner, vol. 4, p. 323.

52 Foner, vol. 4, pp. 321~322.

53 Foner, vol. 4, pp. 348~349.

54 Gurley Flynn, p. 150.

55 Foner, vol. 4, p. 462.

56 Tax, p. 12.

57 Tax, p. 99.

58 G. Boone, *The Women's Trade Union Leagues in Great Britain and the United States of America* (London 1942), pp. 166~168.

59 Foner, vol. 4, p. 128.

60 Tax, pp. 229~230.

61 W. L. O'Neill, *Everyone was brave* (Chicago 1969), p. 220.

62 Boone, p. 242.

63 Foner, vol. 3, p. 372.

64 Foner, vol. 3, p. 381에서 재인용.

65 P. S. Foner, *American Socialism and Black Americans* (Westport Connecticut 1977), pp. 222, 225~226.

66 Kipnis, p. 397.

67 Kipnis, pp. 169~170에서 재인용.

68 Foner, *History*, vol. 4, p. 413.

69 Kipnis, p. 266.

70 내가 미국 사회당의 여성들에 대해 쓴 부분은 주로 M. J. Buhle, *Feminism and Socialism in the United States 1820~1920* (Ph. D. Thesis, University of Winsconsin 1974)에서 차용했다.

71 Buhle, pp. 132~133.

72 Buhle, p. 114.

73 Buhle, pp. 116~117.

74 Buhle, pp. 119~120.

75 Tax, pp. 187~188.

76 Kipnis, pp. 211, 215.

77 Buhle, p. 202에서 재인용.

78 Buhle, pp. 250~251에서 재인용.

79 Buhle, pp. 259~261.

80 Buhle, pp. 270~272.

5장 독일 혁명과 사회주의 여성운동

1 SPD가 얼마나 관료적이었는지는 1911년 예나 대회에 파견된 대표자들을 보면 명확해진다. 3백93명의 대표자 가운데 노동자는 52명뿐이었다. 나머지 사람들 중에는 당 관료 1백57명, 노동조합 관료 45명, 협동조합 관료 15명이 있었다. 노동자들은 대의원 중 8분의 1에 불과했다.(D. Fricke, *Die deutsche Arbeiterbewegung* (Berlin 1976), pp. 281~282.) 같은 해에 노동자가 당원의 90퍼센트를 차지했다.(Fricke, *Zur Organisation und Tätigkeit der deutschen Arbeiterbewegung 1890~1914* (Leipzig 1962), p. 90.)

2 C. E. Schorske, *German Social Democracy 1905~1917* (New York 1965), p. 6.

3 W. Albrecht and others, 'Frauenfrage und deutsche Sozialdemokratie vom ende des 19 Jahrhunderts bis zum Beginnen der zwanziger Jahre', in *Archiv für Sozialgeschichte* 1979, pp. 471, 464.

4 G. Hanna, 'Women in the German Trade Union Movement', in *International Labour Review,* July 1923.

5 Albrecht, p. 471.

6 *Correspondenzblatt*, 28 November 1914.

7 카르텔에 대해서는 Fricke, *Die deutsche Arbeiterbewegung*, pp. 693~695 참조.

8 H. Lion, *Zur Soziologie der Frauenbewegung* (Berlin 1925), p. 158.

9 *Protokoll Parteitag 1906* (Berlin 1906), p. 408.

10 Albrecht, p. 471. 여성의 정치 활동이 합법화된 1908년 이전의 SPD 여성 당원 통계는 정확한 사실을 보여 주지 못한다. 수천 명의 여성들이 공식 당원은 아니었 지만 사실상 당에 속해 있었다.

11 R. J. Evans, *Sozialdemokratie und Frauenemanzipation im deutschen Kaiserreich* (Berlin-Bonn 1979), pp. 166~167.

12 H. Draper and A. G. Lipow, 'Marxist women and Bourgeois feminism', in *The Socialist Register 1976*, pp. 192~201에서 재인용.

13 Draper and Lipow.

14 Draper and Lipow에서 재인용.

15 R. J. Evans, *The Feminist Movement in Germany 1894~1933* (London 1976), pp. 131~132.

16 Evans, *The Feminist Movement*, pp. 137~138.

17 J. Strain, *Feminism and Political Radicalism in the German Social Democratic Movement 1890~1914* (Ph. D. thesis, University of California 1964), pp. 145~148.

18 *Gleichheit*, 23 January 1895.

19 Letter of Friedrich Engels to Victor Adler, 18 January 1895, in Marx-Engels, *Works*, vol. 39, p. 400.

20 Evans, *Sozialdemokratie und Frauenemanzipation*, p. 265.

21 *Gleichheit*, 5 January 1898.

22 Lion, p. 93에서 재인용.

23 Lion, p. 155와 Fricke, *Die deutsche Arbeiterbewegung*, p. 433 참조. <평 등>의 발행 부수 증가의 진정한 중요성을 평가하려면 ― 특히 체트킨이 몇 년 뒤 얼마나 고립되는지 볼 때 ― SPD의 출판 활동 전반과 이러한 대중운동의 성과와 관련해 이 신문을 살펴봐야 한다. 당은 엄청나게 많은 정기간행물을 내놓았다. 1914년에 당은 90종의 일간지(이 가운데 78종은 발행인만 서로 달랐다)와 2종의 격주간지, 2종의 주간지를 발행했다. 이러한 정기간행물의 총 발행 부수는 평균 1백48만 8천3백46부였다.(Fricke, *Zur Organisation*, p. 133.) 게다가 SPD는 이 밖에도 다양한 간행물을 가지고 있었다.

• *Gleichheit*(평등), 발행 부수 12만 5천 부(1914년).

- *Die Wahre Jacob*(진짜 야곱), 풍자 잡지, 발행 부수 36만 6천 부(1914년).
- *Die Neue Welt*(신세계), 삽화가 있는 주간지, 발행 부수 약 65만 부(1914년).
- *Die Freie Turnerin*(자유 여성 체육가), 발행 부수 1만 8천 부(1913년).
- *Moderne Külperkulture*(현대 체육 문화), 발행 부수 1만 8천 부(1913년).
- *Arbeiter-Turnzeitung*(노동자 체육 신문), 발행 부수 11만 9천 부(1913년).
- *Jugend und Sport*(청년과 스포츠), 발행 부수 1만 5천 부(1913년).
- *Athletik*(육상 경기), 발행 부수 1만 부(1913년).
- *Der Arbeiter Radfahrer*(노동자 사이클리스트), 발행 부수 16만 8천 부(1913년).
- *Volksgesundheit*(민중의 건강), 발행 부수 1만 6천 부(1913년).
  (모든 스포츠 신문의 평균 발행 부수는 36만 4천 부였다.)
- *Arbeiterjugend*(청년 노동자), 발행 부수 10만 3천 부(1914년).
- *Der Abstinente Arbeiter*(금주(禁酒) 노동자), 발행 부수 5천 1백 부(1913년).
- *Freie Gästwirt*(자유 호텔 경영자), 발행 부수 1만 1천 부(1913년).
- *Arbeiter Stenograph*(속기 노동자), 발행 부수 3천 부 (1913년).
  (Fricke, pp. 160~162.)

24 Evans, *Sozialdemokratie und Frauenemanzipation*, p. 168.

25 J. H. Quataert, *Reluctant Feminists in German Social Democracy 1885~1917* (New Jersey 1979), p. 196.

26 Quataert, p. 197.

27 *Internationaler Sozialisten Kongress 1907*, Anhang, pp. 40~48.

28 W. Thönessen, *The Emancipation of Women : The Rise and Decline of the Women's Movement in German Social Democracy 1863~1933* (London 1976), p. 98에서 재인용.

29 여성운동이 SPD에 통합한 것에 대해서는 Fricke, *Zur Organisation*, pp. 81~82 와 *Die deutsche Arbeiterbewegung*, p. 325 참조.

30 A. Hall, 'Youth in Rebellion : The Beginnings of the Socialist Youth Movement 1904~1914', in R. J. Evans (ed.), *Society and Politics in Wilhelmine Germany* (London 1978) 참조.

31 Albrecht, pp. 471~472.

32 K. Honeycutt, *Clara Zetkin : A Left-wing Socialist and Feminist in Wilhelmine*

Germany (Ph. D. thesis, Columbia University 1975), pp. 293~298.

여성 문제에서 우파가 승리하도록 돕고 SPD '마르크스주의'의 보수적 본질을 드러낸 한 요소는 성 도덕에 대한 당 지도자들의 태도였다. 이 문제에 대해 한 역사가는 SPD 지도자들을 이렇게 평했다. "그들은 전통적인 성 도덕과 결혼을 공격했지만, 그들도 사실상 당시에 널리 퍼져 있던 성에 대한 억압적인 편견들을 많이 공유했다."(R. P. Newman, 'The Sexual Question and Social Democracy in Imperial Germany', in *Journal of Social History*, Spring 1974.)

독일 사회주의 운동의 주요 지도자 아우구스트 베벨은 평생 동안 매우 급진적인 견해를 취했다. "인간이 갖고 있는 모든 타고난 충동 가운데 먹고 마시려는 충동과 함께 성적 충동이 가장 강하다. …… 심신이 성숙한 경우에 성적 만족은 인간의 신체적·정신적 건강을 위해 필수적이다."(A. Bebel, *Woman Under Socialism* (New York 1975), p. 79.) 성교의 절제에 대해 베벨은 이렇게 주장했다. "그 결과가 어떤지는 고통스런 가정생활을 하고 있는 수많은 사람들은 말할 것도 없고 의사·병원·정신병원·감옥이 잘 말해 준다."(p. 82.) 성욕을 억제하는 여성들은 욕구 불만을 흔히 '종교적 열광'으로 발산했다. 베벨은 이렇게 결론을 내린다. "인류는 자연으로, 두 성의 자연스런 성교로 돌아가야 할 것이다. 그리고 현재 널리 퍼져있는 인간에 대한 건강하지 못한 정신적 관념을 떨쳐 버려야 한다. 인류는 우리 자신의 문화 상태에 알맞은 교육 방법을 통해서 그런 일을 해야 하고, 그것은 인류의 신체적·정신적 발전을 가져올지도 모른다."(p. 119.)

그 시대에는 매우 진보적인 이러한 견해를 SPD 대변인들 대부분이 받아들였다. 그러나 이러한 견해는 많은 관습적인 태도와 뒤섞여 있었다. '노동자 건강 도서관'에서 출판한 SPD의 한 소책자에는 24살이 돼야 성적으로 완전히 성숙하기 때문에 정상인들은 그때까지 성교를 삼가야 한다고 쓰여 있었다. 심지어 결혼 뒤에도 적당한 정도로만 성을 즐겨야 한다고 했다. 베벨은 독자들에게 과도한 성적 탐닉이 낳는 해악을 경고했다. "[과도한 성적 탐닉으로] 흔히 나타나는 결과는 발기 불능, 불임, 척추 감염, 정신 이상이며, 적어도 지적으로 쇠약해지거나 그 밖의 다른 많은 질병들이 나타난다."(Bebel, p. 164.) 에두아르트 베른슈타인도 '몇 주' 간격을 두고 성 관계를 맺도록 권했다.(Newman의 글에서 재인용.)

피임에 대해서는 SPD 지도자들 사이에 견해 차이가 있었다. 카우츠키는 피임에 찬성했다. 베벨은 낙태를 지지했지만 미리 피임을 하는 것은 '부자연스러운' 일이

라고 생각했다. 빌헬름 리프크네히트는 '부도덕한 범죄 행위'라며 모든 피임에 반
대했다. 1914년 전에 SPD는 산아제한이 독일 노동계급 사이에 널리 퍼져 있었기
때문에 산아제한을 지지하는 쪽으로 견해를 바꿨다. 그러나 SPD는 산아제한 운동
을 벌이지는 못했고 이 일을 개별 사회주의자들에게 맡겼다.

인간의 성을 다룬 19세기의 거의 모든 저술가들이 자위행위를 몹시 혐오했다는
것은 두말할 필요도 없다. 당 이론지 ≪새 시대≫(Neue Zeit)에 한 필자는 자위행
위는 "악이며 …… 부자연스러운 것이 틀림없다. 왜냐하면 종족을 보존하는 것이
아닌 모든 성행위는 자연스럽지 않기 때문이다" 하고 썼다. '노동자 건강 도서관'이
발간한 소책자는 "결국 남는 것은 …… 절제뿐이다" 하고 주장했다. 절제 기간 동
안 젊은이들은 운동과 정치적 관심, 노동조합 활동, "주로 부드럽고 맛이 좋은 채식
식단"을 통해 성적 에너지를 순화해야 한다.

그러나 SPD는 1898년 제국의회에서 베벨의 연설을 통해 남성 동성애 합법화
지지 운동을 공개적으로 벌인 최초의 정당이었다. 이미 1887년에 '과학적 인도주의
협회'라는 이름의 초기 동성애자 권리 단체는 동성애 행위를 다룬 독일 형법 조항
에 반대하는 청원 운동을 벌였다. SPD는 그 청원을 지지했고, 힐퍼딩, 카우츠키,
베른슈타인, 케테 콜비츠 등이 청원서에 서명했다.

그러나 자신이 동성애자인 베른슈타인도 자위행위가 "동성애, 항문성교, 남색,
가학-피학성 성애"로 이어질 수 있다고 썼다. 대부분의 문제에서처럼 성 문제에서
도 SPD 안에는 온갖 혼란스런 견해가 있었다.

33 Lion, p. 155와 Fricke, *Die deutsche Arbeiterbewegung*, p. 433.

34 C. Zetkin, *Augewählte Reden und Schriften* (Berlin 1957), vol. 1.

35 Zetkin, p. 622.

36 Zetkin, p. 625.

37 P. Nettl, *Rosa Luxemburg* (London 1969), pp. 371~372.

38 Thönessen, p. 119.

39 Quataert, pp. 212~213, 227.

40 Albrecht, p. 488.

41 제1차세계대전 뒤 일어난 독일 혁명과 혁명적 사회주의 운동의 실패에 대한 자세한
    설명은 Chris Harman, *The Lost Revolution : Germany 1918~1923* (London
    1982) 참조.[국역 : ≪패배한 혁명≫, 풀무질]

42 R. Wheeler, 'Zur sozialen Struktur der Arbeiterbewegung am Anfang der Weimarer Republik', in H. Mommsen and others (eds.), *Industrielles System und politische Entwicklung in der Weimarer Republik* (Dusseldorf 1974), p. 182.

43 Thönessen, p. 84.

44 Thönessen, pp. 90~91.

45 Thönessen, pp. 91~92.

46 Quataert, p. 223.

47 Quataert, p. 122.

48 Evans, *The Feminist Movement*, pp. 147~149, 151.

49 Evans, pp. 154~155.

50 Evans, p. 157.

51 Evans, p. 208.

52 Evans, p. 244.

53 Evans, p. 145.

54 Evans, p. 259.

6장 러시아 마르크스주의자와 여성 노동자

1   Rothchild-Goldberg, *The Russian Women's Movement 1859~1917* (Ph. D. thesis, University of Rochester 1976), pp. 29~30.

2   L. L. Filippova, 'On the History of Women's Education in Russia', in *Voprosy istorii* (February 1963), p. 209.

3   G. W. Lapidus, *Women in Soviet Society* (Berkeley 1979), p. 31.

4   Rothchild-Goldberg, pp. 45~46.

5   R. Stites, *The Women's Liberation Movement in Russia : Feminism, Nihilism and Bolshevism 1860~1930* (New Jersey 1978), p. 69.

6   Rothchild-Goldberg, p. 75.

7   Rothchild-Goldberg, pp. 77~78.

8   Stites, p. 192.

9   Stites, p. 65.

10 A. M. Kollontai, *Sotsialnie osnovy zhenskogo voprosa* (St Petersburg 1909), p. 21.

11 Rothchild-Goldburg, p. 89.

12 Stites, p. 199.

13 Rothchild-Goldberg, p. 96.

14 V. Bilshai, *The Status of Women in the Soviet Union* (Moscow 1957), pp. 16~17.

15 Rothchild-Goldberg, pp. 110~111.

16 Rothchild-Goldberg, pp. 134~135.

17 Rothchild-Goldberg, p. 103.

18 Rothchild-Goldberg, pp. 144~145에서 재인용.

19 Rothchild-Goldberg, p. 129.

20 Stites, p. 202에서 재인용.

21 Rothchild-Goldberg, p. 145.

22 Stites, pp. 214~215.

23 Rothchild-Goldberg, pp. 130~131.

24 Stites, p. 116.

25 Stites, pp. 148~149.

26 R. H. McNeal, 'Women in the Russian Radical Movement', in *Journal of Social History* (Winter 1971~1972), p. 144 ; M. Perrie, 'The Social Composition and Structure of the Socialist Revolutionary Party before 1917', in *Soviet Studies* (October 1972), p. 237.

27 McNeal, p. 155.

28 M. Fainsod, *How Russia is ruled* (Cambridge, Massachusetts), p. 254.

29 Alix Holt ed., *Selected Writings of Kollontai* (London 1977), pp. 39~42.

30 R. L. Glickman, 'The Russian Factory Woman 1890~1914', in D. Atkinson and others, *Women in Russia* (Stamford 1978), pp. 80~81.

31 V. Bilshai, *Reshenie zhenskogo voprosa v SSSR* (Moscow 1956), p. 58.

32 Glickman, p. 82.

33 V. Grinevich, *Professionalnoe dvizhenie rabochikh v Rossii* (St. Petersburg

1908), p. 278.

34 Glickman, p. 81.

35 L. Trotsky, *1905* (New York 1971), p. 250.

36 Kollontai, *Sotsialnie osnovy*, pp. 23~24.

37 A. M. Kollontai, 'Avtobiograficheskii ocherk', in *Proletarskaia revoliutsiia*, no. 3 (1921), pp. 268~270.

38 Rothchild-Goldberg, p. 108.

39 Kollontai, *Sotsialnie osnovy*, pp. 102~106.

40 Rothchild-Goldberg, p. 107.

41 Kollontai, 'Avtobiograficheskii ocherk', pp. 261~270.

42 1903년 볼셰비키와 멘셰비키가 분열한 뒤, 콜론타이(1872~1952년)는 자신이 '기질상' 볼셰비키임을 인정하면서도 둘 사이에서 동요했다. 콜론타이는 1906년 멘셰비키에 가입했지만, 1915년 7월에는 볼셰비키가 됐다. 1917년 3월 콜론타이는 러시아로 돌아왔다. 4월 4일, 레닌의 <4월 테제>를 지지하는 연설을 했다. 제6차 당대회(7월 26일~8월 3일)에서는 (케렌스키 정부의 감옥들 중 하나에 수감돼 있었기 때문에) 불참한 상태에서 볼셰비키당 중앙위원으로 선출됐다. 10월혁명 뒤 콜론타이는 사회복지인민위원이 됐으나, 브레스트-리토프스크 조약에 항의해 사임했다. 1920년 말 노동자반대파를 창립하고 1922년 초까지 계속 이 조직에 소속돼 있었다. 1922년 10월부터 1945년까지 노르웨이, 멕시코, 다시 노르웨이 주재 러시아 대사를 역임했다. 옛 애인인 알렉산드르 쉴랴프니코프의 체포와 실종, 그 뒤의 남편인 페벨 디벤코의 총살을 포함해 스탈린이 반대파를 억압하는 동안 콜론타이는 침묵을 지켰다. 콜론타이는 공로를 인정받아 스탈린한테서 최고 훈장을 받았다. 콜론타이는 1952년 3월 9일 심장마비로 세상을 떠났다.

43 Rothchild-Goldberg, p. 99.

44 Kollontai, *Sotsialnie osnovy*, p. 45.

45 Kollontai, 'Avtobiograficheskii ocherk', pp. 267~268.

46 Kollontai, 'Avtobiograficheskii ocherk', p. 272.

47 I. D. Levin, 'Workers' Clubs in Petersburg 1907~1914', in *Materialy po istorii professionalnogo dvizhenie v Rossii*, vol. 3 (Moscow 1924), pp. 88~111.

48 Rothchild-Goldberg, p. 173에서 재인용.

49 Rothchild-Goldberg, p. 181.

50 Rothchild-Goldberg, p. 198.

51 Kollontai, *Iz moei zhizni i raboty* (Moscow 1974), p. 114.

52 *Vsegda s Vami* (Moscow 1964), pp. 15~16.

53 Rothchild-Goldberg, pp. 183~185.

54 *Trudy pervogo vserossiiskogo zhenskogo sezda pri Russkom zhenskom obshchestvo Sankt-Petersburge 10~16 Dekabria 1908* (St. Petersburg 1909), pp. 456~468.

55 *Trudy pervogo*, p. 318.

56 *Trudy pervogo*, p. 340.

57 *Trudy pervogo*, pp. 792~794, 800~801.

58 Stites, p. 231.

59 *Trudy pervogo*, p. 496.

60 Stites, p. 252. 항의성 퇴장 당시에 콜론타이는 함께 있지 않았다. 경찰이 콜론타이가 처음 4일 동안 회의에 참석했다는 정보를 입수해 5일째 되는 날 회의장을 포위했으나, 콜론타이는 미리 연락을 받아 무사히 도망갈 수 있었다.

61 A. Bobroff, 'The Bolsheviks and Working Women 1905~1920', in *Soviet Studies* (October 1974), p. 545.

62 Rothchild-Goldberg, pp. 254~256.

63 Bobroff, pp. 551~553.

64 Bobroff, pp. 554~555.

65 A. V. Artiukhina and others, *Zhenshchiny v revoliutsii* (Moscow 1959), p. 97.

66 Rothchild-Goldberg, pp. 341~342.

67 R. Dale, *The Role of the Women of Petrograd in War, Revolution and Counter-revolution 1914~1921* (Ph. D. thesis, New Brunswick University 1973), p. 104.

68 Dale, pp. 94~95.

69 Dale, p. 102에 재인용된 V. Drizdo, *Nadezhda Konstantinova* (Moscow 1966), pp. 31~34.

70 Dale, pp. 104~105.

71 A. F. Bessonova (ed.), 'On the History of the Publication of the Journal *Rabotnitsa*', in *Istoricheskiii arkhiv* (Moscow 1955), pp. 37~39.

72 A. Balabanoff, *My Life as a Rebel* (Bloomington 1973), pp. 132~133. 몇 주 뒤 인터내셔널청년대회에서 똑같은 상황이 재현됐을 때, 발라바노프는 몇 주 전 레닌이 자신의 지지자들을 지도하던 바로 그 자리에 그가 앉아 있는 것을 다시 발견했다. 발라바노프는 빈정대며 물었다. "블라디미르 일리치, 당신은 여기에 차를 마시러 왔습니까, 결의안 때문에 왔습니까?" 레닌은 불쾌한 표정으로 대답했다.

73 Bobroff, pp. 564~565.

74 Rothchild-Goldberg, p. 346.

75 Stites, p. 282.

76 Stites, p. 287.

77 Stites, pp. 288~289.

78 Bilshai, *Reshenie zhenskogo*, p. 96.

79 V. Kaiurov, 'Six Days in the February Revolution', in *Proletarskaia revoliutsiia*, no. 1:13 (1923).

80 F. W. Halle, *Women in Soviet Russia* (London 1933), p. 91.

81 L. Trotsky, *History of the Russian Revolution* (London 1934), p. 122.[국역 : ≪러시아 혁명사≫, 풀무질]

82 Trotsky, p. 109.

83 Rothchild-Goldberg, p. 354.

84 Glickman, p. 81.

85 S. M. Kingsbury and M. Fairchild, *Factory, Family and Women in the Soviet Union* (New York 1935), p. 80.

86 A. L. Sidorov and others, *Velikaia oktiabrskaia sotsialisticheskaia revoliutsiia : Dokumenty i materialy*, vol. 1 (Moscow 1957), pp. 470~471, 490~491 ; vol. 3, pp. 208~209.

87 Kollontai, *Selected Writings*, p. 125.

88 Sidorov, vol. 1, pp. 316, 321, 323, 325, 327, 331.

89 Kingsbury and Fairchild, p. xxii에 재인용된 V. I. Lenin, 'The Revolution of

1917', in *Collected Works*, vol. 20, book 1 (1929), p. 142.

90 Sidorov, vol. 1, pp. 55, 67, 74~75, 80.

7장 산업혁명 이후의 영국 여성운동

1 D. Thompson, 'Women and Nineteenth Century Radical Politics : A Lost Dimension', in J. Mitchell and A. Oakley (eds.), *The Rights and Wrongs of Women* (London 1976), p. 116.

2 Thompson, p. 124.

3 Thompson, p. 138.

4 S. Boston, *Women Workers and the Trade Unions* (London 1980), p. 23.

5 B. Drake, *Women in Trade Unions* (London 1920), p. 11. 몇몇 경우에 부르주아 페미니스트들은 여성을 계속 조직되지 않고 취약한 상태에 묶어 두는 데 직접적인 이해관계가 있었다. 글래드스톤 정부의 장관인 허버트 포세트(Herbert Fawcett)의 부인 밀리센트 개럿 포세트(Millicent Garret Fawcett)는 19세기의 마지막 사반세기 동안 부르주아 페미니스트들 가운데 가장 저명한 지도자였고, 제1차 세계대전 때까지 계속 활발히 활동을 펼쳤다. 포세트는 브라이언트앤드메이 성냥 공장의 주주였다. 포세트가 1888년의 성냥 제조 여성 노동자들의 파업에 반대한 것은 조금도 이상한 일이 아니었다!(M. Ramelson, *The Petticoat Rebellion* (London 1976), p. 107.) 가족수당[정부의 육아 지원금]에 반대한 사람도 바로 포세트 부인이었다. 포세트는 이렇게 썼다. "나는 부모의 자녀 부양 의무를 정상적인 남녀의 교육에서 아주 중요한 부분이라고 생각하는 사람 중 하나다. 그것을 없애는 것은 근면과 극기의 동기들을 위험할 정도로 약화시킬 것이며 …… 동시에 이미 엄청나게 큰 세금 지출 부담을 안고 있는 국가에 또다시 연간 수백만 달러에 육박하는 부담을 지울 것이다."(D. Mitchell, *Women on the Warpath* (London 1966), p. 165.)

6 Drake, p. 22.

7 B. L. Hutchins and A. Harrison, *A History of Factory Legislation* (London 1966), p. 110.

8 Hutchins and Harrison, p. 186.

9 Drake, p. 21.

10 H. A. Clegg, A. Fox and A. F. Thompson, *A History of British Trade Unions since 1889*, vol. 1 (Oxford 1964), pp. 1~2.

11 Y. Kapp, *Eleanor Marx*, vol. 2 (London 1979), p. 270.

12 Kapp, p. 382.

13 S. Rowbotham, *Hidden from History* (London 1974), p. 61.

14 Drake, p. 27.

15 Clegg, Fox and Thompson, pp. 70~71.

16 Clegg, Fox and Thompson, p. 83.

17 Drake, p. 30.

18 Drake, p. 30.

19 Drake, p. 45.

20 Boston, p. 149.

21 Boston, pp. 60~62.

22 Boston, p. 68.

23 Drake, Appendix Table 1.

24 M. A. Hamilton, *Mary Macarthur* (London 1925), p. 96.

25 Drake, p. 50, Appendix Table 1.

26 H. Pelling, *A History of British Trade Unionism* (London 1963), p. 262 ; Albrecht, p. 47.

27 J. Hinton, *The First Shop Stewards' Movement* (London 1973), p. 72. 노동 조합 창립 뒤 여성을 받아들이는 데는 91년이 걸렸다! 1942년 중엽 여성은 영국 금속 산업에서 전체 고용 인구의 31.9퍼센트를 차지했다.(R. Croucher, *Engineers at War 1939~1945* (London 1982), p. 145.) 금속 노동조합 ─ 가장 숙련된 노동 자들의 노동조합 가운데 하나 ─ 의 '배타성'은 훨씬 더 일찍 여성 조합원을 모집하 기 시작한 일반노동조합들에 뒤지는 것에 대한 두려움 때문에 무너졌다.

28 ASE, *Monthly Journal* (December 1915).

29 *Der DMV in Zahlen* (Berlin 1932), p. 122.

30 *Der DMV in Zahlen*, p. 122.

31 Clegg, Fox and Thompson, p. 292.

32 R. Milliband, *Parliamentary Socialism* (London 1961), pp. 19~20.

33 D. Butler and J. Freeman, *British Political Facts 1900~1967* (London 1968), p. 155.

34 H. Pelling, *Social Geography of British Elections, 1885~1900* (New York 1967), p. 8.

35 S. Pankhurst, *The Life of Emmeline Pankhurst* (London 1935), p. 49.

36 Proceedings, National Women's Trade Union League, USA (1919), p. 29.

37 E. Belfort Bax, *Essays in Socialism* (London 1907), p. 109.

38 Bax, p. 121.

39 Bax, pp. 124~125.

40 J. Liddington and J. Norris, *One Hand Tied Behind Us* (London 1978).

41 Liddington and Norris, p. 149.

42 Liddington and Norris, pp. 25, 29.

43 Liddington and Norris, p. 26.

44 A. Rosen, *Rise up Women! The Militant Campaign of the Women's Social and Political Union 1903~1914* (London 1974), pp. 35~36.

45 Rosen, p. 30.

46 S. Pankhurst, *The Suffragette Movement* (London 1978), p. 168.

47 Pankhurst, p. 244.

48 Liddington and Norris, p. 177.

49 Rosen, p. 59.

50 Rosen, p. 61.

51 Pankhurst, p. 517.

52 Mitchell, p. 35.

53 Rosen, pp. 100~101.

54 W. L. O'Neill, *The Woman Movement : Feminism in the United States and England* (London 1969), p. 82.

55 Rosen, pp. 104~105.

56 Pankhurst, p. 366.

57 Pankhurst, pp. 336~337.

58 Rosen, p. 207.

59 Mitchell, p. 52.

60 M. Mackenzie, *Shoulder to Shoulder* (London 1975), p. 314.

61 에멀린 팽크허스트와 크리스타벨 팽크허스트는 가엾게 생을 마쳤다. 그들은 페미니스트 강령을 설파하는 것을 그만뒀다. 팽크허스트 부인은 캐나다를 여행하면서 쌍둥이 악폐인 성병과 음탕함을 비난했다. 팽크허스트는 영국에 돌아와 보수당에 가입했으며 1928년에 죽었다. 크리스타벨의 말년 경력은 더욱 기이하다. 크리스타벨은 1920년대와 1930년대의 타락상을 보고 신앙이 절박하다고 느껴 예수 재림 운동을 시작했으며, [1936년에] 영국 제국의 데임 작위[Dame, 기사 작위에 상당하는 작위를 받은 여인의 존칭]를 받고 1958년 캘리포니아에서 사망했다.(Liddiagton and Norris, p. 258.) 팽크허스트 집안의 막내딸 아델러는 오스트레일리아로 이주했다. 거기에서 아델러는 공산당에 적을 두기도 했지만 파시스트 운동원으로서 생을 마쳤다.(Mitchell, pp. 267~268.)

62 Pankhurst, pp. 401~402.

63 Pankhurst, p. 339.

64 Pankhurst, *The Life of Emmeline Pankhurst*, p. 141.

65 *Women's Dreadnought*, 18 March 1916.

66 S. Pankhurst, *The Home Front* (London 1932), p. 43.

67 *Women's Dreadnought*, 19 August 1914.

68 Mitchell, pp. 280~281.

69 *Women's Dreadnought*, 2 January 1915.

70 Pankhurst, *The Home Front*, p. 143.

71 Pankhurst, *The Suffragette Movement*, p. 598.

72 A. Shliapnikov, *On the Eve of 1917* (London 1982), pp. 206~208.

73 Pankhurst, *The Suffragette Movement*, p. 505.

74 *Daily Herald*, 29 October 1913.

75 *Women's Dreadnought*, 31 March 1917.

76 *Workers' Dreadnought*, 17 November 1917.

77 *Workers' Dreadnought*, 19 March 1921.

78 *Workers' Dreadnought*, 1 June 1918.

79 J. Macfarlane, *The British Communist Party : Its Origins and Development*

until 1929 (London 1966), pp. 31, 46.

80 Lenin, *Works*, vol. 29, p. 564.

81 Lenin, *Works*, vol. 31, p. 202.

8장 프랑스의 슬픈 이야기

1 J. H. Clapham, *The Economic Development of France and Germany, 1815~1914* (Cambridge 1928), p. 258.

2 T. Zeldin, *France 1848~1945*, vol. 2 (Oxford 1979), p. 379.

3 M. Guilbert, *Les femmes et l'organisation syndicale avant 1914* (Paris 1966), p. 28.

4 1935년까지도 사기업 노동자의 6퍼센트만 노동조합으로 조직돼 있었다.(Zeldin, page xi.)

5 Zeldin, vol. 1, p. 222.

6 Zeldin, p. 229.

7 Ridley, p. 17.

8 Ridley, p. 234, 239.

9 Guilbert, p. 14.

10 Guilbert, p. 29.

11 Guilbert, p. 38.

12 Guilbert, p. 206.

13 Guilbert, p. 207.

14 Zeldin, vol. 2, p. 399.

15 Zeldin, vol. 2, p. 383.

16 R. Wohl, *French Communism in the Making, 1914~1924* (Stanford 1966), p. 290.

17 C. Sowerwine, *Women and Socialism in France 1871~1921* (Ph. D. thesis, University of Wisconsin 1973), p. 46. 이 논문은 이 장에 인용된 저작 가운데 가장 유용하다.

18 본문의 3장 참조.

19 Sowerwine, p. 5.

20 Sowerwine, p. 7.

21 Sowerwine, p. 113.

22 R. J. Evans, *The Feminists* (London 1977), p. 129~130.

23 Sowerwine, p. 28.

24 Evans, p. 133~134.

25 C. Willard, *Les Guesdistes : Le mouvement socialiste en France, 1893~ 1905* (Paris 1965), p. 367.

26 J. M. Boxer, *Socialism Faces Feminism in France 1879~1913* (Ph. D. thesis, University of California 1975), p. 190.

27 Sowerwine, p. 197~198.

9장 러시아 혁명과 반혁명

1 V. I. Lenin, *On the Emancipation of Women* (Moscow 1977), p. 65.

2 V. I. Lenin, 'Soviet Power and the Status of Women', in *Works*, vol. 30, p. 40.

3 L. Trotsky, *Women and the Family* (New York 1974), p. 61.

4 R. Schlesinger, *Changing Attitudes in Soviet Russia : The Family in the USSR* (London 1949), p. 35.

5 Schlesinger, p. 37.

6 Schlesinger, p. 310에서 재인용.

7 Schlesinger, p. 44.

8 Schlesinger, p. 44.

9 Lenin, *On the Emancipation of Women*, p. 65~66.

10 Schlesinger, p. 48~53에서 재인용.

11 Lenin, *On the Emancipation of Women*, p. 72.

12 B. E. Clements, *Bolshevik Feminist : The Life of Aleksandra Kollontai* (Bloomington 1979), p. 155에서 재인용.

13 Lenin, *On the Emancipation of Women*, pp. 111, 110.

14 C. E. Hayden, 'The *Zhenotdel* and the Bolshevik Party', in *Russian History/ Histoire Russe* III : 2 (1976), p. 156에서 재인용.

15 Hayden, p. 157.

16 T. H. Rigny, *Communist Party Membership in the USSR 1917~1967* (Princeton 1968), p. 36.

17 Hayden, p. 168.

18 Hayden, p. 159.

19 Lenin, *Works*, vol. 33, p. 78.

20 Stites, p. 335.

21 Stites, pp. 321~322.

22 K. Marx, *Die Moralisierende Kritik und die Kritische Moral. Beitrag zur deutschen Kulturgeschichte, Gegen Karl Heinzen, Aus dem literarischen Nachlass von Marx, Engels und Lassalle* (Stuttgart 1902), Bd 2, p. 456.

23 Cliff, *Lenin*, vol. 4, p. 121.

24 J. Smith, *Women in Soviet Russia* (New York 1928), pp. 15~17.

25 Cliff, *Lenin*, vol. 4, p. 146.

26 Hayden, p. 169.

27 K. H. Geiger, *The Family in Soviet Russia* (Cambridge, Massachusetts 1968), p. 73.

28 Geiger, pp. 61~62.

29 Stites, p. 371.

30 Schlesinger, p. 99.

31 Schlesinger, p. 140.

32 진전된 논의는 T. Cliff, *State Capitalism in Russia* (London 1974)[국역 : ≪소련 국가자본주의≫, 책갈피], 특히 4장을 참조.

33 G. W. Lapidus, *Women in Soviet Society* (Berkeley 1978), p. 166.

34 Schlesinger, p. 287에서 재인용.

35 Schlesinger, p. 254에서 재인용.

36 Schlesinger, p. 278.

37 D. and V. Mace, *The Soviet Family* (London 1964), p. 86에서 재인용.

38 Mace, p. 87.

39 N. Timasheff, 'The Attempt to Abolish the Family in Russia', in *The*

Family (New York 1960), p. 59에 재인용된 *Sotsialisticheskaya Zakonnost* (1939), no. 2.

40 Geiger, p. 104.

41 Schlesinger, pp. 364, 393~394에서 재인용.

42 Schlesinger, pp. 373~374.

43 Schlesinger, pp. 367~373.

44 R. H. McNeal, *Guide to the Decisions of the Communist Party in the Soviet Union 1917~1967* (Toronto 1972).

45 자료가 뒷받침된 분석은 Cliff, *State Capitalism in Russia*를 참조.

46 S. Firestone, *The Dialectic of Sex* (New York 1970), p. 198.[국역 : ≪성의 변증법≫, 풀빛, 1996]

10장 미국 현대 여성해방운동 : 실패한 성공

1 S. Evans, *Personal Politics : The Roots of Women's Liberation in the Civil Rights Movement and the New Left* (New York 1980).

2 Evans, p. 41.

3 Evans, p. 35.

4 Evans, p. 81

5 Evans, p. 82.

6 Evans, p. 97.

7 Evans, p. 106.

8 Evans, p. 105.

9 Evans, p. 132.

10 Evans, p. 132.

11 Evans, p. 141.

12 Evans, p. 141.

13 S. Brownmiller, *Against our Will : Men, Women and Rape* (New York 1975), pp. 80~81.[국역 : ≪성폭력의 역사≫, 일월서각]

14 E. Cleaver, *Soul on Ice* (New York 1968), pp. 11~14.

15 J. Freeman, *The Politics of Women's Liberation* (New York 1975), p. 60.

16 Evans, p. 170.

17 Evans, P. 179.

18 Evans, p. 175.

19 Evans, p. 198.

20 S. Firestone, *The Dialectic of Sex* (New York 1970).

21 Freeman, pp. 59~60.

22 Freeman, pp. 60~61.

23 현재(1983년) 미국에는 18개 주요 도시(시카고, 디트로이트, 로스앤젤레스, 뉴올리언스, 애틀랜타, 워싱턴 DC 등)를 포함한 여러 도시에 2백 명이 넘는 흑인 시장(市長)이 있다. 동시에 흑인 청년의 45.7퍼센트와 흑인 성인의 19퍼센트가 실업자다. (이 수치는 백인 실업률의 2배가 넘는다.) <이코노미스트>는 이렇게 논평한다. "…… 투사들은 나이가 들면서 더욱 존경받았고, 순회강연에서 환영을 받았으며, 연구 재단의 후원을 받았다. 연방 정부, 주 정부, 지방정부는 흑인의 민권 신장을 위해 글자 그대로 수천 건의 계획들을 전개했으며, 자선단체들과 민간단체들은 그보다 많은 계획들을 펼쳐 나갔다."(*The Economist*, 15 May 1982.)

24 J. Mitchell, *Woman's Estate* (London 1971), pp. 51, 63~64, 73~74, 182.

25 Firestone, pp. 15~17, 20~21, 105.

26 Firestone, pp. 91~92.

27 M. L. Carden, *The New Feminist Movement* (New York 1974), p. 19.

28 Domitila Barrio, *Let Me Speak!* (London 1978), pp. 198~199, 202~203.

29 Barrio, pp. 203, 234.

30 B. Hooks, *Ain't I a Woman? Black Women and Feminism* (London 1981), pp. 124, 188.

31 A. Davis, *Women, Race and Class* (London 1982), p. 179.

32 F. Venturi, *Roots of Revolution* (London 1960), p. 327 참조.

33 Freeman, pp. 117~118.

34 Freeman, pp. 103~104.

35 Carden, pp. 71~72.

36 Carden, p. 73.

37 *Spare Rib*, October 1978.

38 Freeman, pp. 121~122.

39 M. Dixon, 'On Women's Liberation', in *Radical America* (February 1970).

40 *Spare Rib*, no. 17.

41 Freeman, pp. 136~137.

42 M. Evans (ed.), *The Woman Question* (London 1982), pp.50~51.

43 Freeman, pp. 141~142.

44 Freeman, p. 139.

45 Freeman, p. 92.

46 B. Friedan, *The Second Stage* (London 1982), p. 238.

47 B. Dockard, *The Women's Movement* (New York 1979), pp. 364~374, 395~407.

48 Dockard, pp. 383~385.

49 Diane St. Claire, 'The New Right : Wrong Turn USA', in *Spare Rib* (September 1981).

50 B. Winslow, 'Why the ERA Lost', in American *Socialist Worker* (July 1982).

51 Friedan, p. 338.

52 Friedan, p. 204.

53 Dockard, pp. 388~390.

54 Dockard, p. 385.

55 *Spare Rib* (February 1979).

56 Venturi, p. 253.

11장 영국 현대 여성운동

1 R. Price and G. S. Bain, 'Union Growth Revisited : 1948~1974, in Perspective', in *British Journal of Industrial Relations* (November 1976).

2 A. Coote and B. Campbell, *Sweet Freedom. The Struggle for Women's Liberation* (London 1982), p. 18.

3 J. Hunt and S. Adams, *Women, Work and Trade Union Organisation* (London 1980), p. 15.

4 *Spare Rib* (April 1978).

5 Coote and Campbell, pp. 20~21.

6 *Spare Rib* (April 1978).

7 S. Rowbotham, L. Segal and H. Wainwright, *Beyond the Fragments* (London 1980), p. 45.

8 Rowbotham and others, p. 41.

9 *No Turning Back : Writings from the Women's Liberation Movement 1975~1980* (London 1981). 이것을 다음 주장과 비교해 보라. "결혼은 기혼자와 미혼자에게 모두 억압적인 제도이고 현재의 가족 형태를 지탱하는 주된 법적 장치다. 우리는 사회주의자들과 페미니스트들은 결혼해서는 안 되고 가족에 대한 우리의 비판을 납득할 수 있는 사람들의 결혼을 지지하거나 결혼식에 참석해서는 안 된다고 생각한다. …… 아무도 주부를 두어서는 안 된다. 남자든 어린이든 환자든 여자든, 어느 누구도 오랫동안 '주부'를 둘 필요가 없으며 주부를 둘 권리도 없다. 원칙적으로 무급 가사 노동은 사회적으로 그 노동을 제공받는 것보다 열등하다. 지불 능력이 있는 사람들에게는 집을 청소하고 식사를 차려 주는 사람에게 그 대가를 지불하는 것이 그런 일을 가족 구성원 중 한 사람의 임무로 규정하는 것보다 바람직하다."(M. Barrett and M. McIntosh, *The Anti-Social Family* (London 1982), pp. 143~144.[국역 : ≪가족은 반사회적인가≫, 여성사])

10 *No Turning Back*, pp. 123~125.

11 *Spare Rib* (September 1981).

12 *Spare Rib* (April 1978).

13 Rowbotham and others, p. 197.

14 Rowbotham and others, p. 164.

15 Rowbotham and others, p. 176.

16 Rowbotham and others, p. 180.

17 Rowbotham and others, p. 205.

18 Rowbotham and others, p. 76.

19 K. Marx and F. Engels, *Selected Correspondence* (London 1941), pp. 150~151.

20 Marx and Engels, *Selected Correspondence*, p. 315.

21 Coote and Campbell, p. 35.

22 *No Turning Back*, p. 170.

23 *Love your Enemy?* (London 1981), pp. 5~6, 8.

24 *Love your Enemy?*, p. 56.

25 Coote and Campbell, p. 225.

26 많은 잡지들이 사라졌다. 그 중 일부를 열거하자면 다음과 같다. *Shrew, Socialist Woman, Red Rag, Women's Report, Women's Struggles Notes, Red Shift, Enough!, Women Now, Body Politic, Leviathan, Woman Liberation Review, Women's Newspaper, Power of Women Journal, Women's Voice.*

27 *Spare Rib* (December 1980).

28 레즈비언 페미니스트들의 극단적인 남성 혐오 태도의 징후는 그들 특유의 철자 표기법에서 나타난다. 그들은 'Woman', 'Women'을 'Womyu', 'Wimmin'으로 쓴다. 또 'History'라는 단어를 쓰지 않고 'Herstory'를 쓴다.(그런데 그들은 그 단어의 어원인 그리스어 'Historia'가 '발견(finding out)'이나 '앎(knowing)'을 의미하고, 실제로는 여성 명사라는 사실을 간과한다.)

29 E. Malos (ed.), *The Politics of Housework* (London 1980), p. 22.

30 Malos, p. 161.

31 셀마 제임스(Selma James)는 <가디언>에서 앤젤라 싱어(Angela Singer)와 한 인터뷰에서 "우리는 성교도 포함해서 …… 우리가 하는 모든 가사 노동에 대한 보수를 받아야 한다"고 말했다.(*The Guardian,* 24 February 1982.)

32 Coote and Campbell, p. 41.

33 Coote and Campbell, p. 43.

34 Coote and Campbell, p. 147.

35 *Spare Rib* (December 1979).

36 *Daily Mirror* (21 January 1983).

37 S. Atkins, in *The Guardian* (28 March 1983).

38 T. Cliff, 'The Balance of Class Forces in Recent Years', in *International Socialism*, 2:6 (1979), p. 47.

39 *No Turning Back*, p. 140에 재인용된 *Time Out* (21~27 November 1980).

40 *No Turning Back*, p. 100에 재인용된 *Gay Left*, issue 10 (1980).

41 A. Oakley, *Subject Women* (Oxford 1981), pp. 318~319.

42 J. Weeks, *Coming Out : Homosexual Politics in Britain from the Nineteenth Century to the Present* (London 1977), pp. 191, 196.

43 A. Walter, *Come Together : The Years of Gay Liberation 1970~1973* (London 1980), p. 28.

44 Weeks, p. 206.

45 Walter, pp. 31~32.

46 Weeks, p. 202.

47 A. Karlen, *Sexuality and Homosexuality* (London 1971), pp. 517, 530.

48 L. Starling, 'Glad to be Gay : The Gay Movement and the Left', in *Socialist Review* (May/June 1978).

49 Weeks, pp. 210, 213, 267.

50 J. Lindsay, *A Culture for Containment* (London 1978), p. 5.

51 L. Jones (ed.), *Keeping the Peace : Women's Peace Handbook* (London 1983), pp. ix, 3, 21, 24, 27, 29, 56.

52 P. Hain (ed.), *The Debate of the Decade: The Crisis and Future of the Left* (London 1980), pp. 23, 45, 49, 52.

53 *Spare Rib* (November 1980).

54 Coote and Campbell, p. 247.

55 Coote and Campbell, pp. 136~137.

12장 여성운동의 계급적 뿌리

1 Marx and Engels, *Works*, vol. 6, p. 485.

2 E. V. Wright, *Class Crisis and the State* (London 1978), pp. 61~63. 엄밀하게 말하자면, 이 계층 집단을 계급이라고 말해서는 안 된다. 계급이란 무엇보다도 다른 계급들과의 갈등을 통해 규정된다. 마르크스와 엥겔스가 말했듯이, "각 개인들은 다른 계급에 대한 공동의 투쟁을 수행해야 할 때만 계급을 형성한다."(Marx and Engels, *The German Ideology*, in Marx and Engels, *Works*, vol. 5, p. 77.[국역 : ≪독일 이데올로기≫, 청년사]) 더 좋은 용어를 찾지 못했기 때문에 이와 같은 첨언을 염두에 두고 '신중간계급'에 대해 계속 쓸 것이다. 그리고 A Callinicos, 'The "New Middle class" and Socialist Politics', in *International Socialism*,

2:20 (1983) 참조.

3 니코스 폴란차스(Nicos Poulantzas)는 부정확하게도 전문 기술자와 관리자 외에 모든 사무직 노동자들이 '신(新)쁘띠부르주아지'에 속한다고 주장한다.(N. Poulantzas, *Classes in Contemporary Capitalism* (London 1975).)

4 예를 들어, *Capital*, vols. 2 and 3[국역 : 《자본론》, 비봉]에서 상업 관련 피고용인들에 대한 마르크스의 분석을 보라.

5 B. and J. Ehrenreich, 'The Professional-Managerial Class', in P. Walker (ed.), *Between Labour and Capital* (London 1979), p. 14. 그들 자신의 규정에 따르더라도, 에렌라이히 부부의 신중간계급에 대한 추정치는 너무 높다. M. Albert and R. Hahnel, 'A Ticket to Ride : More Locations on the Class Map', in Walker, p. 155 참조.

6 R. Sennet and J. Cobb, *The Hidden Injuries of Class* (Cambridge 1972), p. 229.

7 Ehrenreichs, in Walker, p. 29.

8 *Financial Times* (22 November 1982).

9 A. Szymanski, 'A Critique and Extension of the Professional-Managerial Class', in Walker, p. 57.

10 Freeman, p. 33.

11 J. Cassell, *A Group Called Women* (New York 1977), p. 104.

12 Cassell, pp. 98, 184.

13 C. Epstein, *Women's Place* (London 1971), p. 138. 현대 페미니즘의 선구적 저작인 《여성의 신비》(*The Feminine Mystique*)[국역 : 《여성의 신비》, 이매진]를 쓴 베티 프리던의 전 남편 칼 프리던이 한번은 격분해 외쳤다. "나는 《여성의 신비》를 지지했다. 베티는 허드슨 강변에 있는 대저택에서 살았고 전임 하녀가 있었으며 내가 전적으로 지지했기 때문에 그 책을 쓸 시간이 있었다. …… 베티는 결혼한 지 10년이 넘도록 접시 1백 개도 닦지 않았다." 베티 자신은 "남편이 귀가했을 때 마티니를 만들고, 저녁 식사를 준비하고, 토론을 벌이고, 극장에 가고, 사랑을 나누고, 토요일에는 시장이나 경매장에 동행하고, 해변으로 나들이 갈 계획을 짜기 위해서 ……" 글쓰기를 그만뒀다고 말한다.(*The Leveller*, 9~22 July 1982.)

14 Cassell, pp. 175~176.

15 A Hackett, 'Feminism and Liberalism in Wilhelmine Germany, 1890~1918', in B. A. Carroll (ed.), *Liberating Women's History* (Chicago 1976), p. 128.

16 Marx and Engels, *Works*, vol. 5, p. 4.

17 K. Marx, *Grundrisse* (London 1973), p. 84.

18 Marx and Engels, *Works*, vol. 6, pp. 509~510.

19 Marx and Engels, *Works*, vol. 11, p. 187.

20 Cassell, p. 17.

13장 가족의 존속

1 Marx and Engels, *Works*, vol. 5, pp. 180~181.

2 Marx and Engels, *Works*, vol. 6, pp. 501~502.

3 Engels, *The Origin of the Family, Private Property and the State* (New York 1979), p. 80.

4 I. Pinchbeck, *Women Workers and the Industrial Revolution* (London 1981), pp. 187~188.

5 Hutchins and Harrison, p. 110.

6 J. B. Jefferys, *The Story of the Engineers* (London 1945), p. 207.

7 L. A. Tilly and J. W. Scott, *Women, Work and Family* (New York 1978), p. 196.[국역 : 《여성, 노동, 가족》, 후마니타스]

8 예를 들어, H. Hartmann, 'The Unhappy Marriage of Marxism and Feminism', in L. Sargent (ed.), *The Unhappy Marriage Marxism and Feminism* (London 1981) 참조.[국역 : 《여성해방이론의 쟁점》에 실린 "마르크스주의와 여성해방론의 불행한 결혼 : 보다 발전적인 결합을 위하여", 태암]

9 제인 험프리스는 이것을 'The Working Class Family, Women's Liberation and Class Struggle : Nineteenth Century British History', in *Review of Radical Political Economy* (February 1977)에서 훌륭하게 증명했다.

10 Pinchbeck, pp. 248~249.

11 J. Foster, *Class Struggle and Industrial Revolution* (London 1974), pp. 91~92.

12 R. Davies, *Women and Work* (London 1975), p. 126.

13 M. Anderson, *Family Structure in Nineteenth Century Lancashire* (Cambridge 1971), pp. 137~138.

14 P. Hollis (ed.), *Class and Conflict in Nineteenth Century England, 1815~1850* (London 1973), p. 210.

15 B. Taylor, *Eve and the New Jerusalem* (London 1983), pp. 205, 273.

16 Sargent, pp. 95, 99.

17 A. Davis, *Women, Race and Class* (London 1982), pp. 7~8.

18 J. A. Ladner, 'Racism and Tradition : Black Womanhood in Historical Perspective', in Carroll, p. 188.

19 Ladner, p. 187.

20 Davis, pp. 4, 14~15. 오늘날 남아프리카공화국에서 통행증 법[Pass law, 지정된 지역 외에서 흑인들의 통행과 거주를 제한하고 통행증 소지를 의무화한 남아프리카공화국의 대표적인 흑인 차별 법률]이 하는 결정적 구실 중 하나는 흑인 노동자들의 가족생활을 고의로 파괴하는 것이다.

21 Foster, p.87.

22 Hollis, pp. 193~194에서 재인용.

23 Tilly and Scott, p. 199.

24 Sargent, p. 21.

25 Humphries.

26 L. Gordon, *Woman's Body, Woman's Right* (London 1977), p. 110.

27 M. Poster, *Critical Theory of the Family* (London 1978), pp. 192~193.

28 J. Donzelot, *The Policing of Families* (London 1980), pp. 39~40.

14장 가족은 무정한 세상의 안식처인가?

1 E. Shorter, *The Making of the Modern Family* (London 1975), pp. 230~ 231.

2 Marx and Engels, *Works*, vol. 3, pp. 274~275.

3 M. Komarovsky, *Blue-Collar Marriage* (New York 1967)와 L. Rubin, *World of Pain : Life in the Working-Class Family* (New York 1976).

4 S. Sharpe, *Just like a Girl : How Girls learn to be Women* (London 1976), p. 71.

5   Sharpe, p. 305.

6   Komarovsky, p. 25.

7   Sharpe, pp. 210~211.

8   Rubin, pp. 80~81, 90~91.

9   Komarovsky, p. 93.

10   Rubin, pp. 99, 113, 160~161, 179.

11   글랜튼(Glenton)은 코마로프스키가 인접한 두 산업 지구에 붙인 이름인데, 이 두 지구는 밀접하게 연결돼 하나의 지방을 이룬다.

12   Komarovsky, pp. 311~312

13   Rubin, p. 188.

14   Rubin, p. 189.

15   Komarovsky, p. 51.

16   Komarovsky, pp. 151~152.

17   Rubin, p. 178.

18   Rubin, p. 190.

19   Komarovsky, pp. 49, 55, 57.

20   Komarovsky, pp. 56, 60.

21   Rubin, pp. 36~37, 55.

22   Komarovsky, pp. 76, 78.

23   Rubin, pp. 30, 38, 40~41, 46.

24   S. Steinmetz and M. Straus (eds.), *Violence in the Family* (New York 1975), p. 4.

25   J. Renvoize, *Web of Violence : A Study of Family Violence* (London 1978), pp. 133~134.

26   R. J. Gelles, *The Violent Home* (London 1972), pp. 125, 130, 192.

27   Komarovsky, p. 366.

28   D. C. Gil, 'Violence against Children', in *Journal of Marriage and Family* (November 1971).

29   J. E. Oliver and others, *Severely Ill-treated Young Children in North-East Wiltshire* (Oxford 1974).

30 Gelles, pp. 55, 77.

31 Steinmetz and Straus, p. 196.

32 Renvoize, p.182. 남성이 여성, 특히 어린 여성에게 가하는 성적 착취와 결합된 위력은 근친상간의 피해자들 가운데 다수가 그들이 당한 억압을 위력의 무기로 이용하게 만든다. 장 랑부아즈(Jean Renvoize)가 썼듯이, "분명히 많은 소녀들은 일단 그것을 받아들이면 죄책감을 느끼면서도 아버지와 그런 관계를 즐긴다. 근친상간은 소녀들에게 힘을 가졌다는 느낌을 주고, 어떤 소녀들은 침묵의 대가로 선물을 요구하는 사소한 협박에 탐닉하기도 한다. 부모의 관계가 좋지 않을 경우에 소녀들은 '꼬마 엄마' 노릇을 하는 데서 큰 만족을 느낀다. 그리하여 아빠와 딸이 은밀한 환상을 연출하는 동안 진짜 엄마는 뒤로 밀려난다. 소녀는 반드시 자기 엄마에게 복합적인 감정을 느끼게 될 것이다. 소녀는 엄마가 아빠로부터 자신을 보호해 주지 않는다는 분노와 동시에, 실제로 그 관계를 즐기고 있다고 할지라도 그런 관계는 나쁘다는 것을 알기 때문에 자기가 엄마의 정당한 지위를 빼앗고 있다는 죄책감을 느낄 것이다."(Renvoize, pp.184~185.)

33 Gelles, pp. 164~165.

34 Study Commission on the Family, *Families of the Future* (London 1983), p. 19.

35 J. W. Brown and T. Harris, *Social Origin of Depression : A Study of Psychotic Disorder in Women* (London 1978), pp. 154, 178~179, 291.

36 W. R. Gove, 'The Relationship between Sex Roles, Marital Status, and Mental Illness', in *Social Forces* (University of North Carolina, September 1972).

37 C. Lasch, *Haven in a Heartless World* (New York 1978), pp. xvii~xviii.

38 H. Benyon, *Working for Ford* (London 1977), p. 75.

39 T. Cliff, *The Employers' Offensive* (London 1970), p. 71에 재인용된 P. E. Mott and others, *Shift Work : The Social Psychological and Physical Consequences* (Ann Arbor 1966), p. 18.

40 G. Frankl, *The Failure of the Sexual Revolution* (London 1974), pp. 116~117.

41 Kollontai, *Selected Writings*, p. 231.

42 A. C. Kinsey and others, *Sexual Behaviour in the Human Male* (Philadelphia 1948) and *Sexual Behaviour in the Human Female* (Philadelphia 1953).

43 G. P. Murdock, 'World Ethnographic Sample', in *American Anthropologist*, no. 59 (1957).

44 C. S. Ford and F. Beach, *Patterns of Sexual Behaviour* (New York 1951), p. 130.

45 Walter, p. 86.

46 S. Abbott and B. Love, *Sappho was a Right-on Woman : A Liberated View of Lesbianism* (New York 1972), pp. 92, 97.

47 A. Karlen, *Sexuality and Homosexuality* (London 1971), p. 198.

48 Karlen, p. 527.

49 Abbott and Love, pp. 80~81.

50 Weeks, p. 223에 재인용된 *Gay Left* (Spring 1976).

15장 사회주의와 여성해방을 위한 투쟁

1 Engels, *The Origin of the Family*, pp. 25~26.

2 Engels, *The Origin of the Family*, p. 68.

3 Engels, *The Origin of the Family*, p. 74.

4 R. Briffault, *The Mothers* (1927).

5 E. Reed, *Women's Evolution* (1975).

6 M. Poster, *Critical Theory of the Family* (London 1978), p. 185.

7 F. Mount, *The Subversive Family* (London 1982) 참조.

8 Marx, *Capital*, vol. 1, pp. 536~537.

9 *Social Trends 1972*.

10 M. Barrett, *Women's Oppression Today* (London 1980), p. 147.

11 여기에서 제시된 사실들을 질 트위디(Jill Tweedie)의 말 속에 나타난 페미니스트의 견해와 비교해 보라. "부유한 남성과 가난한 남성보다 아내이자 어머니인 부유한 여성이 마찬가지로 어머니이자 아내인 가난한 여성과 훨씬 공통점이 많은데, 왜냐하면 남성들은 그들의 수입에 따라 규정되기 때문이다."(*The Guardian*, 19 January 1981.)

12 L. German, 'Theories of Patriarchy', in *International Socialism*, 2:12 (Spring 1981).

13 M. S. Rice, *Working-class wives* (London 1981), pp. 105~106.

14 Sharpe, p. 54.

15 Gordon, p. 406. 저명한 페미니스트인 보부아르처럼 직업적으로 크게 성공한 여성만이 다음과 같이 말할 수 있을 것이다. "나는 여성이 자식과 결혼의 덫에 빠지지 말아야 한다고 생각한다. 설령 여성이 자식을 낳기를 원하더라도 자녀 양육이란 정말로 노예와 다름없는 생활이기 때문에, 자녀를 양육하는 조건들에 대해 신중히 생각해야 한다. 아버지와 사회는 오로지 여성에게만 자녀 양육의 책임을 떠맡긴다. 아이를 키우기 위해 일을 중단해야 하는 사람은 바로 여성이다. 아이가 아플 때 집에 있어야 하는 사람도 여성이고, 아이가 실패했을 때 욕을 먹는 사람도 바로 여성이다.

"그러나 어떤 여성이 계속 자녀를 낳기로 마음먹는다면, 결혼하지 않고서 자녀를 낳는 것이 더 바람직할 것이다. 왜냐하면 결혼이란 가장 큰 덫이기 때문이다."('Talking to Simone de Beauvoir', *Spare Rib*, March 1977.) 어쨌든 보부아르는 자식이 없었다. 보부아르는 성공한 작가로서의 일보다 육아가 덜 소외되고 더 창조적인 일이라고 생각하지 않았을 것이다.

16 L. Gordon, 'The Struggle for Reproductive Freedom : Three States of Feminism', in S. R. Eisenstein (ed.), *Capitalist Patriarchy and the Case for Socialist Feminism* (New York 1979), p. 125.

17 A. Oakley, *The Sociology of Housework* (London 1974), p. 94.

18 Study Commission on the Family, *Families of the Future*, p. 19.

19 US Department of Labor, *Perspectives on Working Women* (1980), pp. 30, 53.

20 J. Hunt and S. Adams, *Women, Work and Trade Union Organisation* (London 1980), p. 8.

21 US Bureau of Labor Statistics, *Special Labor Force Reports*, 13, 130, 183. 그리고 US Department of Labor, *Perspectives on Working Women*, p. 3.

22 H. Halter, *Sex Roles and Social Structure* (Oslo 1970), pp. 73~74.

23 Marx, *Capital*, vol. 1, p. 460.

24 Department of Employment, *Women and Work : A Review* (London 1975), p. 46.

25 Clegg, Fox and Thompson, p. 489 ; Hunt and Adams, p. 14 ; B. C. Roberts, *The Trade Union Congresses 1868~1921* (London 1958), p. 379.

26 R. Price and C. S. Bain, 'Union Growth Revisited : 1948~1974 in Perspective', in *British Journal of Industrial Relations* (November 1976).

27 Marx and Engels, *The Communist Manifesto*, in *Works*, vol. 6, p. 490, 492, 494.[국역 : ≪공산당 선언≫, 책세상]

28 A. Gramsci, *Selections from the Prison Notebooks* (London 1971), pp. 324, 333.[국역 : ≪옥중수고≫, 거름]

29 Lenin, *Works*, vol. 5, pp. 412, 414.

30 Marx and Engels, *The German Ideology*, in *Works*, vol. 5, p. 47.

31 Marx and Engels, *The Communist Manifesto*, in *Works*, vol. 6, p. 506.

32 Engels, *Principles of Communism*, in Marx and Engels, *Works*, vol. 6, p. 354.

33 Engels, *The Origin of the Family*, p. 83, 88.

34 L. Trotsky, *Women and the Family* (New York 1974), p. 53.

35 Boxer, pp. 68~69에서 재인용.

단체 약어

AFL 미국노동총연맹(American Federation of Labor)

ASE 통합금속노동자협회(Amalgamated Society of Engineer)

BDF 독일여성단체연합(Federation of German Women's Organisations / Bund Deutsche Frauenvereine)

CGT 노동총동맹(General Confederation of Labour/Confédération générale du travail)

CHE 동성애자평등권운동(Campaign for Homosexual Equality)

CND 핵무장반대운동(Campaign for Nuclear Disarmament)

DMV 독일금속노동자조합(German Metal Workers' Union)

ELFS 런던동부여성참정권연맹(East London Federation of Suffragettes)

GLF 동성애자해방전선(Gay Liberation Front)

ILP 독립노동당(Independent Labour Party)

IWW 세계산업노동자연맹(Industrial Workers of the World)

NAC 전국낙태권캠페인(National Abortion Campaign)

NAWSA 전미여성참정권연합(National American Woman Suffrage Association)

NFWW 전국여성노동자연맹(National Federation of Women Workers)

NJACWER 전국여성평등권공동행동위원회(National Joint Action Committee for Women's Equal Rights)

NOW 전미여성기구(National Organisation of Women)

NYRF 뉴욕급진페미니스트(New York Radical Feminists)

SDF 사회민주주의연맹(Social Democratic Federation)

SDS 민주학생연합(Students for a Democratic Society)

SFIO 통합사회당(French Section of the Workers' International/Section Française de l'International Ouvrier)

SNCC 학생비폭력조정위원회(Student Non-Violent Coordinating Committee)

SPD 독일 사회민주당(Social Democratic Party of Germany / Sozialdemokratische Partei Deutschlands)

TUC 영국 노총(Trades Union Congress)

USPD 독립사회민주당(Independent Social Democratic Party / Unabhängige Sozialdemokratische Partei Deutschlands)

WNCC 전국여성조정위원회(Women's National Coordinating Committee)

WPPL 여성보호검약동맹(Women's Protective and Provident League)

WSF 노동자사회주의연맹(Workers' Socialist Federation)

WSPU 여성사회정치동맹(Women's Social and Political Union)

WTUL 여성노동조합동맹(Women's Trade Union League)